Städte-Atlas Ostpreußen

Fritz R. Barran

STÄDTE-ATLAS OSTPREUSSEN

2. Auflage 1991

VERLAG GERHARD RAUTENBERG · LEER

Für die Unterstützung bei der Beschaffung von Stadtplänen bzw. deren Vervollständigung und für das Finden von Straßennamen bedanke ich mich ganz herzlich bei sämtlichen Kreisvertretern und deren Mitarbeitern, die mir auch sonst tatkräftig halfen, ebenso bei folgenden Landsleuten:

G. H. Aschmann, Salzgitter; H. G. Balzer, Seligenstadt; H. Bartkus, Münster; S. Braag, Velbert-Langenberg; Frau Ch. Bido, Hamburg; H. J. Bohle, Hamburg; E. Droeger, Northeim; W. Dziersk, Bliedersdorf; Frau L. Fischer, Lüneburg; W. Geyer, Gelsenkirchen; H. Görke, Hamburg; Frau O. Hinz, Dortmund; H. Halb, Reutlingen; G. Kilanowski, Hagen; H. Klein, Oberhausen; R. Kostka, Braunschweig; J. Leiß, Köln; E. Leffer, Bayreuth; S. Lunau, Kempen; Frau U. Lindenau, Düsseldorf; G. Makolla, Hagen; H. Mielke, Bad Harzburg; O. Piepkorn, Flensburg; Frau I. Romey, Hagen; H. Rohmann, Düsseldorf; B. Sawetzki, Raisdorf; F. Schemnonek, Neu Ulm; H. Schley, Reinbek; F. Schlifski, Langenhagen; H. Schulz, Köln; Frau G. Strunk, Datteln; F. Siebert, Espelkamp; Frau E. Tschoppe, Mainz; H. Taube, Lingen/Ems; H. Turowski, Bremen; Frau K. Werner, Hannover; K. Windt, Altenkirchen; G. Wydra, Hamm, und allen, die mitgeholfen haben aber unbekannt blieben.

Benutzte Literatur und Karten:

Statistik des Deutschen Reichs;
1) Band 545: Die Volksschulen im Deutschen Reich 1939
2) Band 552, 1: Volkszählung, Die Bevölkerung des Deutschen Reichs nach den Ergebnissen der Volkszählung 1939;
3) Band 559, 1: Ergebnisse der Volks-, Berufs- und landwirtschaftlichen Berufszählung 1939;
Deutsches Städtebuch, Band 1, 1939, E. Keyser;
Amtliches Gemeinde- und Ortsnamenverzeichnis der deutschen Ostgebiete unter fremder Verwaltung, Band 1;
Grieben, Reiseführer Ostpreußen — 1935;
Geschichte der evangelischen Kirche Ostpreußens (III Dokumente), von Walther Hubatsch;
Fato prófugi — Vom Schicksal ermländischer Priester, Lothar Ploetz;
Geschichte Ost- und Westpreußen, B. Schumacher
Die Ostgebiete des Deutschen Reiches, G. Rhode
Die Kirchenbücher der Diözese Ermland, Erhard Fittkau;
Brockhaus Enzyklopädie 1966—1974;
Ostpreußen in 1440 Bildern, Emil Joh. Guttzeit;
Ostpreußen-Wegweiser, Georg Hermanowski;
Heimatkreisbücher sämtlicher Kreisgemeinschaften.

Stadtpläne, soweit sie nicht vorhanden waren, sowie Kreiszeichnungen wurden nach amtlichen Plänen, die das Institut für Angewandte Geodäsie in Frankfurt am Main dankenswerterweise zur Verfügung gestellt hatte, vom Verfasser neu aufgestellt und für dieses Buch gezeichnet.

Cip-Titelaufnahme der Deutschen Bibliothek
Barran, Fritz R.:
Städteatlas Ostpreußen / Fritz R. Barran.
Leer: Rautenberg, 1988
ISBN 1-7921-0374-5

Zweite überarbeitete Auflage 1991
Gesamtherstellung: Druckerei G. Rautenberg, 2950 Leer

ISBN 3-7921-0374-5

Zum Geleit

Ostpreußen ist nicht nur das „Land der dunklen Wälder und kristall'nen Seen", wie es in unserem einmalig schönen Ostpreußenlied heißt. Es ist auch das Land der Burgen und das der Städte, aus denen wichtigste Beiträge zur deutschen und europäischen Geschichte hervorgegangen sind und deren Befestigungswerke und Tore, Rathäuser und Kirchen, Schulen und Bibliotheken Zeugnis für die über 700jährige Kulturgeschichte eines deutschen Landes geben.

Fritz Barran hat in mühevoller Kleinarbeit diesen Städteatlas zusammengestellt, der statistische Angaben über Provinz, Regierungsbezirke, Kreise und Städte, der Namensverzeichnisse und – vor allem – Stadtpläne aller ostpreußischen Städte vorlegt. Die Arbeit war schwierig. Für eine Reihe von Städten lagen bisher überhaupt keine Stadtpläne vor und mußten erst für dieses Werk gezeichnet werden. Viele Landsleute haben mit ihren Auskünften zur Vervollständigung beigetragen. Das Ergebnis ist ein Buch, das für jeden, der sich mit der Geographie und Geschichte Ostpreußens beschäftigt, ein unentbehrliches Hilfsmittel sein wird.

Aber nicht nur an den Wissenschaftler wendet sich dieser Atlas. Stadtpläne sind Denkmäler. Stadtbilder und Stadtgrenzen, Häuser und Straßenzüge verändern sich, ebenso wie die Menschen, die durch die Straßen gehen, und die Namen, die diese Straßen tragen. Das gilt für unsere Zeit des schnelleren Wandels mehr als für frühere und für unser Land leider mehr als für andere. Die Anlagen der Städte aber, die Grundrisse der Stadtkerne sind von viel längerer Dauer; in ihnen ist, über viele Wandlungen und Brüche hinweg, die Geschichte der Städte und ihrer Menschen aufgehoben.

So wird auch dieses Buch dazu helfen, allen, die die hier abgedruckten Straßennamen noch selbst auf den Schildern gelesen haben oder die sie aus den Erzählungen der Eltern und Großeltern kennen, das Bild dieser Städte vor dem geistigen Auge zu vergegenwärtigen. Möge es darüber hinaus dazu beitragen, das Wissen über die ostpreußische Kultur und Geschichte zu vertiefen, die ein Teil unserer gemeinsamen deutschen Identität ist!

Dr. Ottfried Hennig, MdB
Parlamentarischer Staatssekretär
beim Bundesminister für innerdeutsche Beziehungen

Inhalt

Aphabetisches Verzeichnis der in diesem Atlas aufgeführten Städte

Alle in diesem Atlas aufgeführten Städte sind hier alphabetisch geordnet. Die Kreiszugehörigkeit ist in Klammern hinzugefügt.

Vorwort

Die Städte des Deutschen Reiches östlich von Oder und Neiße, in denen nach 1945 nicht mehr deutsch gesprochen wird, sollen in der Reihe

Städteatlas Ostpreußen
Städteatlas Pommern
Städteatlas Ostbrandenburg
Städteatlas Schlesien

mit ihren Straßen und Straßennamen sowie den wichtigen Gebäuden in Stadtplänen als deutsche Städte für die nachfolgenden Generationen erhalten werden. Jeder Leser und Interessierte soll die an Polen und die Sowjetunion verlorenen ostdeutschen Städte in einem Stadtplan durchwandern und die Namen der Straßen lesen können – die Straßen, in denen die Eltern und Großeltern gelebt haben und bis zur Vertreibung aus ihrer angestammten Heimat im Jahre 1945 glücklich waren.

Dieser Städteatlas soll im Gegensatz zur beschreibenden Literatur durch die Stadtpläne zum Betrachter sprechen und die jeweilige Stadt vorstellen und schildern, die Straßennamen nennen sowie mitteilen, wo damals wichtige Gebäude standen, wo kulturelle oder industrielle Betriebe vorhanden waren.

Es darf jedoch kein Anspruch auf Vollständigkeit erhoben werden, da in den über vier Jahrzehnten nach Kriegsende leider nicht von allen Städten entsprechende Aufzeichnungen gemacht worden sind und von vielen Städten überhaupt noch nie Stadtpläne bestanden haben, die jetzt extra für diesen Atlas vom Verfasser gezeichnet werden mußten. Außerdem haben viele Wissensträger in den fast 45 Jahren ihr Wissen ins Grab mitgenommen, das damit für immer verloren ist. So können trotz sorgfältiger Recherchen und Vergleiche Auslassungen oder Irrtümer, die nicht beim Verfasser liegen müssen, möglich sein.

In diesem Städteatlas werden sämtliche Städte und Kreise der Provinz Ostpreußen nach dem Stande von 1937 beschrieben, also auch mit den 5 Kreisen des Regierungsbezirks Westpreußen. Anfang des Jahres 1939 kam das Memelgebiet wieder an Deutschland zurück.

Der Kreisteil Soldau wurde 1940 an den Kreis Neidenburg angeschlossen. Alle diese Gebiete werden hier beschrieben, wobei bei den nach 1937 zu Deutschland gekommenen besonders darauf hingewiesen wird.

Die Zahlen über Flächengrößen, Einwohner (immer einschl. der zum Wehrdienst Gezogenen und männl. und weibl. Arbeitsdienst), Haushaltungen, politische Gemeinden, Wohnplätze, Einwohner je km^2, Volksschulen, Schüler und Lehrkräfte sowie land- und fortwirtschaftliche Betriebe, Berufszugehörigkeit der arbeitenden Bevölkerung und Religionszugehörigkeit beziehen sich auf die Werte aus der letzten im Deutschen Reich stattgefundenen Volks- und Berufszählung vom 17. Mai 1939 und den Stand der Kreisgrenzen zu jener Zeit (außer Memelgebiet und Soldau). Andere Grenzen, auch Bezirkszugehörigkeit aus der Zeit vorher oder nachher sind hier nicht berücksichtigt, oder es wird besonders darauf hingewiesen.

Die geschichtlichen und baugeschichtlichen Daten sind hier in knappester Form in einer Auswahl nur kurz angesprochen, um die Stadt zu charakterisieren, weil ausreichende Literatur darüber vorhanden ist.

Die heimatlichen Kreise erscheinen hier in den alten bekannten Grenzen und geben Auskunft über die Lage der Städte und Gemeinden zueinander und ihre Verbindungen durch Straßen und Eisenbahnen.

F.R.B.

Ostpreußen, kurze geographische Beschreibung

Ostpreußen, das Bernsteinland, der nördlichste und östlichste Teil Preußens und des Deutschen Reiches, wurde nach dem Vertrag von Versailles durch den „Polnischen Korridor" im Jahre 1920 vom übrigen Reichsgebiet abgetrennt.

Es umfaßte als preußische Provinz ohne das Memelgebiet mit den vier Regierungsbezirken Königsberg Pr., Gumbinnen, Allenstein und Westpreußen seit 1922 eine Fläche von 36 991,75 km^2 mit 2,488 122 Millionen Einwohnern im Jahre 1939, demnach 67,3 Einwohner auf 1 km^2. Die Bevölkerung lebte in 4606 politischen Gemeinden bei insgesamt 10 614 Wohnplätzen. Die Provinzhauptstadt war Königsberg (Pr).

Ostpreußen ist ein flachwelliger, im südlichen Teil im Durchschnitt 150—200 m hoher in der Eiszeit gebildeter Landrücken, der die norddeutsche Moränenlandschaft mit Grund- und Endmoränen nach Osten fortsetzt. Die höchsten Erhebungen sind die Kernsdorfer Höhe bei Osterode mit 313 m und die Seesker Höhe bei Goldap mit 309 m Höhe, der nördliche Teil liegt tief und ist flach mit einzelnen höheren Bergen. Die Ablagerungen aus der Eiszeit bestehen aus Lehmen, Sanden und Kiesen. Es sind in Ostpreußen Spuren von drei und vier Eiszeiten feststellbar. In der letzten Eiszeit entstanden die Endmoränen des Ermlandes und Masurens, die die oberländische und masurische Seenplatte bildeten. Die Täler der Endmoränenlandschaft sind zum großen Teil von ca. insgesamt 3300 Seen ausgefüllt. Teils sind die Seen flach (Spirding-See), teils liegen sie in tief ausgeschürften Rinnentälern (Talter Gewässer). Nach Süden ist das Gelände sandig, da der Lehm ausgewaschen wurde (Johannisburger Heide, Sandfläche bei Arys). Ebenso wie die Oberfläche eine unregelmäßige Gestalt hat, so ist auch die Bodenbeschaffenheit stark differenziert. Im Norden herrschen Lehme vor, im Süden überwiegt lehmiger Sand. In den Tälern und auf den Kuppen finden sich Kies- und Steinlager (Findlinge).

Die Küste Ostpreußens ist durch das Frische Haff, die Steilküste des Samlandes (bis 61 m hoch) und das Kurische Haff in drei Abschnitte geteilt. Die Nehrungen sind 56 bzw. 97 km lang und tragen seit dem 16. Jahrhundert, nachdem der Wald abgeholzt worden war, Wanderdünen von 45 bis 65 m Höhe, die damit die höchsten Europas sind. Den Bernstein findet man an der ganzen Samlandküste, Bernsteinabbau bei Palmnicken (Tagebau). Die Flüsse Ostpreußens und seine Seen stehen zum großen Teil durch Kanäle miteinander in Verbindung und haben somit Anschluß über das Frische Haff und das Kurische Haff an die Ostsee.

Das Klima im Landesinnern ist kontinental mit kurzen heißen Sommern bei nächtlicher starker Abkühlung und kalten, langen Wintern. Die Luft ist trocken, an der Küste feuchter. Das Gesamtklima ist allgemein rauher als in anderen Teilen Deutschlands. Die Durchschnittstemperatur ist niedriger und der Niederschlag ist mit 500—608 mm jährlich erheblich geringer als im Süden Deutschlands mit 820 mm jährlich. Dadurch war auch der Feldbau in seinen Möglichkeiten begrenzt, zumal durch die langen Winter der Boden längere Zeit nicht bearbeitbar war. Nur 150 bis 155 Feldarbeitstage standen im Jahr zur Verfügung, daher waren viele Arbeitskräfte in den kurzen Sommern notwendig. Es mußte viel Winterfutter eingebracht werden. Durch Trockenheit, Auswinterungs- und Dürreschäden wurden die Erträge gemindert. Im westlichen Deutschland waren bei 210 bis 240 Feldarbeitstagen weniger Arbeitskräfte, weniger Angespann (ob Traktor oder Pferd) nötig. Es stand mehr Zeit zur Verfügung, die Niederschläge waren größer — damit weniger Dürreschäden, die Winter im Westen sind milder und kürzer. Der Unterschied von 1°C bedeutet eine Wachstumsverschiebung von 14 Tagen.

1939 gab es in Ostpreußen 701 387 ha Wald, davon 543 205 ha Nadelwald. Die Eichenwälder herrschten unter den Laubwäldern vor. Der größte Teil des Waldes war preußischer Staatsbesitz, 102 000 ha waren Gutsbesitz. Große Moore waren zu finden und auch Hochmoore.

Der Elch hatte in Ostpreußen am Kurischen Haff seine letzte Zuflucht in Deutschland.

Die Forstwirtschaft und die Verarbeitung ihrer Produkte war ein umfangreicher Arbeitsbereich.

36,5% der Bevölkerung arbeiteten in ca. 141 100 landwirtschaftlichen größeren und kleineren Betrieben, um für Brotgetreide, Futtergetreide, Hülsenfrüchte und Kartoffeln, Zuckerrüben und andere Hackfrüchte sowie Futterpflanzen zu sorgen.

29% der landwirtschaftlichen Nutzfläche waren Wiesen und Weiden. Die vielbetriebene Viehzucht trat hinter den Ackerbau zurück. Das schwarz-weiße Vieh war vorherrschend (Herdbuchvieh), Pferdezucht wurde im Hauptgestüt Trakehnen (Warmblut), in den Gestüten Georgen-

Bevölkerungs-Statistik Ostpreußen

Am 17. 5. 1939 festgestellt:	Gesamtfläche in km^2	Einwohner	männlich	weiblich
Reg.-Bez. Allenstein	11 519,85	568 024	287 121	280 903
Gumbinnen	9 399,36	559 205	280 190	279 015
Königsberg	13 146,61	1 059 085	527 779	531 306
Westpreußen	2 925,93	301 808	149 876	151 932
	36 991,75	2 488 122	1 244 966	1 243 156
Memelgebiet 1937	2 416,00	153 038		
Soldauer Gebiet 1939	500,00	24 850		
Zus. Ende 1939	39 907,75	2 666 010		

burg (ostpreußisches Landpferd) und Braunsberg (Ermländer Kaltblüter) betrieben, auch auf größeren Gütern. 1938 gab es ca. 478 000 Pferde, 1,4 Millionen Rinder und etwa 1,8 Millionen Schweine.

Die Industrie war besonders in Königsberg, Elbing, Allenstein, Marienburg, Insterburg, Tilsit, Ragnit und Memel angesiedelt. 887 400 Erwerbstätige waren in der Industrie und im Handel beschäftigt.

Verarbeitung landwirtschaftlicher Erzeugnisse, die Baustoffindustrie und das Baugewerbe, wie auch sämtliche Handwerke, waren über das Land verstreut. Zellstoffwerke waren in Königsberg und Tilsit, Maschinen- und Waggonbau- sowie die Schiffbauindustrie in Königsberg, Elbing und Tilsit vorhanden.

Fremdenverkehr und Garnisonen wirkten wirtschaftsfördernd. Der Verkehr fand auf einem gut und eng ausgebauten Schienennetz der Deutschen Reichsbahn und privaten Kleinbahnen statt. Die Insellage Ostpreußens, das durch den polnischen Korridor vom Reichsgebiet abgeschlossen war, erschwerte den Verkehr zum Reich, und der Absatz der erzeugten Güter sowie die Versorgung der ostpreußischen Bevölkerung litten darunter. Der „privilegierte paß- und zollfreie Durchgangsverkehr" (Transitverkehr) zwischen Ostpreußen und dem Reichsgebiet wickelte sich auf polnischen Linien mit polnischem Personal ab. Der Kraftfahrzeugverkehr, damals noch unbedeutend, unterlag dem Visumzwang und der Zollkontrolle und war an bestimmte Transitstraßen gebunden. Für den Flugverkehr wurden erst 1929 bestimmte Überflugwege festgelegt. Der Personenverkehr mit den Schiffen des Seebäderdienstes sollte eine bessere Anbindung der „Insel Ostpreußen" an das Reichsgebiet und Entlastung bringen. Für Massengüter diente der Seeweg.

Die ostpreußischen Seehäfen wurden 1938 von 7223 Schiffen mit 2,91 Millionen t Ladung angelaufen.

Flughäfen in Königsberg und Tilsit hatten regelmäßigen Linienverkehr nach Berlin.

Das Eisenbahnnetz in der Provinz hatte eine Länge von 4176 km, das Straßennetz betrug 12 521 km, davon 92 km Autobahn von Königsberg nach Elbing, und 2051 km Reichsstraßen.

Die Reichsstraße 1 verlief von der Westgrenze des Deutschen Reiches (Aachen) durch ganz Deutschland über Königsberg bis zur Ostgrenze nach Eydtkau (Eydtkuhnen).

Die Binnenwasserstraßen hatten eine gewisse Bedeutung für Transporte und Ausflugsverkehr.

Kurze Geschichte Ostpreußens

Ostpreußen entstand aus den Gebieten, die der Deutsche Orden erobert, erworben und besiedelt hatte.

Bis etwa 700 n. Chr. lebten beiderseits der unteren Weichsel Germanen. Weiter östlich lebten die Prußen, die zur baltischen Völkerfamilie gehörten und weder polnischer noch slawischer Herkunft waren. Im östlichen Ostpreußen war die „Große Wildnis", ein unbewohntes, urwaldähnliches Gebiet, in dem irgendwo eine nicht festgelegte Grenze zu slawischen Völkern verlief.

1225/26 rief der Polenfürst Herzog Konrad von Masowien den Deutschen Ritterorden, der seinen Sitz in Venedig hatte, in sein Land, um sich der Prußen im Kulmer Land zu erwehren. Der Hochmeister des Ordens, Hermann von Salza, schickte den Landmeister Hermann Balk gegen die heidnischen Prußen, zumal die Kreuzzugbewegung sich im Abflauen befand. Mit urkundlicher Genehmigung von Kaiser Friedrich II. von 1226 „für alle Zeiten" und unter Bestätigung dieser Urkunde durch den Papst im Jahre 1234 überließ Herzog Konrad durch Vertrag von 1230 dem Orden das umstrittene Kulmer Land und alle etwaigen Eroberungen im Prußenland.

Mit dem Erscheinen der Ordensritter beginnt die eigentliche geschichtliche Zeit von Ostpreußen.

1231 überschritt der Deutsche Orden erstmals bei Thorn die Weichsel nach Osten und eroberte in 50jährigen Kämpfen das ganze Prußenland. Überall auf seinen Wegen entstanden wehrhafte Stützpunkte, die zu Burgen ausgebaut wurden, 1231 Thorn, 1233 Marienwerder, 1237 Elbing, 1254 Königsberg, etwa 1270 Marienburg. Überall, wo der Orden eine Burg anlegte, strömten Siedler herbei und siedelten sich im Schutze der Burg an, so daß bald ein Flecken, eine Lischke, entstand, die später Stadtrechte erhielt. Insgesamt hat der Orden 93 Städte und etwa 1400 Dörfer gegründet, davon etwa 1000 rechts der Weichsel.

1237 vereinigte er sich mit dem Schwertbrüder-Orden von Livland. Die Christianisierung der Prußen und die Landnahme durch den Orden erfolgte nicht ohne Kampf. 1242 und 1260 erhoben sich die Prußen gegen den Orden. 1283 waren sie endgültig bezwungen und getaufte Prußen waren gleichberechtigt.

1309 wurde der Sitz des Hochmeisters von Venedig nach der Marienburg verlegt.

1351—1383, unter Hochmeister Winrich von Kniprode, war der Gipfelpunkt an Reichtum und Macht des Ordensstaates erreicht.

1410 erlitt der Orden die vernichtende Niederlage durch die vereinigten Polen und Litauer bei Tannenberg, wovon er sich nicht wieder erholen konnte.

1440 rebellierten die Städte, die sich zum „Preußischen Bund" zusammengeschlossen hatten, gegen zu hohe Steuern mit wachsender Unzufriedenheit und riefen die Polen ins Land. In diesem 13jährigen Krieg fiel durch Verrat die Marienburg in die Hände der Polen.

1466 war die Großmachtstellung des Ordens vernichtet (2. Thorner Friede). Der Orden verlor alles Land außer dem östlichen Teil von Ostpreußen, der ihm von Polen zum Lehen gegeben wurde.

Ostpreußen, ohne das Ermland, wurde 1525 Herzogtum, 1618 mit Brandenburg in Personalunion vereinigt und war 1701 die Keimzelle des Königreiches Preußen.

Von 1466 bis 1772 (mehr als 300 Jahre) stand das Ermland unter der Lehnshoheit des polnischen Königs.

1772 erste Teilung Polens; Westpreußen, das Ermland und der Netzedistrikt kamen an Preußen.

1793, bei der zweiten Teilung Polens, kamen Danzig und Thorn zu Preußen.

Das Ermland blieb durch die Zugehörigkeit zum katholischen Polen (über 300 Jahre) katholisch, während die anderen preußischen Landesteile durch die Reformation protestantisch wurden. Das Deutschtum hatte sich im Ermland jedoch erhalten.

Die vielen vom Orden gegründeten Kirchen waren ursprünglich natürlich katholisch. Durch die Reformation waren diese Ordenskirchen fast sämtlich evangelische Kirchen geworden. Nur die Ordenskirchen im Ermland blieben immer katholisch.

Als im Jahre 1772 unter Friedrich dem Großen die Provinz Westpreußen und auch das Ermland wieder mit dem Königreich Preußen verbunden wurden, erhielt Ostpreußen seinen Namen.

1807, durch den Tilsiter Frieden, erlitt Ostpreußen schwere Verluste durch zwangsweise Beitreibungen von Vieh, Getreide und Geldkontributionen. Durch diese Belastungen jedoch begann hier das große Erwachen der Deutschen Nation unter vom Stein, Scharnhorst und Hardenberg, das zu den Befreiungskriegen und dem Sturz Napoleons führte. Seit 1815 erfolgte wieder eine aufsteigende Entwicklung.

Während der Ordenszeit bis zum Anfang des 16. Jahrhunderts waren die Gebiete verhältnismäßig dünn besiedelt. Erst als der Ordensstaat in ein weltliches Herzogtum umgewandelt wurde, etwa im Jahre 1525, wurde eine planmäßige Besiedlung durchgeführt. Die Amtshauptmänner hatten die Aufgabe, Siedler ins Land zu holen, das vorhandene Land aufzuteilen und den Wald roden zu lassen, um daraus fruchtbares Ackerland zu gewinnen. Im 17. Jahrhundert verstärkte sich die Zahl der Kolonisten.

Die Pest 1709/11 verheerte das gesamte nordöstliche Ostpreußen. Der Wiederaufbau und die Besiedlung waren ein Werk Friedrich Wilhelm I. in den Jahren 1710—19.

In den späteren Jahren kamen größere Gruppen von Kolonisten aus Nassau-Dillenburg, Braunfels und dem Magdeburgischen. 1732—1736 folgte ein umfangreicher Strom der Salzburger mit etwa 20 000 Personen.

Im Jahre 1713 gründete Friedrich Wilhelm I. Städte und Staatsgüter (Domänen) und führte auch die Schulpflicht ein. Als nach der Mitte des 19. Jahrhunderts die ersten Eisenbahnen gebaut wurden, konnten dadurch weite Gebiete erschlossen werden. Neben der verstaatlichten Bahn gab es private Kleinbahnen.

In allen Jahrhunderten hatte Ostpreußen sehr unter Kriegen und fremden Besatzungen durch Russen, Tataren, Polen, Schweden und Franzosen zu leiden, wobei viele Ortschaften ausgeplündert und zerstört wurden. Ebenso wurden durch viele Feuersbrünste die Ortschaften wiederholt zerstört und immer wieder aufgebaut. Hinzu kam die Dezimierung der Bevölkerung durch die mehrmals wütende Pest und Cholera. So waren viele Orte menschenleer geworden, und das Wachstum wurde dadurch gehemmt. Die Preußischen Herrscher siedelten daher Deutsche aus fast allen Stämmen, Franken, Magdeburger, Masowier, Nassauer, Litauer, Pfälzer, Salzburger, Hugenotten, Schlesier, Schotten, Schweizer und holländische Mennoniten an, die sich in den Jahren zum ostpreußischen Menschen vermischten und am Ende des Ersten Weltkrieges als treue Deutsche ihr Treuegelöbnis zum Deutschen Reich bei der Abstimmung 1920 ablegten. Polen erlitt eine vernichtende Niederlage.

Ergebnis der Abstimmung am 11. Juli 1920

Reg.-Bezirk ALLENSTEIN
363 209 deutsche Stimmen = **97,9 %**
7 980 polnische

Reg.-Bezirk MARIENWERDER
96 894 deutsche Stimmen = **92,4 %**
7 947 polnische

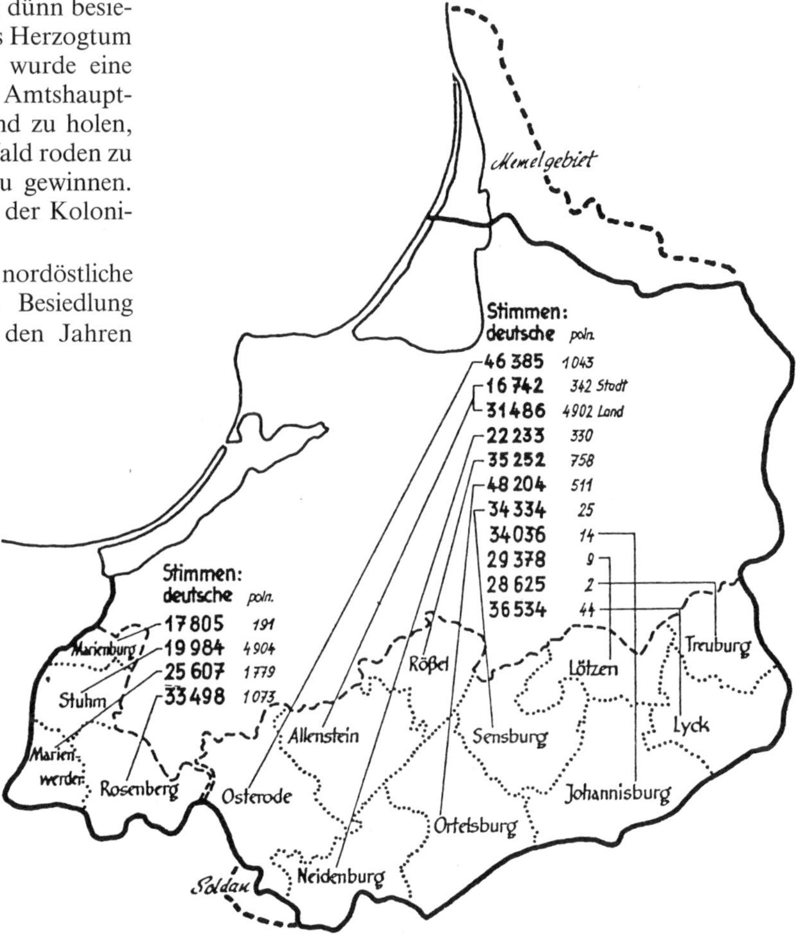

Als einzige betroffene deutsche Bevölkerung mußte im Ersten Weltkrieg die Bevölkerung Ost- und Südostpreußens mehrmals vor den Russen flüchten. Viele Städte und Dörfer wurden zerstört. Hindenburg wurde als Befreier Ostpreußens gefeiert. Der Friedensvertrag von Versailles, 28. 6. 1919, nach dem verlorenen Ersten Weltkrieg, trat am 10. Januar 1920 in Kraft und löste Polen aus dem russischen Staatsverband.

Das Gebiet um Soldau kam ohne Abstimmung zu dem neu entstandenen Polen und fast ganz Westpreußen ebenso. Das restliche Westpreußen östlich der Weichsel kam als Regierungs-Bezirk Westpreußen zu Ostpreußen. Das Memelgebiet wurde an die Alliierten abgetreten und fiel später an Litauen, blieb aber autonom. Ostpreußen war eine Insel geworden.

Im Jahr 1939, nach dem Sieg über Polen, kam der „polnische Korridor“ mit Soldau wieder zum Deutschen Reich, ebenso wurde die Freie Stadt Danzig wieder in das Reich eingegliedert. Das Memelgebiet war schon am 22. 3. 1939 zu Deutschland gekommen. Der Rest Polens wurde Warthegau und Generalgouvernement bzw. von der damals mit dem Deutschen Reich verbündeten Sowjetunion besetzt. Polen hatte wieder einmal aufgehört zu bestehen.

Zum Ende des Zweiten Weltkrieges war Ostpreußen bis 1944 Zufluchtsgebiet für bombenbedrohte Deutsche aus West- und Mitteldeutschland. Im Juli 1944 erreichte die Rote Armee die Grenze Ostpreußens. Von der Partei war das rechtzeitige Verlassen der Heimat zum großen Teil verboten worden und oft erst Stunden vor Eintreffen der sowjetischen Truppen mußte die Bevölkerung unorganisiert zu Fuß die Flucht antreten. So wurde die Zivilbevölkerung von den Sowjets überrannt und mit den deutschen Truppen eingeschlossen. Hunderttausende Frauen, Kinder und Alte versuchten unter unsäglichen Strapazen über das Eis des Frischen Haffs und die Frische Nehrung zu entkommen. Die Todesopfer der deutschen Zivilbevölkerung bei dieser Flucht werden mit 614 000 angegeben. Nachdem das Deutsche Reich den Zweiten Weltkrieg verloren hatte, schlugen die Siegermächte auf der Potsdamer Konferenz, 17. 7. bis 2. 8. 1945, den nördlichen Teil Ostpreußens der Verwaltung der Sowjetunion zu, der südliche Teil wurde dem wieder ins Leben gerufenen Polen zur Verwaltung unterstellt — vorbehaltlich der Regelung durch einen Friedensvertrag. Das Deutsche Reich wurde in vier Besatzungszonen aufgeteilt, woraus sich schließlich die beiden deutschen Staaten entwickelten, wobei das östliche Pommern, das östliche Brandenburg und Schlesien Polen zugeschlagen wurden. Die Flüsse Oder und Neiße wurden zur westlichen Grenze Polens bestimmt, die jedoch erst noch durch einen Friedensvertrag anerkannt werden müßte.

Die Demarkationslinie zwischen der Sowjetunion und Polen läuft nun durch die deutschen ostpreußischen Kreise Heiligenbeil, Preußisch Eylau, Bartenstein, Gerdauen, Angerapp und Goldap in west-östlicher Richtung von der Frischen Nehrung bis zur früheren polnisch/litauischen Grenze östlich von Goldap.

Die deutsche Bevölkerung wurde vertrieben.

Seit 1945 sind nun 2416 km² des Memelgebietes und 13 502,36 km² des nördlichen Ostpreußen unter sowjetischer und 23 489,40 km² des südlichen Ostpreußen unter polnischer Verwaltung.

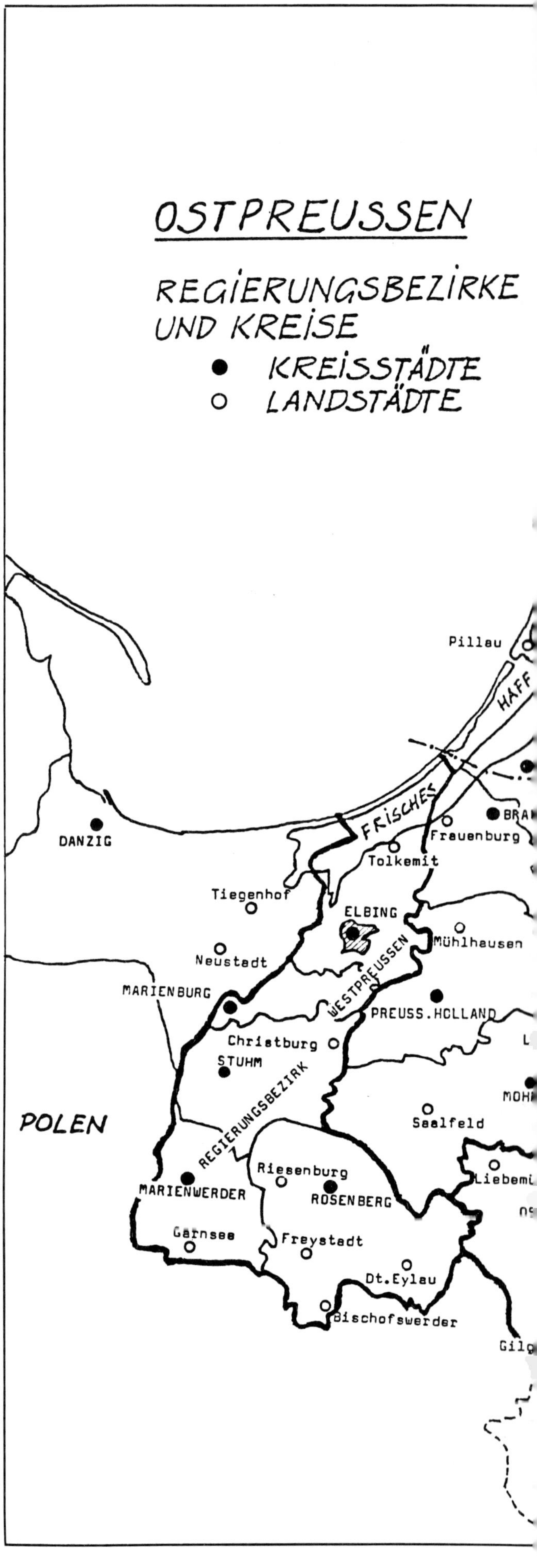

OSTPREUSSEN

REGIERUNGSBEZIRKE UND KREISE

● KREISSTÄDTE

○ LANDSTÄDTE

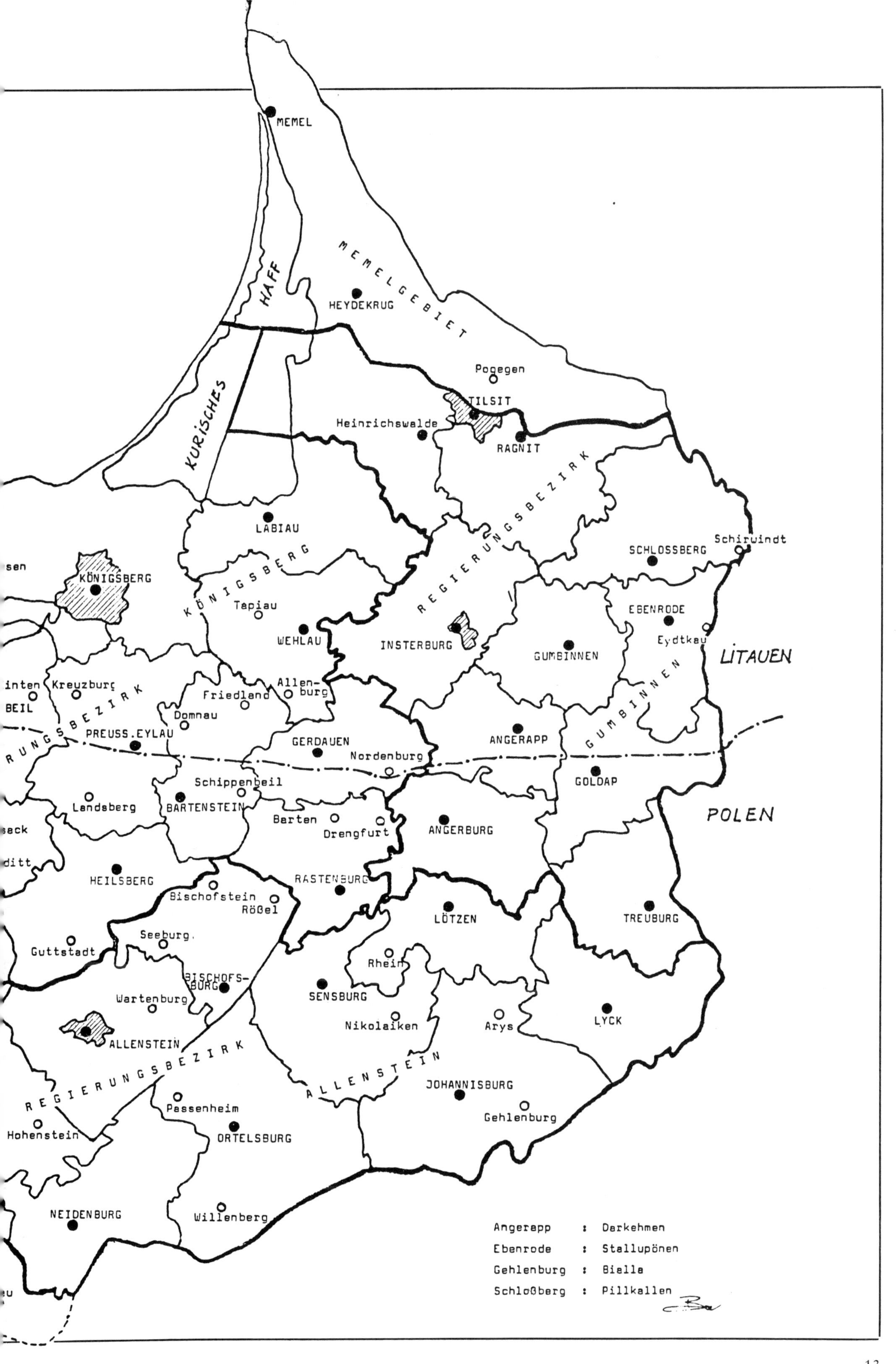
MEMEL
MEMELGEBIET
HEYDEKRUG
HAFF
KURISCHES
Pogegen
TILSIT
Heinrichswalde
RAGNIT
REGIERUNGSBEZIRK
LABIAU
SCHLOSSBERG
Schirwindt
KÖNIGSBERG
KÖNIGSBERG
Tapiau
WEHLAU
INSTERBURG
EBENRODE
Eydtkau
GUMBINNEN
LITAUEN
Kreuzburg
Friedland
Allenburg
Domnau
PREUSS.EYLAU
GERDAUEN
Nordenburg
ANGERAPP
GUMBINNEN
Schippenbeil
BARTENSTEIN
Landsberg
Barten
Drengfurt
ANGERBURG
GOLDAP
POLEN
HEILSBERG
Bischofstein
Rößel
RASTENBURG
LÖTZEN
TREUBURG
Guttstadt
Seeburg
Rhein
BISCHOFSBURG
SENSBURG
Wartenburg
Nikolaiken
Arys
LYCK
ALLENSTEIN
REGIERUNGSBEZIRK
ALLENSTEIN
JOHANNISBURG
Passenheim
Gehlenburg
Hohenstein
ORTELSBURG
NEIDENBURG
Willenberg
Angerapp : Darkehmen
Ebenrode : Stallupönen
Gehlenburg : Bialla
Schloßberg : Pillkallen

Vertrieben wurden aus den gesamten Ostgebieten des Deutschen Reiches östlich von Oder und Neiße acht Millionen Deutsche, zwei Millionen kamen dabei ums Leben.

In Kriegsgefangenschaft:

10,2 Millionen	in westlicher Gefangenschaft, 300 000 = 3 % davon umgekommen
3,8 Millionen	in sowjetischer Gefangenschaft, 1,8 Millionen = 29 % davon umgekommen
175 000	in jugoslawischer Gefangenschft 80 000 = 46 % davon umgekommen
70 000	in polnischer Gefangenschaft 15 000, = 21,4 % davon umgekommen.

Das ostpreußische Wappen ist der preußische Adler, dem in der Demokratie die königlichen Zeichen genommen wurden. Im Jahre 1941 wurde das Wappen des Deutschen Ordens (schwarzes Kreuz in Silber) mit einer roten Silhouette des Tannenberg-Denkmals gekrönt, ihm auf die Brust gelegt.

Als Emblem für die Heimatvertriebenen aus Ostpreußen hat sich nach 1945 die schwarze Elchschaufel auf weißem Schild durchgesetzt.

Bedeutende Ostpreußen

Es wäre falsch, anzunehmen, daß Ostpreußen lediglich ein Land war, in dem Bauern lebten und in harter Arbeit zwischen wilden Wölfen und Bären in harten schneereichen Wintern ihr Leben fristeten. Im Gegenteil: Ostpreußen war die Kornkammer des Deutschen Reiches und lieferte den Überschuß an erzeugten Lebensmitteln an die deutsche Bevölkerung. Und wie in jedem anderen deutschen Land wuchsen auch hier Menschen auf, die bedeutende Persönlichkeiten wurden und große kulturelle Leistungen erbrachten.

Bielefeld, Bruno	Blumenau b. Pr. Eylau	1879–1973 Berlin	Maler und Zeichner
Biesalski, Konrad	Osterode	1868–1930 Berlin	Orthopäde, Krüppelfürsorge
Bischoff, Eduard	Königsberg	1890–1974 Soest	Maler
Brobowski, Johannes	Tilsit	1917–1965 Berlin	Lyriker und Prosaschriftsteller
Braun, Otto	Königsberg	1872–1955 Arosa	Politiker
Brockhusen, Theo von	Treuburg	1882–1919 Arosa	Maler
Burdach, Konrad	Königsberg	1859–1936 Berlin	Germanist
Cavael, Rolf	Königsberg	1898–1979 München	Maler
Corinth, Lovis	Tapiau	1858–1925 Zandvoort	Maler
Dach, Simon	Memel	1605–1659 Königsberg	Dichter
Degner, Arthur	Gumbinnen	1888–1972 Berlin	Maler
Dieffenbach, Joh. Friedrich	Königsberg	1792–1847 Berlin	Chirurg
Doehring, Bruno	Mohrungen	1879–1961 Berlin	Theologe
Fehdner, Helene	Königsberg	1872–1939 Grainau	Schauspielerin
Drygalski, Erich von	Königsberg	1865–1949 München	Arktis-Forscher
Fechter, Paul	Elbing	1880–1958 Berlin	Schriftsteller
Gottsched, Joh. Christoph	Juditten	1700–1766 Leipzig	Gelehrter
Hamann, Joh. Georg	Königsberg	1730–1788 Münster	Philosoph
Herder, Joh. Gottfried	Mohrungen	1744–1803 Weimar	Philosoph und Dichter
Hoffmann, E.T.A.	Königsberg	1776–1822 Berlin	Dichter
Holz, Arno	Rastenburg	1863–1929 Berlin	Dichter
Hünefeldt, Günther von	Königsberg	1892–1929 Berlin	Flieger
Hundrieser, Emil	Königsberg	1846–1911 Berlin	Bildhauer
Jessner, Leopold	Königsberg	1878–1945 Los Angeles	Schausp., Regisseur
Kant, Immanuel	Königsberg	1714–1804 Königsberg	Philosoph
Kirchhoff, Gust. Robert	Königsberg	1824–1887 Berlin	Naturforscher
Kollo, Walter	Neidenburg	1878–1940 Berlin	Operettenkomponist
Kollwitz, Käthe	Königsberg	1867–1945 Moritzburg	Malerin, Bildhauerin
Kudnig, Fritz	Königsberg	1888–1979 Heide	Dichter
Miegel, Agnes	Königsberg	1879–1964 Bad Salzuflen	Dichterin
Mollenhauer, Ernst	Tapiau	1892–1963 Düsseldorf	Maler
Nicolai, Otto	Königsberg	1810–1849 Berlin	Komponist
Orlowski, Hans	Insterburg	1894–1967 Berlin	Zeichner, Graphiker
Partikel, Alfred	Goldap	1888–1945 Ahrenshoop	Maler, Zeichner
Reichardt, Joh. Friedr.	Königsberg	1752–1814 Giebichenstein	Dichter, Musiker
Schenkendorf, Max von	Tilsit	1783–1817 Koblenz	Dichter
Simson, Eduard von	Königsberg	1810–1899 Berlin	Politiker
Sudermann, Hermann	Matziken	1857–1928 Berlin	Dichter
Taut, Bruno	Königsberg	1880–1983 Berlin	Architekt
Tiessen, Heinz	Königsberg	1887–1971 Berlin	Komponist
Wagner, Martin	Königsberg	1885–1957 Cambr./Mass.	Architekt
Wichert, Ernst	Insterburg	1831–1902 Berlin	Schriftsteller
Wiechert, Ernst	Kleinort	1887–1950 Uerikon	Dichter
Willmann, Michael	Königsberg	1630–1706 Kloster Leubus	Barockmaler

Ost- und Westpreußen nach dem Zweiten Thorner Frieden (1466)

Herzogtum Preußen

Königliches Preußen

Bistum Ermland

Städtische Territorien

zeitweilige Staatsgrenzen

Grenzen der Distrikte

Grenzen der Hauptämter

50 km

Memel, Tauroggen, Tilsit, Ragnit, Schaaken, Fischhausen, Neuhausen, Königsberg, Tapiau, Insterburg, Lauenburg, Putzig, Brandenburg, Balga, Gerdauen, Pommern, Danzig, Mirchau, Pr. Eylau, Rastenburg, Barten, Angerburg, Bütow, Elbing, Marienburg, Dirschau, Pr. Holland, Ermland, Lötzen, Oletzko, Neuhof, Morungen, Tuchel, Pr. Mark, Schlochau, Rhein, Seehesten, Lyck, Neuenburg, Schönberg, Marienwerder, Dt. Eylau, Osterode, Ortelsburg, Johannisburg, Schwetz, Gilgenburg, Neidenburg, Michelau, Culm, Thorn, Serrey

POLEN

LITAUEN

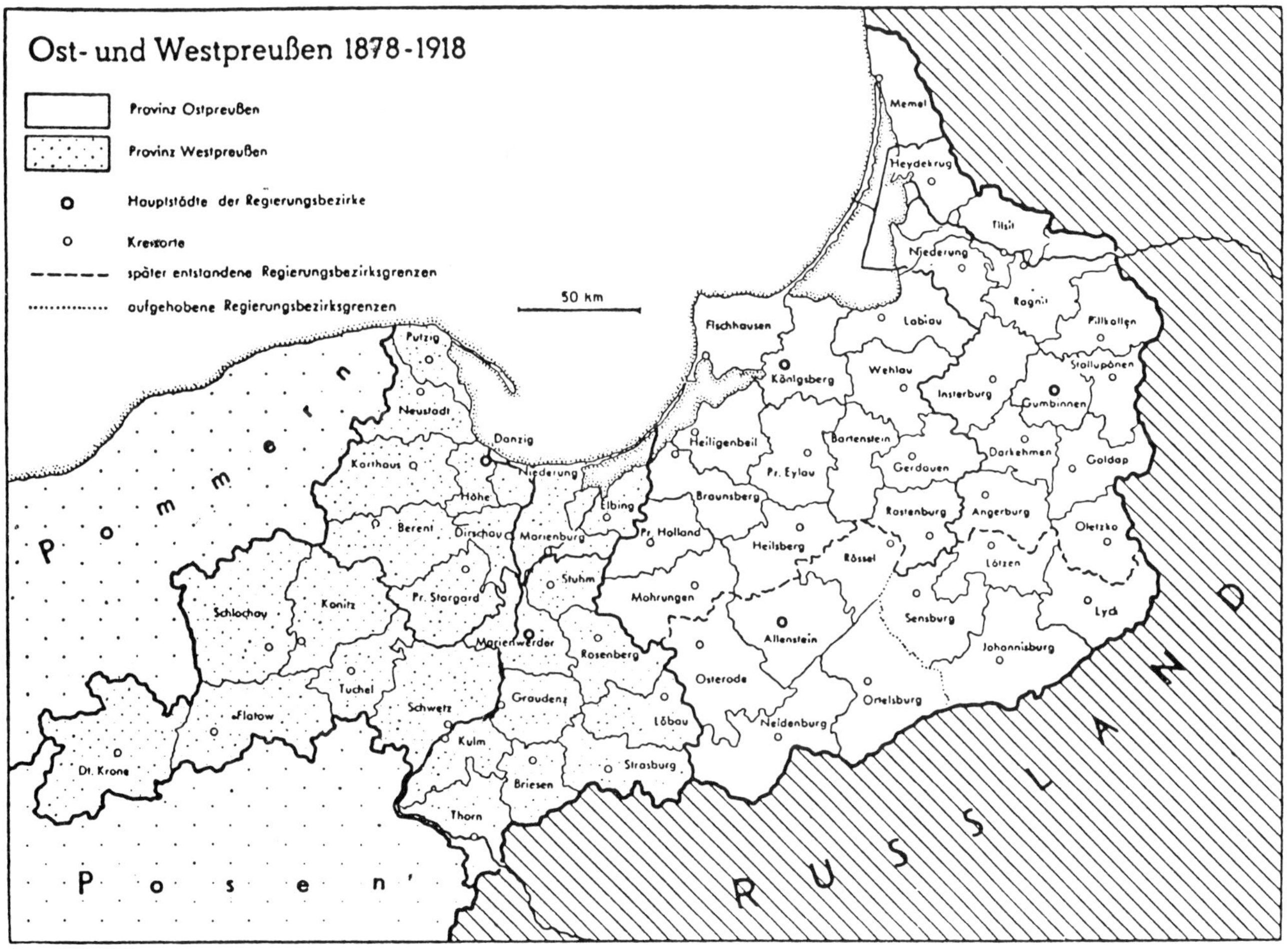

Ost- und Westpreußen 1878-1918

Provinz Ostpreußen

Provinz Westpreußen

Hauptstädte der Regierungsbezirke

Kreisorte

später entstandene Regierungsbezirksgrenzen

aufgehobene Regierungsbezirksgrenzen

50 km

Memel, Heydekrug, Tilsit, Niederung, Ragnit, Pillkallen, Fischhausen, Labiau, Stallupönen, Putzig, Königsberg, Wehlau, Insterburg, Gumbinnen, Neustadt, Heiligenbeil, Bartenstein, Darkehmen, Goldap, Danzig, Karthaus, Niederung, Pr. Eylau, Gerdauen, Höhe, Braunsberg, Elbing, Rastenburg, Angerburg, Berent, Dirschau, Marienburg, Pr. Holland, Heilsberg, Oletzko, Rössel, Lötzen, Stuhm, Pr. Stargard, Konitz, Schlochau, Mohrungen, Sensburg, Lyck, Marienwerder, Allenstein, Rosenberg, Johannisburg, Osterode, Tuchel, Graudenz, Ortelsburg, Flatow, Schwetz, Löbau, Neidenburg, Kulm, Dt. Krone, Strasburg, Briesen, Thorn

Pommern

Posen

RUSSLAND

Der Regierungsbezirk Allenstein

Der Regierungsbezirk Allenstein hatte eine Größe von 11 519,85 Quadratkilometern und eine Einwohnerzahl von 568 024 Personen, so daß rund 49,3 Menschen auf einem Quadratkilometer im Durchschnitt lebten. Ein großer Prozentsatz der Fläche war Wasser.

Durch den Zugang des Kreisteils Soldau mit 500 km² Fläche hatte der Regierungsbezirk 1940 eine Fläche von 12 019,85 km². Die Einwohnerzahl stieg um 24 850 auf 592 874 Personen.

Der Regierungsbezirk umfaßte das südliche Ermland und fast ganz Masuren in zehn Kreisen mit insgesamt 1215 politischen Gemeinden und 2493 Wohnplätzen.

Die Kreise waren:

Allenstein Stadt, Allenstein Land, Johannisburg, Lötzen, Lyck, Neidenburg, Ortelsburg, Osterode, Rößel und Sensburg. Die Bevölkerung war meist evangelisch, die Kreise des Ermlands, Allenstein Stadt, Allenstein Land sowie Rößel, waren meist katholisch.

Bäuerlicher Ackerbau, Viehzucht, Fischerei, Forstwirtschaft, Molkereien, Mühlen, Holzverarbeitung, Landhandel, kleinere Industrien, Fremdenverkehr gehörten zum Arbeitsbereich der Bevölkerung.

Der ganze Regierungsbezirk kam 1945 unter polnische Verwaltung.

Der Regierungsbezirk Gumbinnen

Der Regierungsbezirk Gumbinnen umfaßte **ohne** das Memelgebiet eine Fläche von 9399,36 Quadratkilometern bei einer Einwohnerzahl von 559 205 Personen, so daß im Durchschnitt auf einem Quadratkilometer 59,5 Menschen lebten.

Einschließlich Memelgebiet betrug die Fläche 11 815,36 km² bei einer Fläche des Memelgebiets von 2416 km², die Einwohnerzahl stieg um 153 038 auf 712 243 Personen.

Der Regierungsbezirk Gumbinnen war der nördlichste Teil Preußens und des Deutschen Reiches. Er war Grenzland nach Osten zu Litauen und Polen. Am Wystiter See stießen die Grenzen von Litauen, Polen und Deutschland zusammen: Dreiländereck.

10 Landkreise: Gumbinnen, Angerburg, Goldap, Treuburg, Angerapp (Darkehmen), Insterburg, Ebenrode (Stallupönen), Schloßberg (Pillkallen), Tilsit-Ragnit, Elchniederung. Dazu kamen die **zwei Stadtkreise** Tilsit und Insterburg.

Insgesamt hatte der alte Regierungsbezirk Gumbinnen, ohne das Memelland, 1765 politische Gemeinden und 3076 Wohnplätze. Ab 1939 kamen aus dem Memelland dazu die Kreise:

Memel-Stadt, Landkreis Memel, der Landkreis Heydekrug, während ein großer Teil des aufgelösten Kreises Pogegen zum Landkreis Tilsit-Ragnit kam, der dadurch erheblich größer wurde. Das Land wurde landwirtschaftlich genutzt: Roggen, Kartoffeln, Gerste auf vorwiegend leichten Böden.

Seit 1945, nach dem verlorenen Krieg, liegen 6620,93 km², ohne das Memelgebiet, unter sowjetischer und 2778,43 km² unter polnischer Verwaltung. Das Memelgebiet geriet ebenfalls unter sowjetische Verwaltung.

Die neue Demarkationslinie teilt die Kreise Angerapp (Darkehmen) und Goldap von Westen nach Osten.

Die Zahlen für das Memelland liegen, bedingt durch die Litauerzeit und den kurz nach der Vereinigung ausgebrochenen Krieg, nicht endgültig fest.

Der Regierungsbezirk Königsberg (Pr)

Der Regierungsbezirk Königsberg bestand bis zum 1. 4. 1939 aus dem Stadtkreis Königsberg und 13 Landkreisen. Durch Eingemeindungen zur Großstadt Königsberg war der Landkreis Königsberg nicht mehr lebensfähig und wurde mit dem Kreis Fischhausen zum Großkreis Samland zusammengelegt. Kreisstadt für diesen Großkreis war Königsberg.

Ab 1. 4. 1939 gab es daher nur 12 Landkreise: Bartenstein, Braunsberg, Gerdauen, Heiligenbeil, Heilsberg, Labiau, Mohrungen, Preuß. Eylau, Preuß. Holland, Rastenburg, Samland und Wehlau, dazu kam der Stadtkreis Königsberg (Pr).

Die Kreise Braunsberg und Heilsberg gehörten kirchlich zum Ermland, und die Bevölkerung war meist katholisch.

Insgesamt hatte der Regierungsbezirk Königsberg 1313 politische Gemeinden und 4277 Wohnplätze.

Die Gesamtfläche des Regierungsbezirks betrug 13 147 Quadratkilometer bei einer Gesamteinwohnerzahl von 1 059 085 Personen, so daß auf einem Quadratkilometer durchschnittlich 80,6 Einwohner lebten.

Landwirtschaftliche Nutzung mit intensiven Getreideanbau. Bauernland und Gutsland waren etwa halb und halb vertreten, in der Stadt Königsberg Fabriken, Schiffsbau, Waggonbau, Seeverkehr.

Nach dem verlorenen Krieg wurde aufgrund der Potsdamer Beschlüsse der Siegermächte der Nordteil des Regierungsbezirks mit 6881 km² und 733 200 Einwohnern (1939) zusammen mit dem nördlichen Teil des Regierungsbezirks Gumbinnen einschl. Memelgebiet im Jahre 1945 unter sowjetische Verwaltung gestellt.

Der Südteil des Regierungsbezirks mit 6266 km² und 300 600 Einwohnern (1939) kam unter polnischer Verwaltung. Die Demarkationslinie teilt die Kreise Heiligenbeil, Preuß. Eylau, Bartenstein und Gerdauen in west-östlicher Richtung.

Das Memelgebiet

Das Memelgebiet als nördlichster Teil Ostpreußens und des Deutschen Reiches hatte nach der Abtrennung (1919) eine Fläche von 2416 km² im Jahr 1925 und eine Bevölkerung von 153 038 Personen (1937), so daß auf 1 km² durchschnittlich 63 Menschen lebten (1. 1. 1940: 154 694 Einwohner). Nach dem Vertrag von Versailles wurde 1920 ohne Befragung der Bevölkerung das politisch „Memelgebiet" genannte Gebiet an die damaligen Alliierten abgetreten und Frankreich übernahm trotz des Protestes der Bevölkerung die Verwaltung. Am 10. 1. 1923 drangen, ohne auf Widerstand der französischen Besatzung zu stoßen, litauische Freischärler in das Memelgebiet ein und Litauen erhielt schließlich durch die Konvention vom 8. 5. 1924 die Souveränität über das weiterhin autonome Memelgebiet.

In litauischer Zeit bestand das Memelgebiet aus den Kreisen:

Memel-Stadt	31,28 km²	39 056 Einwohner
Memel-Land	814 km²	33 356 Einwohner
Heydekrug	645 km²	38 437 Einwohner
Pogegen	928 km²	42 189 Einwohner

Nach dem Wahlsieg der memelländischen Einheitsliste im Dezember 1938 erfolgte die Rückgabe des Gebietes am 22. 3. 1939 an das Deutsche Reich durch einen rechtsgültigen Staatsvertrag mit Litauen und die Eingliederung in den Regierungsbezirk Gumbinnen.

Der Landkreis Pogegen, der von 1920—1939 bestanden hatte, wurde nach der Rückgliederung aufgelöst und seine Gemeinden kamen zu den Kreisen Heydekrug und Tilsit-Ragnit, vom Kreis Elchniederung wurden zwei Gemeinden dem Kreis Heydekrug zugeteilt, das „Memelgebiet" existierte nicht mehr. Die neue Gliederung bildeten nun die Kreise Memel-Stadt, Landkreis Memel, Kreis Heydekrug und der ostpreußische, südlich der Memel gelegene Kreis Tilsit-Ragnit, der durch die Gebiete aus dem Kreis Pogegen (nördlich der Memel) zum zweitgrößten Landkreis Ostpreußens wurde.

Der verlorene Zweite Weltkrieg brachte das Memelgebiet zusammen mit der nördlichen Hälfte Ostpreßens 1945 unter die Verwaltung der Sowjetunion, allerdings wurde es verwaltungsmäßig in Sowjetlitauen eingegliedert.

Bei den Zahlen des Memelgebiets sind bei Gegenüberstellung verschiedener Quellen geringe Abweichungen festzustellen, die nicht zu klären sind. Nach der Rückkehr des Memellandes war keine Flächenerhebung vorgenommen worden bzw. sind Zahlen nicht bekannt. Demzufolge ist auch nicht genau bekannt, wieviel Fläche und wieviel Einwohner aus dem aufgelösten Kreis Pogegen an Tilsit-Ragnit oder an Heydekrug kamen.

Der Regierungsbezirk Westpreußen

Der Regierungsbezirk Westpreußen, wie er ab 1920 zu Ostpreußen gehörte, war 2925,93 Quadratkilometer groß und hatte im Jahre 1939 eine Einwohnerzahl von 301 808 Personen, so daß 103,1 Menschen im Durchschnitt auf einem Quadratkilometer lebten.

Die Regierungshauptstadt war Marienwerder.

Der Regierungsbezirk umfaßte 5 Landkreise: Elbing-Land, Marienburg, Marienwerder, Rosenberg und Stuhm, wozu noch der Stadtkreis Elbing kam. Insgesamt waren 313 politische Gemeinden vorhanden mit 768 Wohnplätzen.

Nach der Eingliederung des ganzen Westpreußen als preußische Provinz in den Staat Preußen im Jahre 1772, wurde 1815 die Provinz Westpreußen mit den Regierungsbezirken Danzig und Marienwerder gebildet.

Bis zum Versailler Vertrag, 1919, bestand der Regierungsbezirk Marienwerder aus 12 Kreisen. 1920, nach dem verlorenen Ersten Weltkrieg, wurde die Provinz in vier Teile geteilt. Der größte Teil westlich der Weichsel kam an den neu entstandenen Staat Polen, Danzig mit Umgebung wurde als „Freie Stadt" ein eigener Staat unter Verwaltung des Völkerbunds, ein Teil im Südwesten kam zur Provinz Grenzmark Posen-Westpreußen, ein Teil im Nordosten (das Gebiet um Marienwerder östlich der Weichsel) kam als Regierungsbezirk Westpreußen zu Ostpreußen.

Am 26. 10. 1939 kam der Regierungsbezirk Westpreußen zum neugebildeten Reichsgau Danzig-Westpreußen, und ein Regierungsbezirk Marienwerder wurde neu abgegrenzt, dem die Kreise Marienburg, Marienwerder, Rosenberg und Stuhm zugeteilt wurden. Stadt- und Landkreis Elbing kamen zum Regierungsbezirk Danzig.

Am 10. Oktober 1943 ergab sich folgendes Bevölkerungsbild:

Die Provinz Danzig-Westpreußen wurde in drei Regierungsbezirke aufgeteilt, Danzig, Bromberg und Marienwerder. Sie hatte 7 Stadt- und 26 Landkreise mit einer Fläche von 26 057 km². In Städte und Gemeinden gliederte sich die Provinz wie folgt: 10 Städte über 20 000 bis 250 000 Einwohner, 220 Kleinstädte und Gemeinden zwischen 1000 bis 20 000 Einwohner und 2372 Gemeinden mit weniger als 1000 Einwohnern.

Die Provinz Ostpreußen in Zahlen

Die Zahlen für Fläche, Einwohner und Anzahl der Gemeinden wurden der „Statistik des Deutschen Reiches", Band 552,1 und Band 559,1 über die „Volks-, Berufs- und Betriebszählung vom 17. Mai 1939" entnommen. Die Flächen gelten ohne Meeresteile, Haffe, Bodden und dergleichen. Das Memelland und Soldau sind in den Zahlen nicht enthalten. Die Einwohnerzahlen gelten einschließlich Soldaten und männlichem und weiblichem Arbeitsdienst.

Regierungsbezirk Allenstein	Fläche in km²	Einwohner	Einwohner auf 1 km²	Anzahl Gemeinden
Stadtkreis Allenstein	53,13	50 396	948,5	1
Kreise				
Allenstein, Land	1302,67	57 150	43,9	131
Johannisburg	1684,02	53 089	31,5	173
Lötzen	897,38	50 012	55,7	90
Lyck	1115,08	56 417	50,6	159
Neidenburg ohne Soldau	1146,11	39 730	34,7	113
Ortelsburg	1702,84	73 442	43,1	164
Osterode	1536,25	81 513	53,1	173
Rößel	850,84	51 832	60,9	85
Sensburg	1231,53	54 443	44,2	126
	11 519,85	568 024	49,3	1215

Regierungsbezirk Gumbinnen ohne Memelland	Fläche in km²	Einwohner	Einwohner auf 1 km²	Anzahl Gemeinden
Stadtkreis Insterburg	44,11	48 711	1104,3	1
Stadtkreis Tilsit	59,02	58 468	990,6	1
Kreise				
Angerapp	759,49	31 549	41,5	165
Angerburg	929,28	42 744	46,0	74
Ebenrode (Stallupönen)	703,90	41 265	58,6	173
Elchniederung	1003,12	55 376	55,2	226
Goldap	993,34	45 825	46,1	174
Gumbinnen	730,61	55 272	75,7	159
Insterburg, Land	1160,83	43 224	37,2	177
Schloßberg (Pillkallen)	1059,40	42 656	40,3	245
Tilsit-Ragnit	1100,45	56 117	51,0	269
Treuburg	855,81	37 998	44,4	101
	9399,36	559 205	59,5	1765

Regierungsbezirk Königsberg (Pr)	Fläche in km²	Einwohner	Einwohner auf 1 km²	Anzahl Gemeinden
Stadtkreis Königsberg	192,76	372 164	1930,7	1
Kreise				
Bartenstein	880,55	50 448	57,3	79
Braunsberg	946,34	62 317	65,9	97
Gerdauen	844,41	35 013	41,5	71
Heiligenbeil	907,86	53 207	58,6	114
Heilsberg	1095,64	56 214	51,3	107
Labiau	1065,65	51 885	48,7	126
Mohrungen	1265,36	56 255	44,5	112
Preuß. Eylau	1228,49	56 385	45,9	117
Preuß. Holland	858,28	37 492	43,7	94
Rastenburg	871,08	57 223	65,7	79
Samland	1922,92	120 246	62,5	197
Wehlau	1067,27	50 236	47,1	119
	13 146,61	1 059 085	80,6	1313

Regierungsbezirk Westpreußen	Fläche in km²	Einwohner	Einwohner auf 1 km²	Anzahl Gemeinden
Stadtkreis Elbing	30,67	85 952	2802,5	1
Kreise				
Elbing, Land	482,99	28 149	58,3	71
Marienburg	225,66	39 073	173,1	37
Marienwerder	525,70	44 813	85,2	53
Rosenberg	1038,31	63 368	61,0	84
Stuhm	622,60	40 453	65,0	67
	2925,93	301 808	103,1	313
Provinz Ostpreußen:	36991,75	2 488 122	67,3	4606

D. VERZEICHNIS DER NAMENS- UND GRENZÄNDERUNGEN UND DER ÄNDERUNGEN DER KREISZUGEHÖRIGKEIT DER GEMEINDEN IN DER ZEIT VOM 1.9.1939–8.5.1945

Land Preußen

1. Provinz Ostpreußen

Regierungsbezirk Königsberg

Kleinerer Verwaltungsbezirk	Alter Zustand (Gemeindename)	Art der Veränderung	Neuer Zustand (Gemeindename)	Wirkungsdatum
1/2 Bartenstein (Ostpr.)	Pohiebels	Wegfall durch Eingliederung	Klingenberg	1.10.1939
	Klein Schönau	Festsetzung einer Zusatzbezeichnung	Klein Schönau (Ostpr.)	20.3.1941
1/9 Labiau	Groß Steindorf Klein Steindorf	Zusammenschluß	Steindorf (Kreis Labiau)	1.4.1940
	Liebenfelde (Ostpr.) Neuwiese Liebenfelde (Ostpr.), Forst, Gtsbez. Pfeil, Forst, Gtsbez. Tawellenbruch, Forst, Gtsbez.	Neubildung	Gutsbezirk Moosbruch	1.4.1940
1/12 Preußisch Holland	Neu Kußfeld, Gtsbez. Weeskenhof, Gtsbez.	Zusammenschluß	Weeskenhof, Remonteamt, Gtsbez.	1.10.1939
1/14 Wehlau	Schenken	Wegfall durch Eingliederung	Leipen	1.10.1939

Regierungsbezirk Gumbinnen

Kleinerer Verwaltungsbezirk	Alter Zustand (Gemeindename)	Art der Veränderung	Neuer Zustand (Gemeindename)	Wirkungsdatum
1/15 Angerapp	Gudwallen	Wegfall durch Eingliederung	Brettken Menturren Heeresgutsbezirk Gudwallen	1.4.1941
	Gudwallen, teilw. Angerapp, Stadt, teilw. Auerfluß, teilw. Schlieben (Ostpr.), teilw.	Neubildung	Heeresgutsbezirk Gudwallen	1.4.1941
1/16 Angerburg	Sperling, Gutsbezirk	Namensänderung	Wolken, Gutsbezirk	17.7.1940
1/17 Ebenrode	Grenzen (Ostpr.) Hellbrunn	Zusammenschluß	Hellbrunn	1.10.1939
	Russen	Wegfall durch Eingliederung	Sandau (Ostpr.)	1.10.1939
	Blocksberg Weitendorf (Ostpr.) Preußenwall	Zusammenschluß	Preußenwall	1.10.1939
1/18 Elchniederung	Elchwinkel Skirwiet	Eingliederung in Kreis Heydekrug		1.10.1939
	Wolfsberg	Festsetzung einer Zusatzbezeichnung	Wolfsberg (Ostpr.)	9.8.1940
1/19 Goldap	Jagdhaus Rominten	Namensänderung	Rominten	16.1.1941
1/23 Schloßberg (Ostpr.)	Adlerswalde	Festsetzung einer Zusatzbezeichnung	Adlerswalde (Ostpr.)	9.8.1940
	Hochfeld	Festsetzung einer Zusatzbezeichnung	Hochfeld (Ostpr.)	9.8.1940
1/25 Tilsit-Ragnit	Hochau (Ostpr.)	Wegfall durch Eingliederung	Willmannsdorf (Ostpr.)	1.10.1939
	Sallingen	Wegfall durch Eingliederung	Insterweide Sauerwalde	1.10.1939
	Gutsbezirk Damnitzhof, Remonteamts-Vorwerk Gutsbezirk Neuhof-Ragnit, Remonteamt	Zusammenschluß	Neuhof-Ragnit, Heeresgutsbezirk	30.12.1941

Regierungsbezirk Allenstein

Kleinerer Verwaltungsbezirk	Alter Zustand (Gemeindename)	Art der Veränderung	Neuer Zustand (Gemeindename)	Wirkungsdatum
1/28 Allenstein, Ldkr.	Neu Mertinsdorf	Namensänderung	Neu Märtinsdorf	–
1/29 Johannisburg	Scharnhorst	Wegfall durch Eingliederung	Seegutten	–
1/30 Lötzen	Birkensee	Wegfall durch Eingliederung	Kronau	1.10.1939
1/36 Sensburg	Alt Rudowken Neu Rudowken	Zusammenschluß	Hammerbruch (Ostpr.)	1.10.1939
	Weißenburg	Festsetzung einer Zusatzbezeichnung	Weißenburg (Ostpr.)	25.4.1940

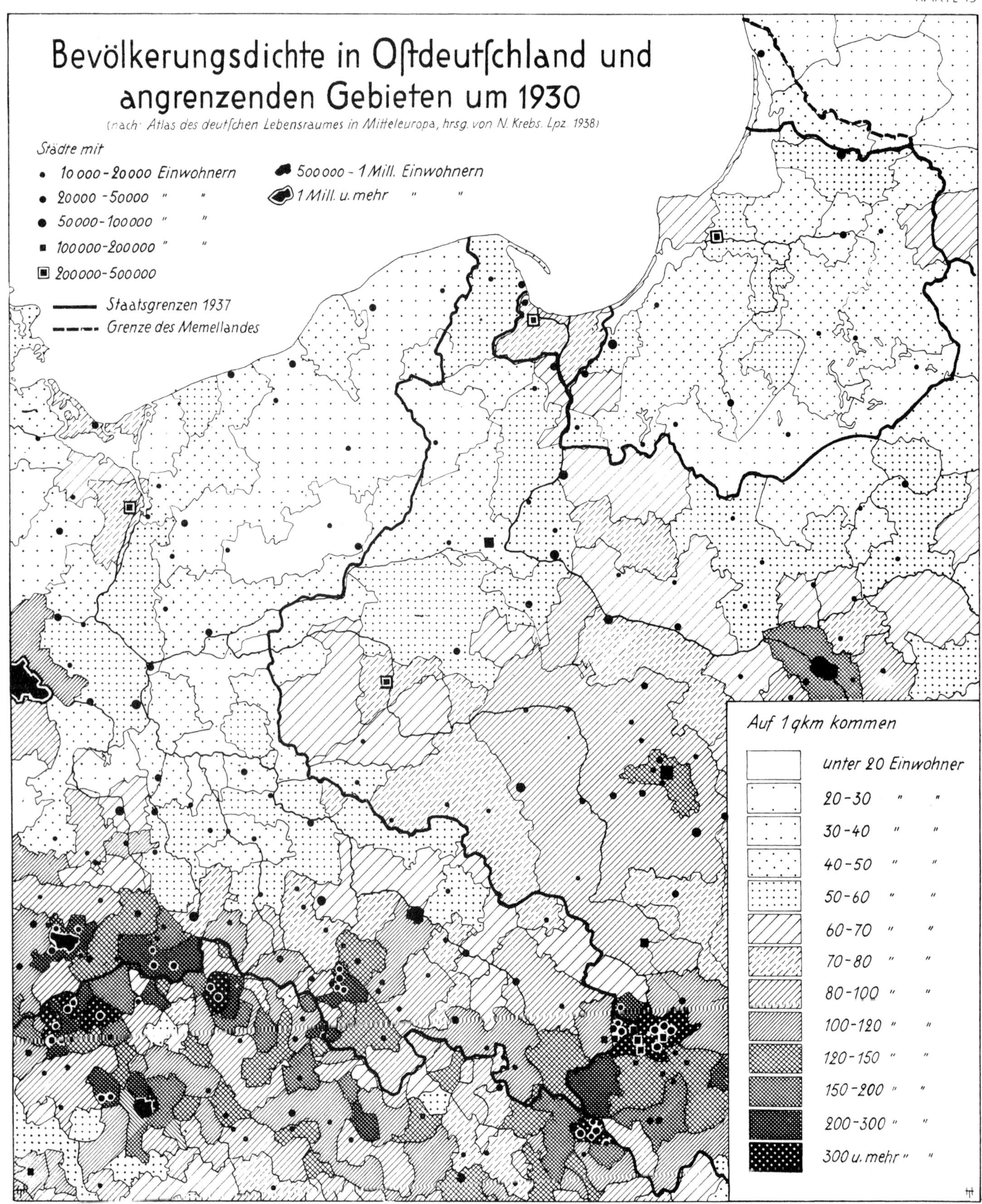
Bevölkerungsdichte in Ostdeutschland und angrenzenden Gebieten um 1930
(nach: Atlas des deutschen Lebensraumes in Mitteleuropa, hrsg. von N. Krebs. Lpz. 1938)
Städte mit
10 000-20 000 Einwohnern
20 000-50 000 " "
50 000-100 000 " "
100 000-200 000 " "
200 000-500 000
500 000-1 Mill. Einwohnern
1 Mill. u. mehr " "
Staatsgrenzen 1937
Grenze des Memellandes
Auf 1 qkm kommen
unter 20 Einwohner
20-30 " "
30-40 " "
40-50 " "
50-60 " "
60-70 " "
70-80 " "
80-100 " "
100-120 " "
120-150 " "
150-200 " "
200-300 " "
300 u. mehr " "

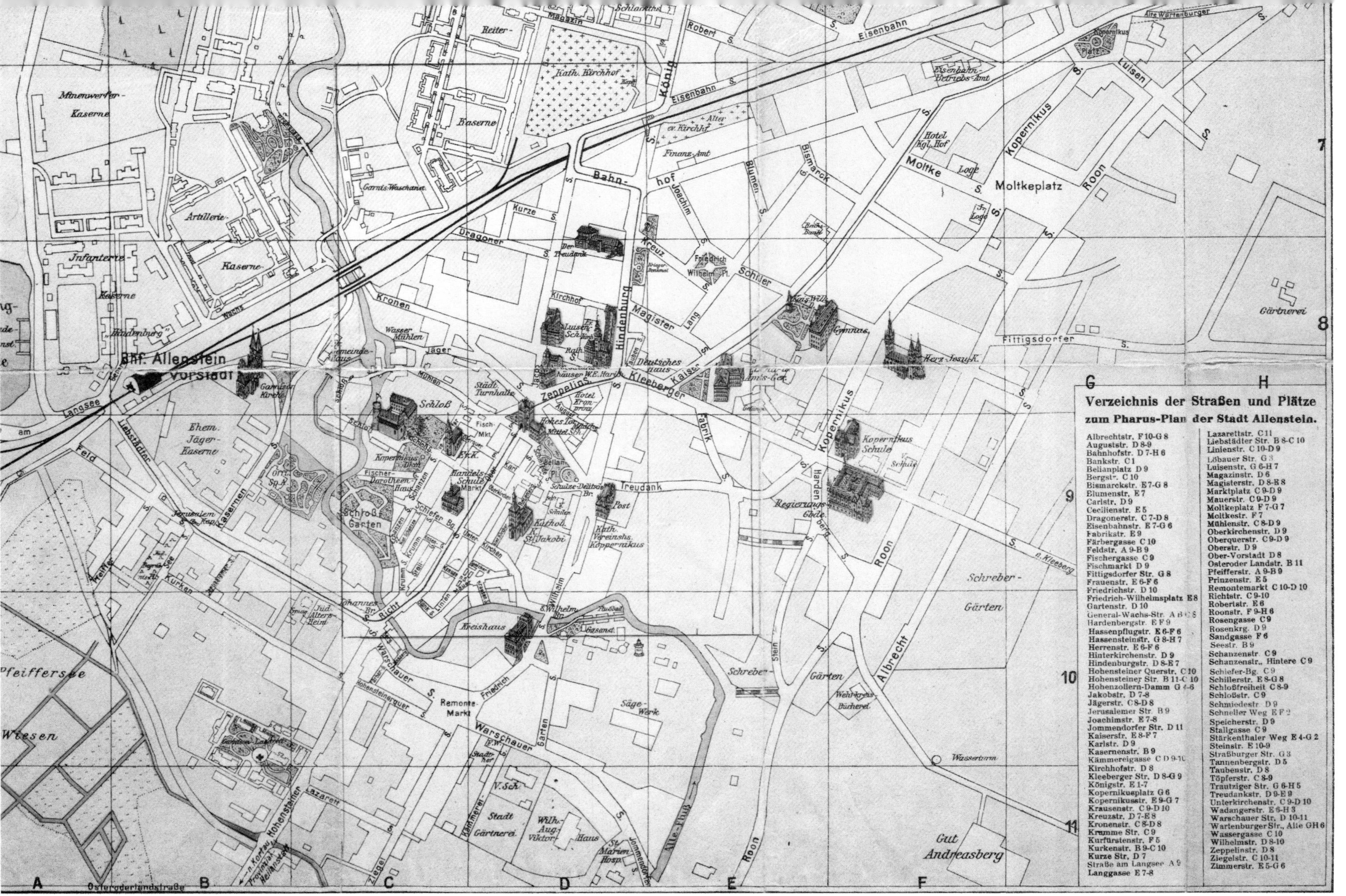
Bhf. Allenstein Vorstadt
Schloß
Moltkeplatz
Pfeiffersee
Gut Andreasberg
Verzeichnis der Straßen und Plätze
zum Pharus-Plan der Stadt Allenstein.
Albrechtstr. F 10-G 8
Auguststr. D 8-9
Bahnhofstr. D 7-H 6
Bankstr. C 1
Belianplatz D 9
Bergstr. C 10
Bismarckstr. E 7-G 8
Blumenstr. E 7
Carlstr. D 9
Cecilienstr. E 5
Dragonerstr. C 7-D 8
Eisenbahnstr. E 7-G 6
Fabrikstr. E 9
Färbergasse C 10
Feldstr. A 9-B 9
Fischergasse C 9
Fischmarkt D 9
Fittigsdorfer Str. G 8
Frauenstr. E 6-F 6
Friedrichstr. D 10
Friedrich-Wilhelmsplatz E 8
Gartenstr. D 10
General-Wachs-Str. A B C 8
Hardenbergstr. E F 9
Hassenpflugstr. E 6-F 6
Hassensteinstr. G 8-H 7
Herrenstr. E 6-F 6
Hinterkirchenstr. D 9
Hindenburgstr. D 8-E 7
Hohensteiner Querstr. C 10
Hohensteiner Str. B 11-C 10
Hohenzollern-Damm G 4-6
Jakobstr. D 7-8
Jägerstr. C 8-D 8
Jerusalemer Str. B 9
Joachimstr. E 7-8
Jommendorfer Str. D 11
Kaiserstr. E 8-F 7
Karlstr. D 9
Kasernenstr. B 9
Kämmereigasse C D 9-10
Kirchhofstr. D 8
Kleeberger Str. D 8-G 9
Königstr. E 1-7
Kopernikusplatz G 6
Kopernikusstr. E 9-G 7
Krausenstr. C 9-D 10
Kreuzstr. D 7-E 8
Kronenstr. C 8-D 8
Krumme Str. C 9
Kurfürstenstr. F 5
Kurkenstr. B 9-C 10
Kurze Str. D 7
Straße am Langsee A 9
Langgasse E 7-8
Lazarettstr. C 11
Liebstädter Str. B 8-C 10
Linienstr. C 10-D 9
Löbauer Str. G 3
Luisenstr. G 6-H 7
Magazinstr. D 6
Magisterstr. D 8-E 8
Marktplatz C 9-D 9
Mauerstr. C 9-D 9
Moltkeplatz F 7-G 7
Moltkestr. F 7
Mühlenstr. C 8-D 9
Oberkirchenstr. D 9
Oberquerstr. C 9-D 9
Oberstr. D 9
Ober-Vorstadt D 8
Osteroder Landstr. B 11
Pfeifferstr. A 9-B 9
Prinzenstr. E 5
Remontemarkt C 10-D 10
Richtstr. C 9-10
Robertstr. E 6
Roonstr. F 9-H 6
Rosengasse C 9
Rosenkrg. D 9
Sandgasse F 6
Seestr. B 9
Schanzenstr. C 9
Schanzenstr., Hintere C 9
Schiefer-Bg. C 9
Schillerstr. E 8-G 8
Schloßfreiheit C 8-9
Schloßstr. C 9
Schmiedestr. D 9
Schneller Weg E F 2
Speicherstr. D 9
Stallgasse C 9
Stärkenthaler Weg E 4-G 2
Steinstr. E 10-9
Straßburger Str. G 3
Tannenbergstr. D 5
Taubenstr. D 8
Töpferstr. C 8-9
Trautziger Str. G 6-H 5
Treudankstr. D 9-E 9
Unterkirchenstr. C 9-D 10
Wadangerstr. E 6-H 3
Warschauer Str. D 10-11
Wartenburger Str., Alte G H 6
Wassergasse C 10
Wilhelmstr. D 8-10
Zeppelinstr. D 8
Ziegelstr. C 10-11
Zimmerstr. E 5-G 6

Wartenburg

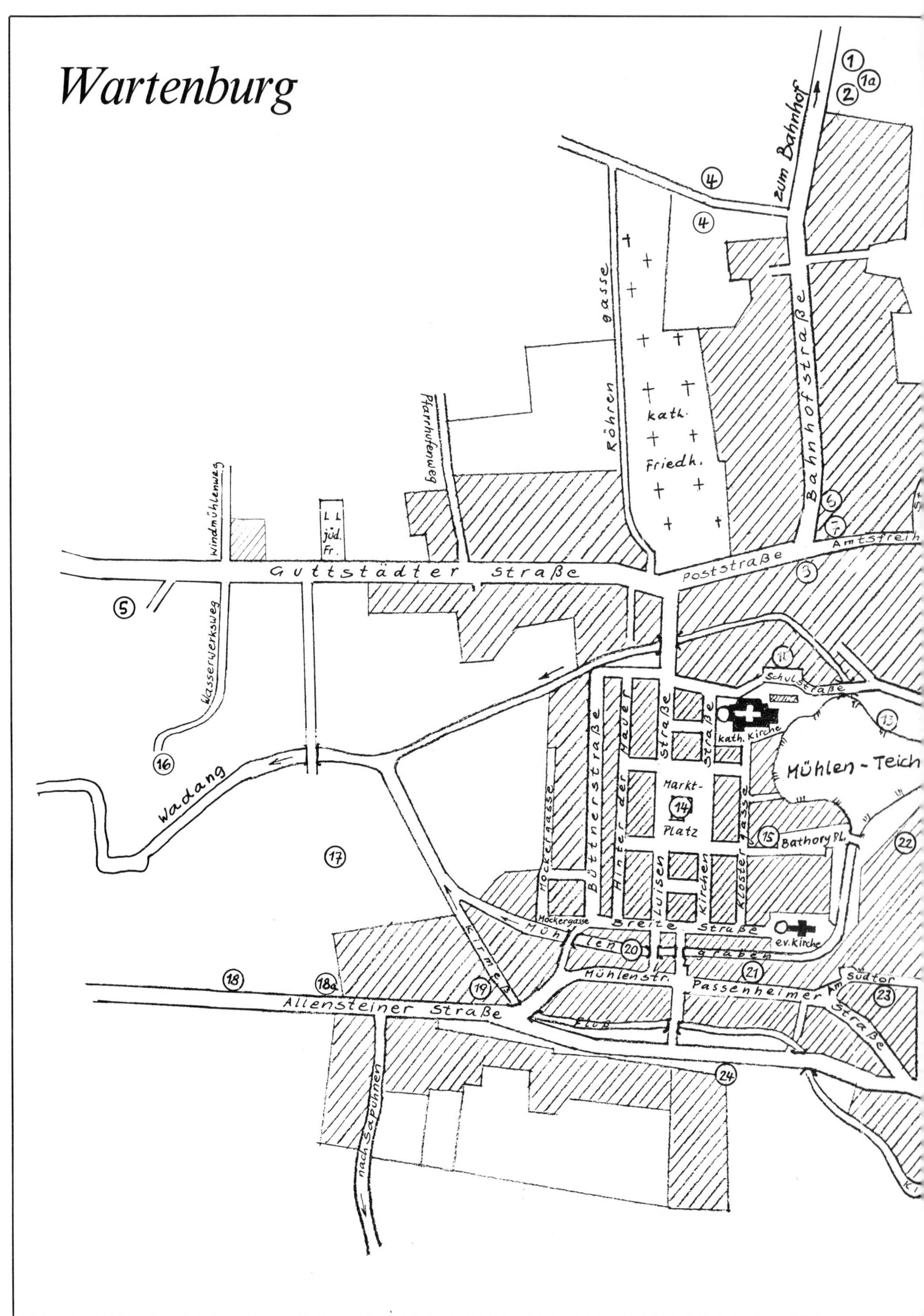

zum Bahnhof
Bahnhofstraße
Röhrengasse
kath. Friedh.
Pfarrhufenweg
Windmühlenweg
jüd. Fr.
Guttstädter Straße
Poststraße
Amtsfreih
Wasserwerksweg
Wadang
Schulstraße
kath. Kirche
Mühlen-Teich
Büttnerstraße
Hinter der Mauer
Straße
Markt-
Platz
Bathory Pl.
Möckergasse
Luisen
Kirchen
Klostergasse
Breite Straße
ev. Kirche
Mühlengraben
Mühlenstr.
Passenheimer
Südtor
Am
Straße
Allensteiner Straße
Fluß
Kirmes
nach Sapuhnen

Wartenburg (Ostpr.)
Stadt im Kreis Allenstein, Regierungsbezirk Allenstein.
110 m über dem Meer an der Pissa, Ermland.
1939: 5843 Einwohner, meist katholisch;
1325 Wildhaus;
1336 erstmals Siedlung genannt;
1364 Handfeste nach Kulmischem Recht, 1482 erweitert.
Bischöfliche Burg, Rathaus, Pfarrkirche. Kirche um 1400 vollendet, Westturm 100 Jahre später.
Franziskanerkloster 1380, nach verschiedenen Verwendungszwecken 1846 Strafanstalt.
Pfarrschule seit 1677.
Höhere Schule, Berufsschule, Kreisaltersheim, Ziegelei, Sägewerk.
Ackerbürgerstadt, evangelische Kirche.
Seit 1945 unter polnischer Verwaltung — Barczewo.
Patenstadt: Osnabrück.

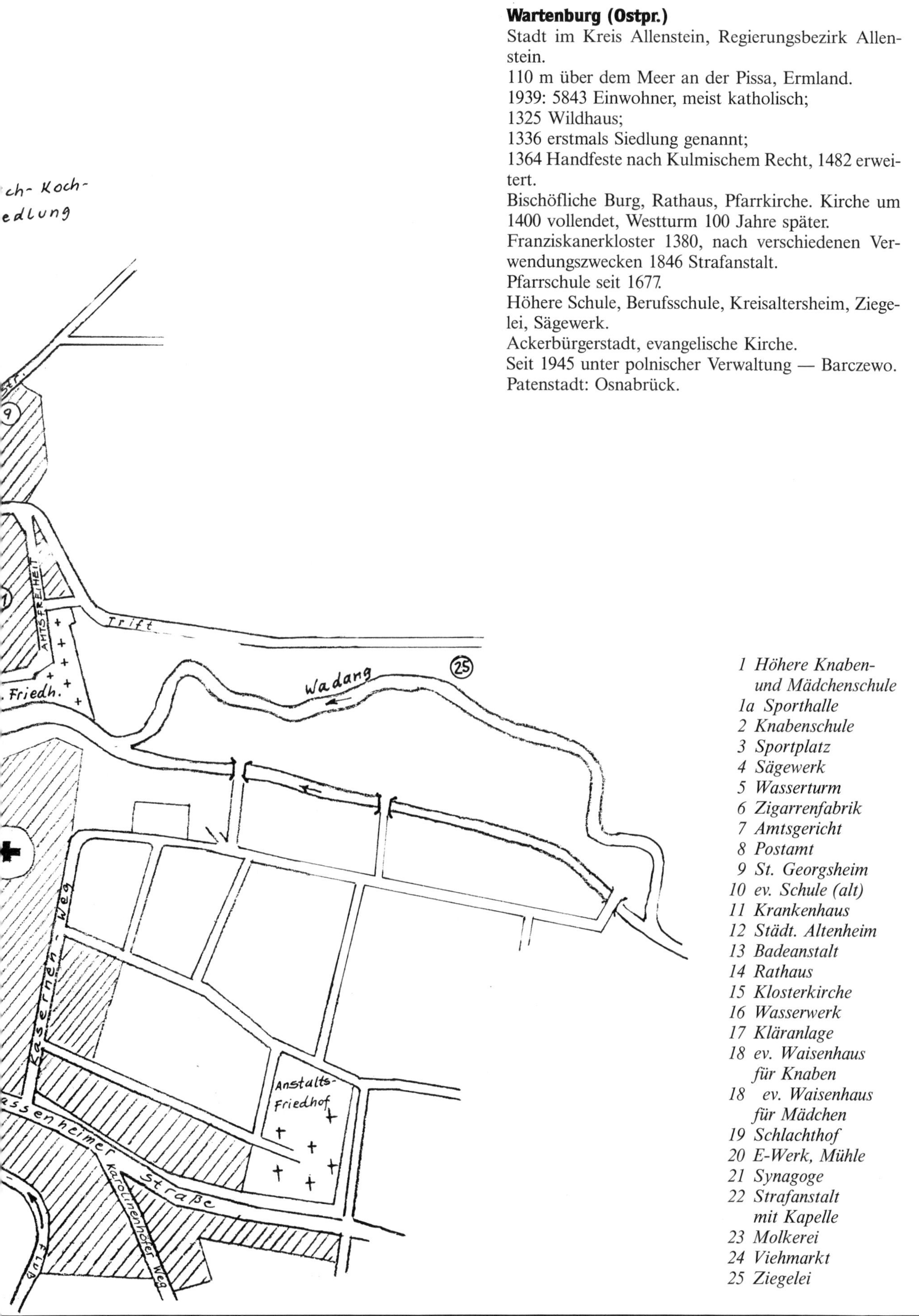

1 Höhere Knaben- und Mädchenschule
1a Sporthalle
2 Knabenschule
3 Sportplatz
4 Sägewerk
5 Wasserturm
6 Zigarrenfabrik
7 Amtsgericht
8 Postamt
9 St. Georgsheim
10 ev. Schule (alt)
11 Krankenhaus
12 Städt. Altenheim
13 Badeanstalt
14 Rathaus
15 Klosterkirche
16 Wasserwerk
17 Kläranlage
18 ev. Waisenhaus für Knaben
18 ev. Waisenhaus für Mädchen
19 Schlachthof
20 E-Werk, Mühle
21 Synagoge
22 Strafanstalt mit Kapelle
23 Molkerei
24 Viehmarkt
25 Ziegelei

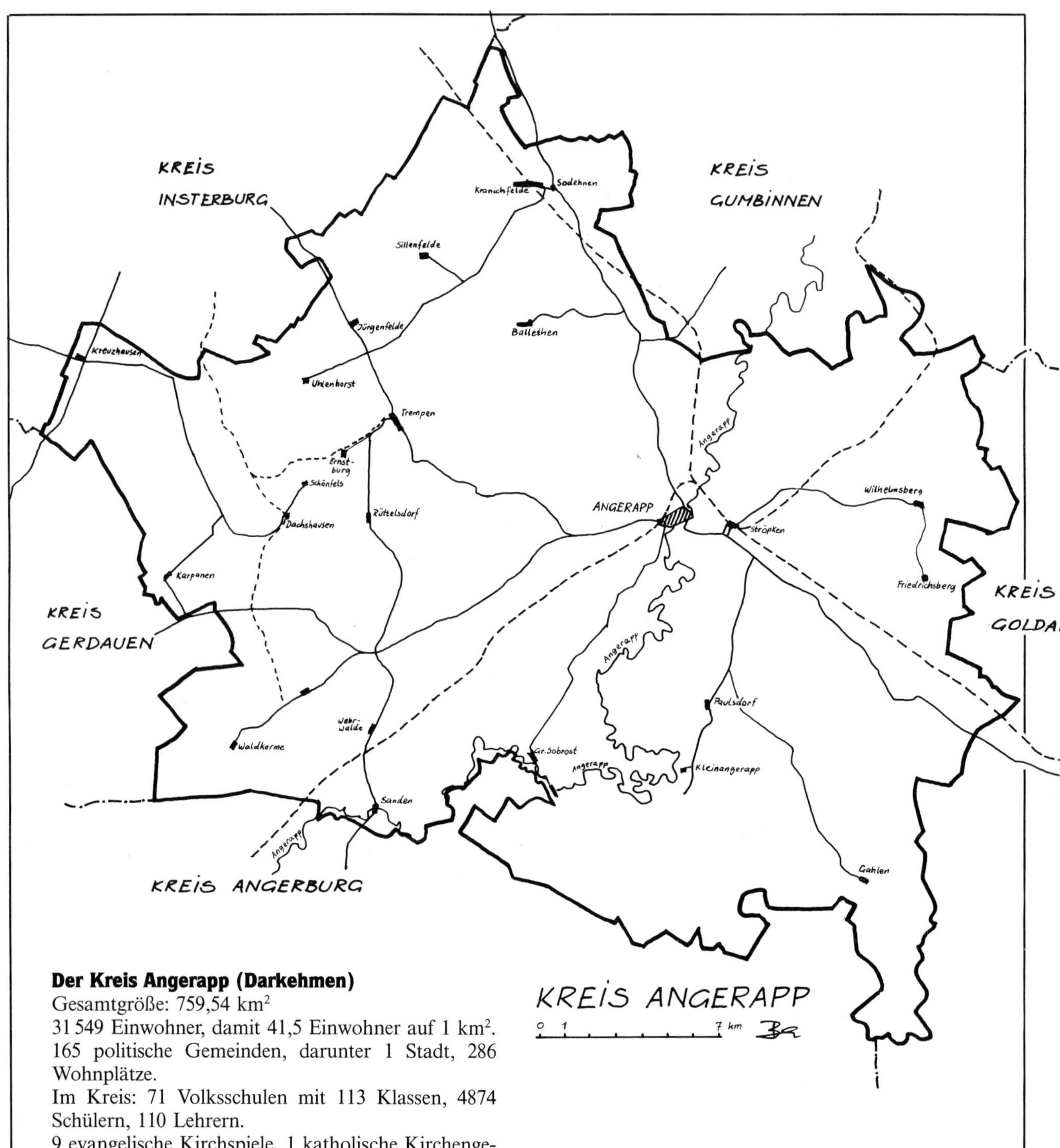

Der Kreis Angerapp (Darkehmen)

Gesamtgröße: 759,54 km²
31 549 Einwohner, damit 41,5 Einwohner auf 1 km².
165 politische Gemeinden, darunter 1 Stadt, 286 Wohnplätze.
Im Kreis: 71 Volksschulen mit 113 Klassen, 4874 Schülern, 110 Lehrern.
9 evangelische Kirchspiele, 1 katholische Kirchengemeinde.
im Kreis Fleischkonservenfabrik, Spiritusbrennereien, Sägewerke, Mühlenwerke Richard Wiechert.
Pferdezuchtgebiet.
Die größte Landgemeinde im Kreis war Trempen mit 872 Einwohnern.
10 km von Angerapp Schloß Beynuhnen.
2328 landwirtschaftliche Betriebe, davon 633 von 0,5—5,0 ha, 494 = 5—10 ha, 617 = 10—20 ha, 454 = 20—100 ha, 130 über 100 ha.
Der Kreis kam 1945 zu ⁴⁄₅ unter sowjetische, der Rest unter polnische Verwaltung, wobei die Stadt Angerapp ins sowjetische Gebiet fiel. Jetziger Name russisch: Osersk. Die Stadt war stark zerstört.
Patenstadt: Kreisstadt Mettmann/Rh.

Angerapp (Darkehmen)

Kreisstadt im Regierungsbezirk Gumbinnen.
100 m über dem Meer, am linken Ufer der Angerapp.
1939: 4376 Einwohner, meist evangelisch;
1539 als Ansiedlung genannt;
1725 Stadt.
Markplatz, ca. 13 Morgen groß, Ackerbürgerstadt.
Realschule, Volksschule.
Heimatmuseum, 2 Altersheime, Kreiskrankenhaus.
Maschinenfabrik, Molkereigenossenschaft.
1886 als erste Stadt Ostpreußens elektrische Straßenbeleuchtung.
Garnisonstadt mit Unterbrechungen seit 1736 bis 1918.

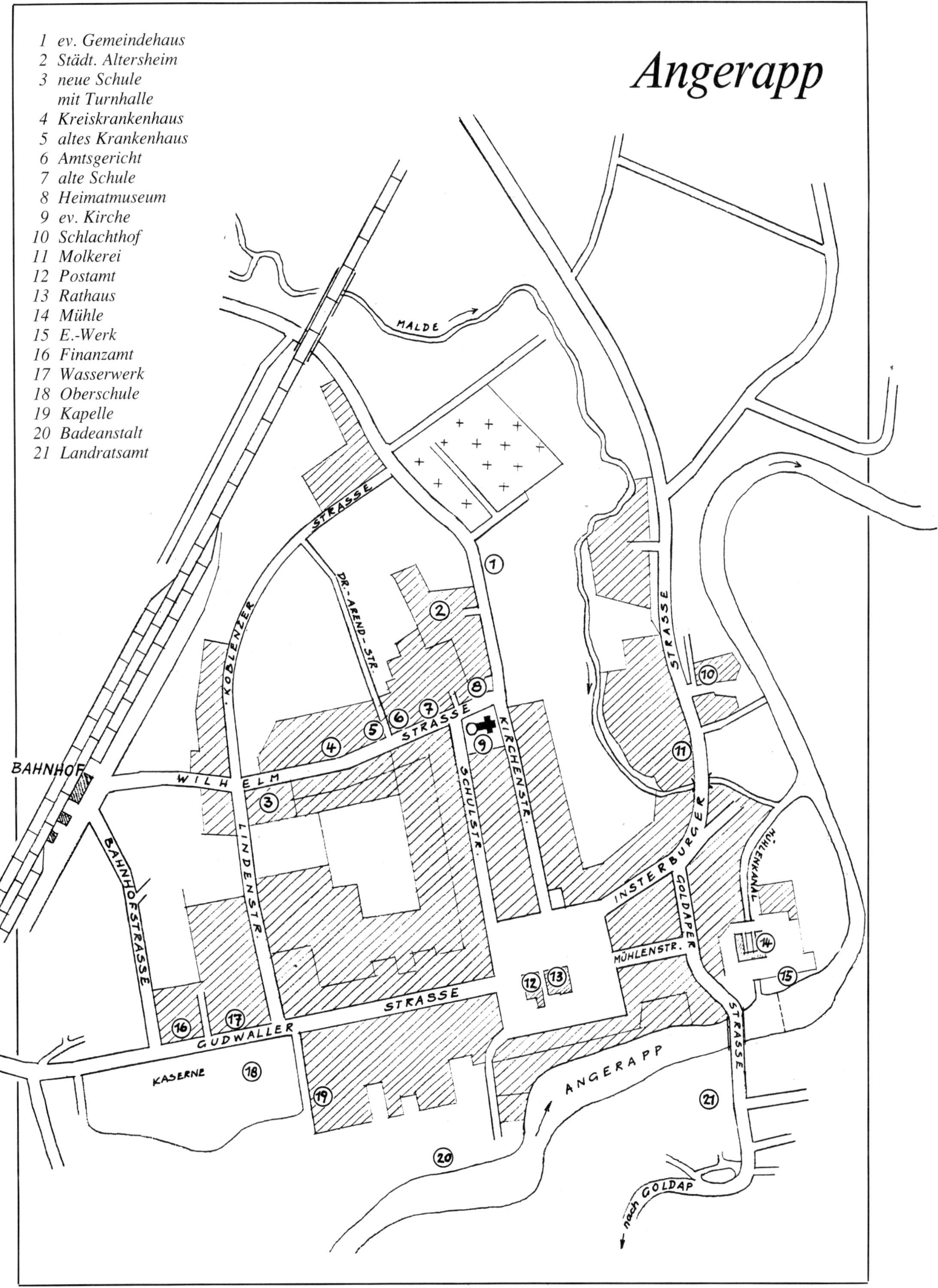
1 ev. Gemeindehaus
2 Städt. Altersheim
3 neue Schule
mit Turnhalle
4 Kreiskrankenhaus
5 altes Krankenhaus
6 Amtsgericht
7 alte Schule
8 Heimatmuseum
9 ev. Kirche
10 Schlachthof
11 Molkerei
12 Postamt
13 Rathaus
14 Mühle
15 E.-Werk
16 Finanzamt
17 Wasserwerk
18 Oberschule
19 Kapelle
20 Badeanstalt
21 Landratsamt
Angerapp
MALDE
BAHNHOF
WILHELM STRASSE
KOBLENZER STRASSE
DR.-AREND-STR.
SCHULSTR.
KIRCHENSTR.
LINDENSTR.
BAHNHOFSTRASSE
GUDWALLER STRASSE
KASERNE
INSTERBURGER STRASSE
GOLDAPER STRASSE
MÜHLENSTR.
MÜHLENKANAL
ANGERAPP
nach GOLDAP

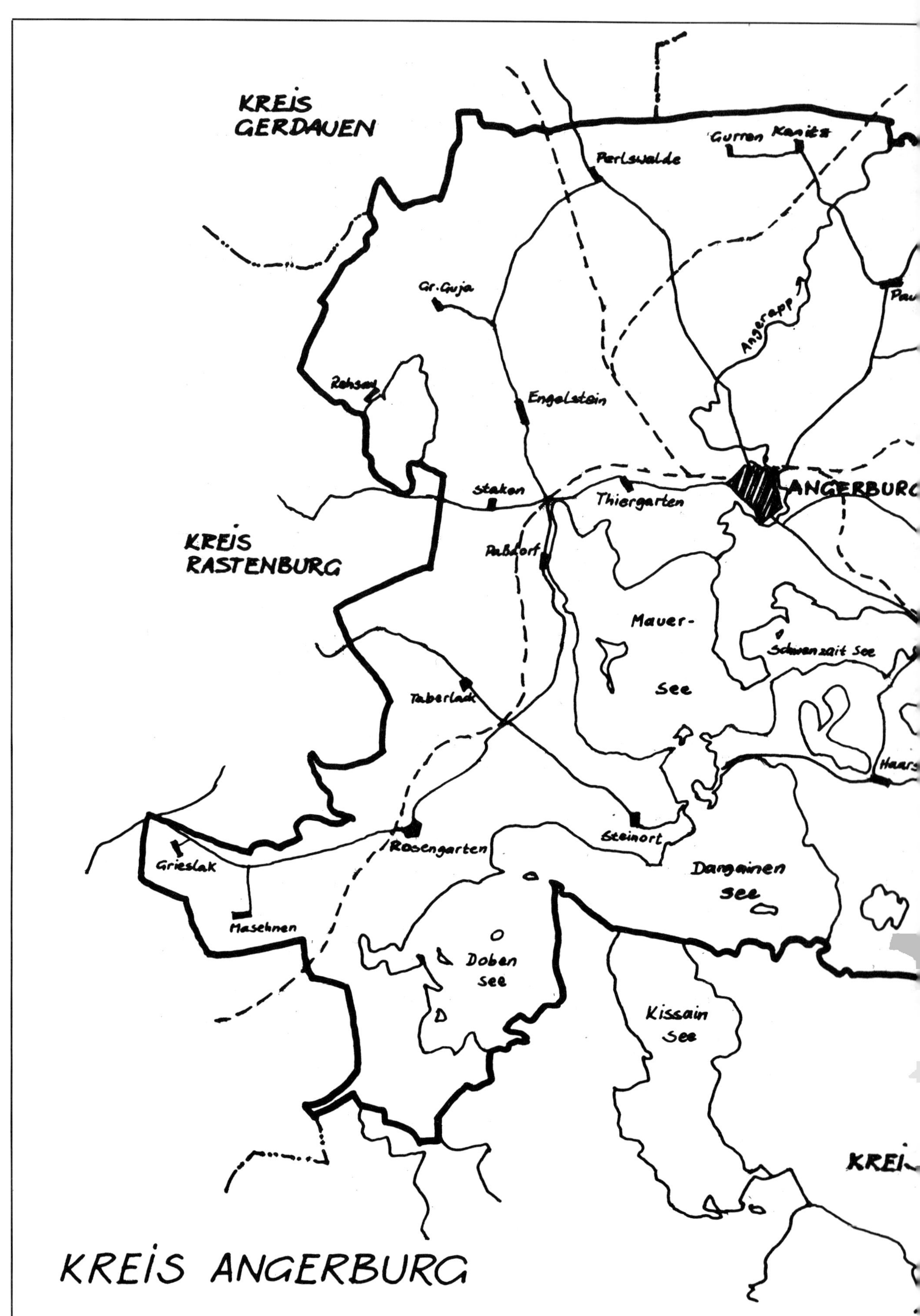
KREIS GERDAUEN
Gurren
Kanitz
Perlswalde
Gr. Guja
Angerapp
Rehsau
Engelstein
Staken
Thiergarten
ANGERBURG
KREIS RASTENBURG
Paßdorf
Mauer-
See
Schwenzait See
Taberlack
Steinort
Rosengarten
Grieslak
Dargainen
See
Masehnen
Doben
See
Kissain
See
KREIS ANGERBURG

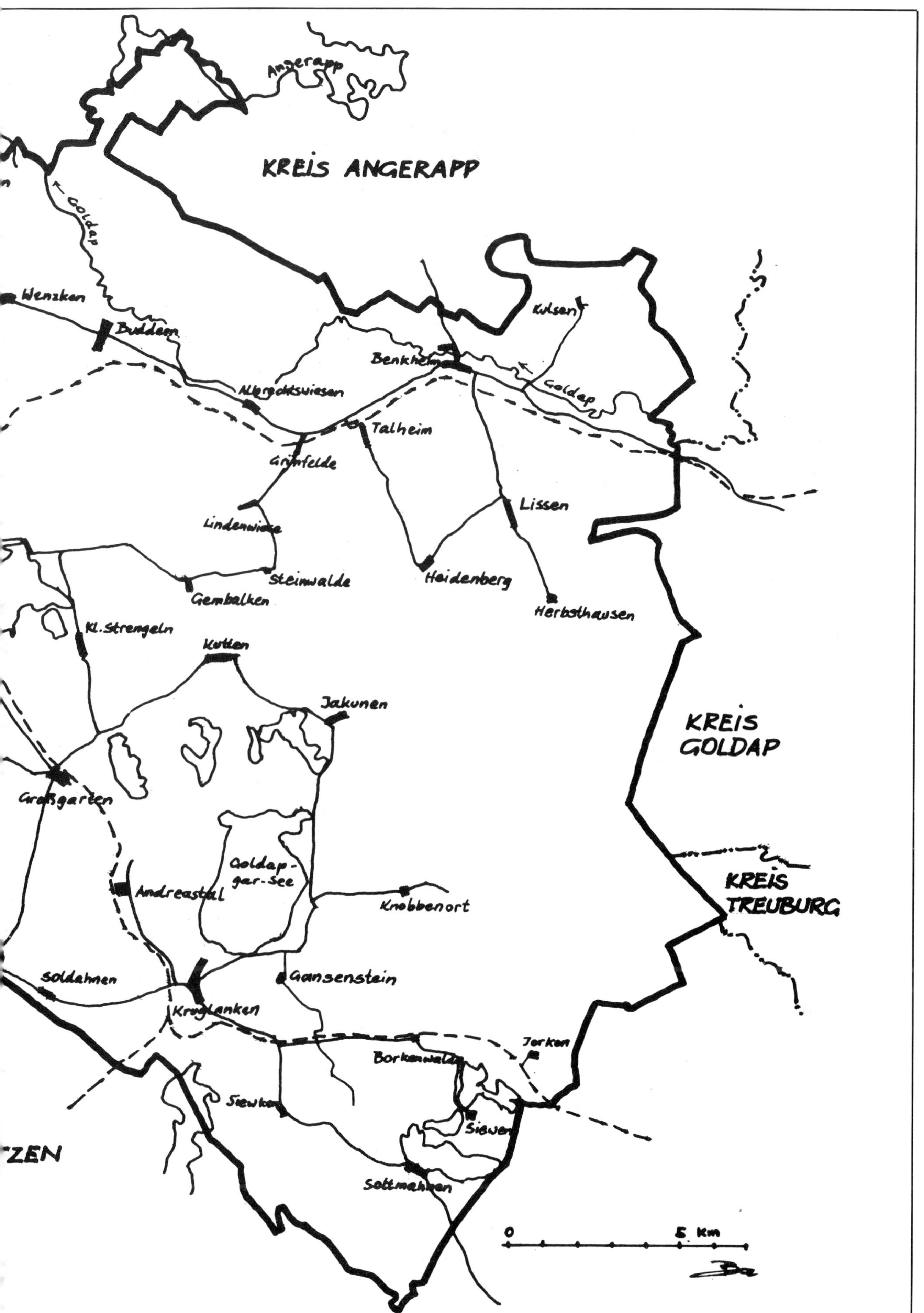
KREIS ANGERAPP
Angerapp
Goldap
Wenzken
Buddern
Albrechtswiesen
Benkheim
Kulsen
Goldap
Talheim
Grünfelde
Lissen
Lindenwiese
Steinwalde
Gembalken
Heidenberg
Herbsthausen
Kl. Strengeln
Kutten
Jakunen
KREIS
GOLDAP
Grabsgarten
Goldap-
gar-See
Andreastal
Knobbenort
KREIS
TREUBURG
Soldahnen
Gansenstein
Kruglanken
Jorken
Borkenwalde
Siewken
Siewen
ZEN
Soltmahnen
0
5 Km

Der Kreis Angerburg
Gesamtfläche 929,28 km^2, davon fast $\frac{1}{8}$ Wasserfläche.
1939: 42744 Einwohner einschl. Stadt, 46 Einwohner auf 1 km^2.
Der Kreis hatte 75 politische Gemeinden, darunter die Stadt Angerburg, 230 Wohnplätze.
Die größten Landgemeinden im Kreis waren Großgarten mit 1551, Kruglanken mit 1222, Rosengarten mit 1139 Einwohnern.
Im Kreis: 79 Volksschulen mit 140 Klassen, 6015 Schülern, 140 Lehrern.
9 evangelische Kirchspiele, 1 katholische Kirche.
62000 ha waren landwirtschaftlich genutzte Fläche, davon waren $\frac{2}{5}$ als schwer, $\frac{2}{5}$ als mittelschwer und $\frac{1}{5}$ als leicht zu bezeichnen.
3251 landwirtschaftliche Betriebe, davon 975 von 0,5—5,0 ha, 643 = 5—10 ha, 915 = 10—20 ha, 619 = 20—100 ha, 99 über 100 ha.
1945 unter polnische Verwaltung. Polnischer Name: Węgorzewo.
Teilzerstört.
Patenkreis: Rotenburg/Wümme.

Angerburg

Maßstab 1:5000
Stand 1944

Angerburg
Kreisstadt im Regierungsbezirk Gumbinnen.
116 m über dem Meer, an der Angerapp, 2 km nördlich des Mauersees, Masuren.
1939: 10922 Einwohner, meist evangelisch;
1335 Burg des Deutschen Ordens am Mauersee;
1365 zerstört,
1571 Kulmisches Stadtrecht;
Spätgotische Pfarrkirche (1605—11).
Höhere und landwirtschaftliche Schulen, Berufsschule.
Kreiskrankenhaus, Orthopädische Provinzial-Heil-, Lehr- und Pflegeanstalt Bethesda, Mädchen-Erziehungsheim, Jugendherberge.
Dampfschiffahrt, Ausflugsverkehr auf den masurischen Seen.
Garnisonstadt, wenig Industrie, Fischbrutanstalt.
Eissegelsport.

Angerapp
nach Angerapp u. Goldap
Bethesda - Gut
Dowiatener Weg
Neuer Bethesdafriedhof
n. Goldap
n. Lötzen
Alter Kanal
Stadtsiedlung
Gärtnerei Scharowski
Klinik
Kläranlage
Alter Bethesdafriedhof (früher Pestfriedhof)
Gärtnerei Bendisch
Kino
Kreuzkirche
Bethesda - Anstalten
Kühlhaus
Bahnhofstraße
Frieda - Jung - Schule
Holzmarkt
Alter Markt
Schlachthof
Gem. Hs (Altes Theater)
Stadtkirche
Feuerwehr
Mühle Eckloff
AOK
kath. Kapelle
Kreis - Krankenhaus
Heeres - Verpflegungsamt
Neuer Markt
Rathaus
Kreishaus
Jahnplatz
Rehann
Jugendherberge
Gärtnerei Lenk
Post
Schloß
Hafen
Ruder - verein
Uferpromenade
Reichsbank Nebenst.
Stadt Oberschule
Hindenburg - Schule (fr. Seminar)
Turnhalle
Kläranlage
Strengelner Straße
Ermlandstraße
Masuren
Finanz - amt
Erich - Koch - Straße
Hindenburgstraße
Lötzener Straße
Neue Kaserne
Ritterturm
Landwirtschafts - schule
Kreisgut Mitthalersberg
Gärtnerei Vogel
Volksschule
Juden - fried - hof
Doppel
Turnhalle
Alte Kaserne
Rheinlandstraße
Saarlandstraße
Kehlener Straße
zur Abdeckerei
Galgenberg
Wiesenstraße
Karlshöh
Weg nach Jägerhöhe Wasserwerk Heldenfriedhof Badeanstalt
nach Lötzen
Erlau
150,0

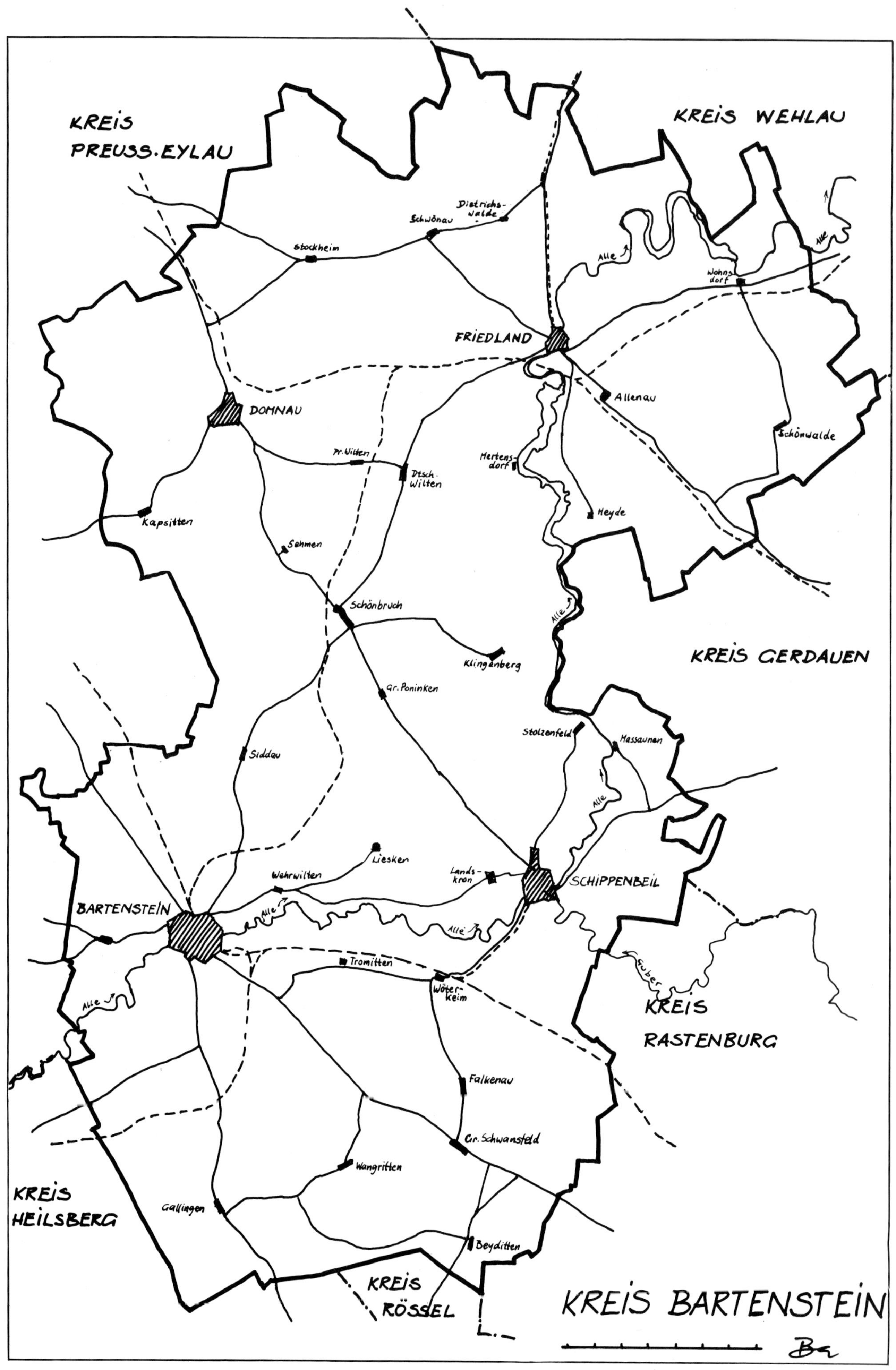

KREIS PREUSS. EYLAU
KREIS WEHLAU
Dietrichs-walde
Schwönau
Stockheim
Alle
Wohns-dorf
Alle
FRIEDLAND
DOMNAU
Allenau
Schönwalde
Mertens-dorf
Pr. Wilten
Dtsch. Wilten
Heyde
Kapsitten
Sehmen
Schönbruch
Alle
Klingenberg
KREIS GERDAUEN
Gr. Poninken
Stolzenfeld
Massaunen
Siddau
Alle
Liesken
Wehrwilten
Lands-kron
SCHIPPENBEIL
BARTENSTEIN
Alle
Alle
Tromitten
Wöter-keim
Guber
Alle
KREIS RASTENBURG
Falkenau
Gr. Schwansfeld
Wangritten
KREIS HEILSBERG
Gallingen
Beyditten
KREIS RÖSSEL
KREIS BARTENSTEIN
Ba

Der Kreis Bartenstein
Gesamtfläche: 880,55 km².
1939: 50448 Einwohner, damit 57,3 Einwohner je km², einschl. Städte.
Der Kreis hatte 79 politische Gemeinden, darunter 4 Städte: Bartenstein, Domnau, Friedland (Ostpr), Schippenbeil, 317 Wohnplätze.
Die größte Landgemeinde im Kreis war Schönbruch mit 1139 Einwohnern.
Im Kreis: 68 Volksschulen mit 167 Klassen, 7056 Schülern, 150 Lehrern. Gymnasium, Lyzeum in Bartenstein; Mittelschulen in Bartenstein, Friedland und Schippenbeil. Berufsschulen in den Städten.
Kirchen: 14 evangelische Kirchengemeinden, 2 katholische, dazu Seelsorgestellen.
Grundbesitz: 0,5—10 ha = 703 Betriebe, 10—100 ha = 1044 Betriebe, über 100 ha = 164 Betriebe (Erbhöfe und Güter).
Die Alle ist ab Friedland schiffbar, durch Stausee Kraftwerk Friedland. 23 km² Hochmoore im Norden des Kreises.
1945 wurde der Kreis Bartenstein durch die Demarkationslinie in einen sowjetischen nördlichen und einen polnischen südlichen Teil getrennt. Die Städte Domnau, Friedland wurden sowjetischer, Bartenstein und Schippenbeil polnischer Verwaltung unterstellt.
Domnau heißt russisch Domnowo und Friedland Prawdinsk, Bartenstein polnisch Bartoszyce, Schippenbeil Sępopol.
Patenstädte: Nienburg und Bartenstein/Württemberg (durch Gebietsreform eingegliedert in die Stadt 7187 Schrozberg).

Schippenbeil
Stadt im Kreis Bartenstein, Regierungsbezirk Königsberg.
35 m über dem Meer an der Alle, die hier in die Guber mündet.
1939: 3434 Einwohner, meist evangelisch;
1351 von Dt. Orden Kulmisches Recht (Gründungsurkunde).
Pfarrkirche 14. Jahrh., dreischiffige Backsteinhalle.
Volksschule, Mittelschule, Waisenhaus.
Amtsgericht, Postamt, Schlachthof.
Ziegelei, Molkerei, Flachsfabrik, Hammerwerk.
Mühle, Wasserwerk, Gaswerk.
1945 unter polnische Verwaltung — Sępopol.
Patenstadt Nienburg.

1 neuer Friedhof
2 alter Friedhof
3 Molkerei
4 Sportplatz
5 Stadtschule
6 Gasanstalt
7 Wasserwerk mit Wasserturm
8 Rathaus
9 jüd. Friedhof
10 Mühle u. Sägewerk
11 Tennisplätze
12 Waisenhaus, zuletzt Altersheim

Schippenbeil

Bartenstein (Ostpr)
Kreisstadt im Regierungsbezirk Königsberg (Pr).
1939: 11 268 Einwohner, meist evangelisch;
1326 erstmals erwähnt;
Burg des Deutschen Ordens um 1240 erbaut, 1454 zerstört;
1332 Kulmisches Stadtrecht.
Heilsberger Tor aus dem Mittelalter, Johanniskirche um 1400.
Spätgotische Pfarrkirche.
Landwirtschaftliche Fabriken, Eisengießerei, Holz- und Mühlenwerke.
Landgericht, Garnisonstadt, Wollspinnereien, Molkerei, Gymnasium, Lyzeum, Mittelschule, Volksschule, Berufsschule, Katholische Kirche.
Krankenhaus, 1932: 600jähriges Bestehen.
1945 kam die Stadt unter polnische Verwaltung.
Polnischer Name: Bartoszyce.

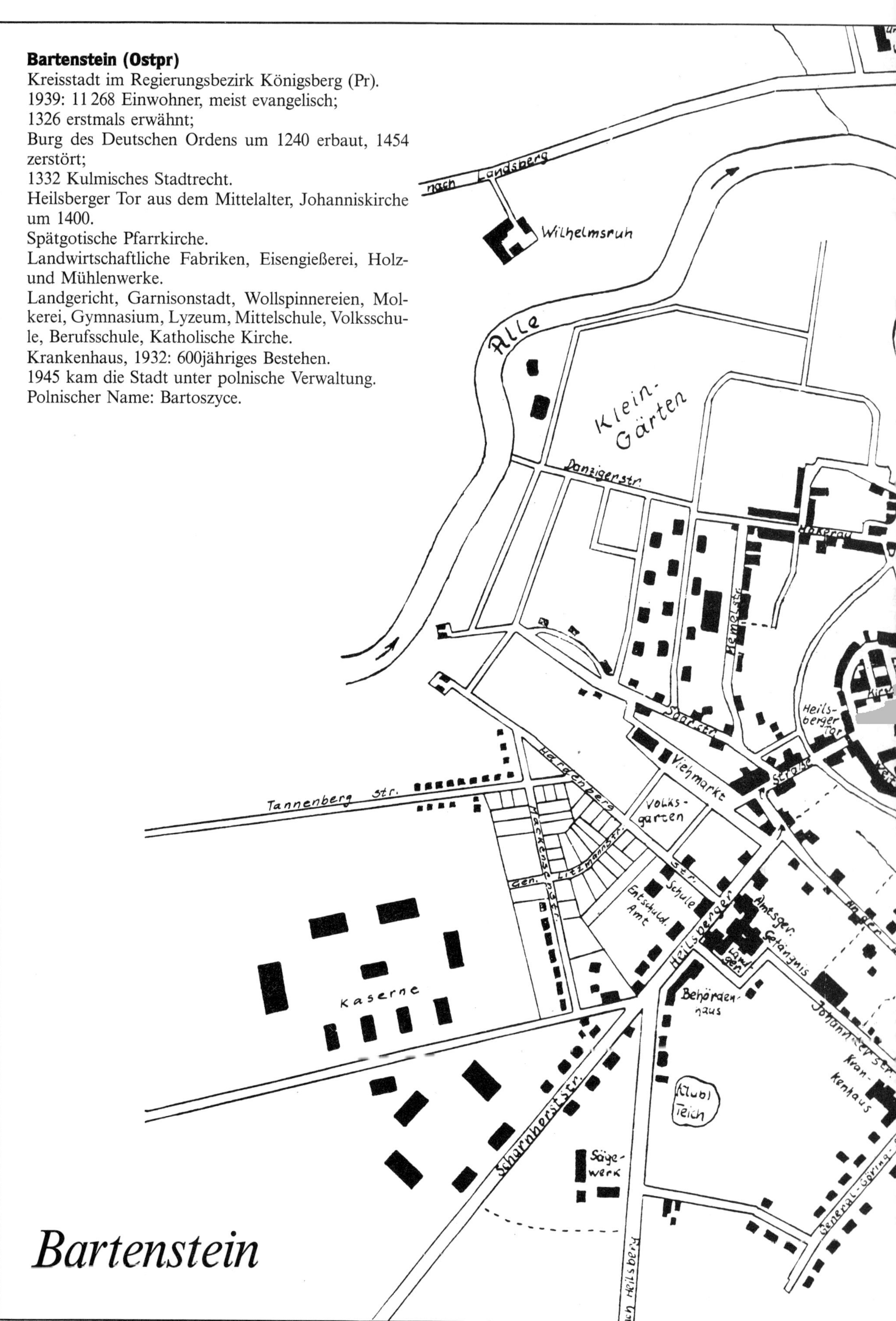

Bartenstein

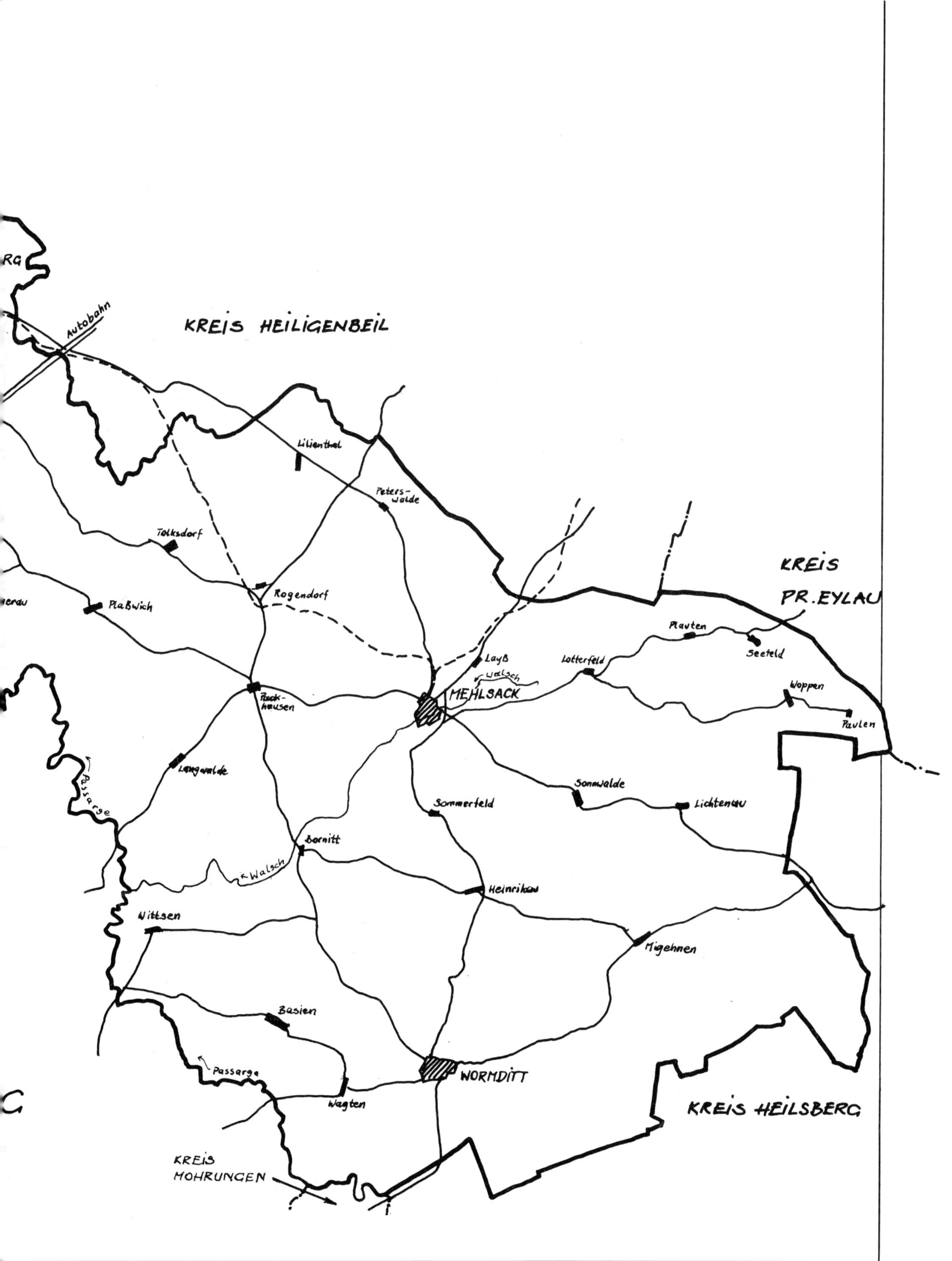

RG
KREIS HEILIGENBEIL
Autobahn
Lilienthal
Peters-
walde
Tolksdorf
Rogendorf
Plaßwich
KREIS
PR.EYLAU
Plauten
Seefeld
Layß
Lotterfeld
Walsch
MEHLSACK
Woppen
Paulen
Pack-
hausen
Langwalde
Passarge
Sonnwalde
Sommerfeld
Lichtenau
Bornitt
Walsch
Heinrikau
Wittsen
Migehnen
Basien
Passarge
NORMDITT
Wagten
KREIS HEILSBERG
KREIS
MOHRUNGEN

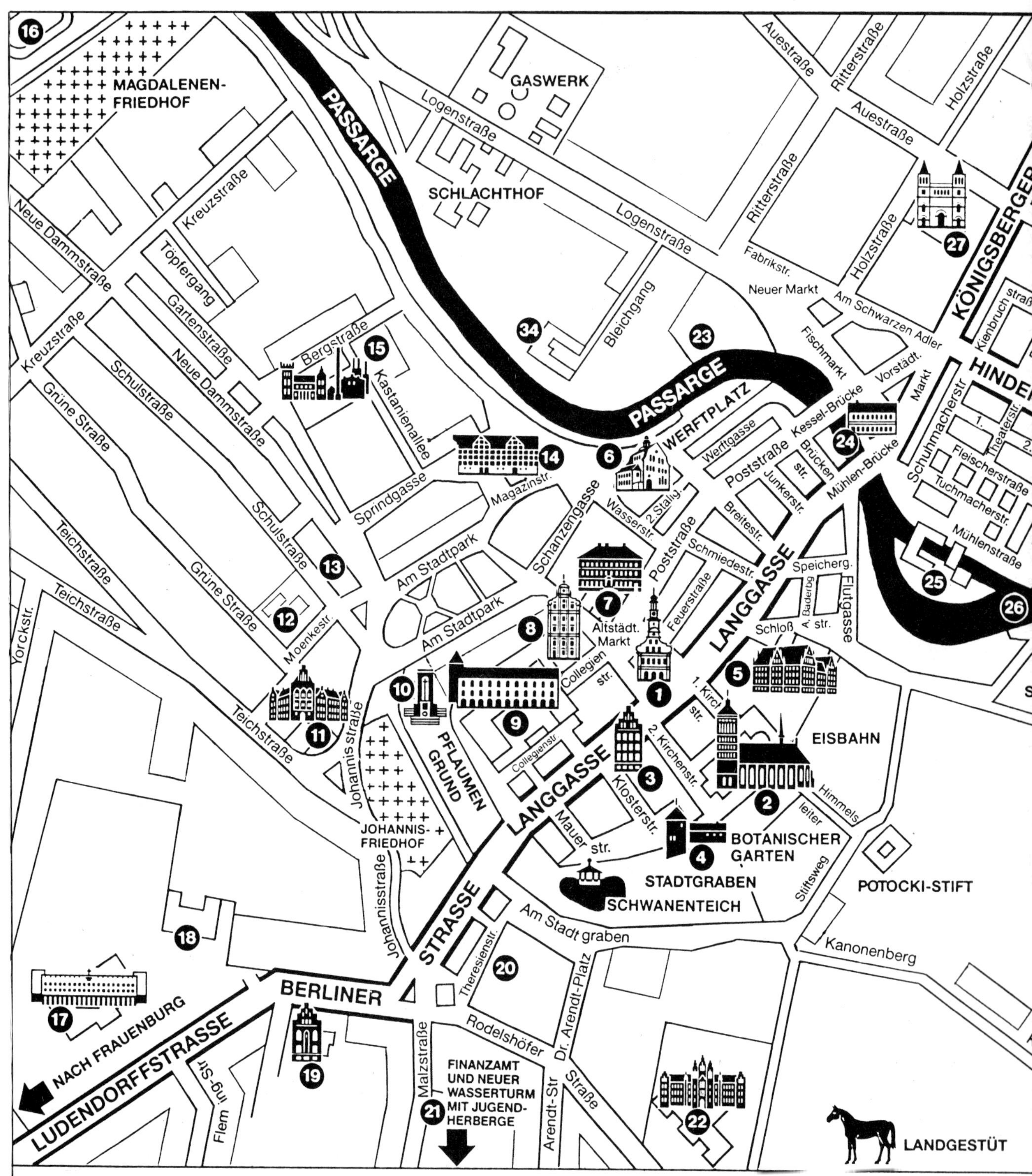

Südlich der Passarge
1 *Rathaus*
2 *Pfarrkirche St. Katharina*
3 *Klosterpensionat (vorm. altes Kloster)*
4 *Roßmühlenturm (Pulverturm)*
5 *Schloßschule, seit 1922 Aufbauschule*
6 *Elisabeth-Schule, Lyceum für Mädchen*
7 *Postamt*
8 *Steinhaus/Katholische Adademie*
9 *Hosianum, seit 1937 Hermann-von-Salza-Schule,*
10 *Ehrenmal im Pflaumengrund*
11 *Amts- und Landgericht mit Gerichtsgefängnis*
12 *Katholische Knabenschule (Hindenburgschule)*
13 *Zigarrenfabrik „Loeser & Wolff"*
14 *Speicher „Zum goldenen Löwen"*
15 *Bierbrauerei „Bergschlößchen"*
16 *Gymnasial-Sportplatz*
17 *Priesterseminar*
18 *Marienkrankenhaus*
19 *Bischöfliches Konvikt*
20 *Haus der Liedertafel*
21 *Meierei*
22 *St. Katharinenkloster (Neues Kloster)*

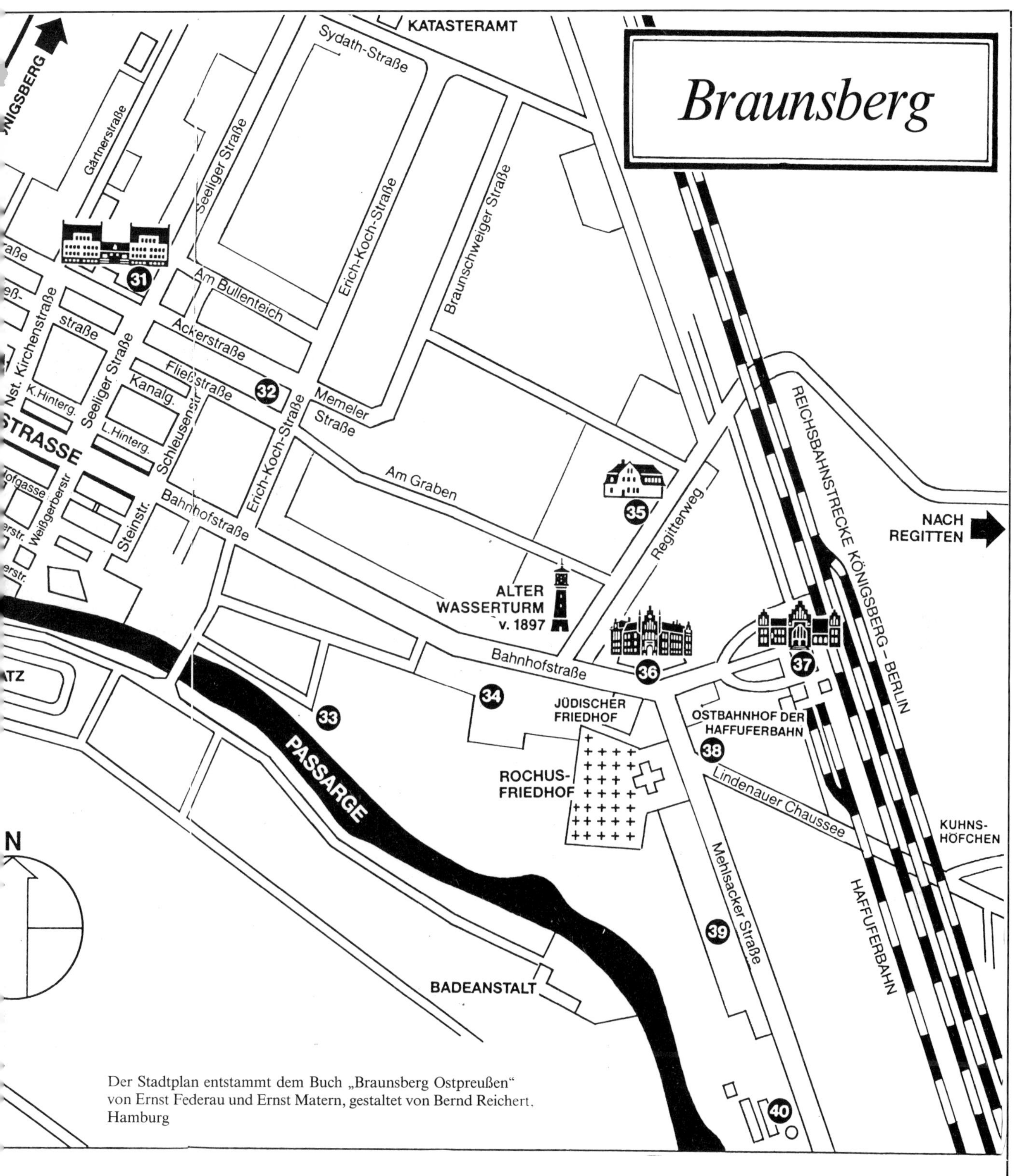

Der Stadtplan entstammt dem Buch „Braunsberg Ostpreußen" von Ernst Federau und Ernst Matern, gestaltet von Bernd Reichert, Hamburg

Nördlich der Passarge
23 Seifenfabrik
24 Haus der Casino-Gesellschaft
25 Große Amtsmühle
26 Wasserfall
27 Evangelische Kirche
28 Katholisches Vereinshaus
29 Evangelisches Vereinshaus
30 Neustädtische Kirche St. Trinitatis
31 Neue ev. Volks- und kath. Mädchenschule
32 Lederfabrik „Sonnenstuhl"
33 Ruderhaus des Gymnasiums (GRV)
34 Feinlederfabrik „Berger"
35 Landwirtschaftsschule
36 Landratsamt (vorm. Kreishaus)
37 Bahnhof der Reichsbahn
38 Altenheim
39 Maschinenfabrik, seit 1938: Zweigwerk der Braunschweiger Blechwarenfabrik „Unger & Sohn"
40 Sägewerk

Wormditt

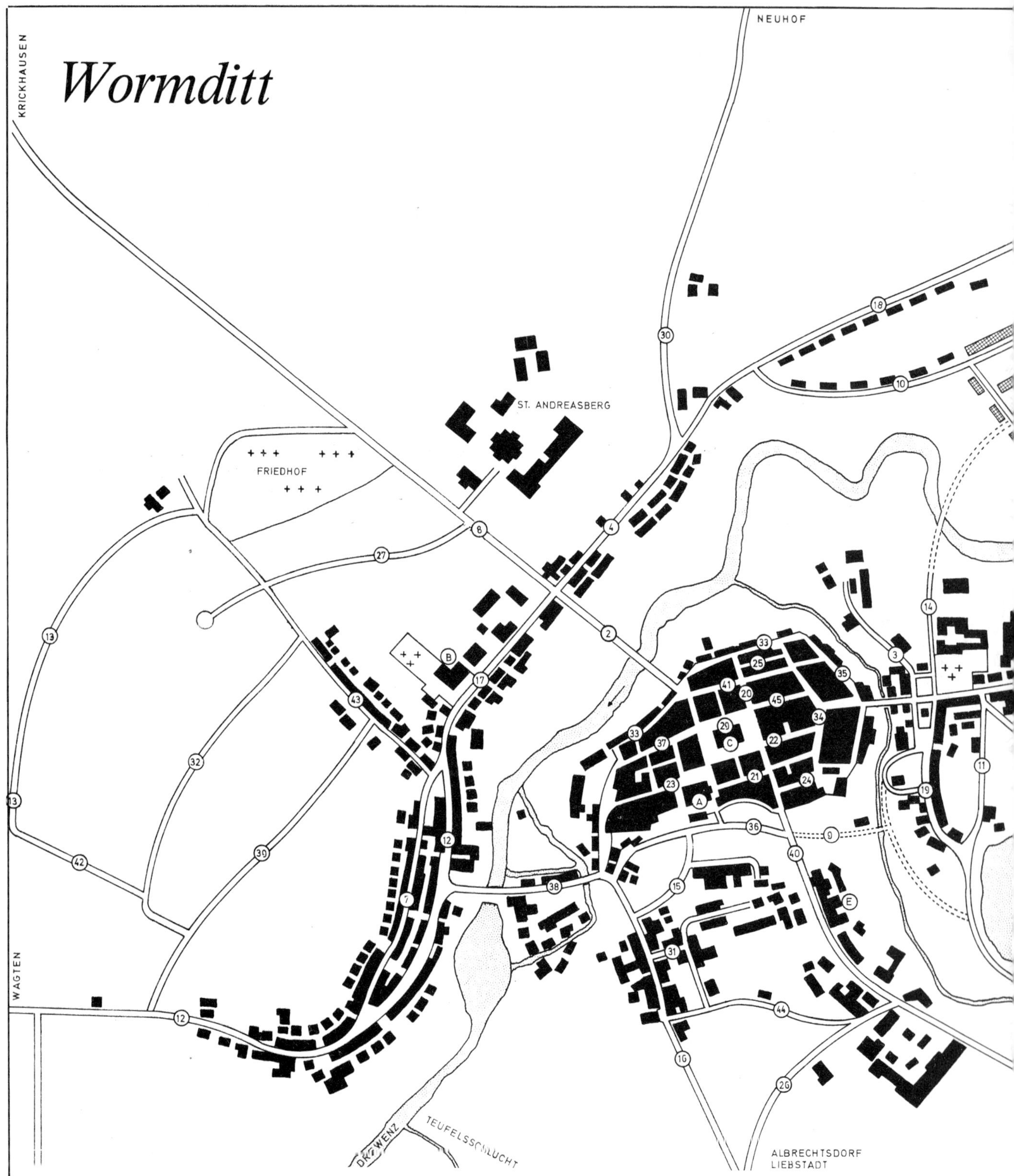

Wormditt

Stadt im Kreis Braunsberg (Ostpr), Reg.-Bez. Königsberg (Pr), an der Drewenz, ca. 10 km vor ihrer Mündung in die Passarge gelegen, 72 m über dem Meer;
1939: 7817 Einwohner, meist katholisch;
1308 erstmals urkundlich erwähnt;
1312 zur Stadt erhoben, 1359 Handfeste nach Kulmischem Recht erneuert;
Bischöfliche Burg aus dem 14. Jahrhundert (1806 abgebrochen), Residenz des Bischofs von 1341—1349;
1340 Bau einer Ringmauer;
1371 gotisches Rathaus auf dem Marktplatz, von drei Seiten mit Laubenhäusern umgeben;
1379 Pfarrkirche St. Johannis geweiht;
Höhere Schule und Berufsschule, Heilanstalt für Epileptiker, Krankenhaus, evangelische Kirche;
Metall- und Holzverarbeitung;
1945 polnische Verwaltung, polnischer Name: Orneta;
Ptenstadt: Münster/Westfalen.

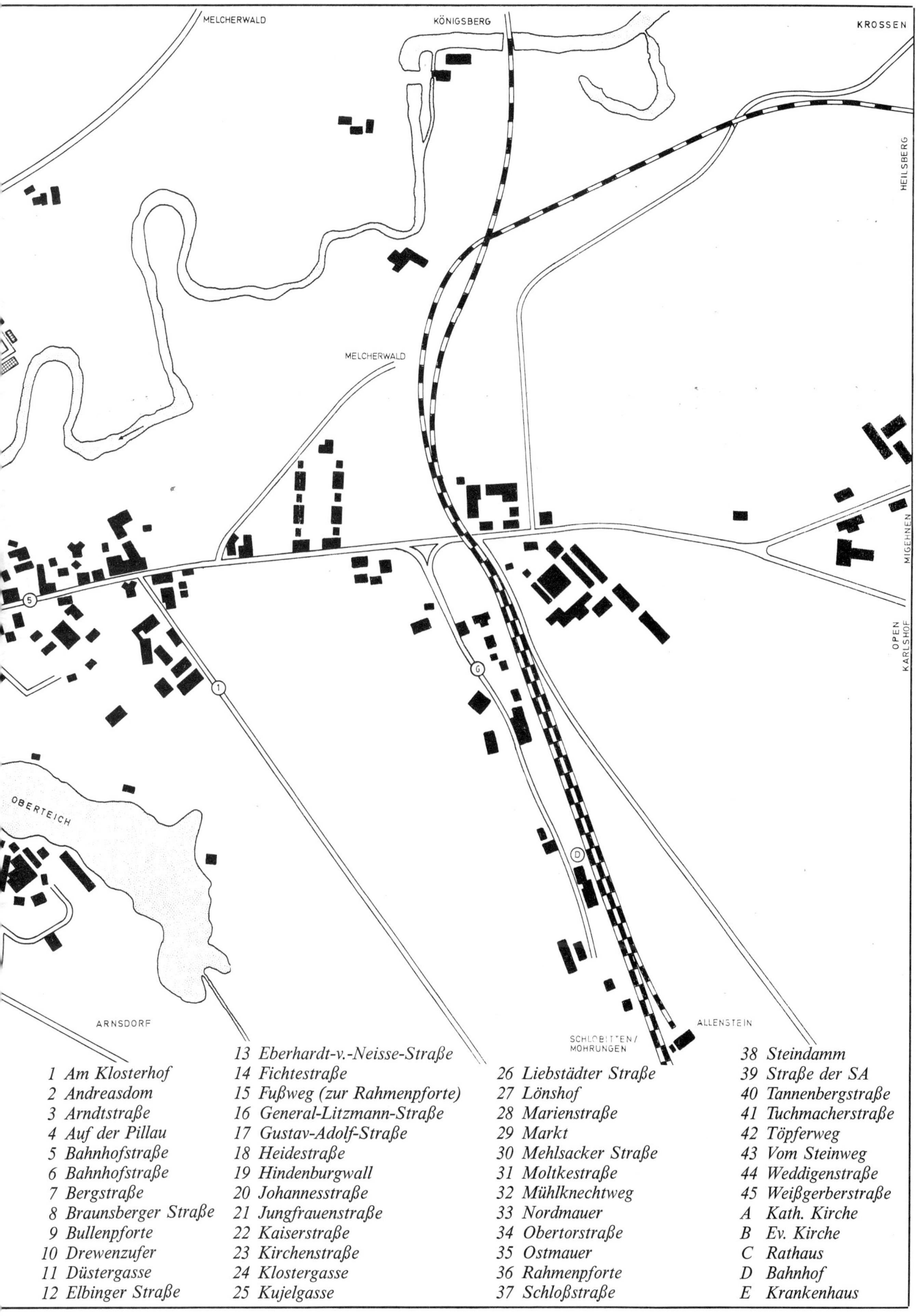
MELCHERWALD
KÖNIGSBERG
KROSSEN
HEILSBERG
MELCHERWALD
MIGEHNEN
OPEN
KARLSHOF
OBERTEICH
ARNSDORF
SCHLOBITTEN / MOHRUNGEN
ALLENSTEIN
1 Am Klosterhof
2 Andreasdom
3 Arndtstraße
4 Auf der Pillau
5 Bahnhofstraße
6 Bahnhofstraße
7 Bergstraße
8 Braunsberger Straße
9 Bullenpforte
10 Drewenzufer
11 Düstergasse
12 Elbinger Straße
13 Eberhardt-v.-Neisse-Straße
14 Fichtestraße
15 Fußweg (zur Rahmenpforte)
16 General-Litzmann-Straße
17 Gustav-Adolf-Straße
18 Heidestraße
19 Hindenburgwall
20 Johannesstraße
21 Jungfrauenstraße
22 Kaiserstraße
23 Kirchenstraße
24 Klostergasse
25 Kujelgasse
26 Liebstädter Straße
27 Lönshof
28 Marienstraße
29 Markt
30 Mehlsacker Straße
31 Moltkestraße
32 Mühlknechtweg
33 Nordmauer
34 Obertorstraße
35 Ostmauer
36 Rahmenpforte
37 Schloßstraße
38 Steindamm
39 Straße der SA
40 Tannenbergstraße
41 Tuchmacherstraße
42 Töpferweg
43 Vom Steinweg
44 Weddigenstraße
45 Weißgerberstraße
A Kath. Kirche
B Ev. Kirche
C Rathaus
D Bahnhof
E Krankenhaus

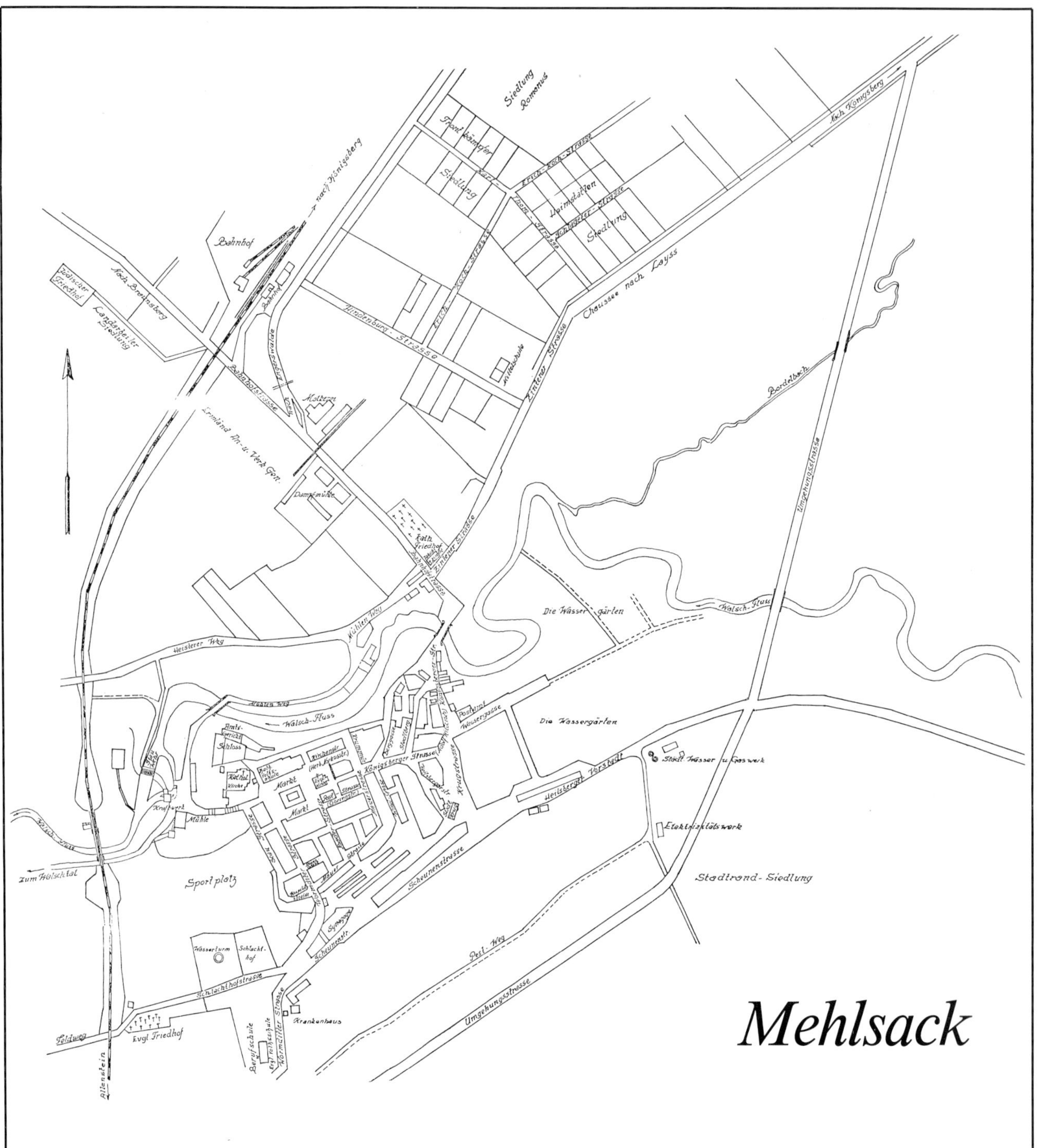

Mehlsack

Stadt im Kreis Braunsberg (Ostpr), Reg.-Bez. Königsberg (Pr), auf einer kleinen Anhöhe, umgeben von dem Tal der Walsch, einem Nebenflüßchen der Passarge, gelegen, 80 m über dem Meer;
1939: 4393 Einwohner, meist katholisch;
1282 erstmals als „Malcekuke" erwähnt, dem Fürstbistum Ermland eingegliedert und Sitz eines domkapitulären Kammeramtes;
1304 erster Pfarrer nachweisbar;
1312 Stadtgründung nach Kulmischem Recht;
1350 Pfarrkirche als dreischiffige Hallenkirche, 1893 abgebrochen, 1894—1896 Neubau einer fünfschiffigen Hallenkirche;
14. Jahrhundert: Bau einer Burg, später Amtsgericht und Museum;
1851 evangelische Kirche;
Mittelschule, Krankenhaus, Amtsgericht, Gestüt für Kaltblutpferde (Ermländer);
Eisen- und landwirtschaftliche Verarbeitungsindustrie, Landhandel, Viehmärkte, Fremdenverkehr;
1945 Innenstadt zerstört, polnische Verwaltung, polnischer Name: Pieniężno;
Patenstadt: Münster/Westfalen.

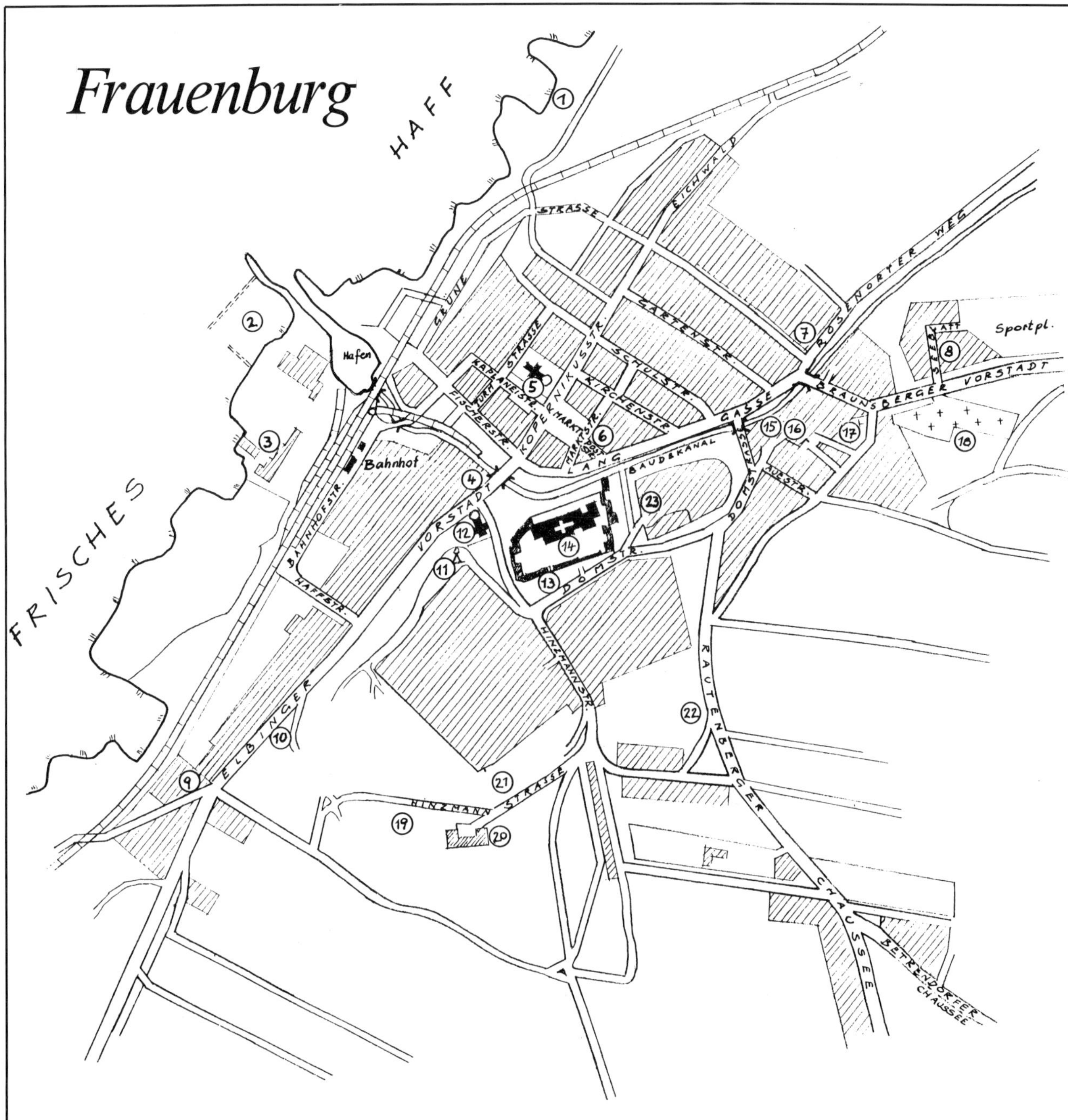

Frauenburg

Stadt im Kreis Braunsberg (Ostpr), Reg.-Bez. Königsberg (Pr), am Ostufer des Frischen Haffes gelegen, 2—15 m über dem Meer. Kathedrale und Bischofssitz der Diözese Ermland;
1939: 2981 Einwohner, meist katholisch;
1270/1280 Anlage der Domburg;
1278 Stadt erstmals erwähnt;
1284 Verlegung des Domkapitels der Diözese Ermland von Braunsberg nach Frauenburg (1284—1945);
1310 Lübisches Stadtrecht;
1329—1388 Dom — dreischiffige Backstein-Hallenkirche;
1512—1543 Nikolaus Kopernikus Domherr in Frauenburg, Grabplatte im Dom;
Kopernikus-Museum, Fischerei- und Handelshafen seit dem 15. Jahrhundert, Sägewerk, Orthopädische Heil- und Lehranstalt, Krankenhaus, Fremdenverkehr, evangelische Kirche;
1945 ca. 70% zerstört, polnische Verwaltung, polnischer Name: Frombork;
Patenstadt: Münster/Westfalen.

1 Badeanstalt
2 Floßhafen
3 Sägewerk
4 Mühle
5 kath. Kirche
6 Rathaus
7 Kreuzbündnishaus
8 Emeritenheim
9 Gasanstalt
10 Volksschule
11 Kopernikus-Denkm.
12 evgl. Kirche
13 Julius-Pohl-Terr.
14 Dom
15 Krankenhaus
16 Hospital-Kirche
17 alter Friedhof
18 neuer Friedhof
19 jüd. Friedhof
20 orthop. Klinik
21 Domherren-Friedh.
22 evgl. Friedhof
23 Bischöfl. Palais

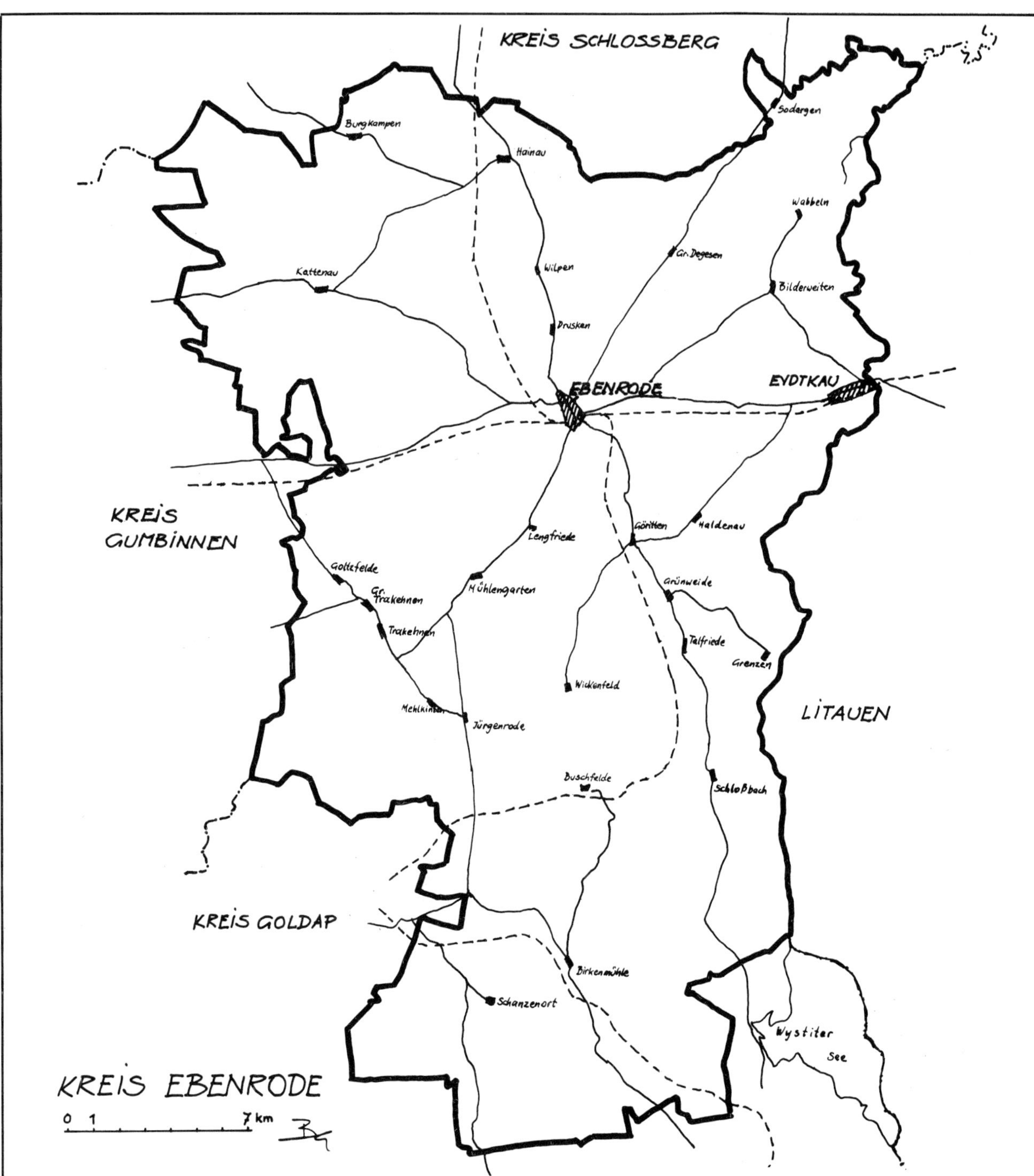

Der Kreis Ebenrode (Stallupönen)
Gesamtgröße: 703,90 km²;
Einwohner: 41265 Personen, damit 58,6 Einwohner je km².
Im Landkreis 173 politische Gemeinden, darunter zwei Städte: Ebenrode und Eydtkau, 258 Wohnplätze.
Größte Landgemeinden im Kreis: Birkenmühle mit 1076, Groß Trakehnen mit 1518 Einwohnern.
Im Kreis: 84 Volksschulen mit 135 Klassen, 5572 Schülern, 128 Lehrern;
9 evangelische Kirchspiele, 2 katholische Kirchen.
Die Ostgrenze des Kreises war Landesgrenze zu Litauen. 84 % der Kreisfläche wurden landwirtschaftlich genutzt: 42 877 ha waren Ackerland, 15 430 ha Wiesen und Weiden, 828 ha Garten und Obstflächen; Forsten und Holzungen = 7 % der Kreisfläche. Ödland, Moore, Gewässer, Hofflächen, Wege, Eisenbahnen, öffentliche Plätze usw. betrugen 9 % der Kreisfläche.
In der Hauptsache wurden angebaut: Winterroggen, Winterweizen, Sommergerste, Hafer, Kartoffeln, Futterrüben. Im Hauptgestüt Trakehnen berühmte Pferdezucht. Reitervereine. 3108 landwirtschaftliche Betriebe, davon 1353 von 0,5–5 ha, 938 = 5–10 ha, 629 = 10–20 ha, 725 = 20–100 ha, 63 über 100 ha.
Neben vielen kleinen Handwerksbetrieben: Maschinenfabrik, Metallwarenfabrik, Zementwaren-, Leder-, Likör-, Schnupftabak-, Selterwasserherstellung. 2 Kartoffel-Spiritusbrennereien, Eisengießerei, Holzsägewerke, Ziegeleien, Bau- und Möbeltischlereien, Buchdruckereien.
1945 kamen Stadt und Kreis Ebenrode unter sowjetische Verwaltung, russischer Name nun: Nesterow.
Patenstadt für Stadt und Kreis: Kassel.

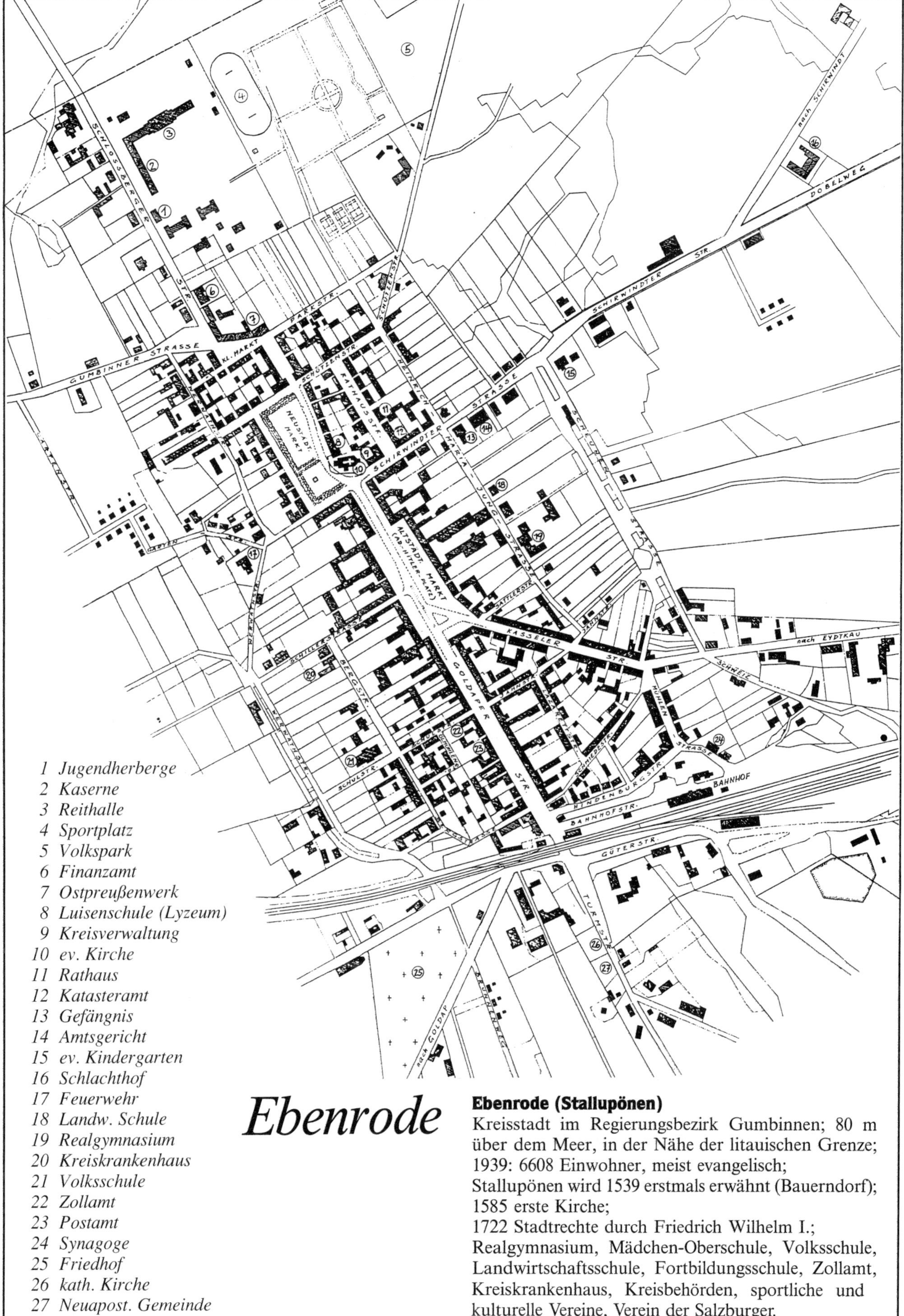

Ebenrode

Ebenrode (Stallupönen)

Kreisstadt im Regierungsbezirk Gumbinnen; 80 m über dem Meer, in der Nähe der litauischen Grenze;
1939: 6608 Einwohner, meist evangelisch;
Stallupönen wird 1539 erstmals erwähnt (Bauerndorf);
1585 erste Kirche;
1722 Stadtrechte durch Friedrich Wilhelm I.;
Realgymnasium, Mädchen-Oberschule, Volksschule, Landwirtschaftsschule, Fortbildungsschule, Zollamt, Kreiskrankenhaus, Kreisbehörden, sportliche und kulturelle Vereine, Verein der Salzburger.

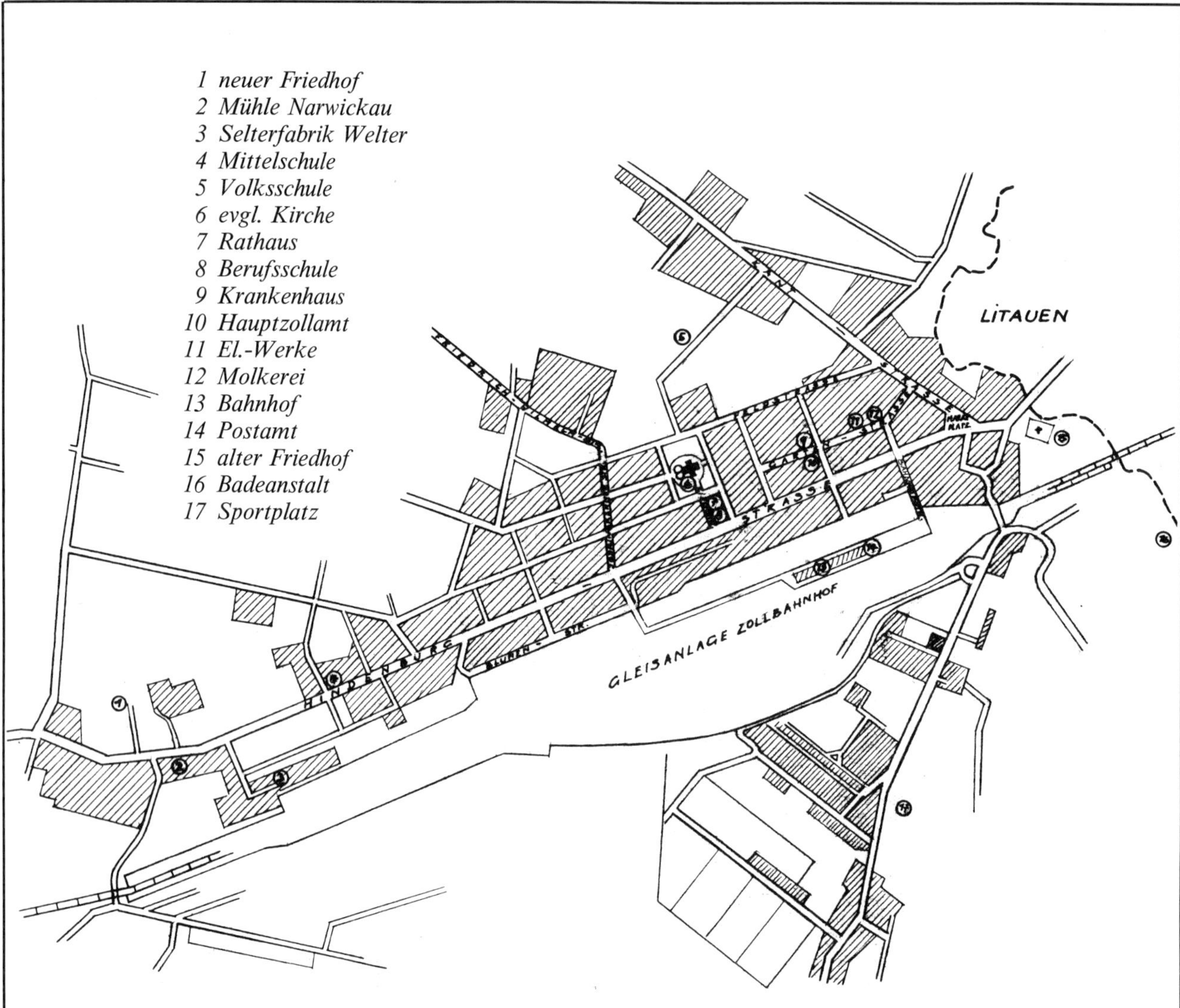

Eydtkau

Eydtkau (Eydtkuhnen)
Stadt im Kreis Ebenrode (Stallupönen), Regierungsbezirk Gumbinnen;
59–64 m über dem Meer;
Grenzstadt nach Litauen;
Eisenbahn-Grenzübergang nach Osteuropa;
1861 Grenzstation der Ostbahn nach Rußland;
Marktort, 1866 Hauptzollamt;
steile Aufwärtsentwicklung bis 1923 mit 10 500 Einwohnern, nach dem 1. Weltkrieg (ab 1923) Rückgang der Bevölkerung;
1939: 4922 Einwohnern, meist evangelisch;
1922 Stadtrechte;
Zollamt, große Zollabfertigungsschuppen;
Berufsschule, Krankenhaus, Mittelschule, Volksschule, Evangelische Pfarr-Kirche mit 2 Türmen, Baptistengemeinde, jüdische Gemeinde;
1945 unter sowjetische Verwaltung – Tschernyschewskoje – zu 90% zerstört.

Patenstadt: Kassel

Der Kreis Elchniederung
Gesamtgröße: 1003,12 km^2, ohne Haffanteil; Einwohner 1939: 55 376 Personen, demnach 55,2 Einwohner je km^2. Der Kreis liegt östl. des Kurischen Haffs im Memeldelta. Die Niederung wird von zahlreichen Flüssen, Bächen und Kanälen durchzogen. Deiche und Entwässerungsanlagen boten Schutz vor Überflutungen. In den Bruchwäldern war der Elch heimisch.

Der Kreis hatte 226 politische Gemeinden in 32 Amtsbezirken, dazu 5 Gutsbezirke, 338 Wohnplätze.

Die größten Landgemeinden im Kreis waren Groß Friedrichsdorf mit 1196, Kreuzingen mit 2256, Kuckerneese mit 4492, Neukirch mit 1589, Seckenburg mit 1488 Einwohnern.

Die Kreisbehörden waren in dem Dorf Heinrichswalde untergebracht, es gab keine Stadt in diesem Kreis.

Im Kreis waren 85 Volksschulen mit 185 Klassen, 7493 Schülern und 174 Lehrern, Kreisberufsschule, Mittelschule und Lehrerbildungsanstalt in Kuckerneese, Kreisbildstelle in Gr. Friedrichsdorf, 13 evangelische Kirchspiele, kath. Kirche in Hochdünen, Mennonitenkirche in Weidenau.

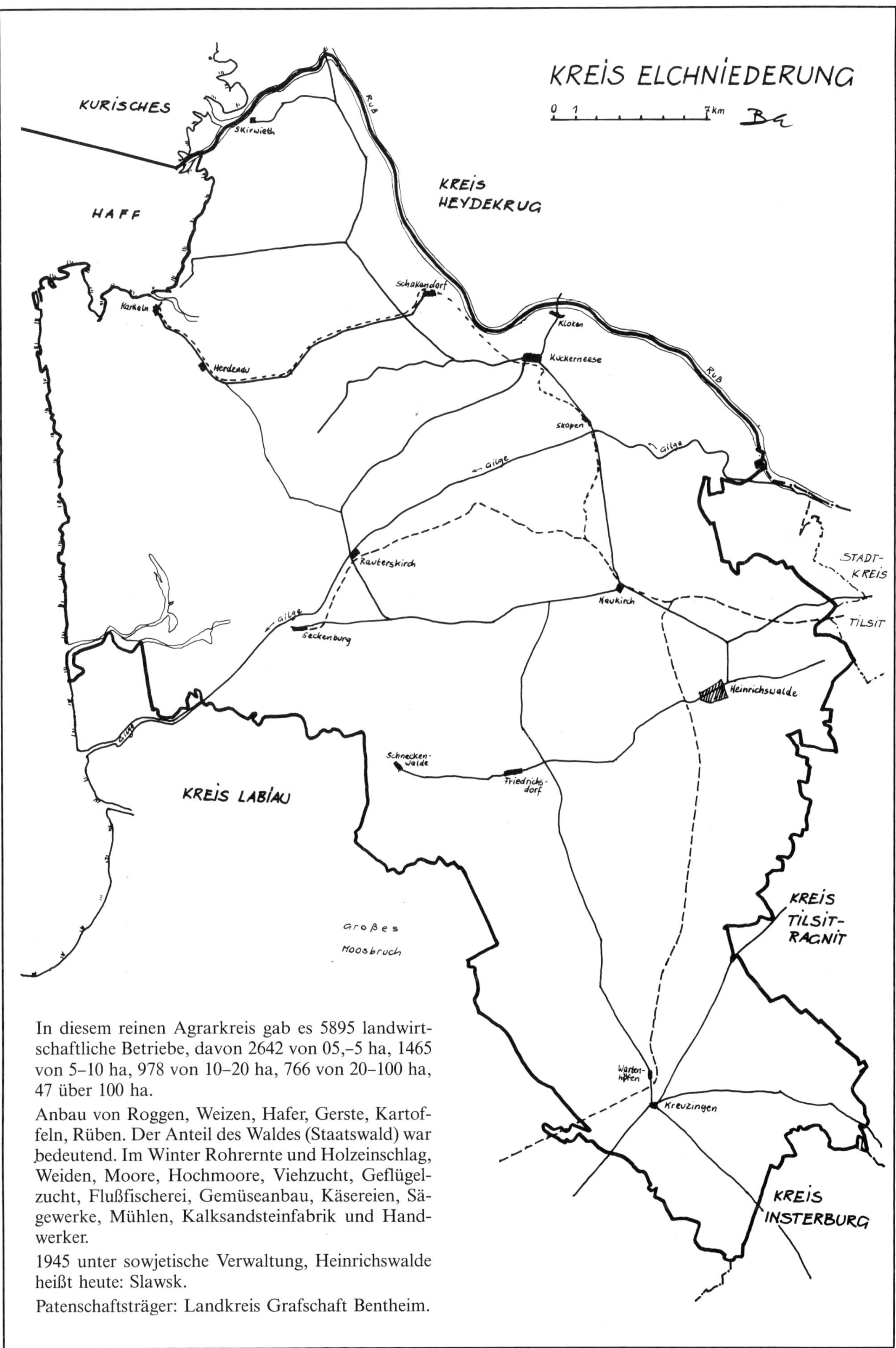

In diesem reinen Agrarkreis gab es 5895 landwirtschaftliche Betriebe, davon 2642 von 05,–5 ha, 1465 von 5–10 ha, 978 von 10–20 ha, 766 von 20–100 ha, 47 über 100 ha.

Anbau von Roggen, Weizen, Hafer, Gerste, Kartoffeln, Rüben. Der Anteil des Waldes (Staatswald) war bedeutend. Im Winter Rohrernte und Holzeinschlag, Weiden, Moore, Hochmoore, Viehzucht, Geflügelzucht, Flußfischerei, Gemüseanbau, Käsereien, Sägewerke, Mühlen, Kalksandsteinfabrik und Handwerker.

1945 unter sowjetische Verwaltung, Heinrichswalde heißt heute: Slawsk.

Patenschaftsträger: Landkreis Grafschaft Bentheim.

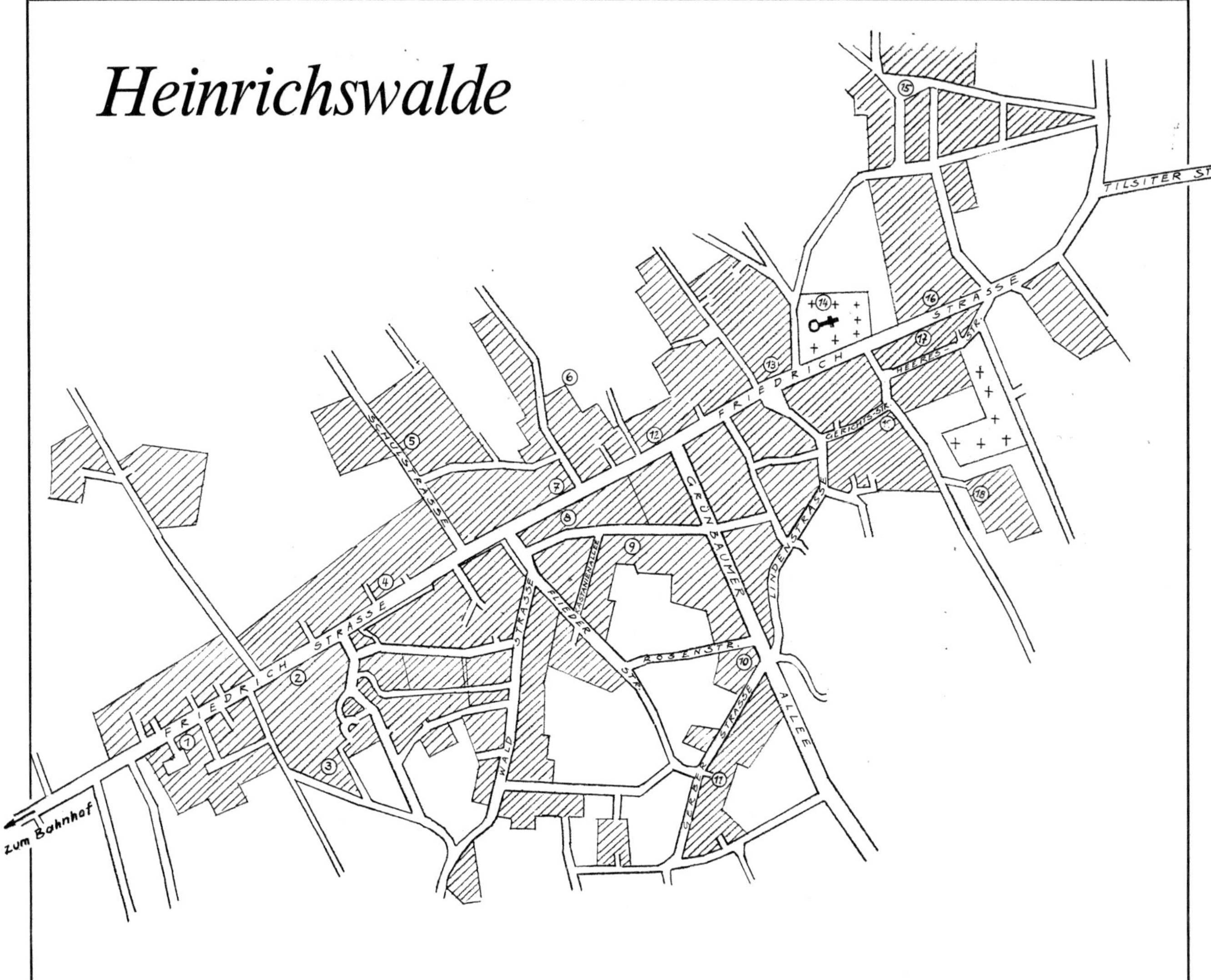

Heinrichswalde
Kreisort des Kreises Elchniederung, Regierungsbezirk Gumbinnen;
5 m über dem Meer;
1939: 3460 Einwohner, meist evangelisch;
1686 Kirche, 1867/69 neugotisch umgebaut;
Landwirtschaftliche Fortbildungsschule;
Gaswerke und Windmühle;
Kreiskrankenhaus;
1900 klimatischer Kurort, Fremdenverkehr, „Gartenstadt“;
Sitz der Kreisbehörden.

1 Molkerei Zürien
2 Kreiskrankenhaus
3 Baumschule
4 Postamt
5 Schule, Schulhof mit Sportplatz
6 Friedhof
7 Kreissparkasse
8 Schweinemarktplatz
9 Rathaus
10 Privatschule
11 Gaswerk
12 Apotheke
13 Pfarramt
14 ev. Kirche
15 Rittergut Bierfreund
16 Landratsamt
17 Finanzamt
18 Arbeitsamt

Der Landkreis Elbing

Gesamtfläche: 482,99 km², ohne Wasseranteil Frisches Haff und Drausensee mit 221,3 km²;
28 149 Einwohner, damit 58,3 Einwohner je km².

Die größten Landgemeinden im Landkreis waren Lärchenwalde mit 1176, Lenzen mit 998, Terranova mit 1274 Einwohnern.

Auf der Frischen Nehrung Dünen, Ostseebad Kahlberg;

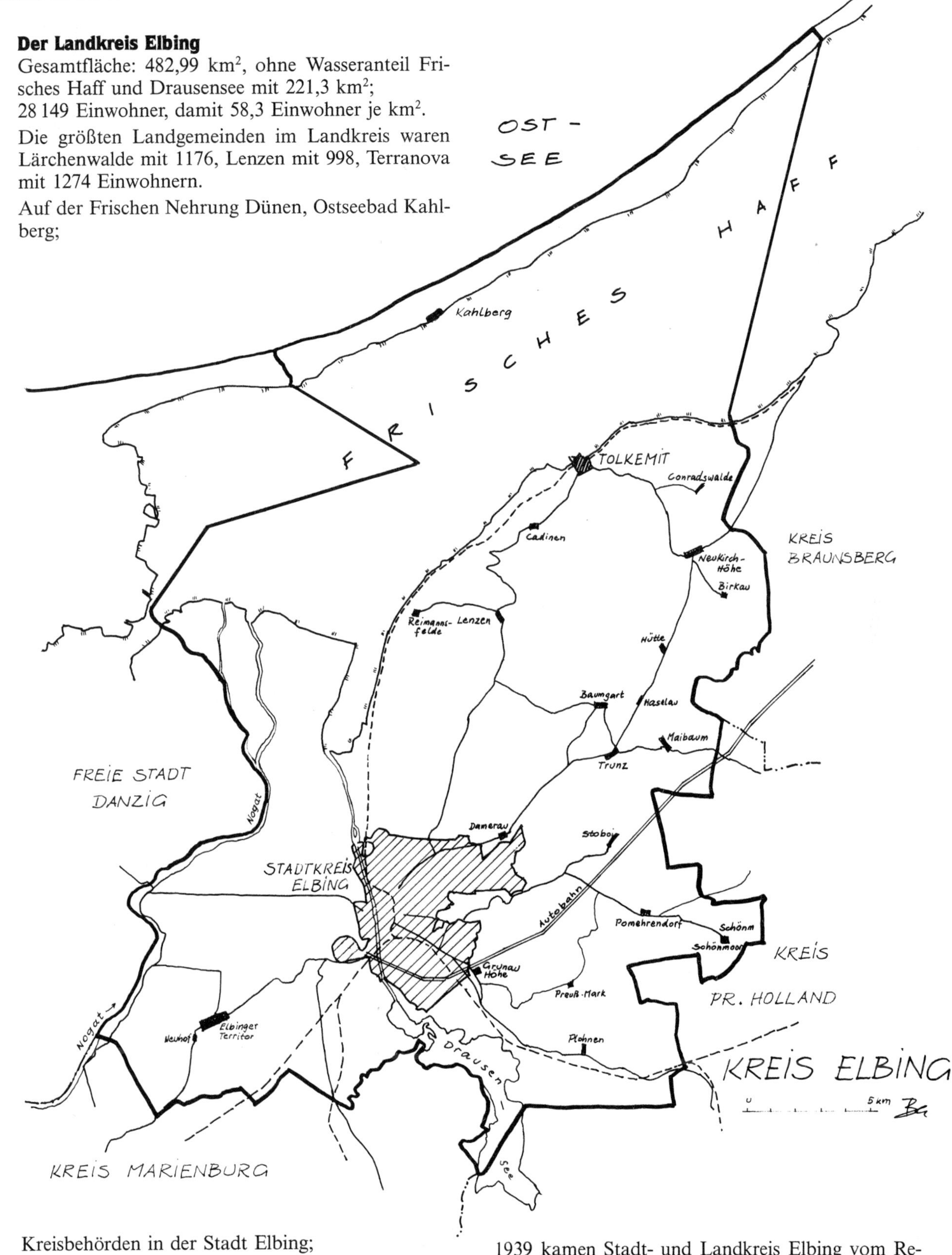

Kreisbehörden in der Stadt Elbing;
71 Landgemeinden, 147 Wohnplätze.

14 evangelische Kirchengemeinden, 4 katholische Kirchen.

Im Landkreis: 55 Volksschulen mit 91 Klassen, 3540 Schülern, 89 Lehrern.

2338 landwirtschaftliche Betriebe, davon 760 von 05,-5 ha, 469 = 5–10 ha, 599 = 10–20 ha, 476 = 20–100 ha, 34 über 100 ha.

1939 kamen Stadt- und Landkreis Elbing vom Regierungsbezirk Westpreußen (Provinz Ostpreußen) zum neugebildeten Regierungsbezirk Danzig im Reichsgau Danzig-Westpreußen.

1945 gerieten Stadt- und Landkreis unter polnische Verwaltung, ausgenommen die Gemeinde Narmeln auf der Frischen Nehrung (sowjetische Verwaltung). Polnischer Name für Elbing heute: Elbląg.

Patenstadt für Elbing ist Bremerhaven.

Elbing
Gemarkung Bürgerpfeil
Gemarkung Michelau
Gemarkung Roland
Gemarkung Fricks Ziegelei
Gemarkung Maulbeerplantage
Gemarkung Vorstadt. Roßgarten
Gemarkung Schesmershof
Gemarkung Tannenberg
Wiewandtsche Insel
Alte Fahrrinne
Elbing-Fluß
Industrie- und Handels- Hafen
Schrebergärten Schichau
Kuckucksgrund
Projekt Großsiedlung Kupferhammer
Wesseler Wald
F. Schichau AG
Stadtgarten
Lübecker
Hermann
Kalkscheun-Str.
Innerer Vorberg
Marienburger Damm
Hitler-
Nitschmann
Johannis-

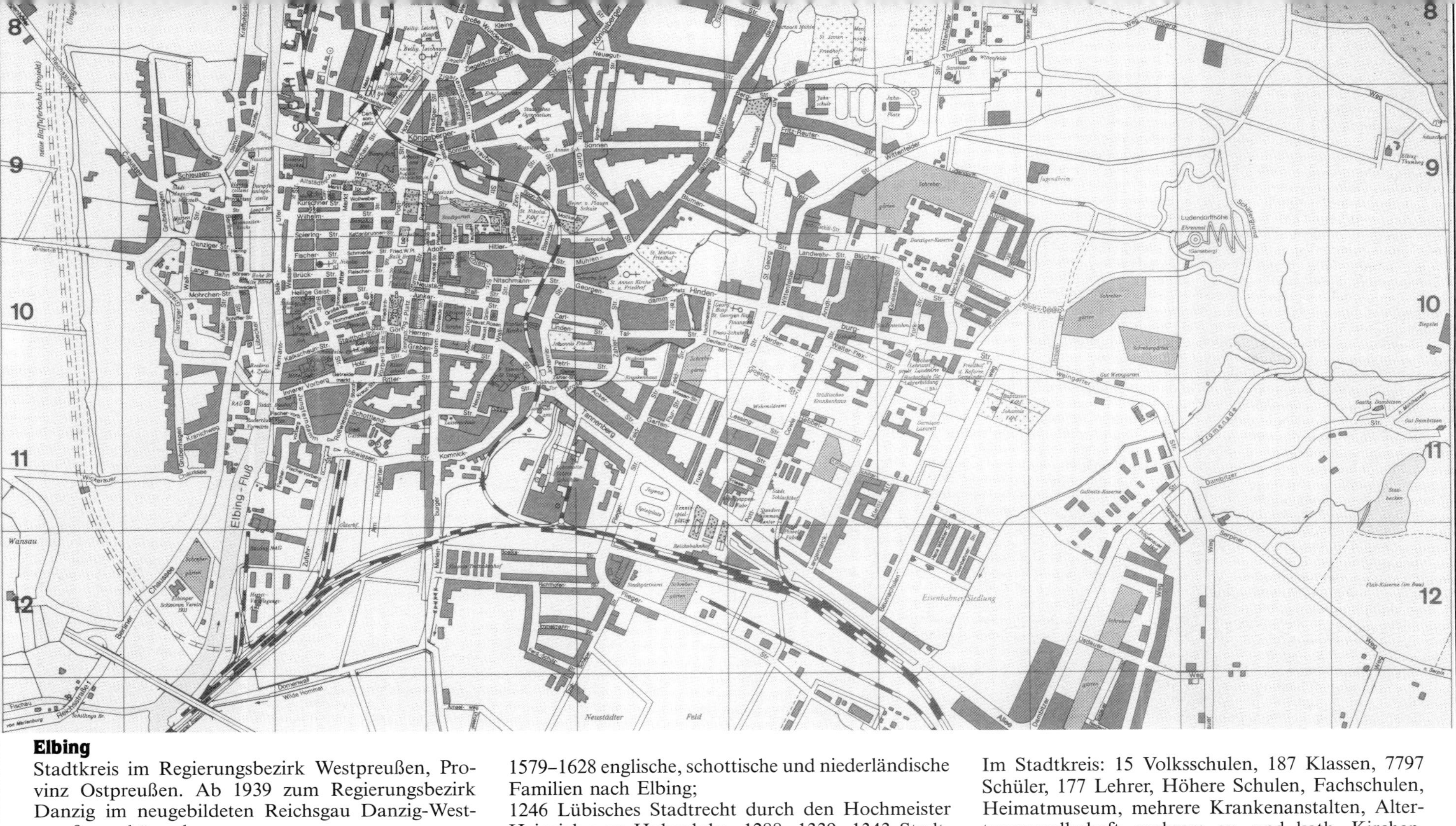

Elbing

Stadtkreis im Regierungsbezirk Westpreußen, Provinz Ostpreußen. Ab 1939 zum Regierungsbezirk Danzig im neugebildeten Reichsgau Danzig-Westpreußen gehörend.

10 m über dem Meer, am Elbingfluß zwischen Drausensee und Frischem Haff;
Stadtkreis 1873 gebildet, 30,67 km^2 groß;
Einwohnerzahl 1939: 85 952 Personen, meist evangelisch; 2802,5 Einwohner auf 1 km^2;
1943 Einwohner = 97 370 Personen;
1237 Ordensburg, 1454 fiel die Stadt vom Orden ab, Burg zerstört;
1579–1628 englische, schottische und niederländische Familien nach Elbing;
1246 Lübisches Stadtrecht durch den Hochmeister Heinrich von Hohenlohe, 1288, 1339, 1343 Stadtrechte erweitert;
1340–80 Frühgotische Pfarrkirche St. Nikolai;
1319 Markttor, Dominikanerkirche St. Martin, Mitglied der Hanse;
Sitz der Kreisbehörden, seit 1926 Pädagogische Akademie, später Hochschule für Lehrerbildung; Stadttheater, Städt. Orchester, Stadtbibliothek.

Im Stadtkreis: 15 Volksschulen, 187 Klassen, 7797 Schüler, 177 Lehrer, Höhere Schulen, Fachschulen, Heimatmuseum, mehrere Krankenanstalten, Altertumsgesellschaft, mehrere ev. und kath. Kirchen. Geburtsort von Paul Fechter 1880, Ferdinand Schichau 1814. Elbing war das zweitgrößte Industriezentrum Ostpreußens. Schiffs- und Lokomotivbau, Lastkraftwagen- und Maschinenbau, Handelsschifffahrt, Reedereien, Brauereien, Tabakfabrik, Holzindustrie, Straßenbahn, Haffuferbahn, Elbing-Tolkemit-Braunsberg, Garnisonstadt.

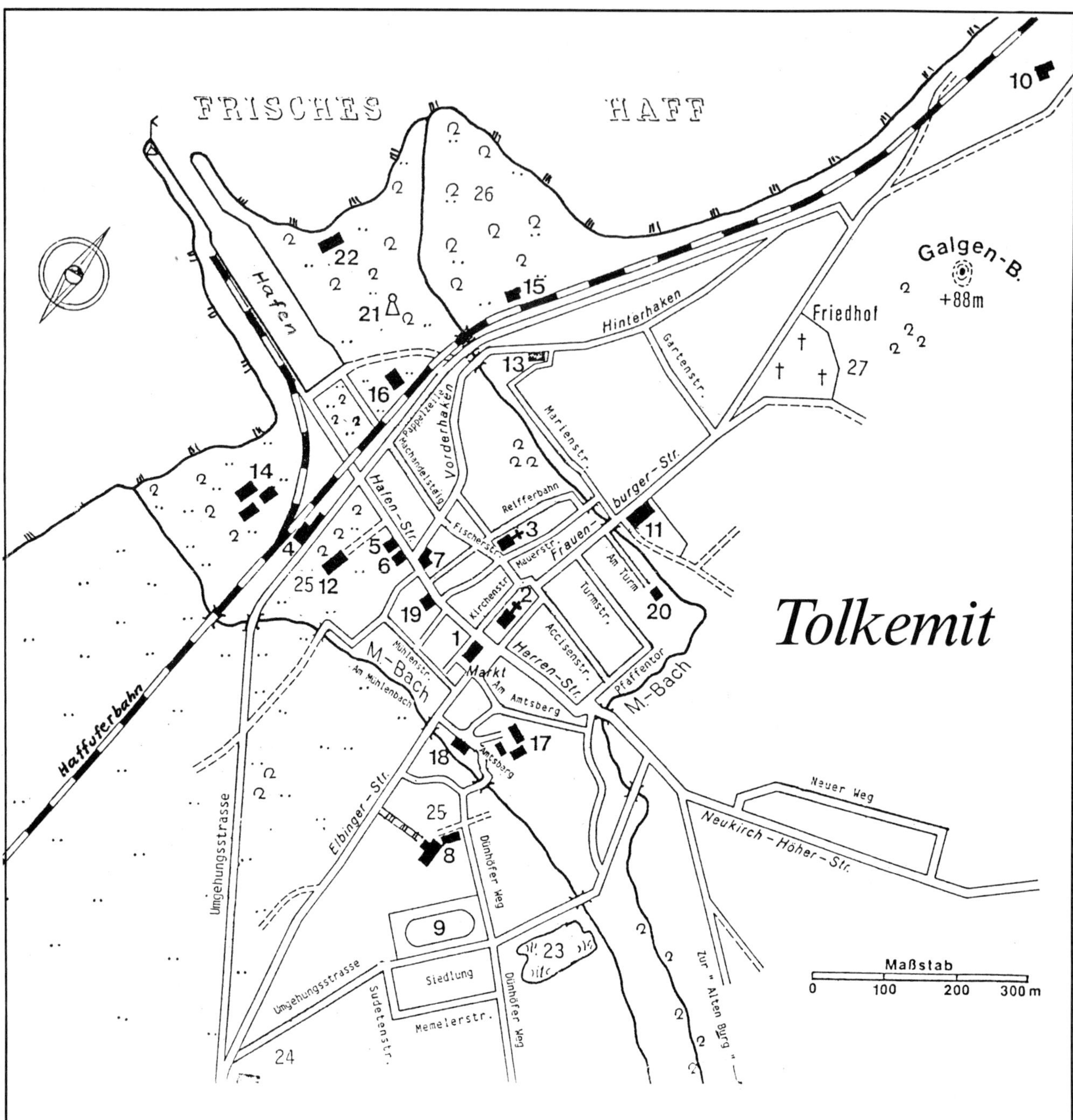

Tolkemit

Stadt im Landkreis Elbing, 1920–1939 Regierungsbezirk Westpreußen, Provinz Ostpreußen.

Ab 8. Oktober 1939 zum Regierungsbezirk Danzig im Reichsgau Danzig-Westpreußen gehörend; am Frischen Haff gelegen, 3 m über dem Meer; 1939: 3875 Einwohner.

Etwa 1296–1300 vom Deutschen Orden gegründet; Stadtrecht 1351, 1444 erneuert (Kulmisches Recht); Burg des Ordens 1454 zerstört; 1376 Kirche geweiht und später erweitert; Holzhandel, Werft, Faßfabrik, Tolkemiter Töpferwaren, Ziegelei, Marmeladenfabrik, Fischerei, Land- und Forstwirtschaft, Fremdenverkehr.

1945 unter polnischer Verwaltung - Tolkmicko.

Patenstadt für den Landkreis Elbing: Bremerhaven.

1 Rathaus
2 Kath. Kirche
3 Ev. Kirche
4 Bahnhof
5 Post
6 Feuerwehr
7 Kreissparkasse
8 Krankenhaus
9 Sportplatz
10 Jugendherberge
11 Schule
12 Parkhaus
13 Zollamt
14 Marmeladenfabrik
15 Bootswerft Modersitzki
16 Bootswerft Lingner
17 Amtsberg
18 Mühle
19 Töpferei
20 Turm
21 Denkmal
22 Hafenkrug
23 Mühlenteich
24 Wasserwerk
25 Kindergarten
26 Erlenwäldchen
27 Friedhof

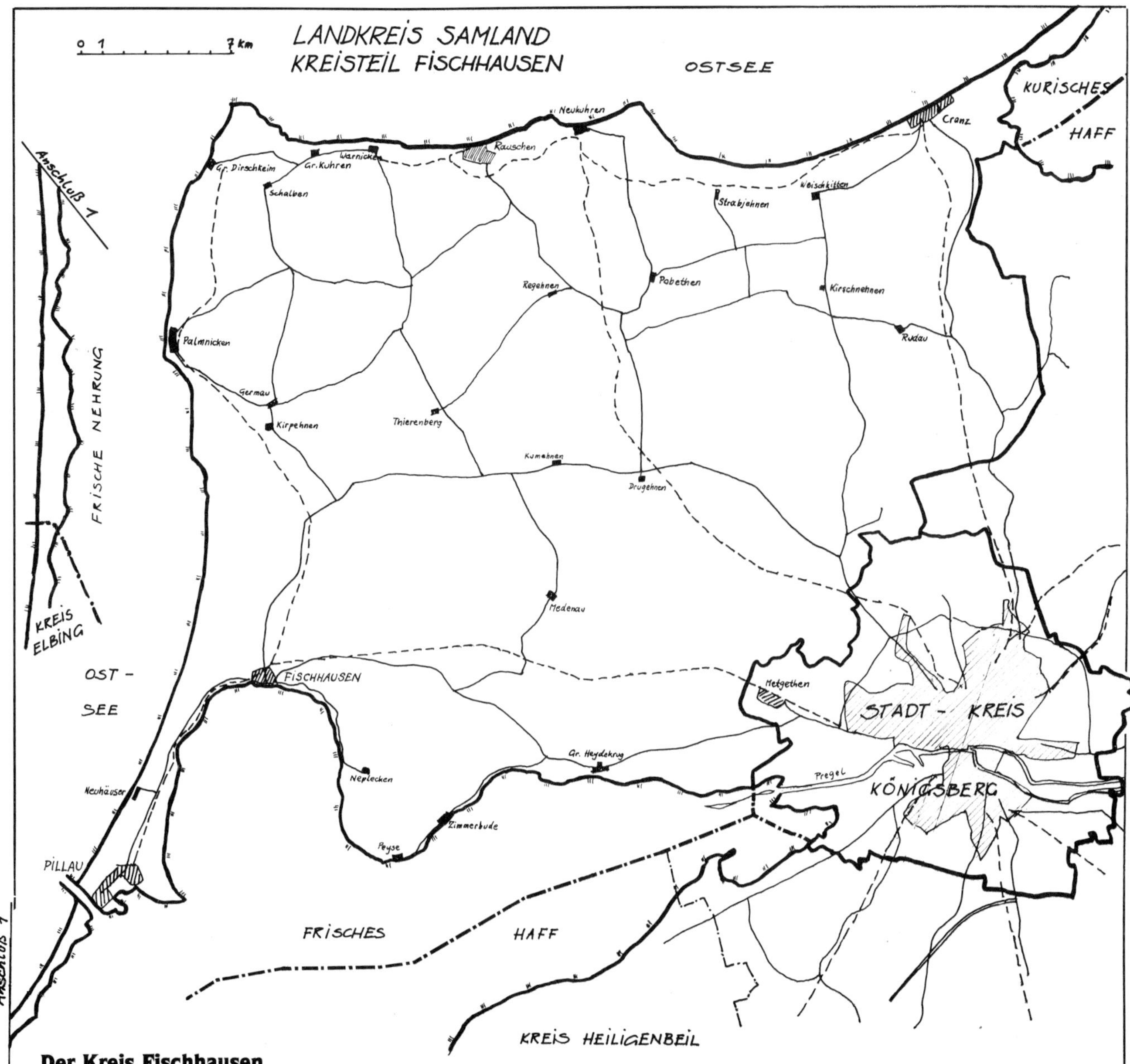

Der Kreis Fischhausen

Als westlicher Teil des Kreises Samland, der 1939 durch Zusammenlegung des Landkreises Königsberg und Kreis Fischhausen gebildet wurde, hatte eine Gesamtgröße von 1774,74 km² einschließlich der Wasserflächen: Kurisches Haff mit 427,19 km², Frisches Haff mit 300,30 km² = 727,49 km², demnach reine Landfläche: 1047,25 km².

Einwohnerzahl: 76 800 Personen = 73,4 Einwohner je km². 102 politische Gemeinden einschließlich Städte Pillau und Fischhausen. Anfang 1939, bis zur Zusammenlegung der Kreise, waren im Kreis 79 Volksschulen mit 234 Klassen, 10 260 Schülern und 214 Lehrkräften. Dazu kamen, über das Kreisgebiet verstreut, 4 Berufsschulen, Mittelschulen in Cranz, Fischhausen, Neukuhren und Palmnicken, eine Oberschule in Pillau.

16 evangelische Kirchengemeinden mit 17 Pfarrstellen, 4 katholische Kirchen und Kapellen, 1 Seelsorgestelle, dazu 8 Baptistengemeinden mit Kapellen.

Marinelazarett in Pillau, Heilstätte Lochstädt, Pflege-, Alten- und Erholungsheime in Fischhausen, Neuhäuser und Rauschen.

Bernsteinwerk Palmnicken an der Samlandküste, Vogelwarte Rossitten auf der Kurischen Nehrung, Ziegeleien, Kalksandsteinwerke, Bootswerft, Land-, Forst- und Fischereiwirtschaft, Fischverwertung, Holzverarbeitende Industrie.

Elektrizitätswerk der Ostpreußenwerk AG in Peyse, Segelfliegen auf der Kurischen Nehrung und an der Samlandküste. Fremdenverkehr an der Samlandküste: Cranz, Neukuhren, Rauschen, Georgenswalde, Palmnicken, Neuhäuser, Seestadt Pillau.

Der Kreis Samland kam 1945 ganz unter sowjetische Verwaltung. Fischhausen heißt heute: Primorsk; Pillau: Baltijsk.

Nach dem 2. Weltkrieg beschlossen die Vertreter des Landkreises Samland, diesen wieder in die beiden alten Kreise aufzuteilen. So enstanden die Kreisgemeinschaft Fischhausen und die Heimatkreisgemeinschaft Königsberg (Pr)-Land.

Patenschaft für den alten Landkreis Fischhausen: Kreis Pinneberg.

Pillau

Seestadt im Kreis Samland (vor 1939 Kreis Fischhausen), Regierungsbezirk Königsberg (Pr);
auf der Südspitze der Samlandküste gegenüber der Nordspitze der Frischen Nehrung;
1939: 12379 Einwohner, meist evangelisch.

Aus den Fischerdörfern Wogram (Handfeste 1413) und Alt-Pillau (Handfeste 1583) ist die Seestadt Pillau entstanden. Camstigall wurde 1937 eingemeindet.

1430 erstmals erwähnt;
1626 landete Schwedenkönig Gustav Adolf. Während 10jähriger Besetzung entstanden Stadt, Kirche und Festung;
1635 zogen die Schweden ab;
1701 Marktflecken;
1725 Stadtrechte;
1732 landeten mit 66 Schiffen die vertriebenen Salzburger und fanden in Ostpreußen eine neue Heimat;
1746 Rathausbau.

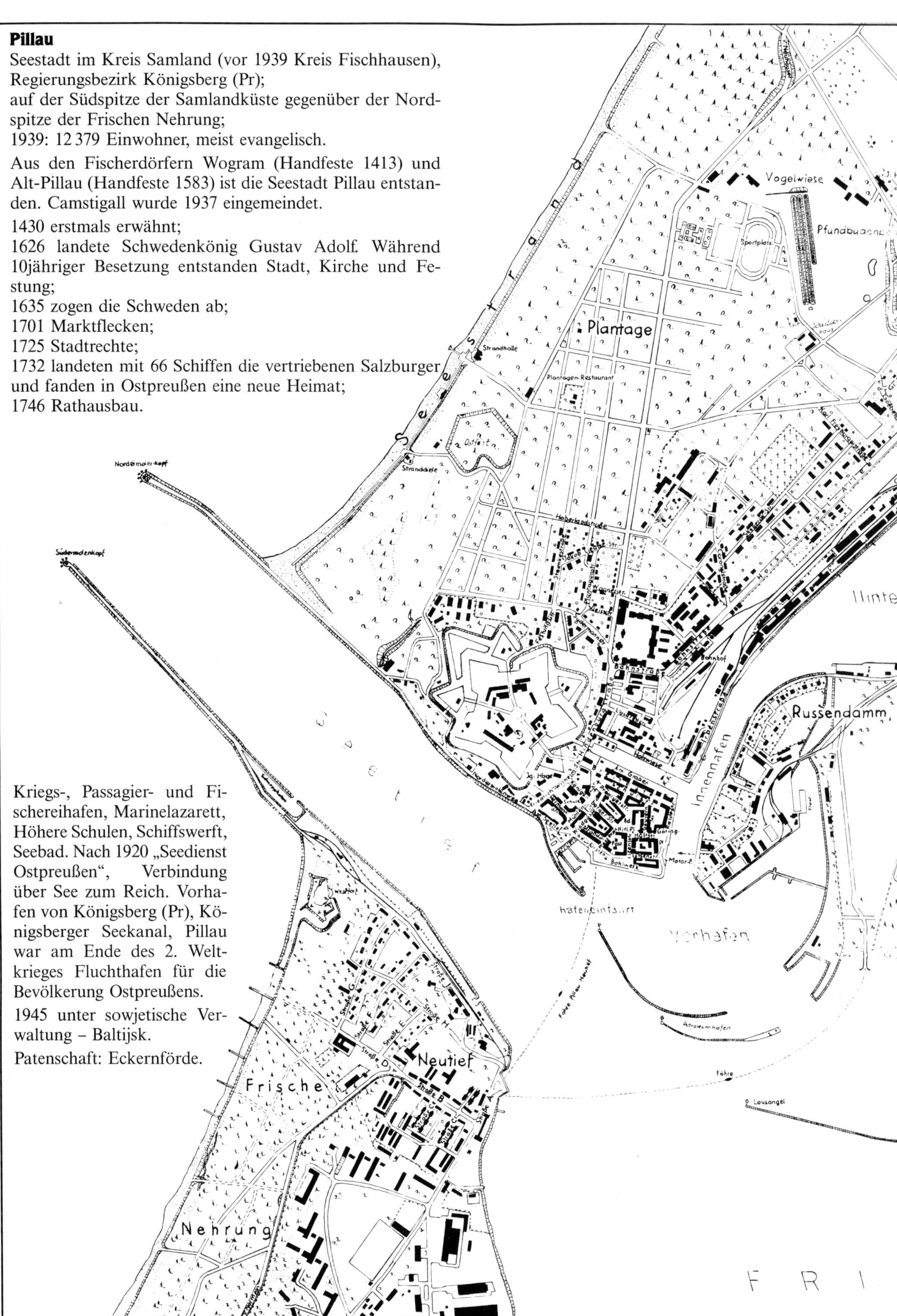

Kriegs-, Passagier- und Fischereihafen, Marinelazarett, Höhere Schulen, Schiffswerft, Seebad. Nach 1920 „Seedienst Ostpreußen“, Verbindung über See zum Reich. Vorhafen von Königsberg (Pr), Königsberger Seekanal, Pillau war am Ende des 2. Weltkrieges Fluchthafen für die Bevölkerung Ostpreußens.

1945 unter sowjetische Verwaltung – Baltijsk.

Patenschaft: Eckernförde.

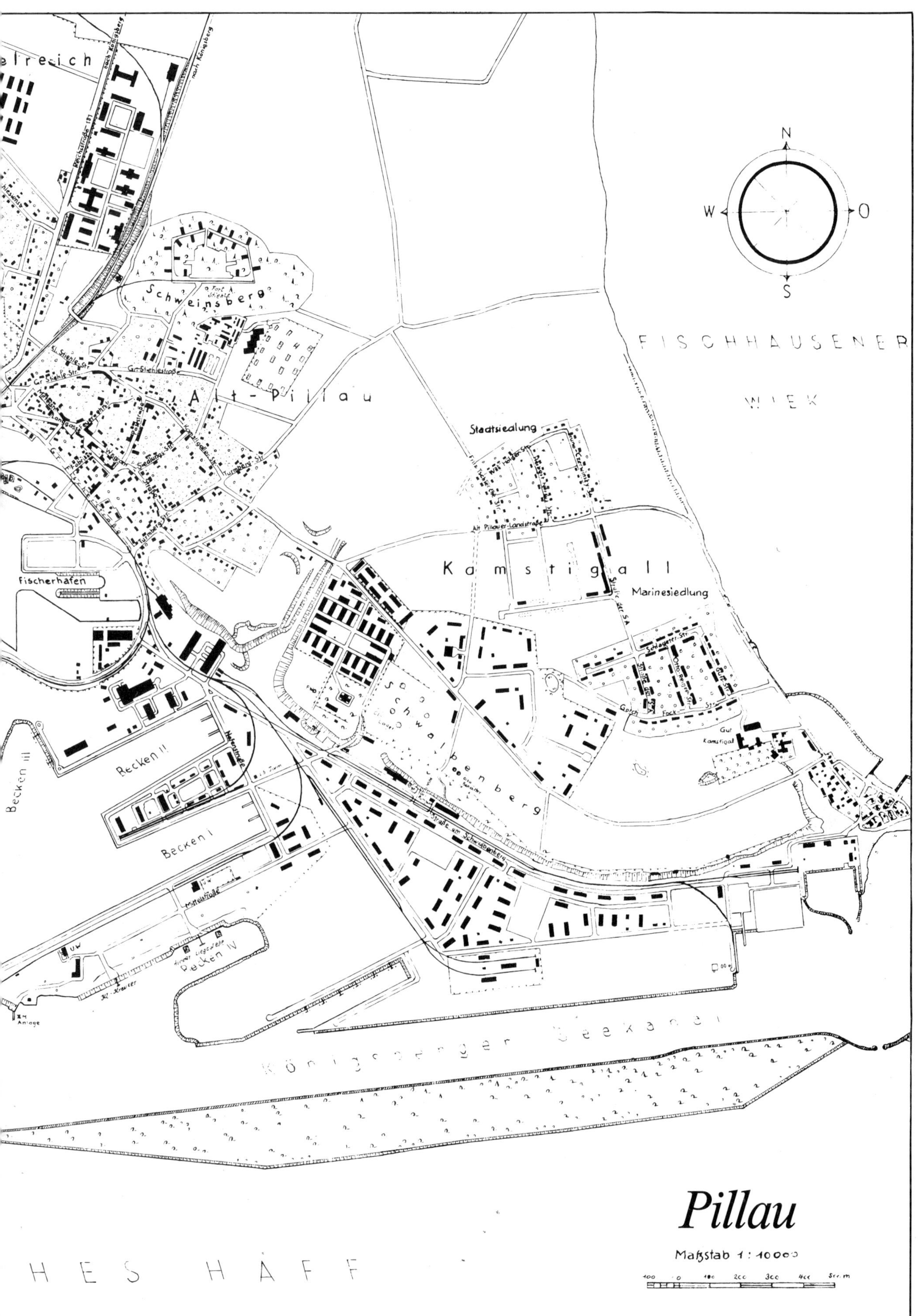
Pillau
Maßstab 1 : 10000
N
W
O
S
FISCHHAUSENER WIEK
Alt-Pillau
Schweinsberg
Kamstigall
Marinesiedlung
Stadtsiedlung
Fischerhafen
Becken I
Becken II
Becken III
Becken IV
Königsberger Seekanal
HES HAFF
Alt Pillauer Landstraße
Gut Kamstigall

Fischhausen

1 Kath. Kapelle
2 Totengasse
3 Baptistenkapelle
4 Stadtschule
5 Landwirtschaftliche Schule
6 Gaswerk
7 Waisenhaus
8 Gesundheitsamt
9 Amtsgericht
10 Finanzamt
11 Rathaus
12 Feuerwehrhaus
13 Ev. Vereinshaus
14 Ordenskirche
15 Klärwerk
16 Winkelstraße
17 Hospital
18 Stadtmühle
19 I. Fischerstraße
20 II. Fischerstraße
21 Wasserstraße
22 Kleinbahnhof

Bis 1939 Kreisstadt des Kreises Fischhausen, Regierungsbezirk Königsberg (Pr). Nach der Vereinigung mit dem Landkreis Königsberg zum Kreis Samland wurde Königsberg Sitz der Kreisbehörden.

Fischhausen liegt im südlichen Teil des Samlands am Nordufer des Fischen Haffs (Fischhausener Wiek), direkt am Wasser.

1939: 3879 Einwohner, 98 % evangelisch;
1264–1268 bischöfliches Ordensschloß, Residenz der samländischen Bischöfe;
1299 Stadtgründung;
1305–1315 Ordenskirche als gotischer Backsteinbau;
1475 Gründungsurkunde.

Der samländische Bischof Georg v. Polentz (1518–1550) trat als erster Kirchenfürst zum lutherischen Glauben über. Ausbreitung der Reformation in Preußen.

1613 Kulmisches Recht;
1629 (14. Sept.) Waffenstillstandsvertrag zwischen Polen, Schweden und Preußen-Brandenburg.

Stadtschule, Mittelschule, Privatschulen, Fortbildungsschule, Landwirtschaftsschule, Tageszeitung, Saatzuchtanstalt. Bis 1939 Kreisbehörden. Elektrizitäts-, Gas-, Wasserwerk, 1 evang. Kirche, Baptistenkirche, kath. Kapelle, alle notwendigen Handwerker, Geschäfte, Ärzte usw., Hospital, Ackerbürgerstadt, Fischerei, Ziegeleien, Sägewerke, Reichsbahn- und Kleinbahnanschluß, Schiffahrtslinien, Mühlen, Hotels, Sport- und kulturelle Vereine, Schlachthof, Banken, Molkerei, Waisenhaus, Altenheim, Krankenhaus.

Seit 1945 unter sowjetischer Verwaltung, im Kern zerstört. Fischhausen heißt heute russisch: Primorsk.

Patenschaft: Kreisstadt Pinneberg.

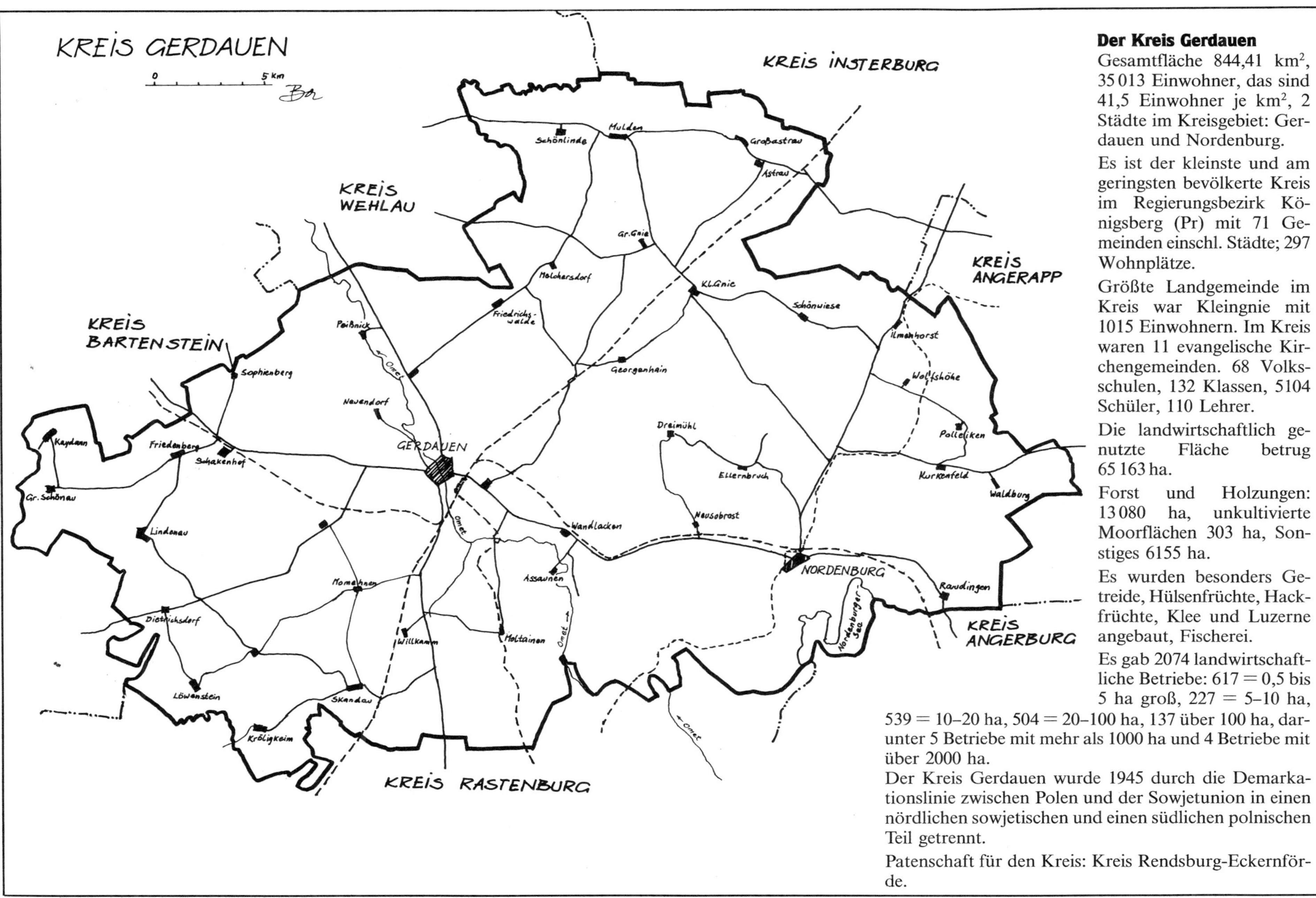

Der Kreis Gerdauen

Gesamtfläche 844,41 km², 35013 Einwohner, das sind 41,5 Einwohner je km², 2 Städte im Kreisgebiet: Gerdauen und Nordenburg.

Es ist der kleinste und am geringsten bevölkerte Kreis im Regierungsbezirk Königsberg (Pr) mit 71 Gemeinden einschl. Städte; 297 Wohnplätze.

Größte Landgemeinde im Kreis war Kleingnie mit 1015 Einwohnern. Im Kreis waren 11 evangelische Kirchengemeinden. 68 Volksschulen, 132 Klassen, 5104 Schüler, 110 Lehrer.

Die landwirtschaftlich genutzte Fläche betrug 65163 ha.

Forst und Holzungen: 13080 ha, unkultivierte Moorflächen 303 ha, Sonstiges 6155 ha.

Es wurden besonders Getreide, Hülsenfrüchte, Hackfrüchte, Klee und Luzerne angebaut, Fischerei.

Es gab 2074 landwirtschaftliche Betriebe: 617 = 0,5 bis 5 ha groß, 227 = 5–10 ha, 539 = 10–20 ha, 504 = 20–100 ha, 137 über 100 ha, darunter 5 Betriebe mit mehr als 1000 ha und 4 Betriebe mit über 2000 ha.

Der Kreis Gerdauen wurde 1945 durch die Demarkationslinie zwischen Polen und der Sowjetunion in einen nördlichen sowjetischen und einen südlichen polnischen Teil getrennt.

Patenschaft für den Kreis: Kreis Rendsburg-Eckernförde.

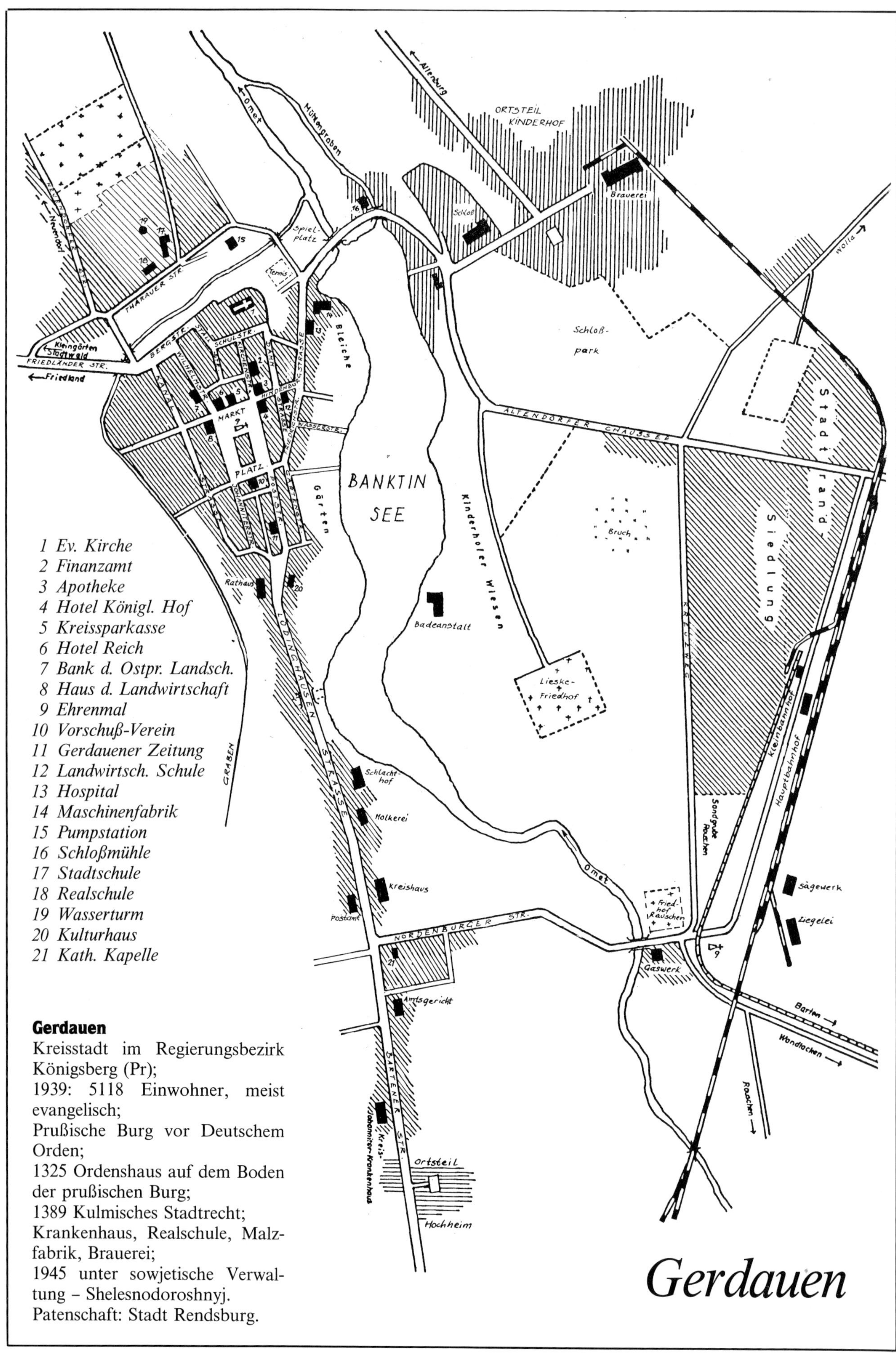

Gerdauen
Kreisstadt im Regierungsbezirk Königsberg (Pr);
1939: 5118 Einwohner, meist evangelisch;
Prußische Burg vor Deutschem Orden;
1325 Ordenshaus auf dem Boden der prußischen Burg;
1389 Kulmisches Stadtrecht;
Krankenhaus, Realschule, Malzfabrik, Brauerei;
1945 unter sowjetische Verwaltung – Shelesnodoroshnyj.
Patenschaft: Stadt Rendsburg.

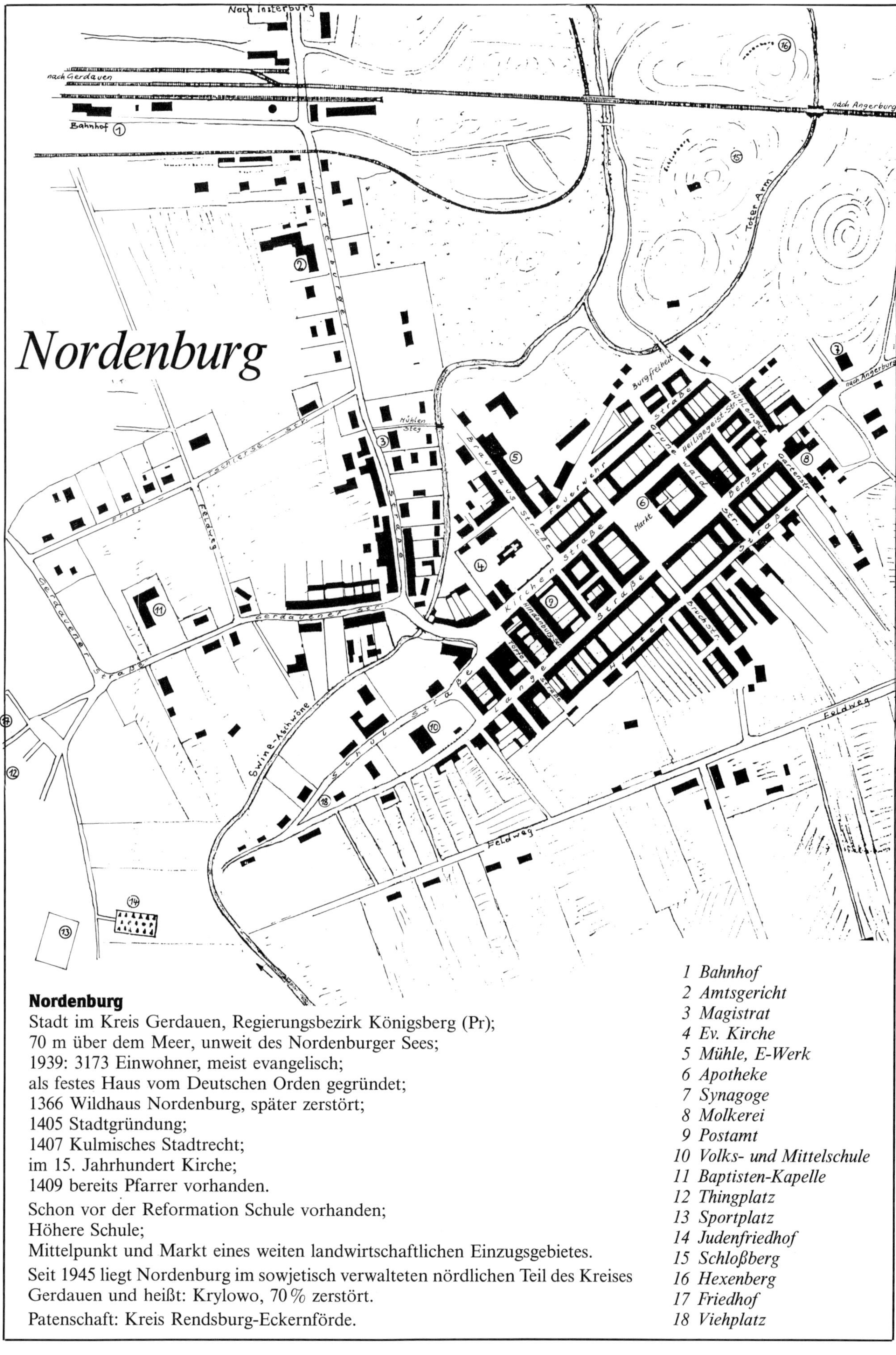

Nordenburg

Stadt im Kreis Gerdauen, Regierungsbezirk Königsberg (Pr);
70 m über dem Meer, unweit des Nordenburger Sees;
1939: 3173 Einwohner, meist evangelisch;
als festes Haus vom Deutschen Orden gegründet;
1366 Wildhaus Nordenburg, später zerstört;
1405 Stadtgründung;
1407 Kulmisches Stadtrecht;
im 15. Jahrhundert Kirche;
1409 bereits Pfarrer vorhanden.
Schon vor der Reformation Schule vorhanden;
Höhere Schule;
Mittelpunkt und Markt eines weiten landwirtschaftlichen Einzugsgebietes.
Seit 1945 liegt Nordenburg im sowjetisch verwalteten nördlichen Teil des Kreises Gerdauen und heißt: Krylowo, 70 % zerstört.
Patenschaft: Kreis Rendsburg-Eckernförde.

1 Bahnhof
2 Amtsgericht
3 Magistrat
4 Ev. Kirche
5 Mühle, E-Werk
6 Apotheke
7 Synagoge
8 Molkerei
9 Postamt
10 Volks- und Mittelschule
11 Baptisten-Kapelle
12 Thingplatz
13 Sportplatz
14 Judenfriedhof
15 Schloßberg
16 Hexenberg
17 Friedhof
18 Viehplatz

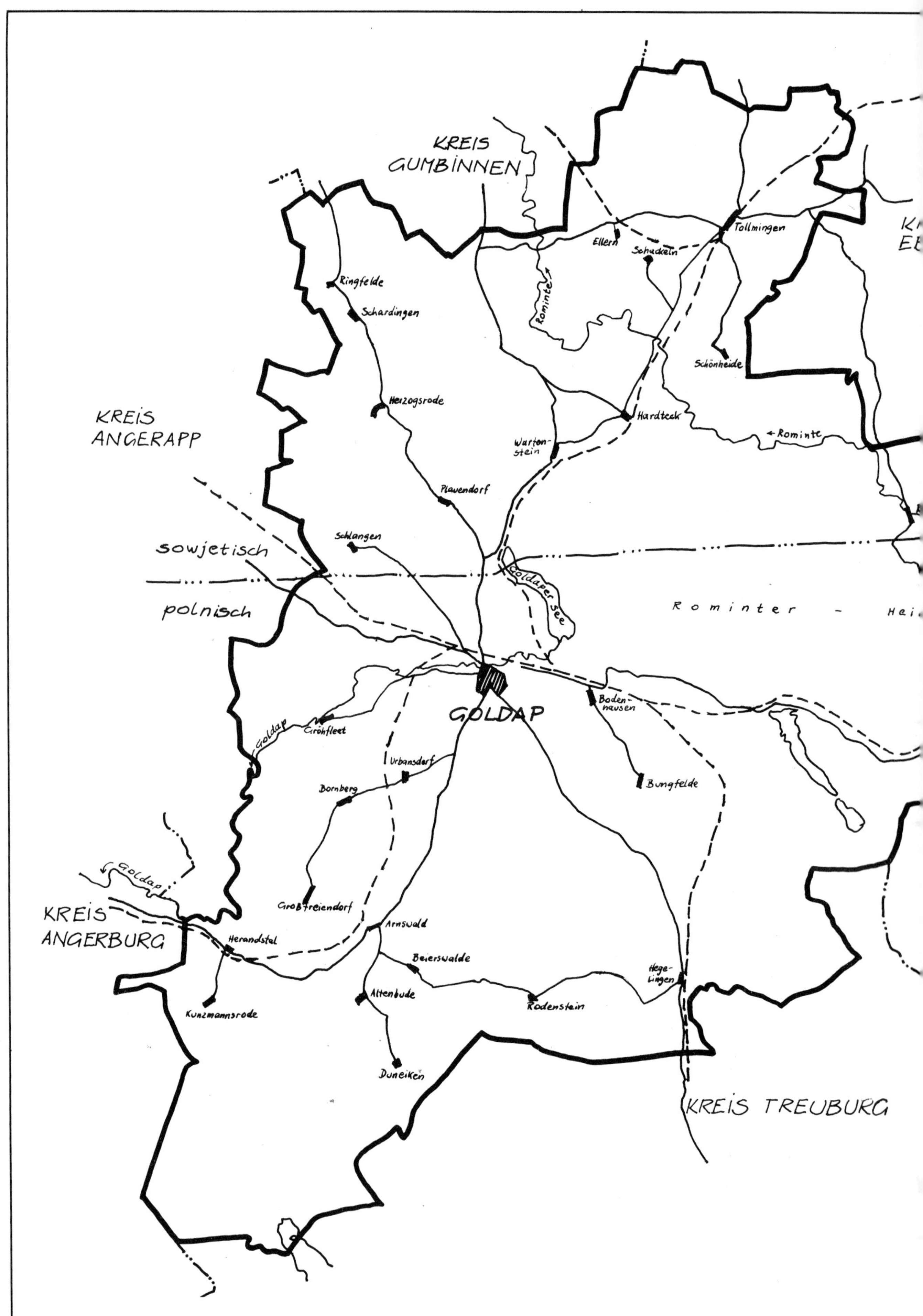
KREIS GUMBINNEN
Tollmingen
Ellern
Schuckeln
Ringfelde
Schardingen
Rominte
Schönheide
Herzogsrode
KREIS ANGERAPP
Hardteck
Warten-
stein
← Rominte
Plavendorf
Schlangen
sowjetisch
polnisch
Goldaper See
R o m i n t e r - H e i
GOLDAP
Boden-
hausen
Gröhfleet
Goldap
Urbansdorf
Bornberg
Bungfelde
Goldap
Großfreiendorf
KREIS ANGERBURG
Arnswald
Herandstal
Beierswalde
Hege-
lingen
Altenbude
Rodenstein
Kunzmannsrode
Duneiken
KREIS TREUBURG

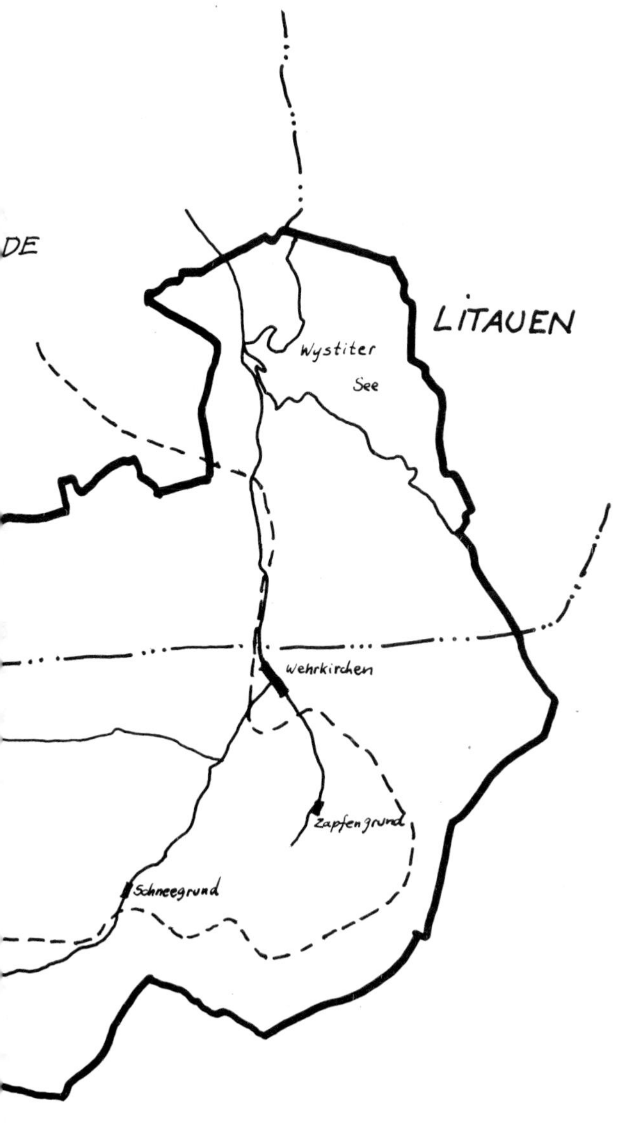

Der Kreis Goldap
Gesamtfläche: 993,34 km^2;
Einwohner 45 825, demnach auf 1 km^2 46,1 Einwohner.

Im Kreisgebiet 174 Gemeinden einschl. der Stadt Goldap, 299 Wohnplätze.

Die größten Landgemeinden im Kreis waren Hardteck mit 1191, Wehrkirchen mit 1270 Einwohnern.

8 evangelische Kirchengemeinden, 1 katholische Kirche;
im Kreis 101 Volksschulen, 150 Klassen, 5997 Schüler, 148 Lehrer.

Der Kreis gehört zu den waldreichsten Kreisen Ostpreußens. Ackerbau, Pferde- und Rindviehzucht, Schweinezucht, Forstwirtschaft, Handwerk und Gewerbe.

4567 landwirtschaftliche Betriebe, davon 1433 von 0,5–5 ha, 1052 = 5–10 ha, 1071 = 10–20 ha, 962 = 20–100 ha, 48 über 100 ha. Die Ostgrenze war gleichzeitig Landesgrenze zu Polen und Litauen (Dreiländereck ca. 4 km südl. Wystiter See).

1945 unter polnische und sowjetische Verwaltung. Die Demarkationslinie zwischen dem polnisch und sowjetisch besetzten Teil Ostpreußens teilt den Kreis von West nach Ost.

Der polnische Name für Goldap ist Gołdap. Die Stadt wurde fast völlig zerstört.

Patenschaften:
Kreis Goldap: Landkreis Stade
Stadt Goldap: Stade Stadt.

Goldap
Kreisstadt im Regierungsbezirk Gumbinnen;
150 m über dem Meer, 2 km südwestlich vom Goldaper See am Goldapfluß, am Nordfluß der Seesker Höhen;
1939: 12 786 Einwohner, meist evangelisch;
1551 erstmals genannt;
1565 Stadtgründung;
1570 Kulmisches Stadtrecht, erste Schule;
1580 erste Kirche;
Rathaus mitten auf 3 ha großem Marktplatz;
Höhere und Fachschulen;
Fremdenverkehr in die Rominter Heide (Jagdschloß Rominten) und in die Goldaper Berge, Sägewerk, Ziegeleien, Brauereien, 2 Krankenhäuser, Garnisonstadt.

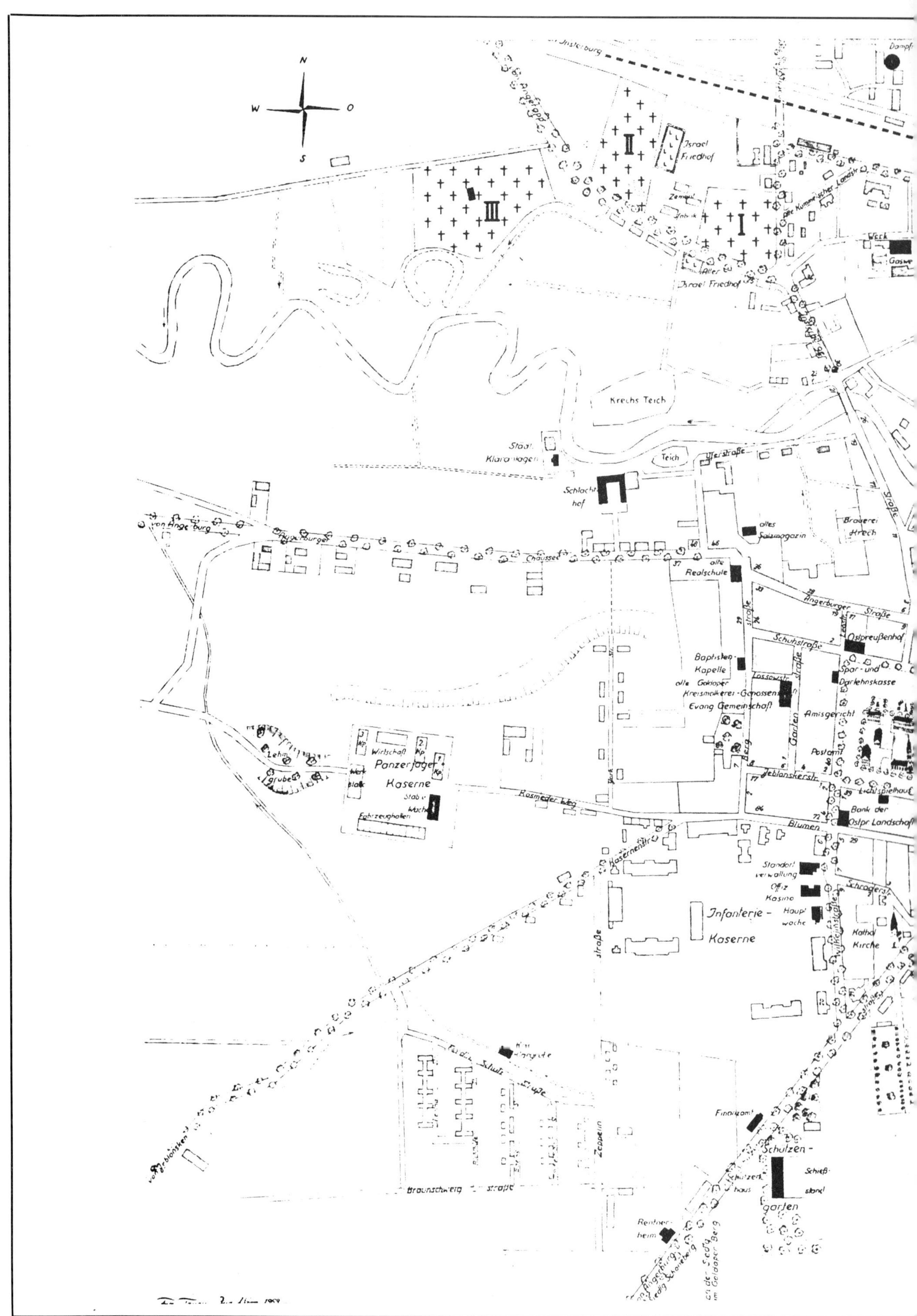
N
W
O
S
Israel Friedhof
Alter Israel Friedhof
Krechs Teich
Teich
Uferstraße
Schlachthof
alte Realschule
Angerburger Straße
Schuhstraße
Ostpreußenhof
Baptisten-Kapelle
Spar- und Darlehnskasse
Evang. Gemeinschaft
Amtsgericht
Postamt
Lichtspielhaus
Bank der Ostpr. Landschaft
Blumen
Rosmeder Weg
Panzerjäger Kaserne
Wirtschaft
Fahrzeughallen
Lehmgrube
Kasernenstr.
Standort verwaltung
Offiz. Kasino
Hauptwache
Infanterie-Kaserne
Kathol. Kirche
Schrägerstr.
Finanzamt
Schulzen-garten
Schützenhaus
Schießstand
Braunschweig straße
Zeppelin
Brauerei Krech
alte Gokaper Kreismolkerei-Genossenschaft
von Angerburg

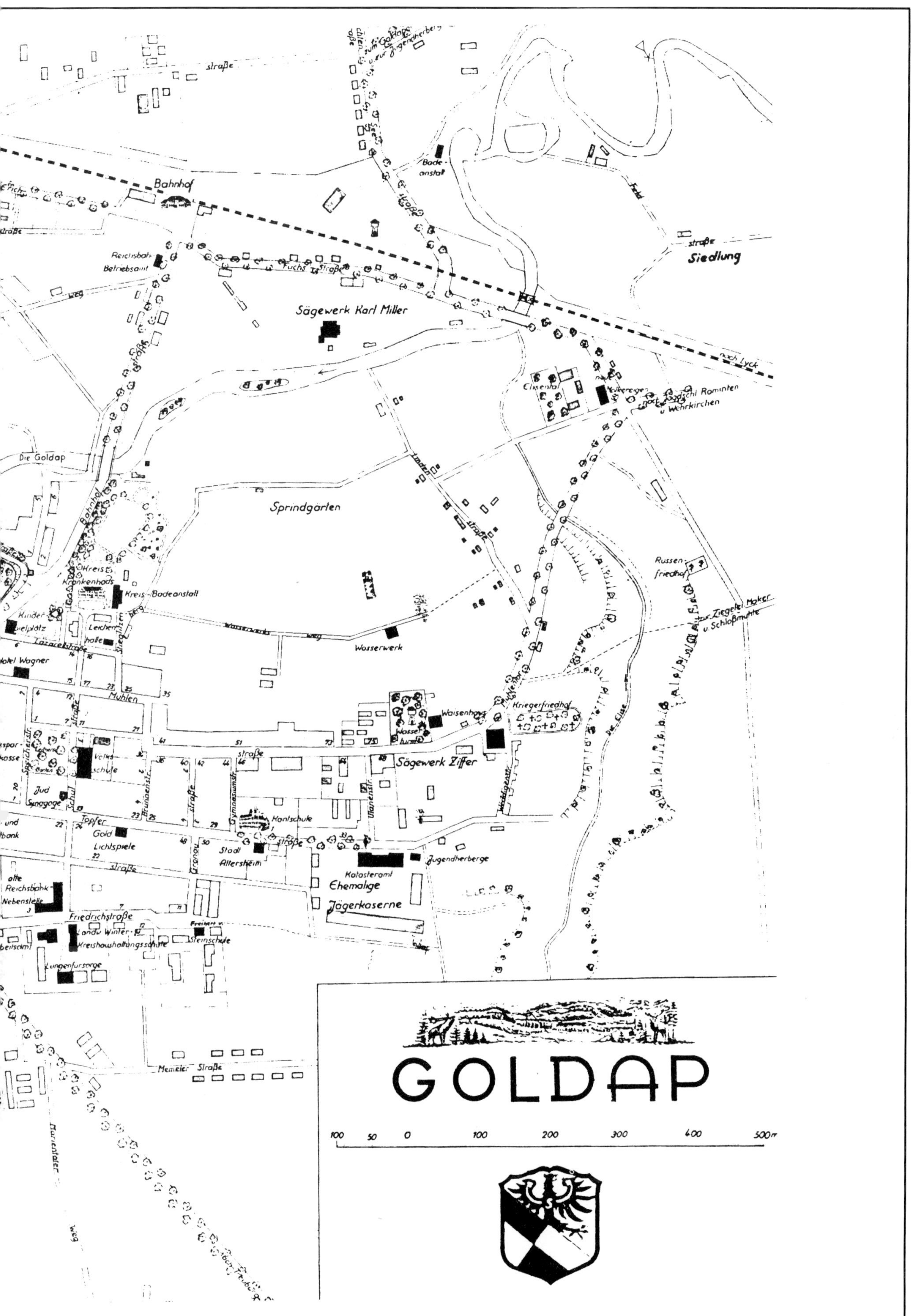
GOLDAP
Bahnhof
Sägewerk Karl Miller
Siedlung
Sprindgarten
Die Goldap
Wasserwerk
Kreis-Badeanstalt
Krankenhaus
Waisenhaus
Kriegerfriedhof
Sägewerk Ziffer
Russenfriedhof
Jugendherberge
Katasteramt
Ehemalige Jägerkaserne
Friedrichstraße
Lungenfürsorge
Memeler Straße
Kantschule
Stadt. Altersheim
Volksschule
Jud. Synagoge
Lichtspiele
Hotel Wagner
Leichenhalle
Badeanstalt
nach Lyck
100 50 0 100 200 300 400 500m

Der Kreis Gumbinnen
Gesamtgröße 730,61 km^2;
55 272 Einwohner einschließlich Stadt, mithin 75,7 Einwohner auf 1 km^2.

Im Kreisgebiet waren 159 politische Gemeinden einschließlich Stadt Gumbinnen. 260 Wohnplätze.

Die größten Landgemeinden im Kreis waren Preußendorf mit 917 und Ohldorf mit 1181 Einwohnern.

7 evangelisch-lutherische Kirchen mit 9 Pfarrern, 2 reformierte Kirchen, 1 katholische Kirche in Gumbinnen.

Im Kreis 87 Volksschulen, 163 Klassen, 6660 Schüler, 160 Lehrer, Staatl. Forstamtsbezirk (Tannsee).

Landwirtschaftliche Nutzfläche = 59 578 ha = 81,73% der Gesamtfläche. Ackerland 40 886 ha, Dauerweiden 11 706 ha, Wiesen 6014 ha, Obstanlagen und Baumschulen 114 ha, Gärten 849 ha, Bewässerungswiese 9 ha.

Landwirtschaftliche Betriebe 2896, davon 1001 von 0,5–5 ha, 603 = 5–10 ha, 491 = 10–20 ha, 693 = 20–100 ha, 108 über 100 ha.

Zucht von Herdbuchvieh, Deutsches Edelschwein, Schwarzköpfiges Fleischschaf, Teil des Zuchtgebiets Trakehner Pferde.

1945 kam der ganze Kreis unter sowjetische Verwaltung. Gumbinnen heißt jetzt: Gussew.

Patenstadt: Bielefeld.

Gumbinnen
Kreisstadt und Hauptstadt des Regierungsbezirks Gumbinnen;
42 m über dem Meer an der Mündung der Rominte in die Pissa;
1939: 24 534 Einwohner, meist evangelisch;
1545 bereits eine Kirche;
1721 zur Stadt erhoben;
Siedlungsprivileg für die Altstadt 1724;
für die Neustadt 1772;
1726 Rathaus;
1732 Salzburger wandern ein;
1735 Salzburger Hospital.

Berufsschule, Handelsschule, Landwirtschaftsschule, Oberschule, Mittelschule, Techn. Staatslehranstalt für Maschinenbau, Kreiskrankenhaus, Privatklinik, Oberpostdirektion, Überlandwerk, Garnison- und Beamtenstadt, Regierungsbehörden, Zollamt, Landmaschinenfabrik, Ziegelei, Brauerei, Woll- und Leinenweberei, Kistenfabrik, Dampfkraftwerk, Mühlenwerk, Handel und Gewerbe, Handwerk stark vertreten, 2 Tageszeitungen.

Geburtsort des Malers Arthur Degner 1888.

In weiterer Umgebung:
Wystiter See, Schloß Beynuhnen, Hauptgestüt Trakehnen. Ausgangspunkt zum nördlichen Teil der Rominter Heide. Remonteamt Roßlinde (Brakupönen).

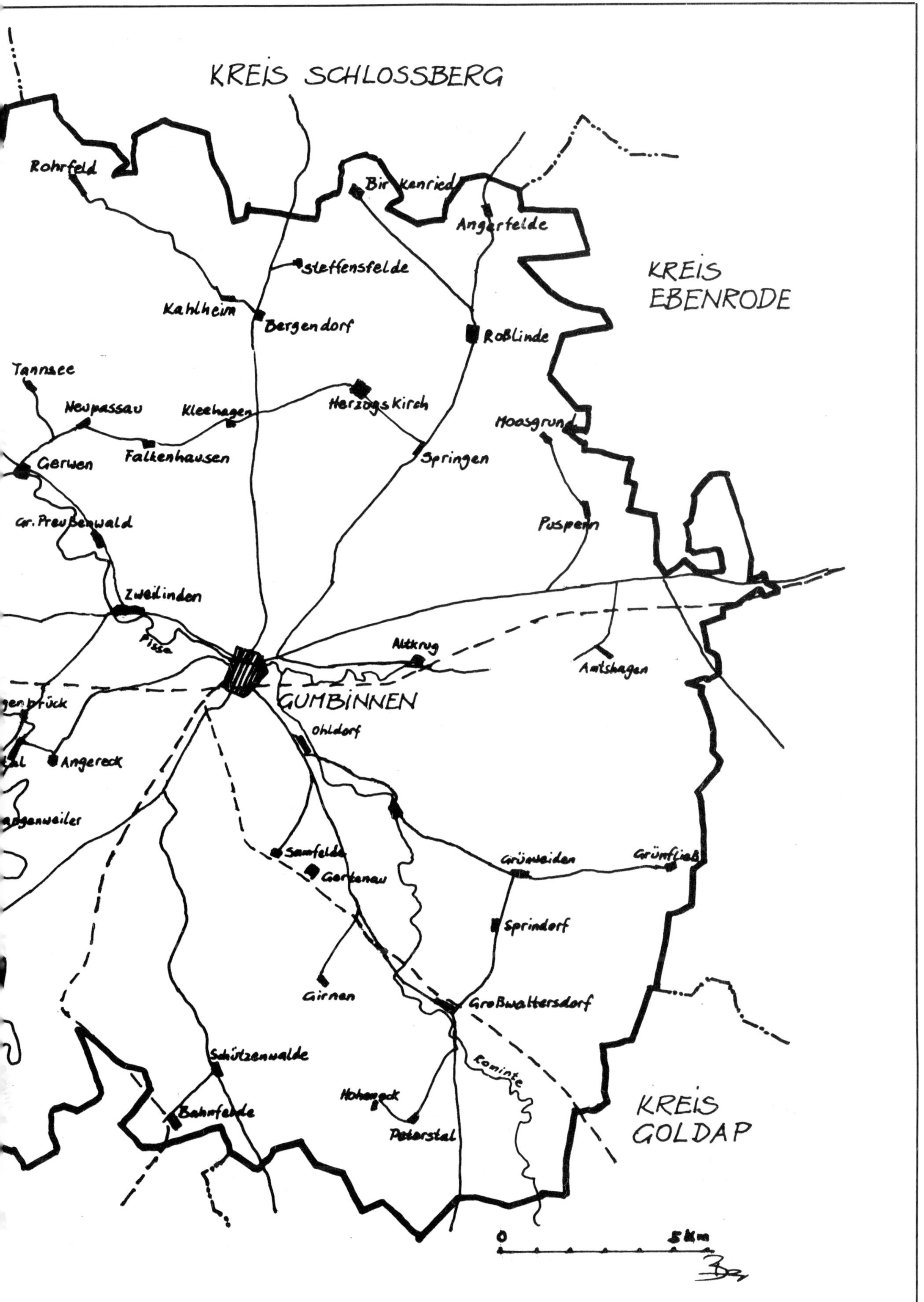

KREIS SCHLOSSBERG
KREIS EBENRODE
KREIS GOLDAP
Rohrfeld
Birkenried
Angerfelde
Steffensfelde
Kahlheim
Bergendorf
Roßlinde
Tannsee
Neupassau
Kleehagen
Herzogskirch
Moosgrund
Gerwen
Falkenhausen
Springen
Gr. Preußenwald
Puspern
Zweilinden
Pissa
Altkrug
Amtshagen
GUMBINNEN
Ohldorf
Angereck
Samfelde
Gertenau
Grünweiden
Grünfließ
Sprindorf
Girnen
Großwaltersdorf
Rominte
Schützenwalde
Hoheneck
Bahnfelde
Peterstal
0
5 km

Gumbinnen
von Königsberg (Pr.)
Schieß-
stände
Graf-Roon-
Kaserne
Städt. Schlachthof
Städt. Klärwerk
Friedrichstraße
Sportplatz
Fußballklub „Preußen"
Kraftwerk
Neuer
Altstädtischer
Friedhof
Sportplatz
Artillerie-
Kaserne
Kleingartenland
Waldschlößchen
Masch.-
Fabrik
Stadtwe
Hermann-Löns-Straße
Promenade
B.W.
zu Sodeiken
Siedlung
Annahof
Baracken
Sägewerk
u. Kistenfabrik
mot. Polizei-
Bereitschaft
Baracke

Otto-
Kaserne
Städt. Mittelschule
Arbeitsamt
Fin.-Amt
Bismarckstraße
Wilhelmstraße
Neues
Freibad
Altes Rathaus und
Feuerwehr
nach Eydtkuhnen
Hauptbahn
Bahnhof
Rominte
Memeler Straße
Soldauer Straße

Der Kreis Heilsberg

Gesamtgröße 1095,64 km^2;
56214 Einwohner, demnach 51,3 Einwohner auf 1 km^2.

Im Kreisgebiet 107 Landgemeinden, darunter 2 Städte: Guttstadt und Heilsberg, 181 Wohnplätze, größte Landgemeinde Arnsdorf mit 1365 Einwohnern.

Im Kreis gab es 95 Volksschulen mit 205 Klassen, 8737 Schülern und 186 Lehrern.

31 katholische Kirchengemeinden und 3 evangelische Kirchen. Im Kreis 4719 landwirtschaftliche Betriebe, davon 1347 von 0,5–5 ha, 927 von 5–10 ha, 1053 von 10–20 ha, 1294 von 20–100 ha, 98 über 100 ha.

1945 kamen Städte und Kreis unter polnische Verwaltung. Heilsberg = Lidzbark Warmiński;
Guttstadt = Dobre Miasto
Patenschaft: Kreis H. = Kreis Aschendorf-Hümmling, Guttstadt: Stadt Aschendorf.

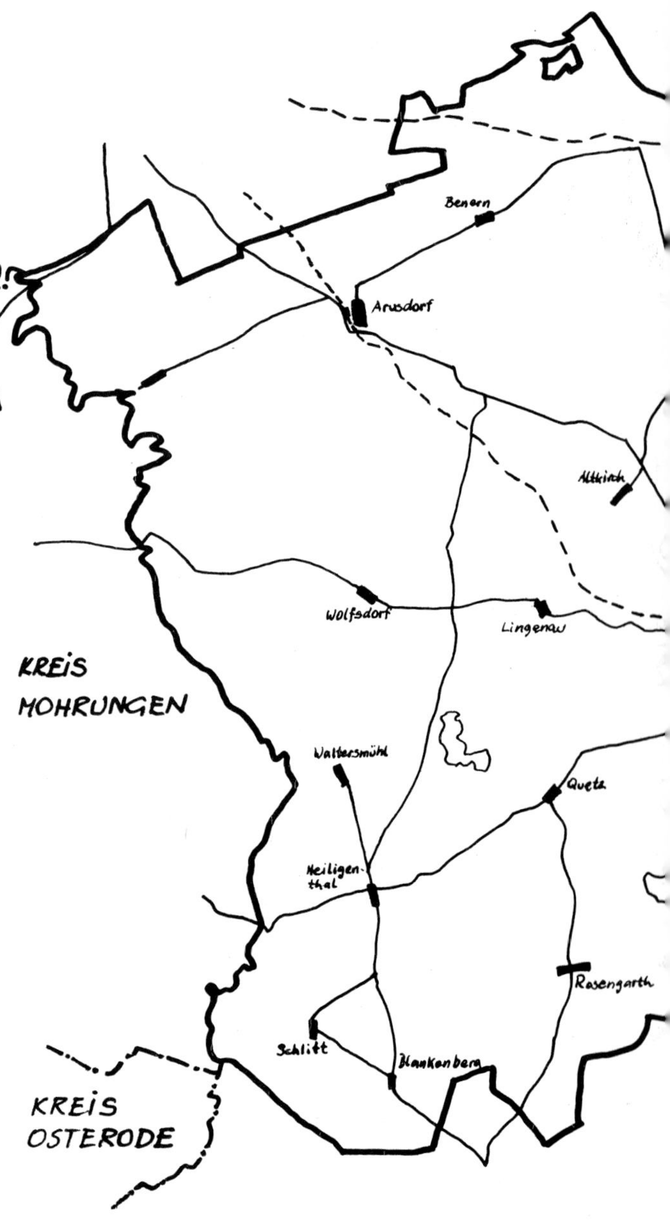

Heilsberg

Kreisstadt im Regierungsbezirk Königsberg Pr.
65–83 m über dem Meer, an der Mündung der Simser in die Alle, liegt an der Nordgrenze des Ermlandes; 1939: 11787 Einwohner, meist katholisch.

Der Orden baute an der Stelle einer alten Prußenburg die Burg Heilsberg 1242. Schon vor der Erhebung zur Stadt hatte der Ort Kirche und Pfarrer;
1308 Kulmisches Stadtrecht, Stadtbefestigung um 1350 z. T. erhalten, Hohes Tor;
1400 Vollendung der Burg in Stein, bis 1795 Residenz der ermländischen Bischöfe. Das Schloß ist nach der Marienburg das bedeutendste erhaltene Profanbauwerk des Ordenslandes;
14.–15. Jahrhundert katholische Pfarrkirche St. Peter und Paul als dreischiffige Backstein-Hallenkirche;
1504–10 Nikolaus Kopernikus in Heilsberg als Leibarzt;
1497 Lateinschule, vor 1600 Klosterschule der Katharinerinnen. Neubürger waren Schlesier, deren Dialekt sich bis zuletzt erhalten hat;
1936 Sendeturm des Ostpreußischen Rundfunks, 114 m hoch. Schöner Marktplatz mit umstehenden Laubenhäusern. Krankenhaus, Garnision, Höhere Schulen, evangelische Kirche.

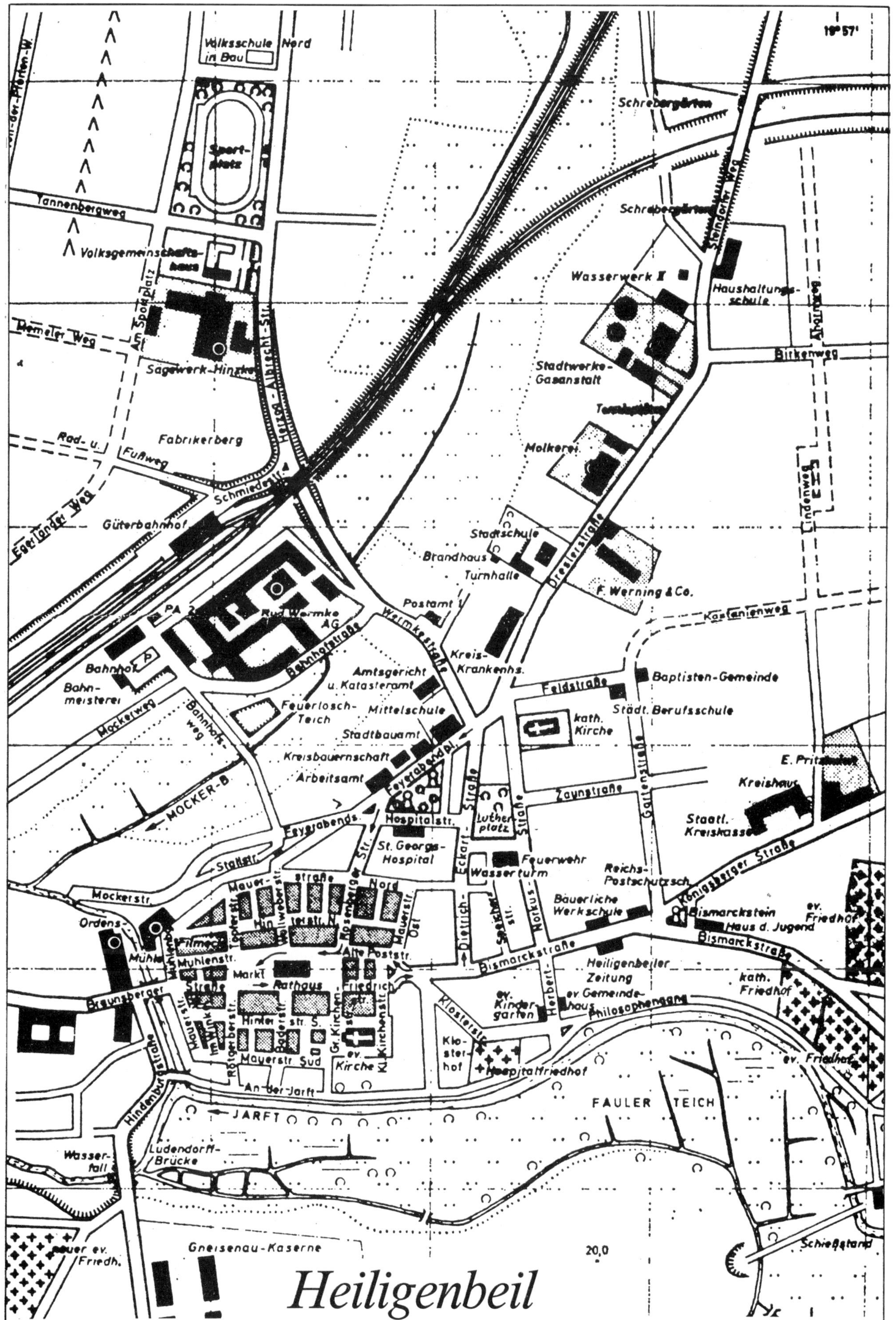

Heiligenbeil

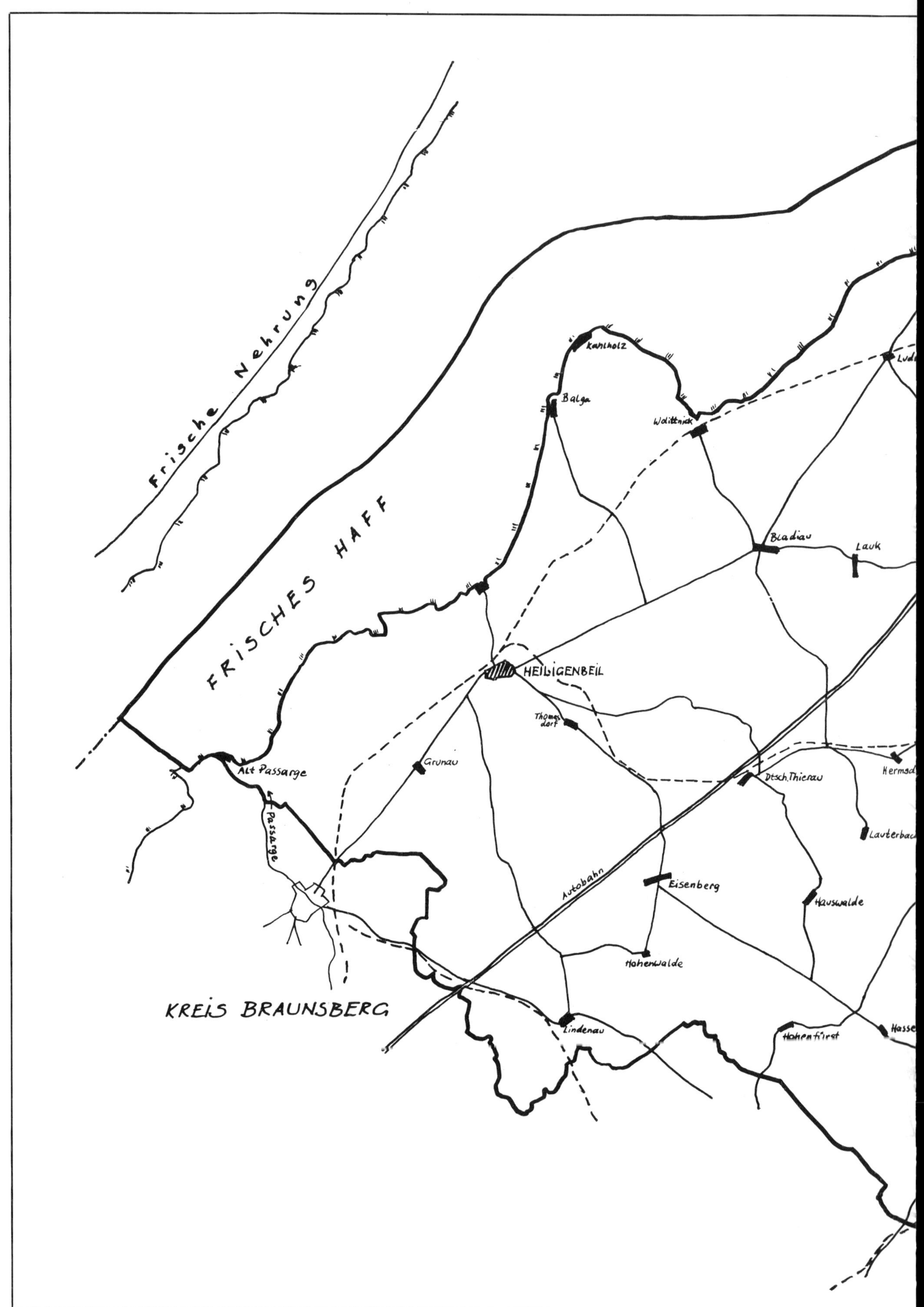
Frische Nehrung
FRISCHES HAFF
Kahlholz
Balga
Wolittnick
Bladiau
Lauk
HEILIGENBEIL
Thomas dorf
Grunau
Alt Passarge
Passarge
Dtsch.Thierau
Eisenberg
Hauswalde
Autobahn
Hohenwalde
KREIS BRAUNSBERG
Lindenau
Hohenfürst

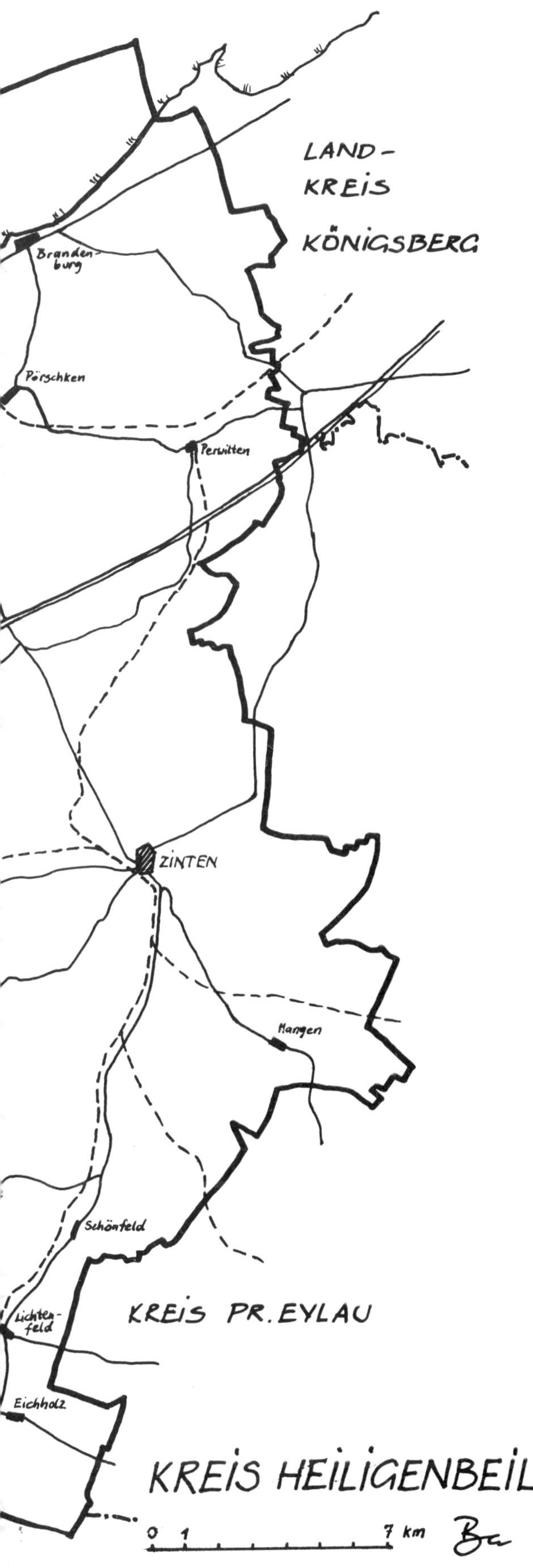

Der Kreis Heiligenbeil

Gesamtgröße: 907,86 km², dazu 229 km² Haffanteil = 1136,86 km². 53 207 Einwohner, demnach 58,6 Einwohner auf 1 km².

Im Kreisgebiet 114 Landgemeinden, darunter 2 Städte: Heiligenbeil und Zinten; 321 Wohnplätze.

Die größten Landgemeinden im Kreis waren Brandenburg mit 1596, Bladiau mit 1217, Ludwigsort mit 1252 Einwohnern.

Im Kreis: 78 Volksschulen, 184 Klassen, 7442 Schüler, 152 Lehrer, 15 evangelische Kirchspiele, 3 katholische Kirchen. 1933 waren im Kreis 923 Industrie- und Handelsbetriebe und 509 Handwerks- und Verkehrsbetriebe vorhanden.

Landwirtschaftliche Nutzfläche 72 007 ha; Forsten und Holzungen 10 543 ha, Ackerflächen 48 045 ha, Wiesen 23 107 ha. Landwirtschaftliche Betriebe 744 von 05,–5 ha, 1359 5–20 ha, 687 20–100 ha, 135 über 100 ha.

Rindviehzucht, Schafzucht, Pferdezucht (Warm- und Kaltblut), Schweine- und Geflügelzucht, Teichwirtschaft, Ziegeleien, Spiritusbrennereien, Molkereien.

Angebaut wurden: Weizen, Roggen, Gerste, Hafer, Kartoffeln.

1945 kam der nördliche Teil des Kreises mit beiden Städten unter sowjetische Verwaltung, der südliche Teil unter polnische. Heiligenbeil = Mamonowo, Zinten = Kornewo.

Patenkreis des Kreises ist seit 1974 Kreis Hannover Land, Patenstadt für Zinten: Burgdorf/Hannover, für Heiligenbeil: Lehrte.

Heiligenbeil

Kreisstadt im Regierungsbezirk Königsberg (Pr);
24 m über dem Meer, 3 km südöstlich des Frischen Haffs;
1939: 12 100 Einwohner, meist evangelisch.

An der Stelle einer Prußenfeste (Opferstätte) angelegt, auch Fliehburg und Schutzwehr für heiligen Wald.

1301 vom Deutschen Orden zu Kulmischem Recht angelegt;
1522, 1560 Erteilung neuer Stadtprivilegien;
1320 Pfarrkirche erwähnt
1522 neue Handfeste;
1560 erneuert.

Städt. Volksschule, Mittel- und Landwirtschaftliche Schule, Kreiskrankenhaus, Musikschule (1944), „Heiligenbeiler Spielzeugbüchse", Hafen am Frischen Haff (Rosenberg), Maschinenfabrik, Dampfsägewerk, Leichtmetallwerk, Puddingpulverfabrik, Flugzeugreparaturwerk, Brauerei, Garnisonstadt, Fliegerhorst, Luftwaffenschule.

Zinten

Stadt im Kreis Heiligenbeil, Regierungsbezirk Königsberg (Pr);
100 m über dem Meer;
1939: 5800 Einwohner, meist evangelisch.

Um 1290 besteht Siedlung;
1313 Stadtgründung;
1352 Erneuerung der Stadtrechte, Kulmisches Recht;
1341 wird Kirche erwähnt, brannte 1716 ab;
1417 Wassermühle, Hospital gegründet um 1520;
1568 wird ein Schulmeister, Geistlicher erwähnt.

Seifenfabrik, Molkerei, Schneidemühle, Elektrizitätswerk, Wasserwerk, Zementwarenfabrik, Seifenfabrik, Ziegelei, Getreidemahlmühle, Museum.

Stadtschule, höhere Knaben- und Mädchenschule, Stadtbücherei, Warmbadeanstalt, Turnierplatz, Sportplatz, Jugendherberge, Kreiswaisenhaus.

Garnisonstadt, Luftkur- und Ausflugsort.

1945 unter sowjetische Verwaltung, stark zerstört. Russischer Name: Kornewo.

Patenstadt: Burgdorf bei Hannover.

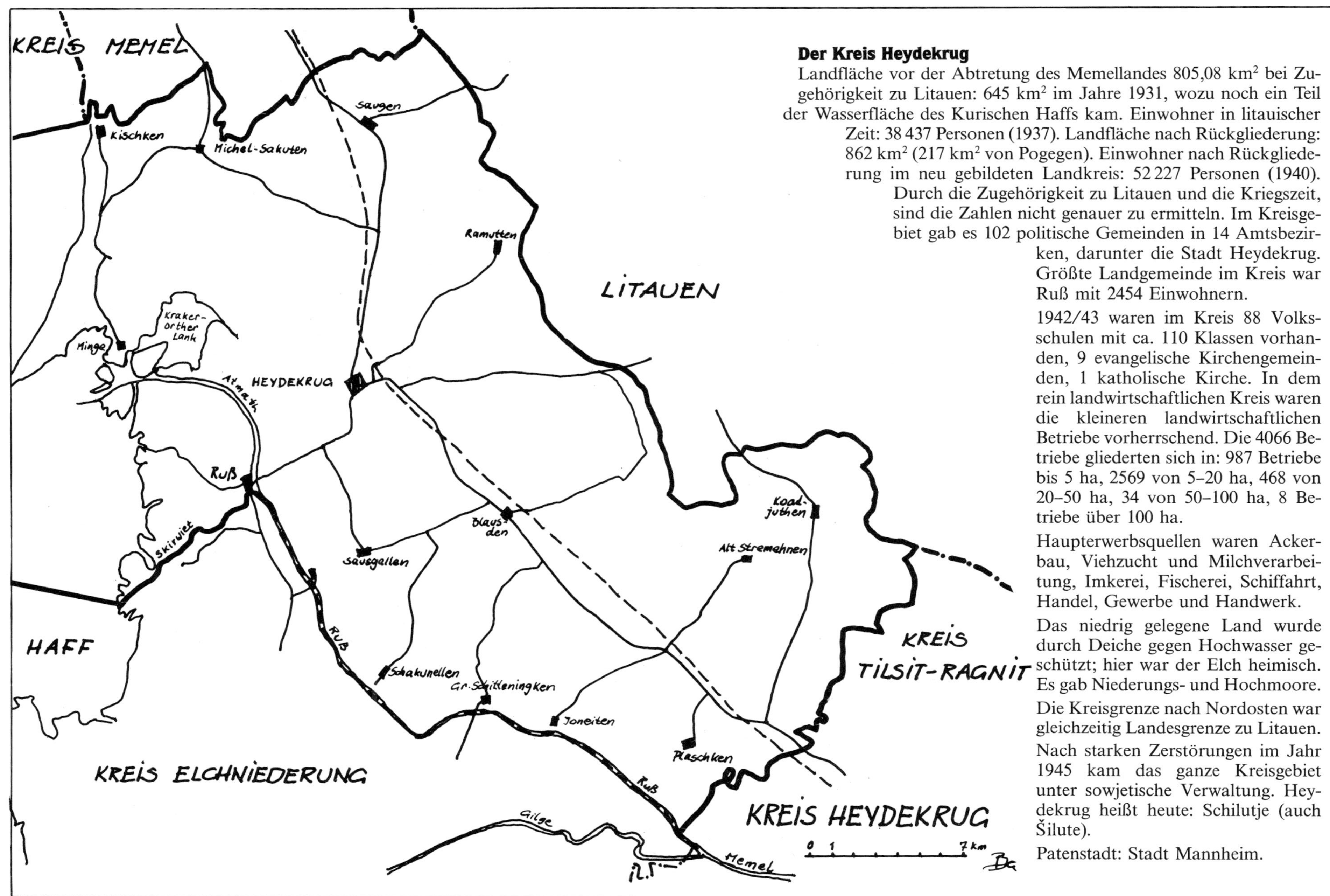

Der Kreis Heydekrug

Landfläche vor der Abtretung des Memellandes 805,08 km^2 bei Zugehörigkeit zu Litauen: 645 km^2 im Jahre 1931, wozu noch ein Teil der Wasserfläche des Kurischen Haffs kam. Einwohner in litauischer Zeit: 38 437 Personen (1937). Landfläche nach Rückgliederung: 862 km^2 (217 km^2 von Pogegen). Einwohner nach Rückgliederung im neu gebildeten Landkreis: 52 227 Personen (1940). Durch die Zugehörigkeit zu Litauen und die Kriegszeit, sind die Zahlen nicht genauer zu ermitteln. Im Kreisgebiet gab es 102 politische Gemeinden in 14 Amtsbezirken, darunter die Stadt Heydekrug. Größte Landgemeinde im Kreis war Ruß mit 2454 Einwohnern.

1942/43 waren im Kreis 88 Volksschulen mit ca. 110 Klassen vorhanden, 9 evangelische Kirchengemeinden, 1 katholische Kirche. In dem rein landwirtschaftlichen Kreis waren die kleineren landwirtschaftlichen Betriebe vorherrschend. Die 4066 Betriebe gliederten sich in: 987 Betriebe bis 5 ha, 2569 von 5–20 ha, 468 von 20–50 ha, 34 von 50–100 ha, 8 Betriebe über 100 ha.

Haupterwerbsquellen waren Ackerbau, Viehzucht und Milchverarbeitung, Imkerei, Fischerei, Schiffahrt, Handel, Gewerbe und Handwerk.

Das niedrig gelegene Land wurde durch Deiche gegen Hochwasser geschützt; hier war der Elch heimisch. Es gab Niederungs- und Hochmoore.

Die Kreisgrenze nach Nordosten war gleichzeitig Landesgrenze zu Litauen.

Nach starken Zerstörungen im Jahr 1945 kam das ganze Kreisgebiet unter sowjetische Verwaltung. Heydekrug heißt heute: Schilutje (auch Šilute).

Patenstadt: Stadt Mannheim.

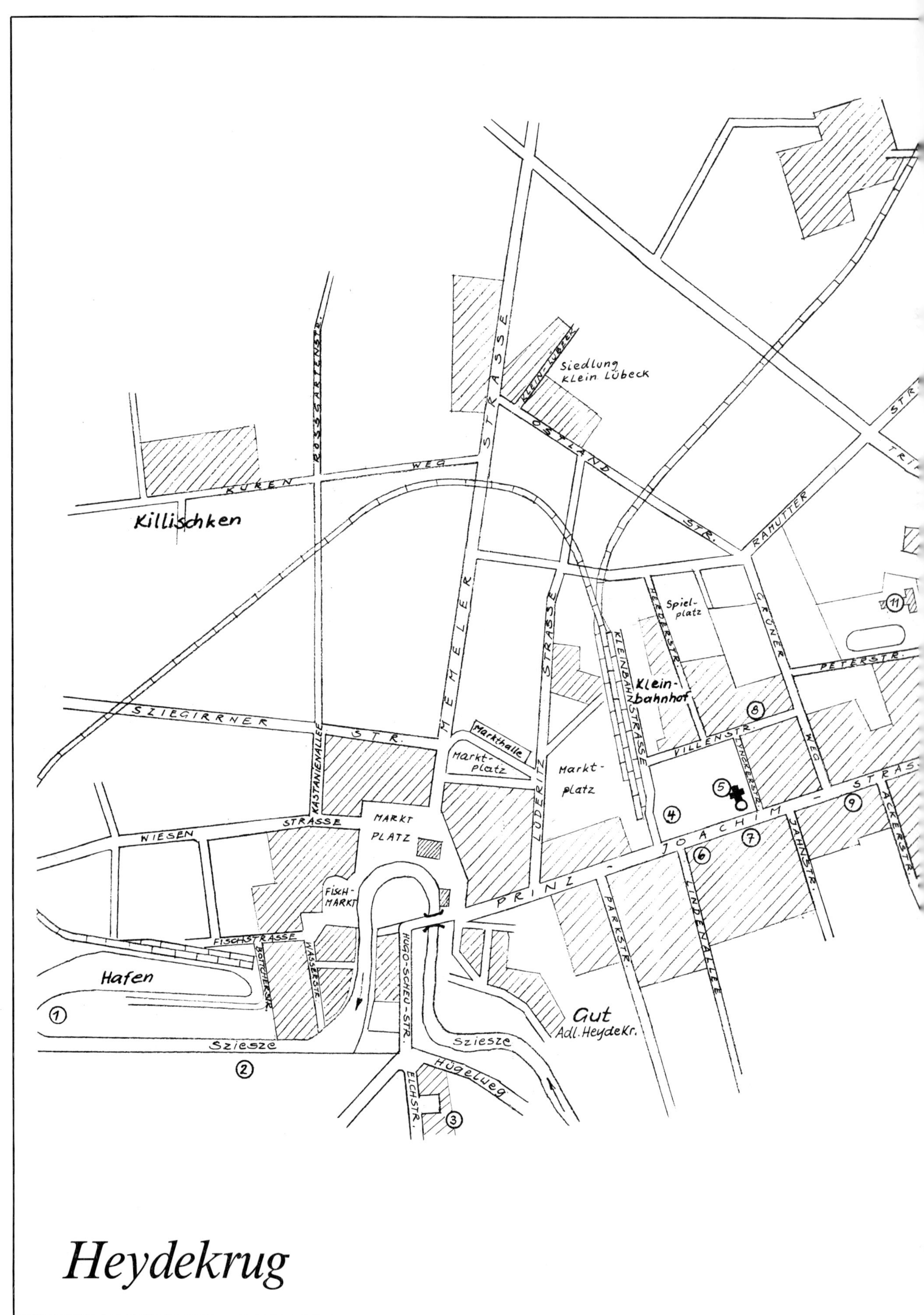
Siedlung
Klein Lübeck
Klein-Lübeck
Memeler Strasse
Rossgartenstr.
Kuren Weg
Killischken
Ostland Str.
Ramutter
Spiel-
platz
Herderstr.
Grüner Weg
Peterstr.
Kleinbahnstrasse
Klein-
bahnhof
Lüderitz Strasse
Sziegirrner Str.
Markthalle
Markt-
platz
Markt-
platz
Villenstr.
Kastanienallee
Wiesen Strasse
Markt
Platz
Prinz - Joachim - Strasse
Jahnstr.
Ackerstr.
Fisch-
markt
Fischstrasse
Böttcherstr.
Wassestr.
Hugo-Scheu-Str.
Parkstr.
Lindenallee
Hafen
Gut
Adl. Heydekr.
Sziesze
Sziesze
Hügelweg
Elchstr.
1
2
3
4
5
6
7
8
9
11

Heydekrug

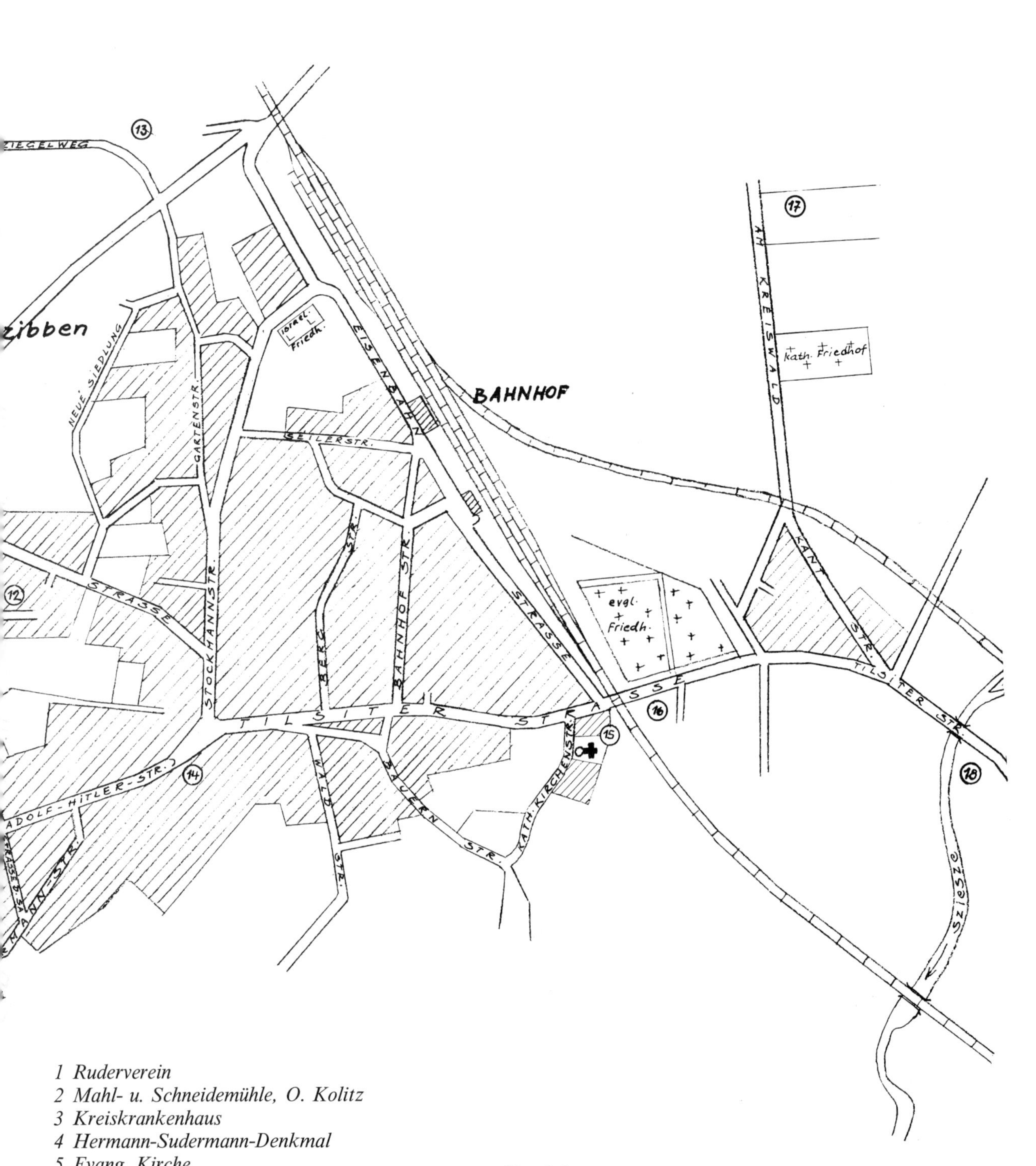

1 Ruderverein
2 Mahl- u. Schneidemühle, O. Kolitz
3 Kreiskrankenhaus
4 Hermann-Sudermann-Denkmal
5 Evang. Kirche
6 Landw. Schule
7 Stadtverwaltung
8 Oberschule für Jungen
9 Volksschule
10 Synagoge
11 Kreisverwaltung
12 E-Werk
13 Ziegelei Barsduhnen
14 Amtsgericht
15 kath. Kirche und Waisenhaus
16 Gaswerk
17 Siedlung Kl. Berlin
18 Evang. Kirche Werden

Heydekrug
Kreisstadt im Regierungsbezirk Gumbinnen (Memelland);
9 m über dem Meer;
1939: 4836 Einwohner, meist evangelisch;
1511 erstmalig erwähnt;
1815 Sitz eines Landrats.

Von 1923 bis 1939 zu Litauen gehörig, nach Rückkehr zu Deutschland im Jahre 1941 zur Stadt erhoben.

Realgymnasium, Berufsschule, Landwirtschaftliche Schule, Landfrauenschule, Kreiskrankenhaus, Schneidemühle, Ziegelei, Flußhafen.

Geburtsort des Dramatikers und Erzählers Hermann Sudermann. 1857 (Matzicken bei Heydekrug) — 1928 (Berlin).

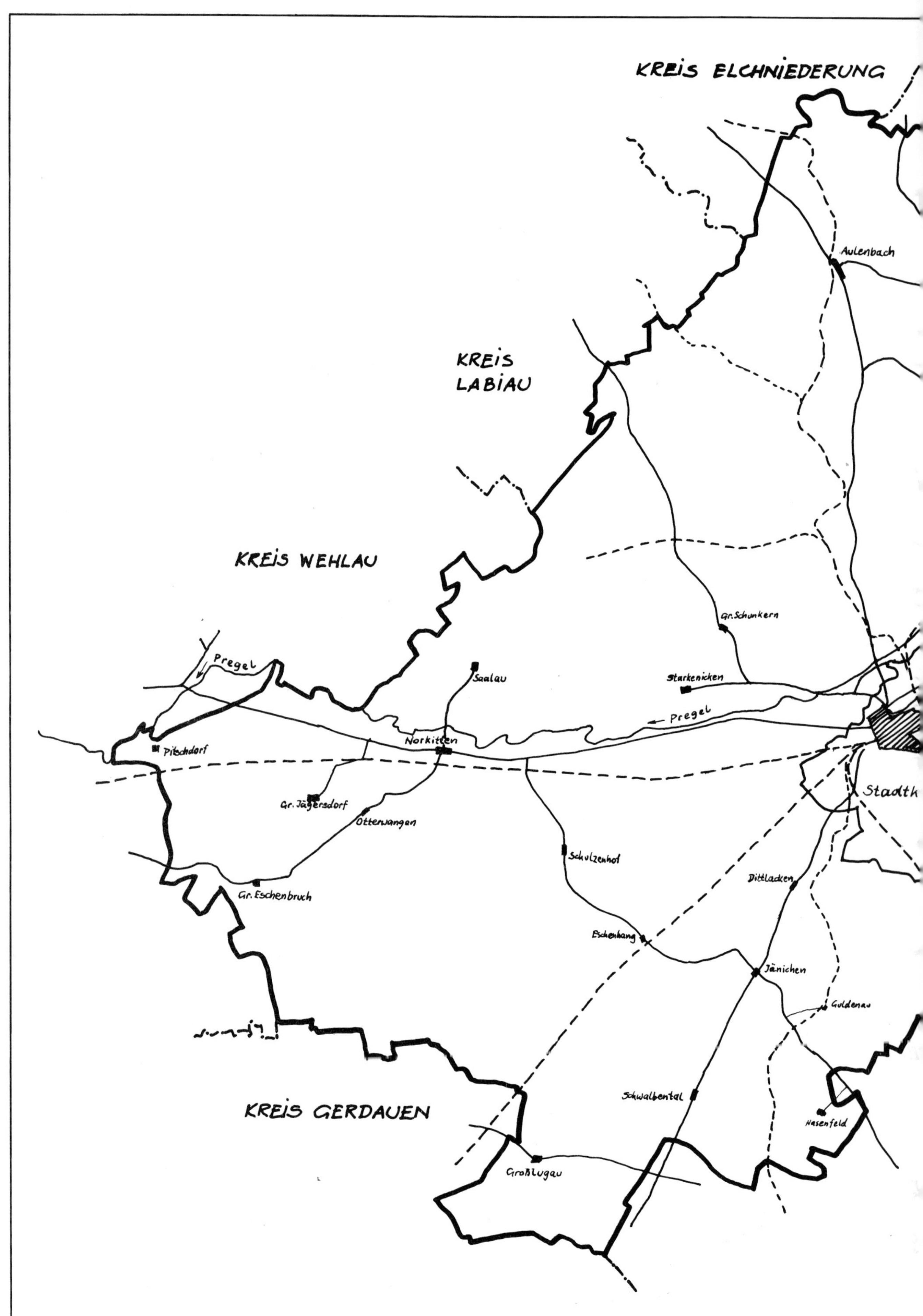
KREIS ELCHNIEDERUNG
KREIS LABIAU
KREIS WEHLAU
KREIS GERDAUEN
Aulenbach
Gr. Schunkern
Starkenicken
Pregel
Pregel
Saalau
Norkitten
Pitschdorf
Gr. Jägersdorf
Otterwangen
Gr. Eschenbruch
Schulzenhof
Dittlacken
Eschenhang
Jänichen
Goldenau
Schwalbental
Hasenfeld
Großlugau
Stadth

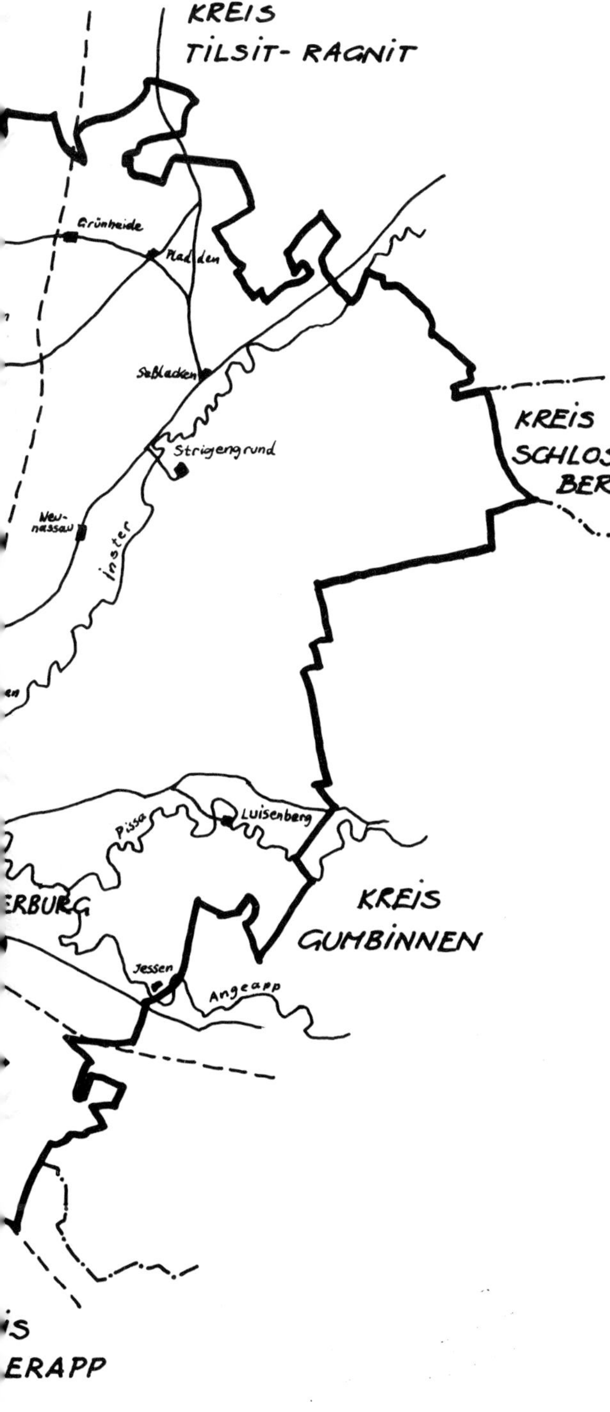

Der Landkreis Insterburg
Gesamtfläche: 1160,83 km²;
43 224 Einwohner (ohne Stadt), 37,2 Einwohner je km².

Der Kreis hatte 177 Landgemeinden, 366 Wohnplätze. Die größten Landgemeinden waren Aulenbach mit 1049, Norkitten mit 1147 Einwohnern.

Im Landkreis ohne Stadt waren 109 Volksschulen mit 153 Klassen, 6260 Schülern und 156 Lehrern, 12 evangelische Kirchspiele. 1 kath. Kirche und Seelsorgestellen.

25% des Kreisgebietes waren Waldungen;
62,6% der Bevölkerung arbeiteten in der Land- und Fortwirtschaft, 15,9% waren in Handwerk und Industrie tätig, 5,6% im Handel und Verkehr;
Landwirtschaftliche Betriebe: 2642 von = 0,5–5 ha, 1465 = 5–10 ha, 978 = 10–20 ha, 766 = 20–100 ha, 47 über 100 ha;
Landwirtschaft, Vieh- und Pferdezucht, der Großgrundbesitz war stark vertreten.

1945 kamen Stadt und Kreis Insterburg unter sowjetische Verwaltung. Sowjetischer Name für Insterburg: Tschernjachowsk.

Patenstadt für Insterburg Stadt und Land: Krefeld.

Insterburg
Stadtkreis und Kreisstadt im Regierungsbezirk Gumbinnen;
24 m über dem Meer an der Angerapp;
1939: 48 711 Einwohner, meist evangelisch;
Stadtkreis 44,16 km², 1104 Einwohner auf 1 km²;
1336 Burg des Deutschen Ordens, zuletzt Heimatmuseum;
1583 Kulmisches Stadtrecht
1610 Rathaus, 1610–12 Lutherkirche.

Im Stadtkreis gab es 8 Volksschulen mit 96 Klassen. 4131 Schülern und 93 Lehrkräften.

Höhere und Fachschulen, Bibliothek, Tageszeitungen, Krankenhäuser, Behörden, kath. Kirche, Garnison, Flugplatz, Flußhafen, Industrie.

Geburtsort des Schriftstellers Ernst Wichert 1831 und des Graphikers Hans Orlowski 1894.

Insterburg war die Reiter- und Turnierstadt des Ostens.

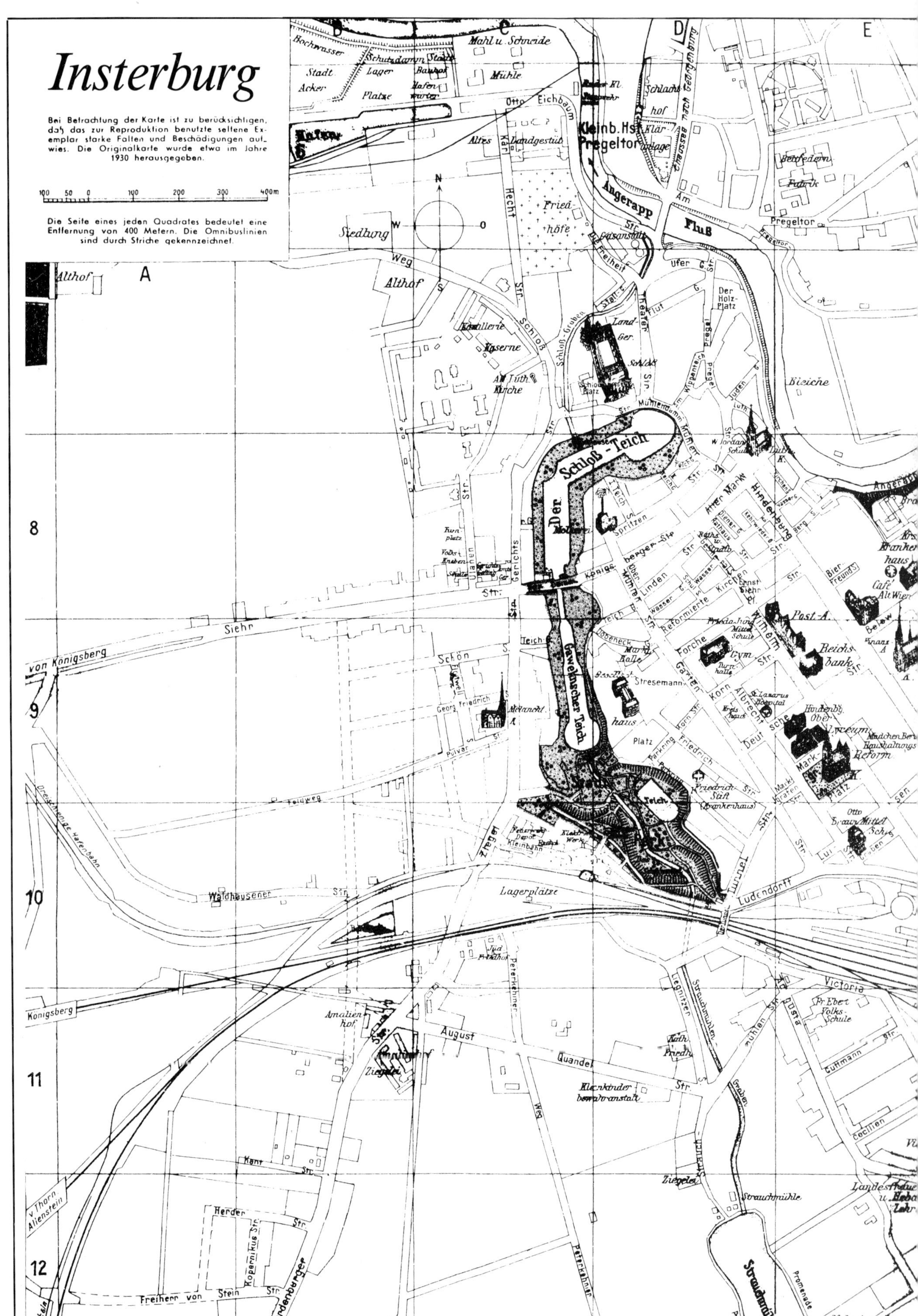
Insterburg
Bei Betrachtung der Karte ist zu berücksichtigen, daß das zur Reproduktion benutzte seltene Exemplar starke Falten und Beschädigungen aufwies. Die Originalkarte wurde etwa im Jahre 1930 herausgegeben.
100 50 0 100 200 300 400m
Die Seite eines jeden Quadrates bedeutet eine Entfernung von 400 Metern. Die Omnibuslinien sind durch Striche gekennzeichnet.
A
C
D
E
8
9
10
11
12
Althof
Siedlung
Mahl u. Schneide Mühle
Kleinb. Hst. Pregeltor
Angerapp
Fluß
Pregeltor
Bettfedern Fabrik
Friedhöfe
Schloß-Teich
Der Mühlen-Teich
Gawehnscher Teich
Teich
Siehr
von Königsberg
Königsberg
Schön
Lagerplätze
Ludendorff
Victoria
August
Quandel Str.
Kant Str.
Herder Str.
Freiherr von Stein Str.
Strauchmühle
Promenade
Kolonie
Reichs-Bank
Post-A.
Hindenburg Str.
Stresemann
Waldhausener Str.
Kleinkinder bewahranstalt
Ziegelei
Amalienhof
v. Thorn Allenstein
Kopernikus Str.
Bicicke

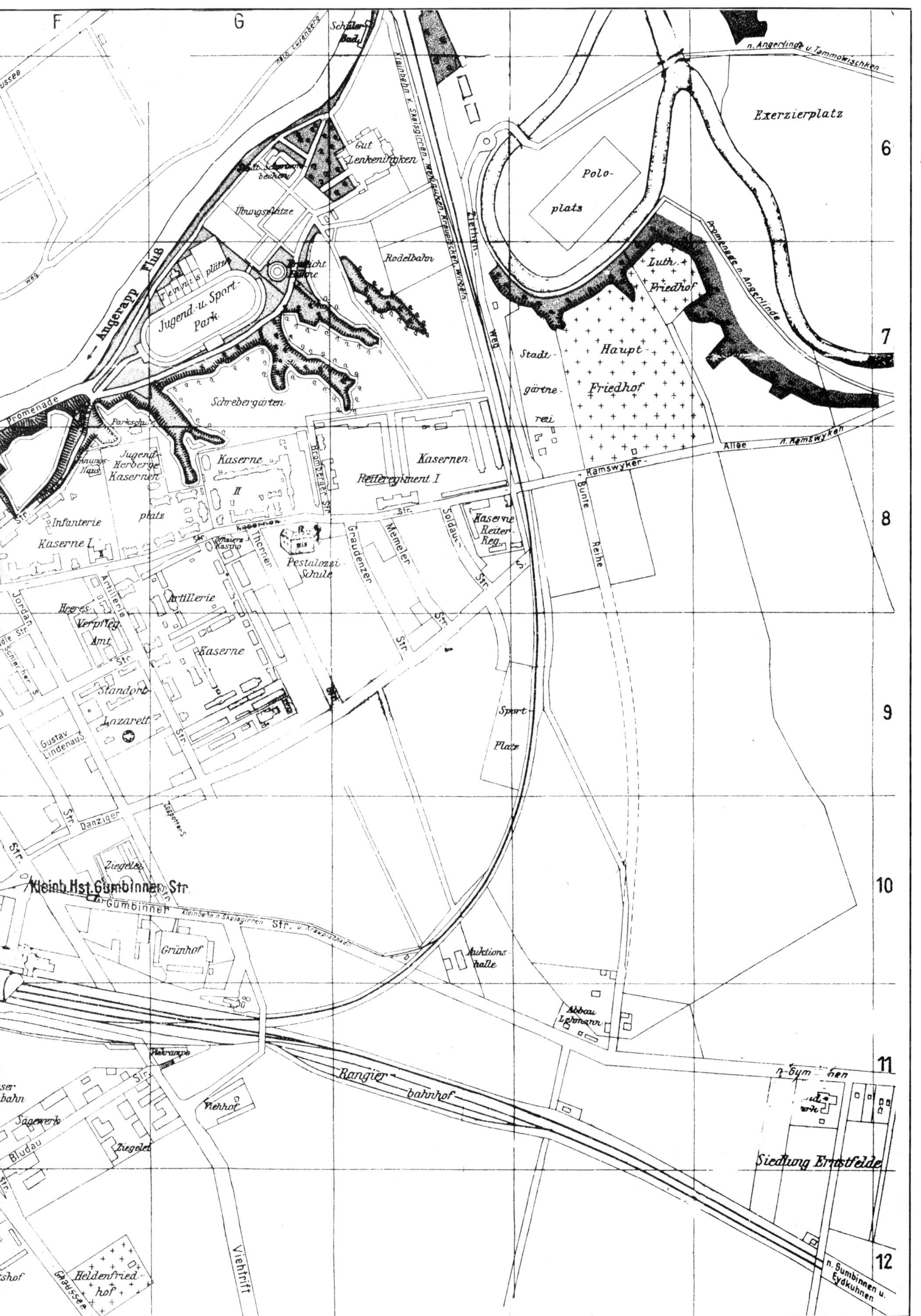
F
G
6
7
8
9
10
11
12
Exerzierplatz
Polo-
plats
Gut
Lenkeningken
Übungsplätze
Rodelbahn
Tennisplätze
Jugend- u. Sport-
Park
Angerapp Fluß
Promenade
Schrebergärten
Stadt-
gärtnerei
Haupt-
Friedhof
Luth.
Friedhof
Kaserne
II
Kasernen
Reiterregiment I
Jugend-
Herberge
Kasernen
Infanterie
Kaserne I
Kaserne
Reiter-
Reg.
Pestalozzi-
Schule
Artillerie
Kaserne
Heeres-
Verpfleg.-
Amt
Standort-
Lazarett
Kamswyker-
Allee
n. Kamswyken
Bunte
Reihe
Graudenzer
Str.
Memeler
Soldauer
Str.
Thorner
Danziger
Str.
Gustav
Lindenau
Sport-
Platz
Kleinb.Hst.Gumbinner Str.
Gumbinner
Str.
Grünhof
Auktions-
halle
Abbau
Lehmann
Rangier-
bahnhof
Viehhof
Sägewerk
Bludau
Ziegelei
Heldenfried-
hof
Viehtrift
Chaussee
Siedlung Ernstfelde
n. Gumbinnen u.
Eydkuhnen
n. Angerlinde u. Jammowischken
Promenade n. Angerlinde

Der Kreis Johannisburg

Gesamtfläche 1939: 1684,02 km² mit großem Anteil Sandboden, davon 44 % landwirtschaftl. Nutzfläche;
35,4 % Forst, Holzungen;
11,6 % Gewässer, 1,5 % Moore, 3,4 % Ödland;
4,1 % Gebäude, Hofflächen, Wege, Eisenbahnen, Plätze;
53 089 Einwohner, mithin 31,5 Einwohner je km².

24 % lebten in den drei Städten Johannisburg, Gehlenburg und Arys. Der Kreis hatte einschl. der Städte 173 politische Gemeinden und 26 Amtsbezirke. Insgesamt 333 Wohnplätze.

Die größten Landgemeinden im Kreis waren Drigelsdorf mit 1798, Seegutten mit 1037 Einwohnern.

Der Kreis hatte 118 Volksschulen mit 231 Klassen, 8961 Schülern und 220 Lehrkräften.

13 evangelische Kirchengemeinden, je 1 kath. Kirche in Arys und Johannisburg.

Roggenanbau auf 34,2 % der Ackerfläche, Kartoffeln 15 %, Klee 35 %, Hafer 7,3 %, Hülsenfrüchte 4,3 %

Landwirtschaftl. Grundstücke: 2075 = 0,5–5 ha, 1122 = 5–10 ha, 1138 = 10–20 ha, 1163 = 20–100 ha, 65 über 100 ha, dazu 9 Staatsgüter je über 1000 ha, der Rest Kleinbetriebe unter 0,5 ha und Kleingärten.

Der Kreis Johannisburg war der waldreichste Kreis in Ostpreußen und einer mit den größten geschlossenen Kiefernwaldungen Deutschlands. Südliche Kreisgrenze war Landesgrenze zu Polen. 1945 kamen Stadt und Kreis Johannisburg unter polnische Verwaltung; schwere Zerstörungen. Polnische Namen: Johannisburg: Pisz, Arys: Orzysz, Gehlenburg: Biała-Piska.
Patenschaft: Landkreis Flensburg.

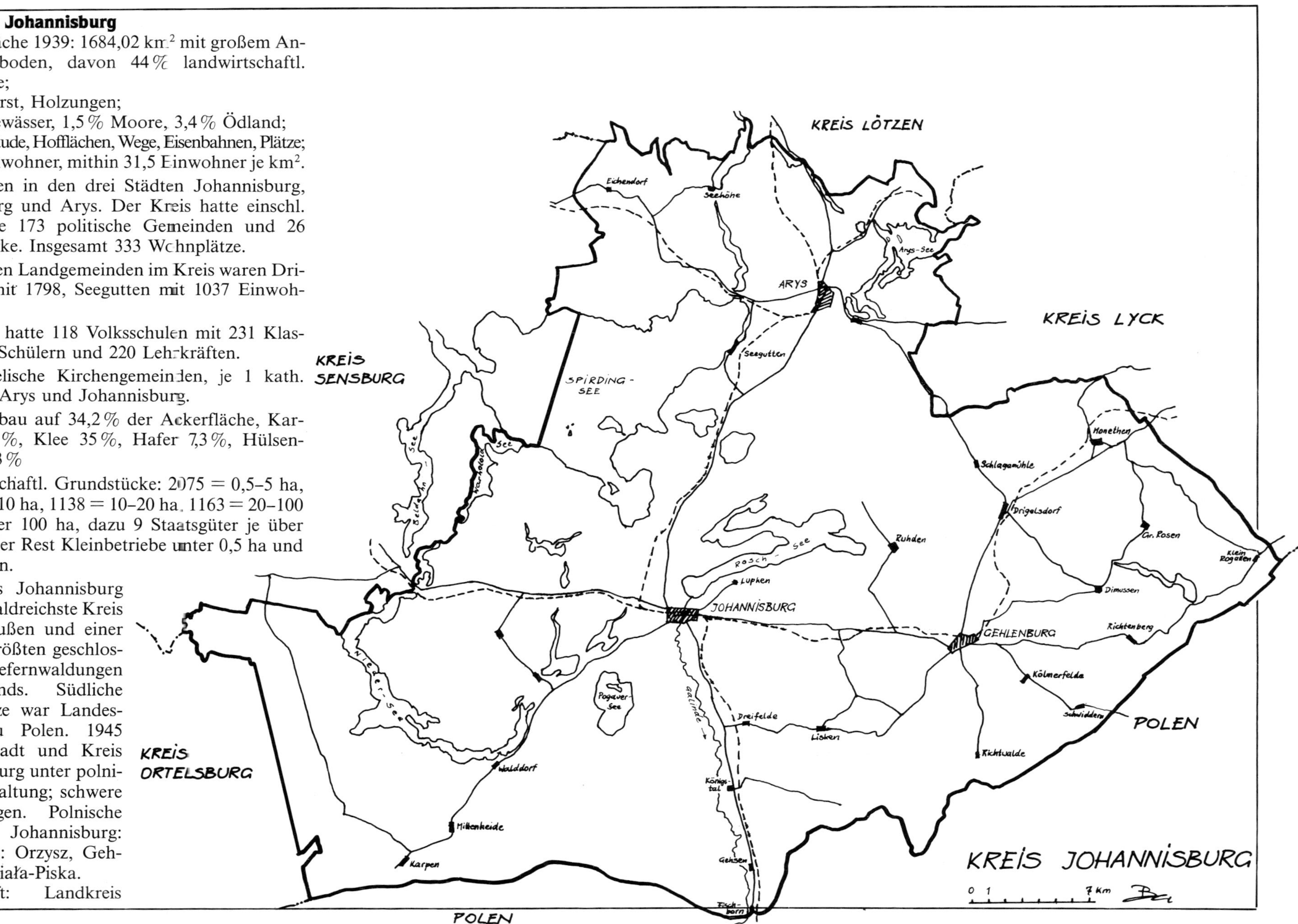

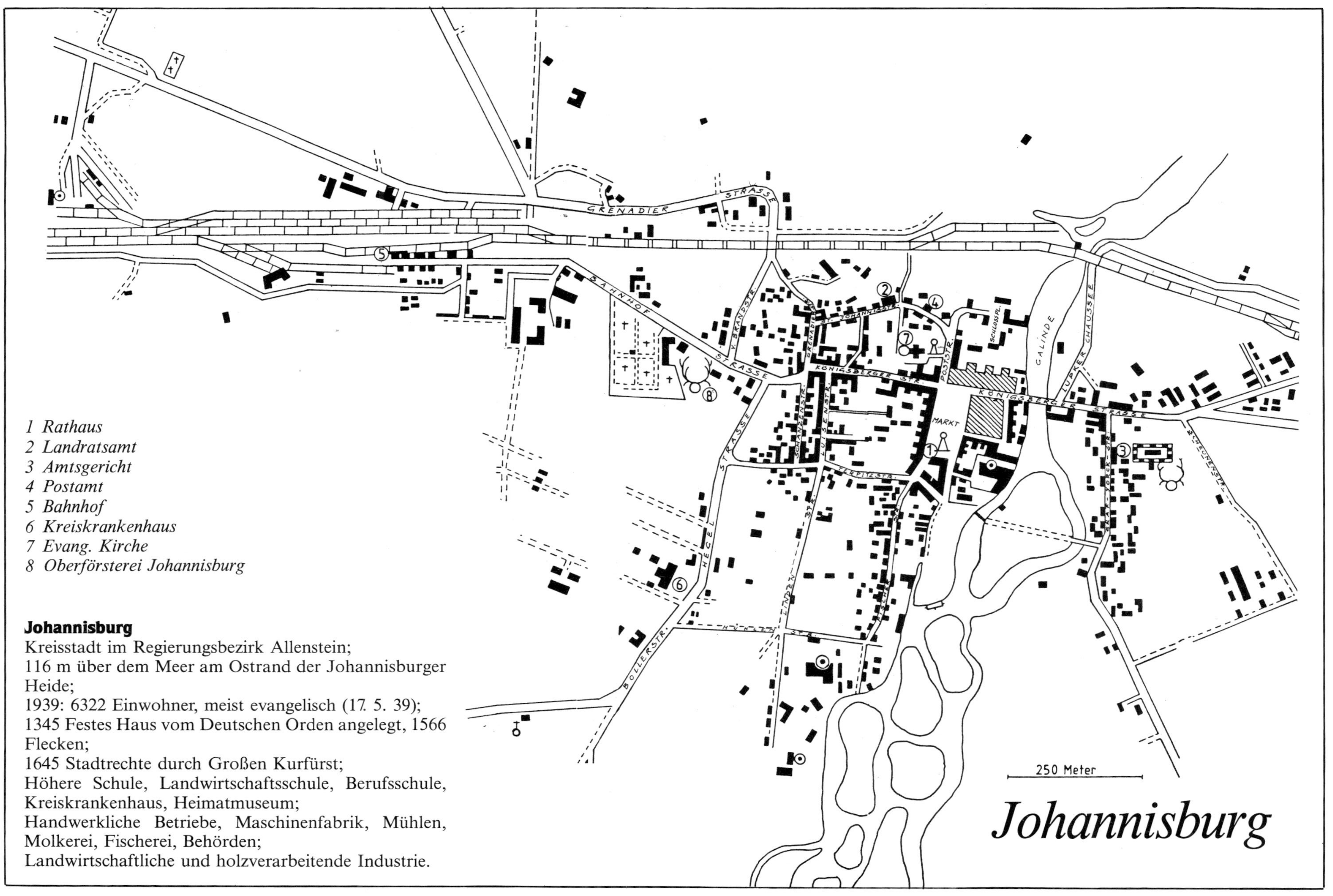

1 Rathaus
2 Landratsamt
3 Amtsgericht
4 Postamt
5 Bahnhof
6 Kreiskrankenhaus
7 Evang. Kirche
8 Oberförsterei Johannisburg

Johannisburg
Kreisstadt im Regierungsbezirk Allenstein;
116 m über dem Meer am Ostrand der Johannisburger Heide;
1939: 6322 Einwohner, meist evangelisch (17. 5. 39);
1345 Festes Haus vom Deutschen Orden angelegt, 1566 Flecken;
1645 Stadtrechte durch Großen Kurfürst;
Höhere Schule, Landwirtschaftsschule, Berufsschule, Kreiskrankenhaus, Heimatmuseum;
Handwerkliche Betriebe, Maschinenfabrik, Mühlen, Molkerei, Fischerei, Behörden;
Landwirtschaftliche und holzverarbeitende Industrie.

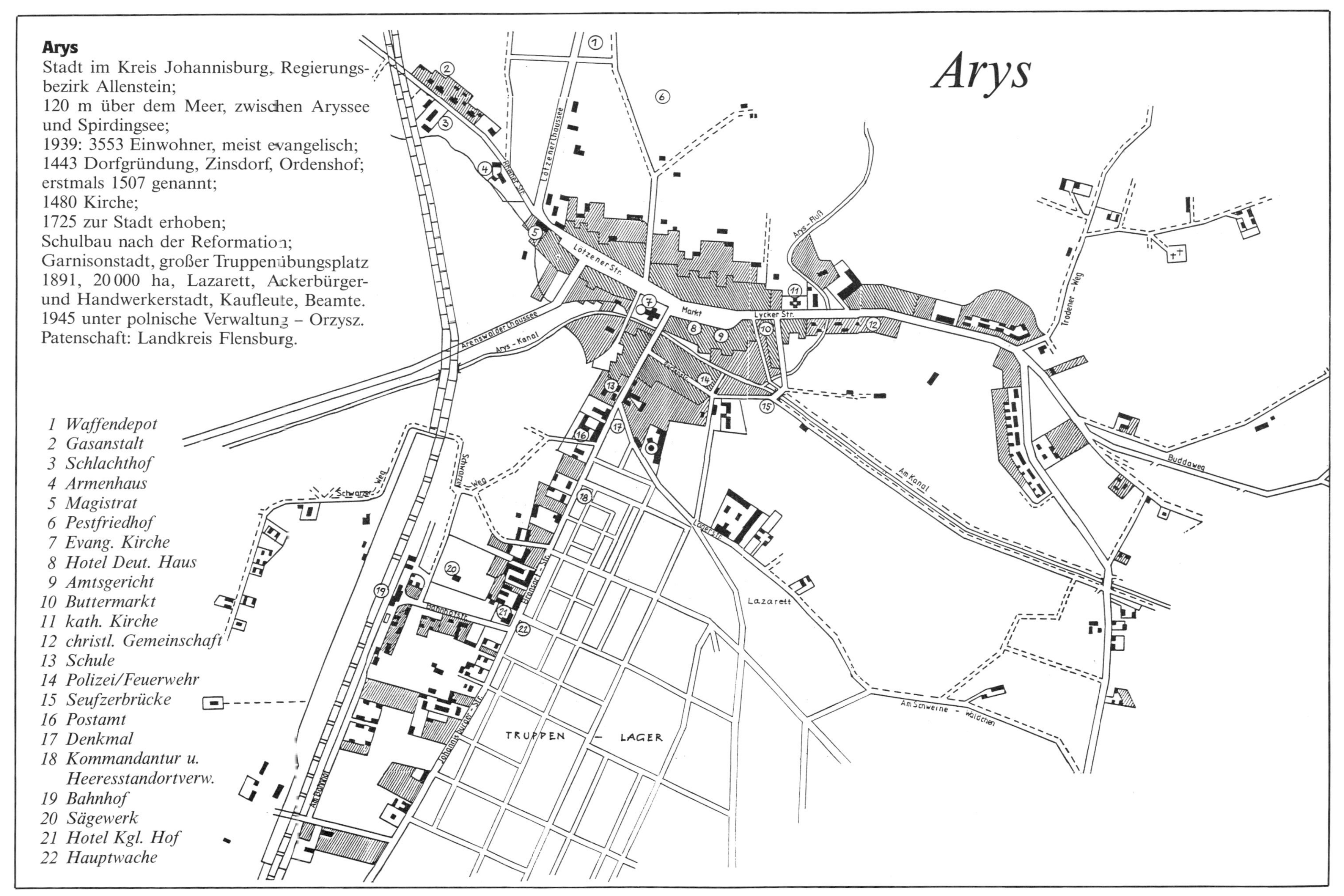

Arys
Stadt im Kreis Johannisburg, Regierungsbezirk Allenstein;
120 m über dem Meer, zwischen Aryssee und Spirdingsee;
1939: 3553 Einwohner, meist evangelisch;
1443 Dorfgründung, Zinsdorf, Ordenshof; erstmals 1507 genannt;
1480 Kirche;
1725 zur Stadt erhoben;
Schulbau nach der Reformation;
Garnisonstadt, großer Truppenübungsplatz 1891, 20 000 ha, Lazarett, Ackerbürger- und Handwerkerstadt, Kaufleute, Beamte.
1945 unter polnische Verwaltung – Orzysz.
Patenschaft: Landkreis Flensburg.

1 *Waffendepot*
2 *Gasanstalt*
3 *Schlachthof*
4 *Armenhaus*
5 *Magistrat*
6 *Pestfriedhof*
7 *Evang. Kirche*
8 *Hotel Deut. Haus*
9 *Amtsgericht*
10 *Buttermarkt*
11 *kath. Kirche*
12 *christl. Gemeinschaft*
13 *Schule*
14 *Polizei/Feuerwehr*
15 *Seufzerbrücke*
16 *Postamt*
17 *Denkmal*
18 *Kommandantur u. Heeresstandortverw.*
19 *Bahnhof*
20 *Sägewerk*
21 *Hotel Kgl. Hof*
22 *Hauptwache*

Gehlenburg

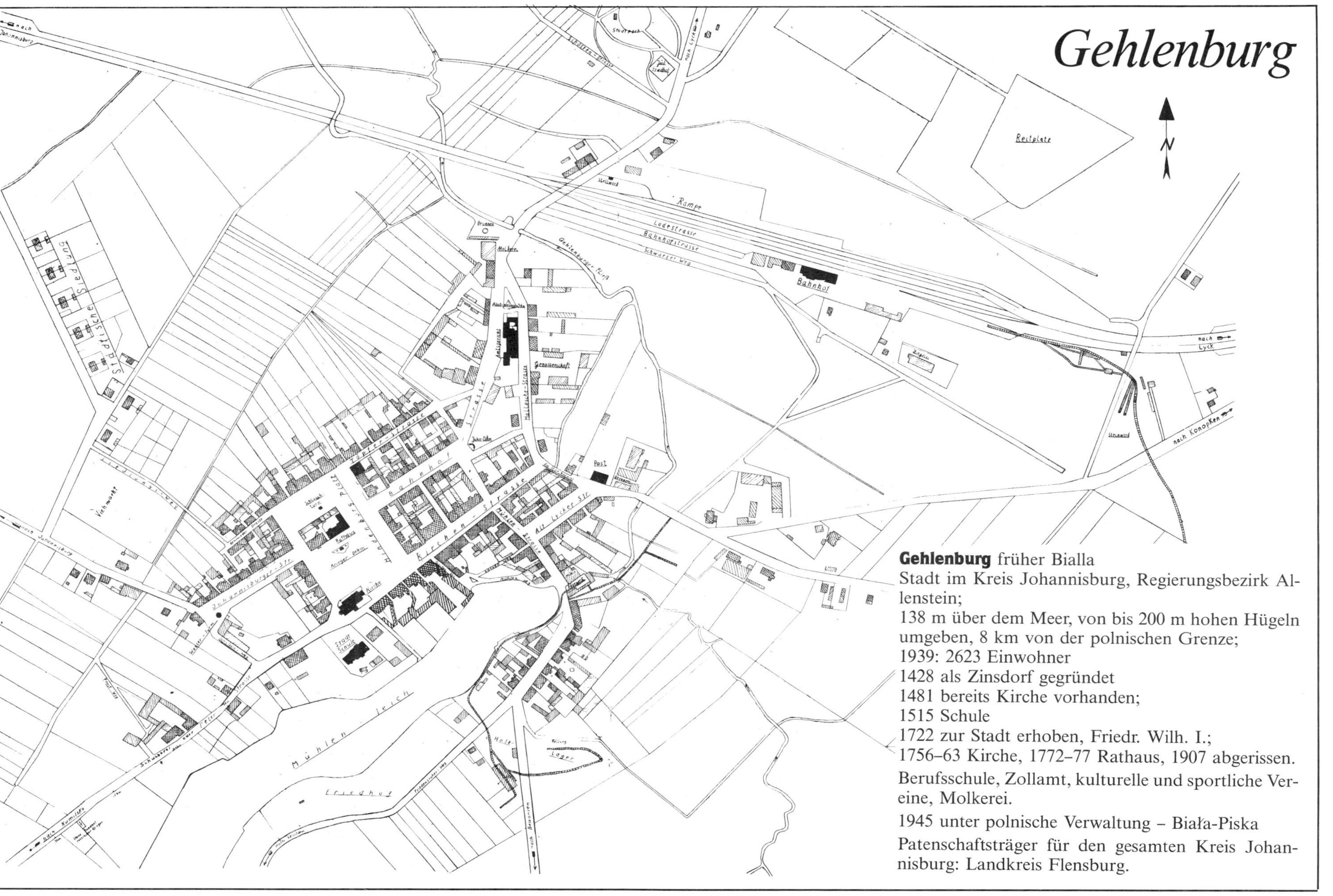

Gehlenburg früher Bialla
Stadt im Kreis Johannisburg, Regierungsbezirk Allenstein;
138 m über dem Meer, von bis 200 m hohen Hügeln umgeben, 8 km von der polnischen Grenze;
1939: 2623 Einwohner
1428 als Zinsdorf gegründet
1481 bereits Kirche vorhanden;
1515 Schule
1722 zur Stadt erhoben, Friedr. Wilh. I.;
1756–63 Kirche, 1772–77 Rathaus, 1907 abgerissen.

Berufsschule, Zollamt, kulturelle und sportliche Vereine, Molkerei.

1945 unter polnische Verwaltung – Biała-Piska

Patenschaftsträger für den gesamten Kreis Johannisburg: Landkreis Flensburg.

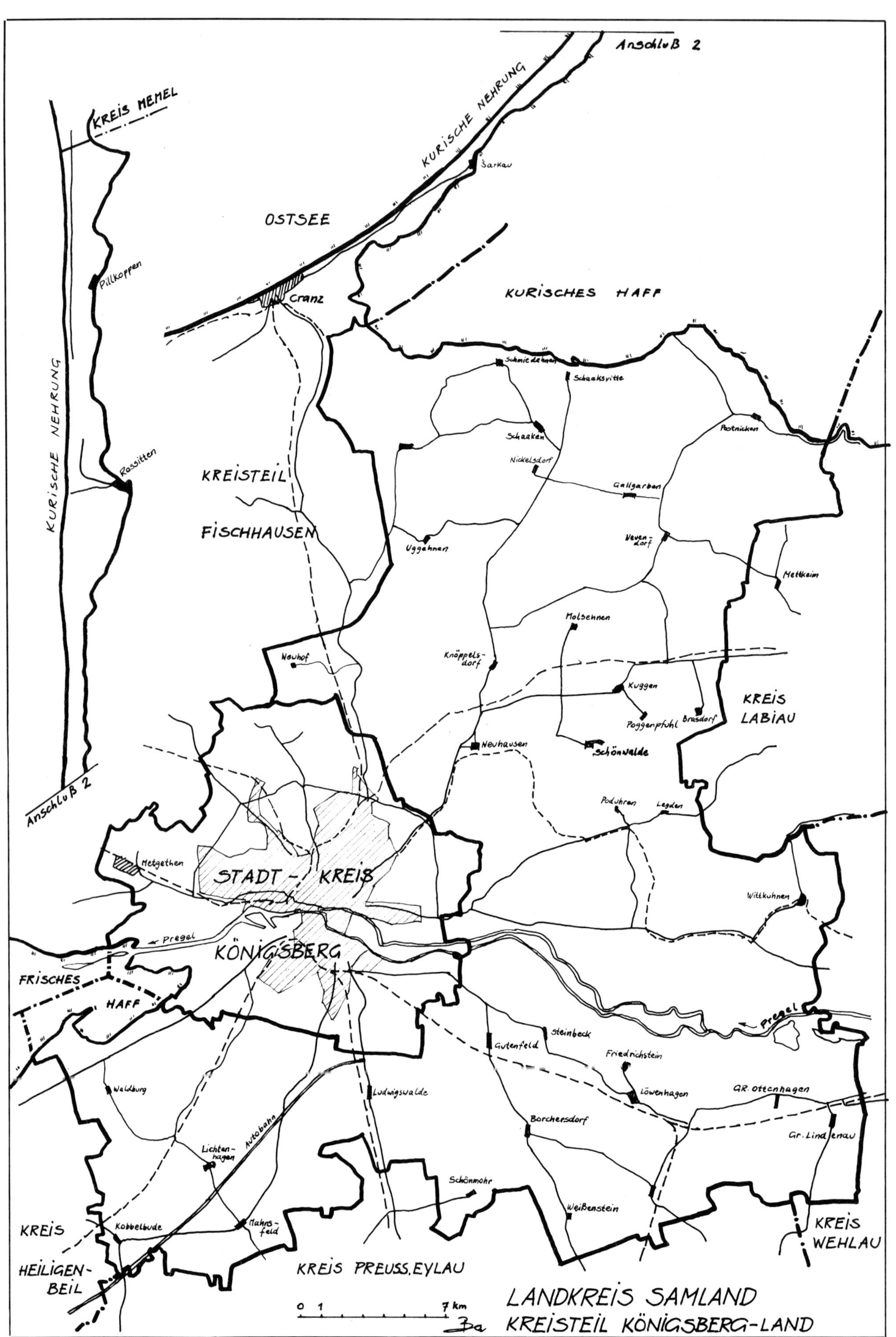

Anschluß 2
KREIS MEMEL
KURISCHE NEHRUNG
Sarkau
OSTSEE
Pillkoppen
Cranz
KURISCHES HAFF
Schaaksvitte
Schaaken
Postnicken
Nickelsdorf
Rossitten
Gallgarben
KURISCHE NEHRUNG
KREISTEIL
FISCHHAUSEN
Uggehnen
Neuendorf
Mettkeim
Molsehnen
Knöppelsdorf
Neuhof
Kuggen
Poggenpfuhl
Brasdorf
KREIS
LABIAU
Neuhausen
Schönwalde
Anschluß 2
Poduhren
Legden
Metgethen
STADT-KREIS
Wittkuhnen
Pregel
KÖNIGSBERG
FRISCHES
HAFF
Pregel
Steinbeck
Gutenfeld
Friedrichstein
Waldburg
Ludwigswalde
Löwenhagen
GR. Ottenhagen
Borchersdorf
Gr. Lindenau
Lichtenhagen
Autobahn
Schönmohr
Weißenstein
KREIS
Kobbelbude
Mahnsfeld
KREIS
WEHLAU
HEILIGEN-
BEIL
KREIS PREUSS. EYLAU
0 1 7 km
LANDKREIS SAMLAND
KREISTEIL KÖNIGSBERG-LAND

Der Landkreis Königsberg (Pr)

Der Landkreis Königsberg als östlicher Teil des Kreises Samland bestand bis zum 1. 4. 1939 als selbständiger Kreis. Er wurde mit dem Kreis Fischhausen zusammengelegt. Beide Kreise zusammen hießen nun Kreis Samland und waren lebensfähig.

Der Kreisteil **Königsberg** hatte eine Landfläche von 970,35 km^2 und eine Wasserfläche von 184,51 km^2 (Kurisches Haff 152,32 km^2 und Frisches Haff 32,19 km^2), somit eine Gesamtfläche von 1154,86 km^2.

Die Einwohnerzahl betrug 1939: 42410 Personen, so daß auf 1 km^2 36,7 Einwohner lebten bzw. nach Landfläche 43,7 Einwohner.

Die Kreisverwaltung war in Königsberg Pr. untergebracht. Vor der Zusammenlegung der Kreise hatte der Landkreis Königsberg 110 Landgemeinden mit 371 eigennamigen Ortschaften, Gutshöfen, Vorwerken und Abbauten. Etwa 15 Gemeinden wurden von der Großstadt Königsberg eingemeindet.

19 evangelische Kirchspiele in 2 Superintendenturbezirken, 5 kath. Kirchen in Königsberg. Bis zur Zusammenlegung der Kreise gab es im Landkreis Königsberg 88 Volksschulen mit 216 Klassen, 8669 Schülern und 175 Lehrkräften.

In ländlichen Berufsschulen wurden die in der Landwirtschaft tätigen Jugendlichen unterrichtet.

Ca. 48,8 % der Bevölkerung arbeiteten in der Land- und Forstwirtschaft, 20 % waren Handwerker, 9 % Angestellte und Beamte.

Ziegeleien, Getreidemühlen, Sägewerke, Molkereien waren über das Kreisgebiet verstreut.

Das Kreisgebiet war schon in vorgeschichtlicher Zeit besiedelt (Hügelgräber, Steinwerkzeuge, Schmuckstücke). Aus der Ordenszeit stammen einige Burgen.

Seit 1945 unter sowjetischer Verwaltung.

Patenschaftsträger für den Landkreis Königsberg ist der Kreis Minden-Lübbecke.

Der Kreis Samland

Am 1. 4. 1939 wurden die beiden Landkreise Fischhausen und Königsberg (Pr) zum Landkreis Samland zusammengelegt.

Die gesamte Landfläche des Landkreises Samland betrug nach Statistik 1922,92 km^2, wozu Teile des Kurischen Haffs mit 427,19 km^2 und des Frischen Haffs mit 300,30 km^2 aus dem Kreis Fischhausen und 152,32 km^2 des Kurischen Haffs und 32,19 km^2 des Frischen Haffs aus dem Landkreis Königsberg = 912,00 km^2 hinzukamen, so daß die Gesamtfläche 2834,92 km^2 betrug.

Die Einwohnerzahl betrug nach der Zusammenlegung 120246 Personen einschl. der Städte Fischhausen und Pillau, jedoch ohne den Stadtkreis Königsberg. Auf 1 km^2 lebten somit 62,5 Einwohner.

Nach Statistik im neuen Landkreis: 197 pol. Gemeinden einschl. Fischhausen und Pillau. 796 Wohnplätze. Die größten Landgemeinden waren Ostseebad Cranz, Germau, Groß Blumenau, Gutenfeld, Kraussen, Löwenhagen, Medenau, Neuhausen, Neukuhren, Palmnicken, Peyse, Pobethen, Rauschen, Rudau, Seerappen, Wargen.

Die Kreisbehörden waren in der Stadt Königsberg untergebracht. Im Kreis gab es 1939 154 Volksschulen mit 395 Klassen, 16461 Schülern und 347 Lehrkräften. 35 evangelische Kirchengemeinden, 4 kath. Kirchen und Kapellen, dazu Seelsorgestellen.

Landwirtschaftliche Betriebe nach Statistik im neuen Landkreis: 2380 bis 5 ha. 2751 = 5–50 ha, 297 = 50 bis 100 ha, 385 über 100 ha. Fremdenverkehr, Ostseebäder, Segelfliegen, Wassersport, Bäderbahn.

Patenschaft für Kreis Fischhausen: Kreis Pinneberg.

Königsberg (Pr)

Stadtkreis und Hauptstadt des Regierungsbezirks Königsberg und Hauptstadt der Provinz Ostpreußen; 5–15 m über dem Meer beiderseits und auf den Inseln des Pregels, 7 km vor der Pregelmündung in das Frische Haff.

Der Stadtkreis war durch Eingemeindungen bis 1939 auf eine Fläche von 192,76 km^2 angewachsen mit einer Einwohnerzahl von 372164 Personen, so daß 1928,3 Einwohner durchschnittlich auf 1 km^2 lebten, meist evangelisch, 37 Wohnplätze.

1255 Burg durch den Orden, Schloß aus dem 13. und 15. Jahrhundert;
1325–1380 Dom als dreischiffige Hallenkirche in Backsteinen;
drei Städte nach Kulmischem Recht: Altstadt 1286, Löbenicht 1300, Kneiphof 1327;
1340 Mitglied der Hanse;
1523 Einführung der Reformation;
1544 Gründung der Albertus-Universität;
Residenz der Herzöge in Preußen, Krönungsstadt preuß. Könige.

Vor Eingemeindung von Ortschaften des Landkreises in den Stadtkreis Königsberg 1939 gab es im Stadtkreis 50 Volksschulen mit 703 Klassen, 29070 Schülern und 679 Lehrkräften. Nach Eingemeindung gab es 62 Volksschulen mit 758 Klassen, 30957 Schülern und 722 Lehrkräften, dazu 5 Hilfsschulen mit 40 Klassen.

Universität, Handelshochschule, Staatl. Kunstakademie, Höhere Schulen, Staatl. Kunst- und Gewerbeschule, Staatsbauschule, Konservatorien, Staats- und Universitätsbibliothek, Staatsarchiv, Oper, Schauspielhaus, Museen, Tiergarten, Börse. Hohe und höchste Behörden, Flughafen, Devau, Messestadt (Ost-Messe), Garnison, Fremdenverkehr.

25 evangelische Kirchen, 5 kath. Kirchen gleichzeitig für den Landkreis.

Seeverkehr, Schiffswerften, Holz- und Agrarprodukteverarbeitung, Zellulosefabrik, Landmaschinen- und Waggonbau. Bernsteinmanufaktur, Königsberger Marzipan.

Königsberger Seekanal: Verbindung zur Ostsee durch das Frische Haff.

Geburtsort von Immanuel Kant 1714, E.T.A. Hoffmann 1776, Käthe Kollwitz 1867, Agnes Miegel 1879, Otto Nicolai 1810 u. a.

1945 unter sowjetische Verwaltung, stark zerstört, sowjetischer Name: Kaliningrad.

Patenstadt für Stadt Königsberg (Pr): Duisburg.

Ringchausee
Steffeckstr.
Kl. Rathshof
Schleiermacherstr.
Schreber-gärten
Fürstenteich
Thaerstr.
Am Landgraben
Krausallee
Taubstumm Heim
Luisenallee
Hindenburgstr.
Mittel
hufen
Stägemannstr.
Friedrichswalde
Hammerweg
Amalienau
Zwillings-Teich
Regentenstr.
Hufenallee
Luisen-wahl
Tiergarten
Rathshof
ditten
Gottsched
Lawsken
Lawsker Allee
Juditter Allee
Pillauer
Alte
Rundfunk-Sende u. Empf.-Stelle
Veilchenbg.
Neue Bleiche
Kaporner Str.
Bf. Rathshof
Arndtstr.
Holzwaren Fbr.
Steinfurt
Petroleum Tanks
Kosse
Bahnhof Holländerbaum
Gaswerk Kosse
Pregel-Bahnhof
Kbg. Walzmühle
Lawsker Deich
Holsteiner Damm
Reichsbahnbrück
Deutschordenring
Der Pregel
Lagerplatz der Zellstoff Fbr.
Kbg. Zellstoff Fbr. Koholyt A.G.
Gruppenspeicher
Turmspeicher
Freihafen
Industriehafen
Hamburger Str.
Bremer Str.
Kieler Str.
Hafenstr.
Zollverwalt.
Holzhafen
Wilhelmshavener
Segelclubs
Laak
Nasser Garten
Berliner Str.
Contienen
Contiener Weg
Schichau Schiffswerft
Hauptbahnhof
Verschiebebahnhof
Kaserne
Karlstr.
Vorstädtische Wiesen
Beek
Reichsstr.

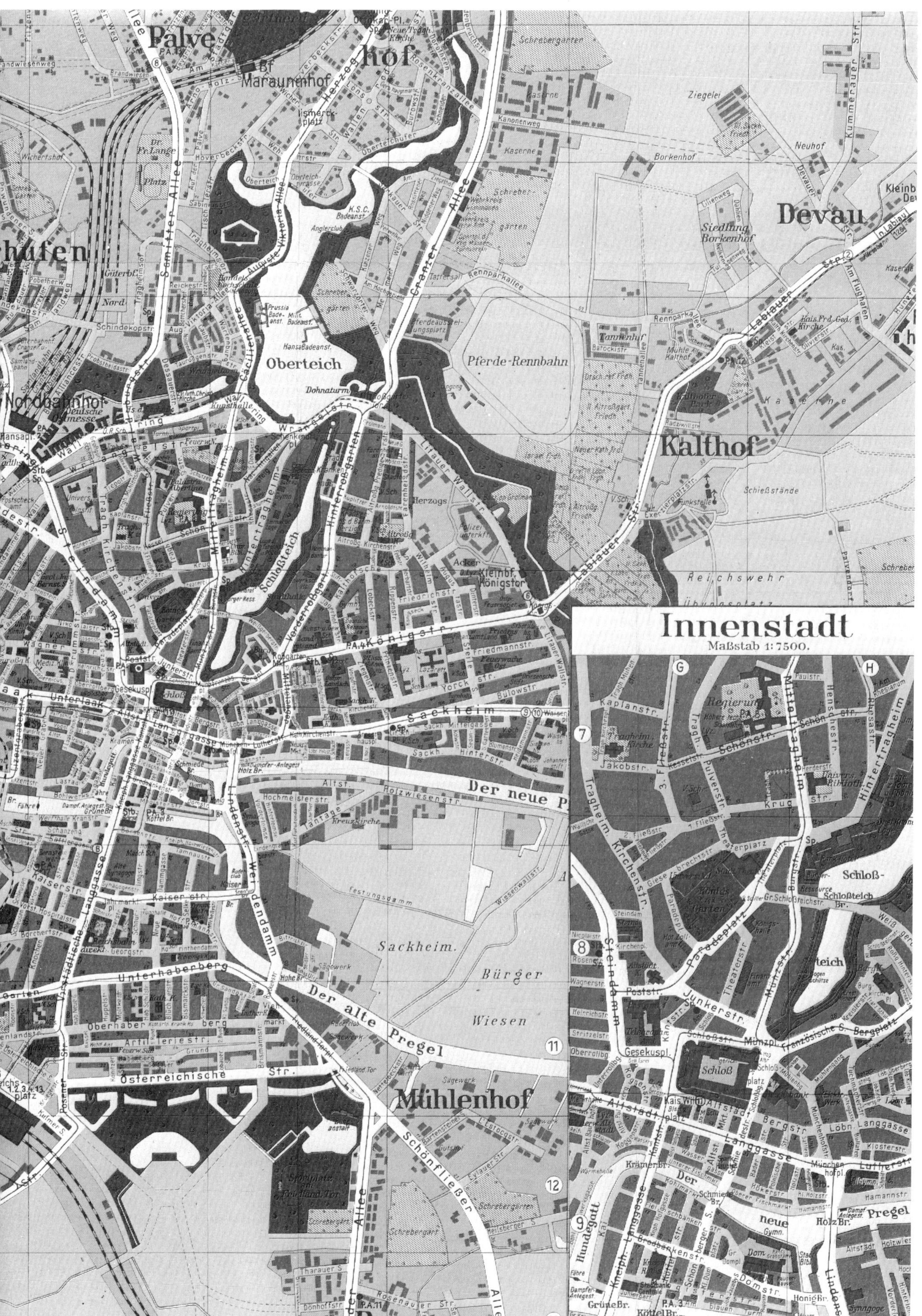
Palve
hof
Maraunenhof
Devau
Kalthof
Oberteich
Pferde-Rennbahn
Nordbahnhof
Schloßteich
Sackheim
Der neue Pregel
Der alte Pregel
Bürger Wiesen
Mühlenhof
Unterhaberberg
Oberhaberberg
Österreichische Str.
Schönfließer Allee
Innenstadt
Maßstab 1: 7500.
Schloß
Langgasse
Königstr.
Cranzer Allee
Labiauer Str.
Samitter Allee
Reichswehr Übungsplatz
Schießstände
Neuhof
Ziegelei
Borkenhof
Siedlung Borkenhof

Der Kreis Labiau

Gesamtfläche ohne Haffanteil 1065,65 km²;
51 885 Einwohner, demnach auf 1 km² 48,7 Einwohner.

Der Kreis hatte 126 politische Gemeinden, darunter die Stadt Labiau. Die Bevölkerung lebte auf 346 Wohnplätzen.

Die größten Landgemeinden waren Elchwerder mit 1048, Gilge mit 1154, Groß Baum mit 1036, Hindenburg mit 1213, Hohenbruch mit 1155, Liebenfelde mit 4089, Markthausen mit 1220 Einwohnern.

10 evangelische Kirchspiele, 1 katholische Kirche in Labiau; 82 Volksschulen mit 177 Klassen, 7740 Schülern, 164 Lehrern, Mittelschule in Liebenfelde, Landwirtschaftsschule, Krankenhaus in Kaimen auch Altersheim, 12 Kindergärten im Kreis.

Das Kreisgebiet liegt 0–12 m über dem Meeresspiegel, daher Schutz durch Deiche und Schleusen des tiefliegenden Landes vor Überschwemmungen durch das Haff.

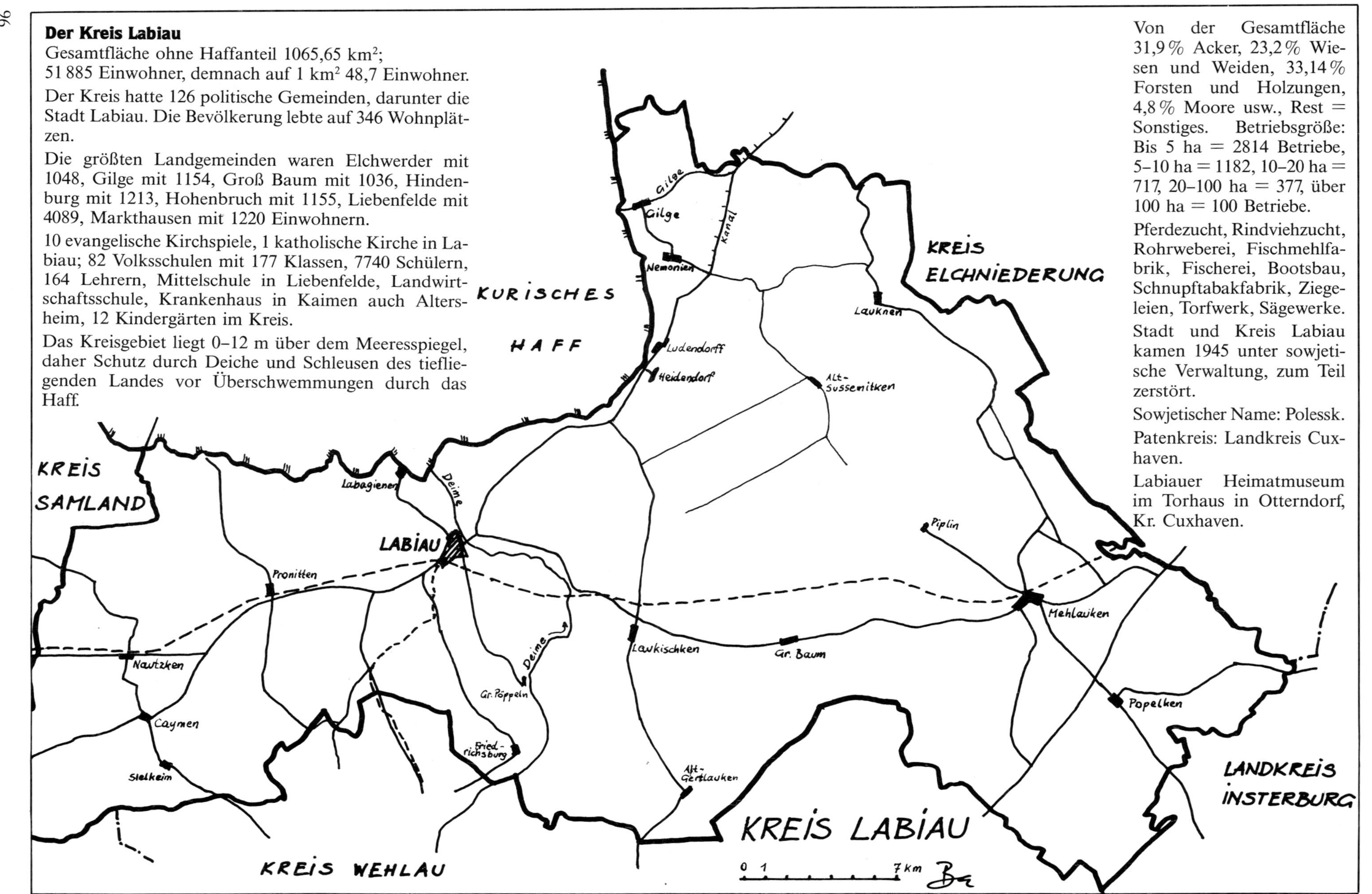

Von der Gesamtfläche 31,9 % Acker, 23,2 % Wiesen und Weiden, 33,14 % Forsten und Holzungen, 4,8 % Moore usw., Rest = Sonstiges. Betriebsgröße: Bis 5 ha = 2814 Betriebe, 5–10 ha = 1182, 10–20 ha = 717, 20–100 ha = 377, über 100 ha = 100 Betriebe.

Pferdezucht, Rindviehzucht, Rohrweberei, Fischmehlfabrik, Fischerei, Bootsbau, Schnupftabakfabrik, Ziegeleien, Torfwerk, Sägewerke.

Stadt und Kreis Labiau kamen 1945 unter sowjetische Verwaltung, zum Teil zerstört.

Sowjetischer Name: Polessk.

Patenkreis: Landkreis Cuxhaven.

Labiauer Heimatmuseum im Torhaus in Otterndorf, Kr. Cuxhaven.

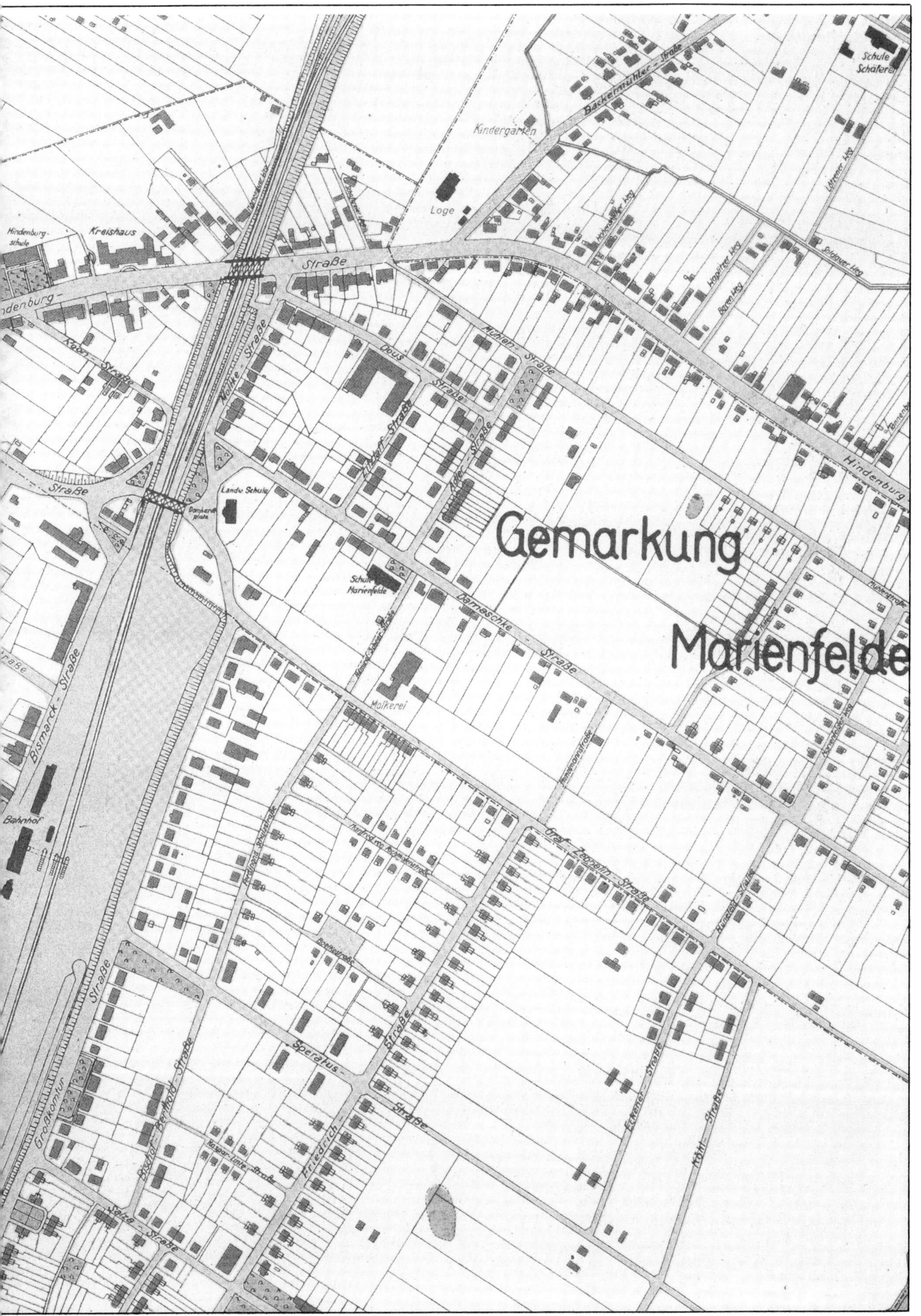

Gemarkung
Marienfelde
Kindergarten
Loge
Kreishaus
Hindenburg-Straße
Bäckemühler-Straße
Schule Schäferei
Mühlen-Straße
Dous-Straße
Moltke-Straße
Adler-Straße
Landw. Schule
Schule Marienfelde
Damaschke-Straße
Molkerei
Graf-Zeppelin-Straße
Bismarck-Straße
Bahnhof
Speratus-Straße
Friedrich-Straße
Großkomtur-Straße
Salza-Straße
Kohl-Straße

Der Landkreis Memel

Gesamtfläche ohne Anteil der Wasserfläche des Kurischen Haffs: 814 km²; Einwohner (ohne Stadt Memel) in litauischer Zeit; 1937: 33 356 Personen; 11. 1. 1940: 30 473 Personen. Im Landkreis gab es 75 politische Gemeinden. Die größten Landgemeinden waren Mellneraggen mit 1069, Plicken mit 960, Prökuls mit 1196, Truschellen mit 920 Einwohnern. 73 Volksschulen mit 95 Klassen, 3774 Schülern und 94 Lehrkräften, 11 evangelische Kirchengemeinden sowie 3 kath. Seelsorgestellen. Haupterwerbszweige Ackerbau, Viehzucht, Fischerei, Handwerk, Handel, Gewerbe. 1945 kamen Stadt- und Landkreis Memel unter sowjetische Verwaltung. Memel heißt seitdem Klaipéda (litauisch). Patenstadt: Mannheim.

Memel

Stadtkreis im Regierungsbezirk Gumbinnen. An der Mündung (der Nordspitze) des Kurischen Haffs in die Ostsee gelegen. Hauptstadt des Memelgebiets von 1920 bis 1939.

1,80 m bis 10 m über dem Meer.
Der Stadtkreis Memel war 31,28 km² groß und hatte in litauischer Zeit im Jahr 1937 39 056 Einwohner. Im Jahr 1940 (wieder zum Deutschen Reich gehörend), zählte man 43 285 Einwohner, meist evangelisch. Memel ist die älteste Stadt Ostpreußens und wurde 1252 vom livländischen Schwertbrüderorden gegründet. Die Stadt erhielt 1254 Lübisches Recht, 1475 Kulmisches Recht, 1328 wurde Memel an den Deutschen Orden abgetreten, bis 1920 gehörte die Stadt zu Preußen bzw. zur Provinz Ostpreußen. 1678 St. Jakobuskirche, St. Johanniskirche, bereits im 13. Jahrh. erwähnt. 1854 mit hohem Turm ausgebaut. Katholische Kirche, Reformierte Kirche, Englische Kirche. Höhere und Fachschulen, Altersheim, Säuglingsheim, Krankenhäuser, Theater, Konservatorium. Tageszeitung „Memeler Dampfboot“, dazu Zeitungen für die litauisch sprechende Bevölkerung. See- und Dangehafen, Lindenau-Werft, Reedereien, Holzverarbeitung, Zellulose-, Düngemittel- und landwirtschaftliche Veredlungsbetriebe, Textilindustrie, Tabakwarenfabriken, Bierbrauerei. Seit 1939 Kriegshafen. Garnisonstadt.

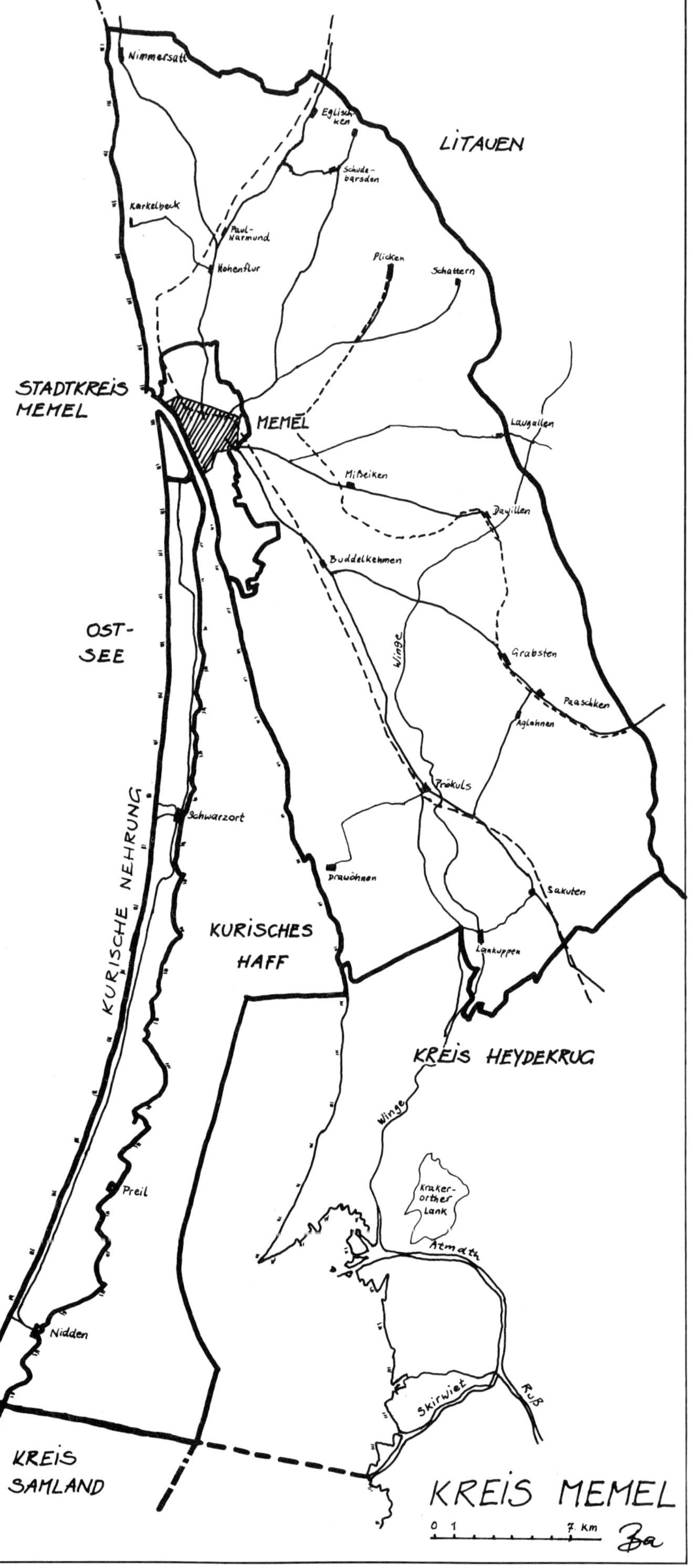

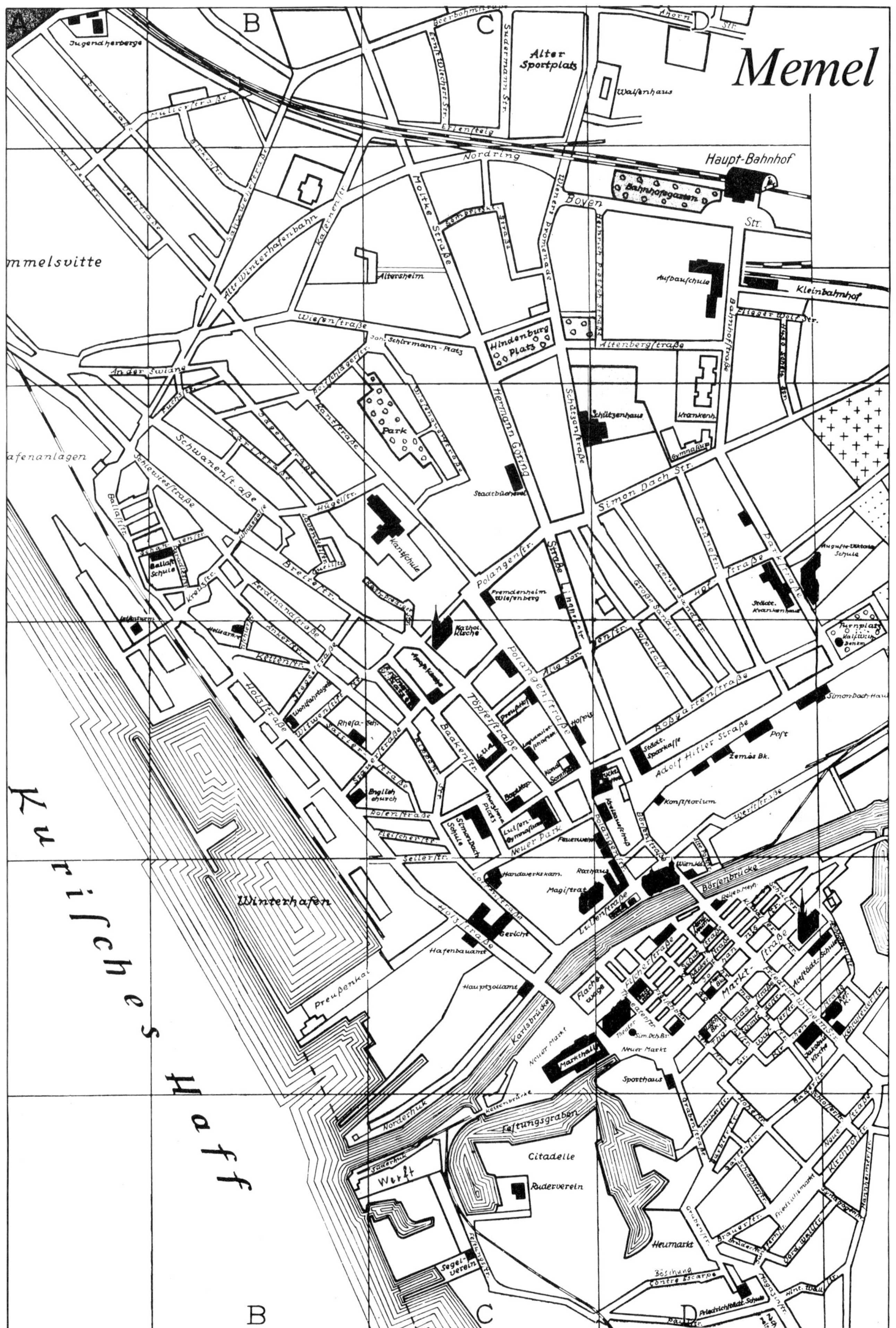

Memel
B
C
D
Jugendherberge
Alter Sportplatz
Waisenhaus
Erlenstieg
Nordring
Haupt-Bahnhof
Bahnhofsgarten
Boyen
Str.
Aufbauschule
Kleinbahnhof
Altersheim
Moltke Straße
Wiesenstraße
Hindenburg Platz
Altenbergstraße
Bahnhofstraße
Schützenhaus
Krankenh.
Gymnasium
Hermann Göring
Schützenstraße
Park
Staatbücherei
Kantschule
Simon Dach Str.
Polangenstr.
Polangenstraße
Fremdenheim Wiesenberg
Kathol. Kirche
Auguste-Viktoria Schule
Städt. Krankenhaus
Turnplatz
Hospital
Roßgartenstraße
Simon Dach Haus
Adolf Hitler Straße
Post
Städt. Sparkasse
Konsistorium
Alte Winterhafenbahn
An der Swiane
Hafenanlagen
Schwanenstraße
Schlewiesstraße
Ballastschule
Hügelstr.
Ferdinandstraße
Töpferstraße
Baakenstr.
Holzstraße
Englisch church
Luisen Gymnasium
Neuer Park
Seilerstr.
Rathaus
Magistrat
Handwerkskam.
Gericht
Hafenbauamt
Börsenbrücke
Winterhafen
Preußenkai
Hauptzollamt
Karlsbrücke
Markthalle
Neuer Markt
Sporthaus
Norderhuk
Festungsgraben
Citadelle
Ruderverein
Werft
Segel-Verein
Heumarkt
Friedrichstadt Schule
Kurisches Haff

Der Kreis Mohrungen

Gesamtfläche 1265,36 km²;
Einwohner einschl. Städte 56 255, demnach auf 1 km² 44,5 Einwohner.

In den 3 Städten des Kreises: Mohrungen, Liebstadt und Saalfeld lebten 25,8 % der Kreisbevölkerung, auf dem Land lebten 74,2 %. Insgesamt gab es 112 politische Gemeinden mit 341 Wohnplätzen. Die größten Landgemeinden waren Alt Christburg mit 988, Freiwalde mit 1015, Gerswalde mit 1026 Einwohnern. Im Kreis einschl. der Städte waren 95 Volksschulen mit 204 Klassen, 7970 Schülern und 187 Lehrkräften. Je eine Mittelschule in Liebstadt und Saalfeld.

20 ev. Kirchengemeinden in 2 Superintendenturbezirken, 2 kath. Gemeinden.

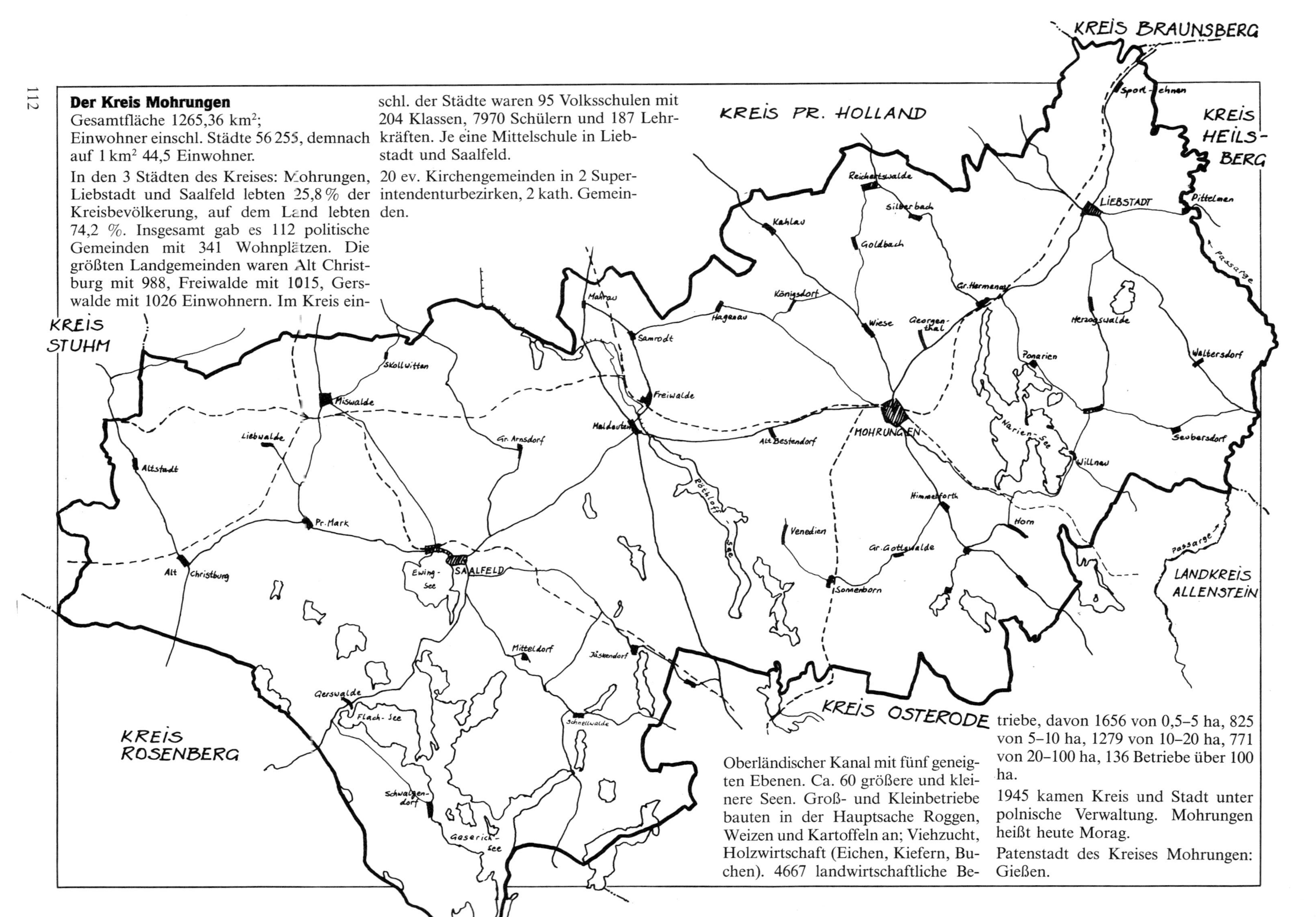

Oberländischer Kanal mit fünf geneigten Ebenen. Ca. 60 größere und kleinere Seen. Groß- und Kleinbetriebe bauten in der Hauptsache Roggen, Weizen und Kartoffeln an; Viehzucht, Holzwirtschaft (Eichen, Kiefern, Buchen). 4667 landwirtschaftliche Betriebe, davon 1656 von 0,5–5 ha, 825 von 5–10 ha, 1279 von 10–20 ha, 771 von 20–100 ha, 136 Betriebe über 100 ha.

1945 kamen Kreis und Stadt unter polnische Verwaltung. Mohrungen heißt heute Morag.

Patenstadt des Kreises Mohrungen: Gießen.

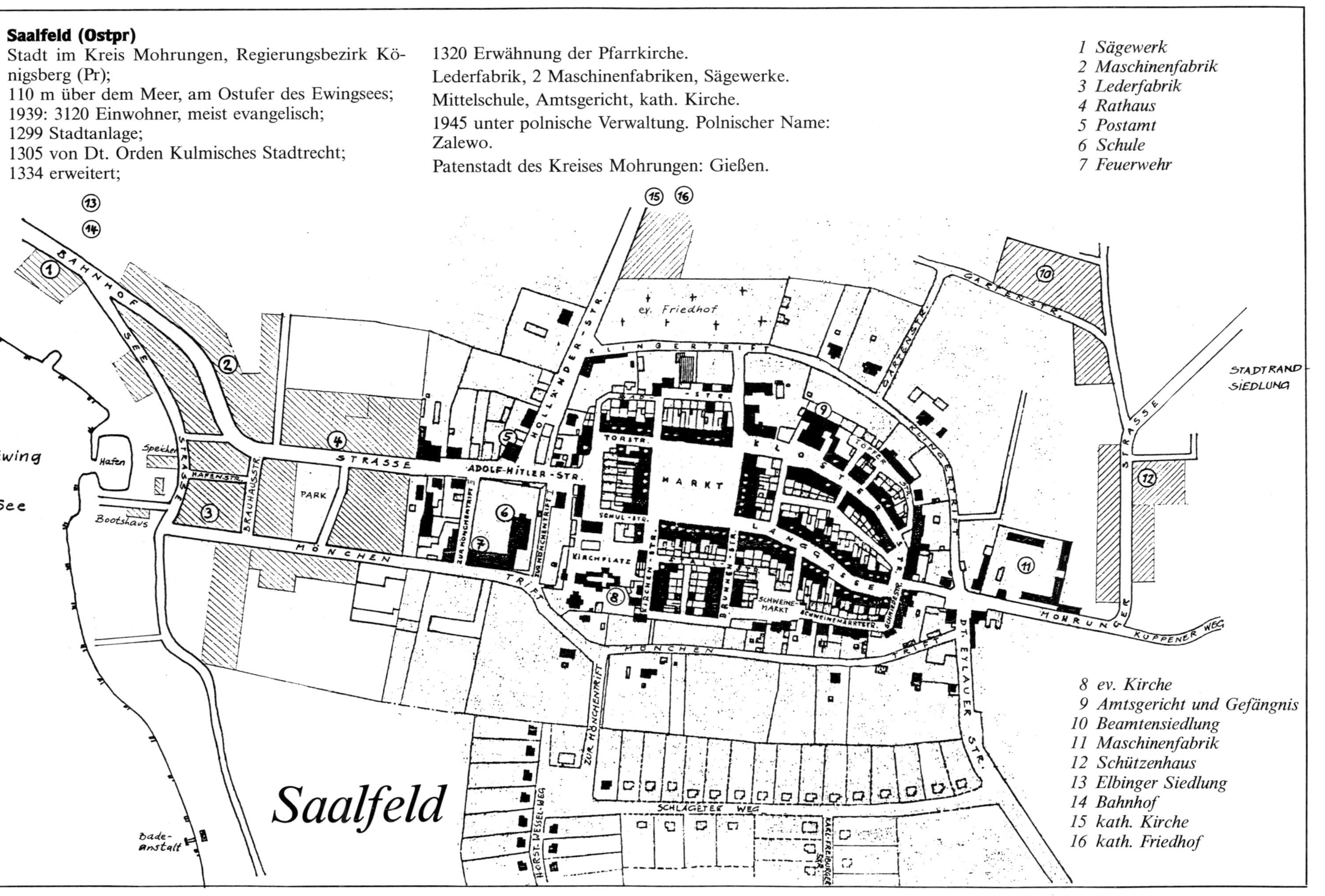

Saalfeld (Ostpr)
Stadt im Kreis Mohrungen, Regierungsbezirk Königsberg (Pr);
110 m über dem Meer, am Ostufer des Ewingsees;
1939: 3120 Einwohner, meist evangelisch;
1299 Stadtanlage;
1305 von Dt. Orden Kulmisches Stadtrecht;
1334 erweitert;
1320 Erwähnung der Pfarrkirche.
Lederfabrik, 2 Maschinenfabriken, Sägewerke.
Mittelschule, Amtsgericht, kath. Kirche.
1945 unter polnische Verwaltung. Polnischer Name: Zalewo.
Patenstadt des Kreises Mohrungen: Gießen.
1 Sägewerk
2 Maschinenfabrik
3 Lederfabrik
4 Rathaus
5 Postamt
6 Schule
7 Feuerwehr
8 ev. Kirche
9 Amtsgericht und Gefängnis
10 Beamtensiedlung
11 Maschinenfabrik
12 Schützenhaus
13 Elbinger Siedlung
14 Bahnhof
15 kath. Kirche
16 kath. Friedhof
Saalfeld
Ewing See
Hafen
Bootshaus
Bade-anstalt
BAHNHOF
SEE STRASSE
HAFENSTR.
BRAUHAUSSTR.
PARK
STRASSE
ADOLF-HITLER-STR.
HOLLÄNDER-STR.
ev. Friedhof
KLINGERTRIFT
GARTENSTR.
STADTRAND SIEDLUNG
MARKT
TORSTR.
SCHUL-STR.
KIRCHPLATZ
KIRCHEN-STR.
BRUNNEN-STR.
SCHWEINE-MARKT
SCHWEINEMARKTSTR.
SCHMIEDESTR.
KLOSTER-STR.
TÖPFER-STR.
LANGGASSE
MÖNCHEN TRIFT
ZUR MÖNCHENTRIFT
MOHRUNGER STRASSE
KUPPENER WEG
DT. EYLAUER STR.
SCHLAGETER WEG
HORST-WESSEL-WEG
KARL-FREIBURGER STR.

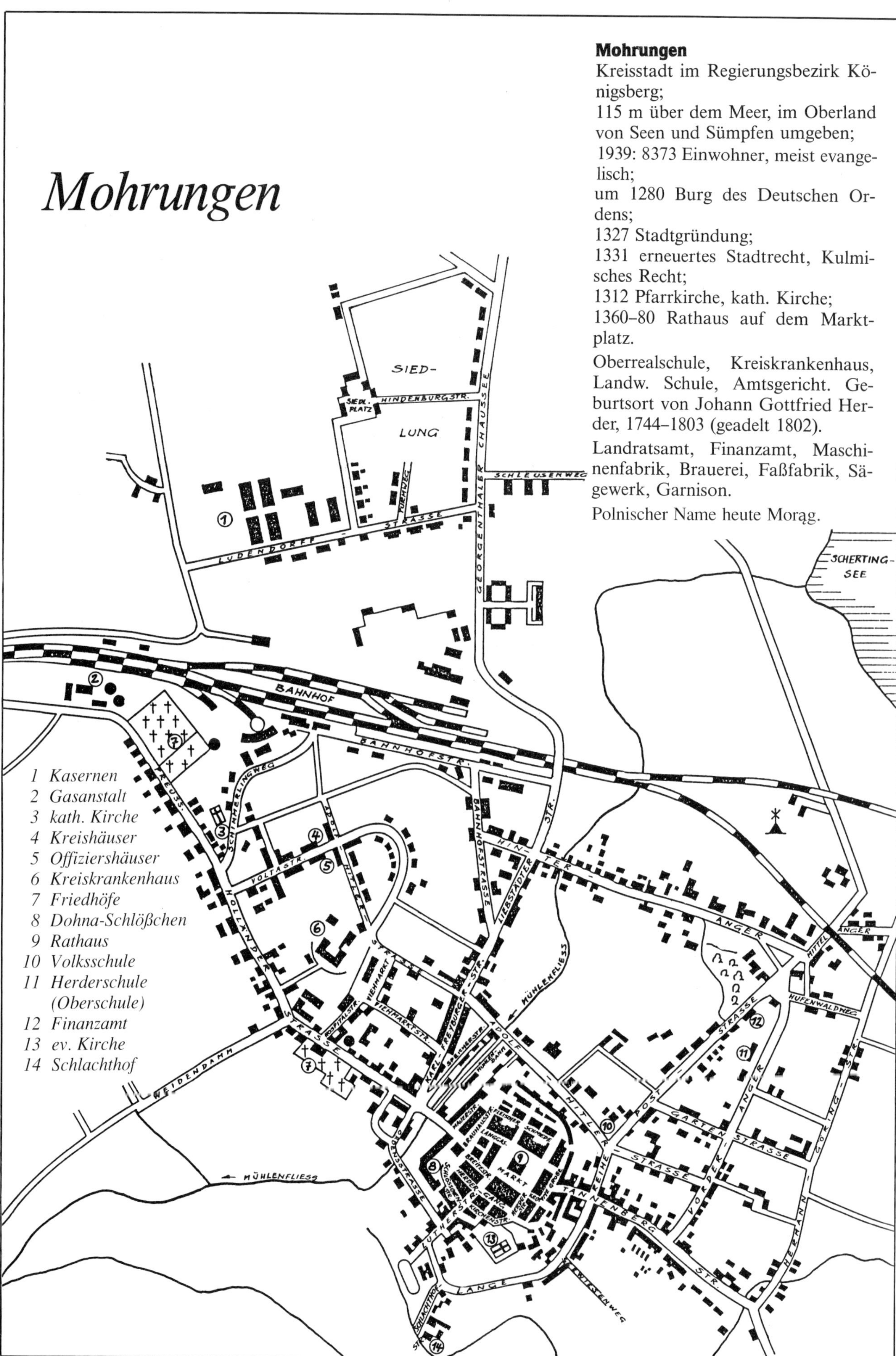

Mohrungen

Mohrungen
Kreisstadt im Regierungsbezirk Königsberg;
115 m über dem Meer, im Oberland von Seen und Sümpfen umgeben;
1939: 8373 Einwohner, meist evangelisch;
um 1280 Burg des Deutschen Ordens;
1327 Stadtgründung;
1331 erneuertes Stadtrecht, Kulmisches Recht;
1312 Pfarrkirche, kath. Kirche;
1360–80 Rathaus auf dem Marktplatz.

Oberrealschule, Kreiskrankenhaus, Landw. Schule, Amtsgericht. Geburtsort von Johann Gottfried Herder, 1744–1803 (geadelt 1802).

Landratsamt, Finanzamt, Maschinenfabrik, Brauerei, Faßfabrik, Sägewerk, Garnison.

Polnischer Name heute Morąg.

1 Kasernen
2 Gasanstalt
3 kath. Kirche
4 Kreishäuser
5 Offiziershäuser
6 Kreiskrankenhaus
7 Friedhöfe
8 Dohna-Schlößchen
9 Rathaus
10 Volksschule
11 Herderschule (Oberschule)
12 Finanzamt
13 ev. Kirche
14 Schlachthof

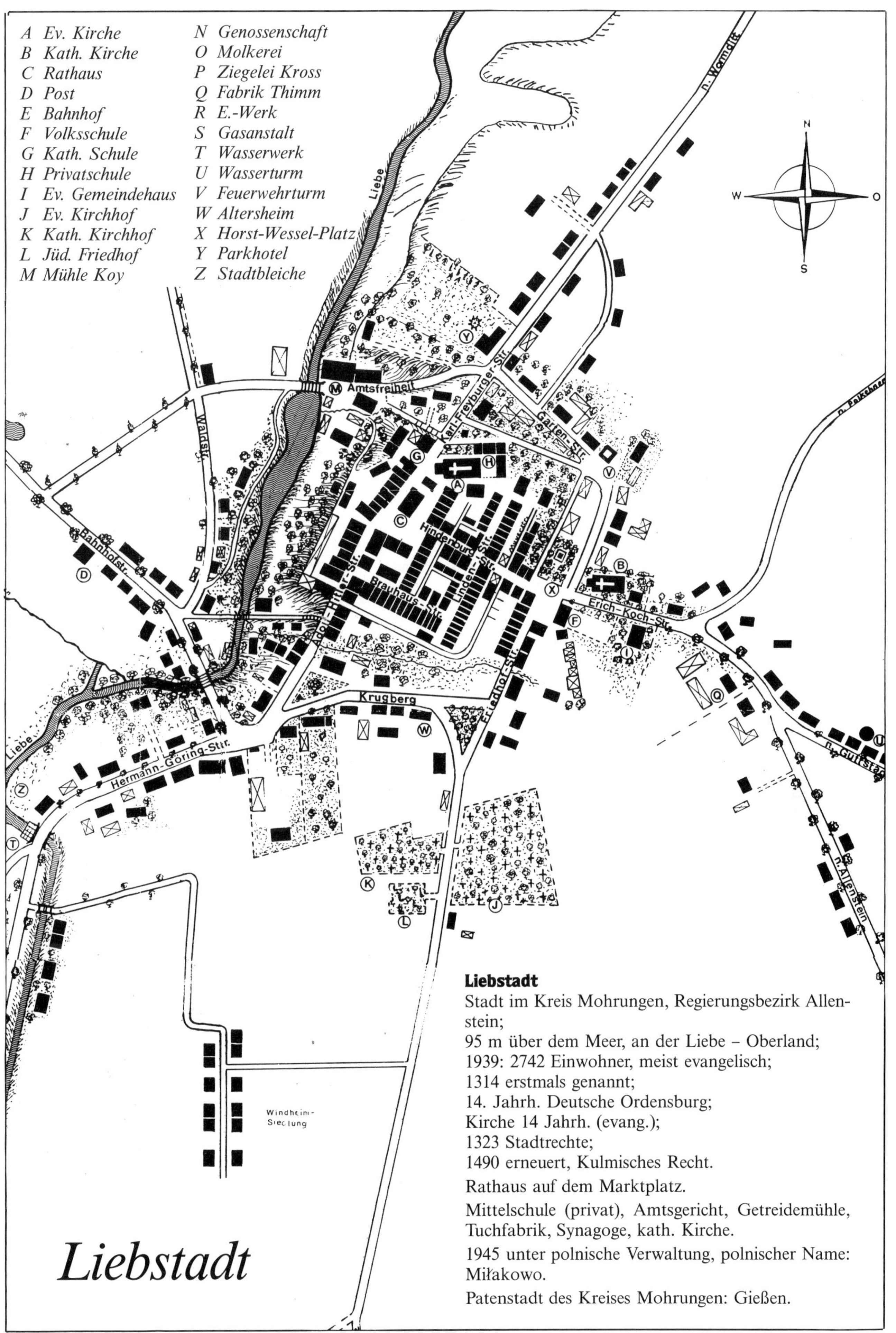

Liebstadt

Stadt im Kreis Mohrungen, Regierungsbezirk Allenstein;
95 m über dem Meer, an der Liebe – Oberland;
1939: 2742 Einwohner, meist evangelisch;
1314 erstmals genannt;
14. Jahrh. Deutsche Ordensburg;
Kirche 14 Jahrh. (evang.);
1323 Stadtrechte;
1490 erneuert, Kulmisches Recht.

Rathaus auf dem Marktplatz.

Mittelschule (privat), Amtsgericht, Getreidemühle, Tuchfabrik, Synagoge, kath. Kirche.

1945 unter polnische Verwaltung, polnischer Name: Miłakowo.

Patenstadt des Kreises Mohrungen: Gießen.

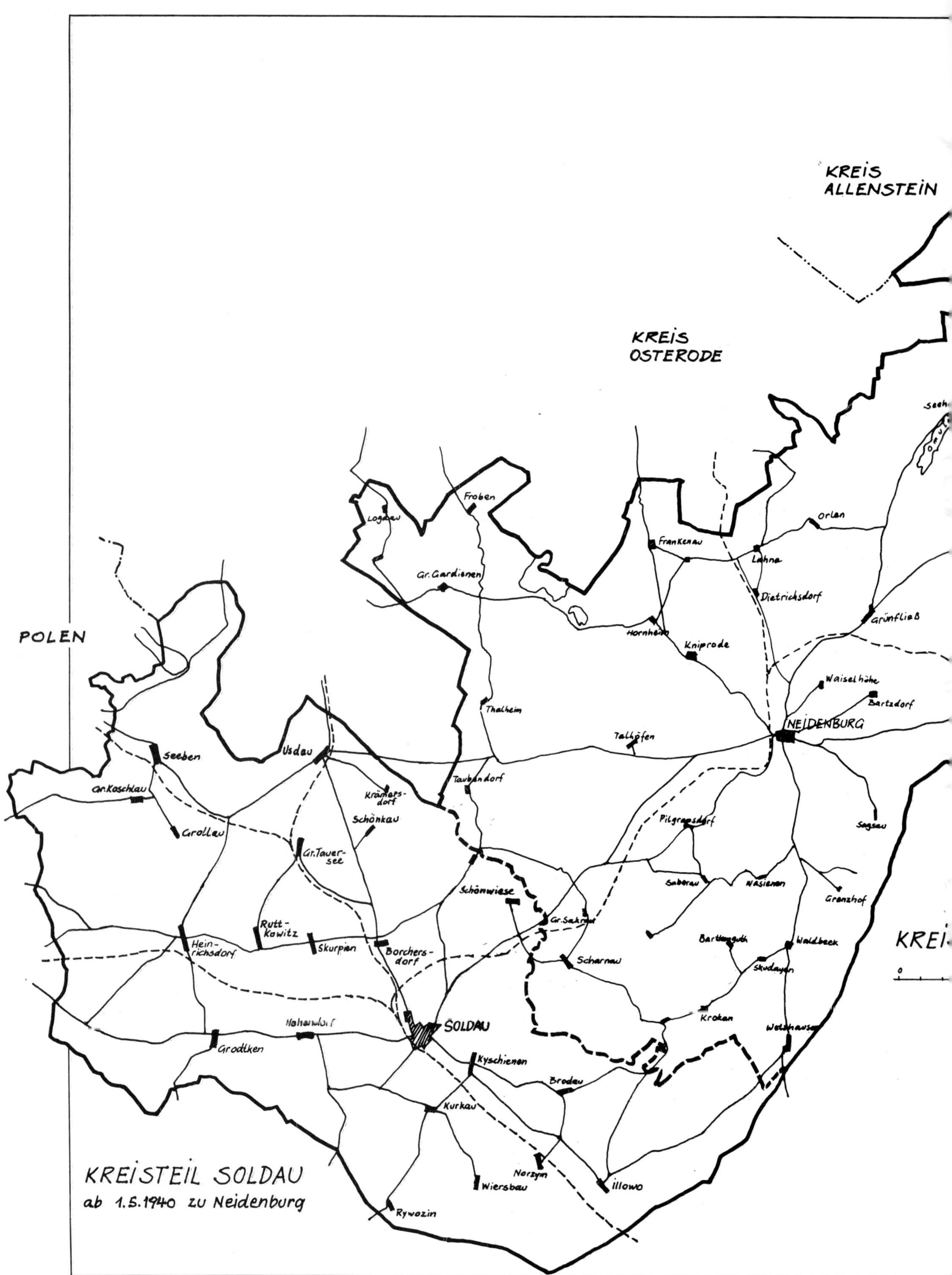

KREIS ALLENSTEIN
KREIS OSTERODE
POLEN
Froben
Gr. Gardienen
Frankenau
Orlen
Lahna
Dietrichsdorf
Grünfließ
Hornheim
Kniprode
Waiselhöhe
Bartzdorf
NEIDENBURG
Thalheim
Talhöfen
Seeben
Usdau
Gr. Koschlau
Taubendorf
Krämersdorf
Schönkau
Grollau
Gr. Tauersee
Pilgramsdorf
Sagsau
Saberau
Wasienen
Grenzhof
Schönwiese
Gr. Sakrau
Rutt-kowitz
Skurpien
Hein-richsdorf
Borchers-dorf
Waldbeek
Scharnau
Skudayen
Krokau
SOLDAU
Grodtken
Kyschienen
Brodau
Kurkau
Norzym
Wiersbau
Illowo
Rywozin
KREISTEIL SOLDAU
ab 1.5.1940 zu Neidenburg

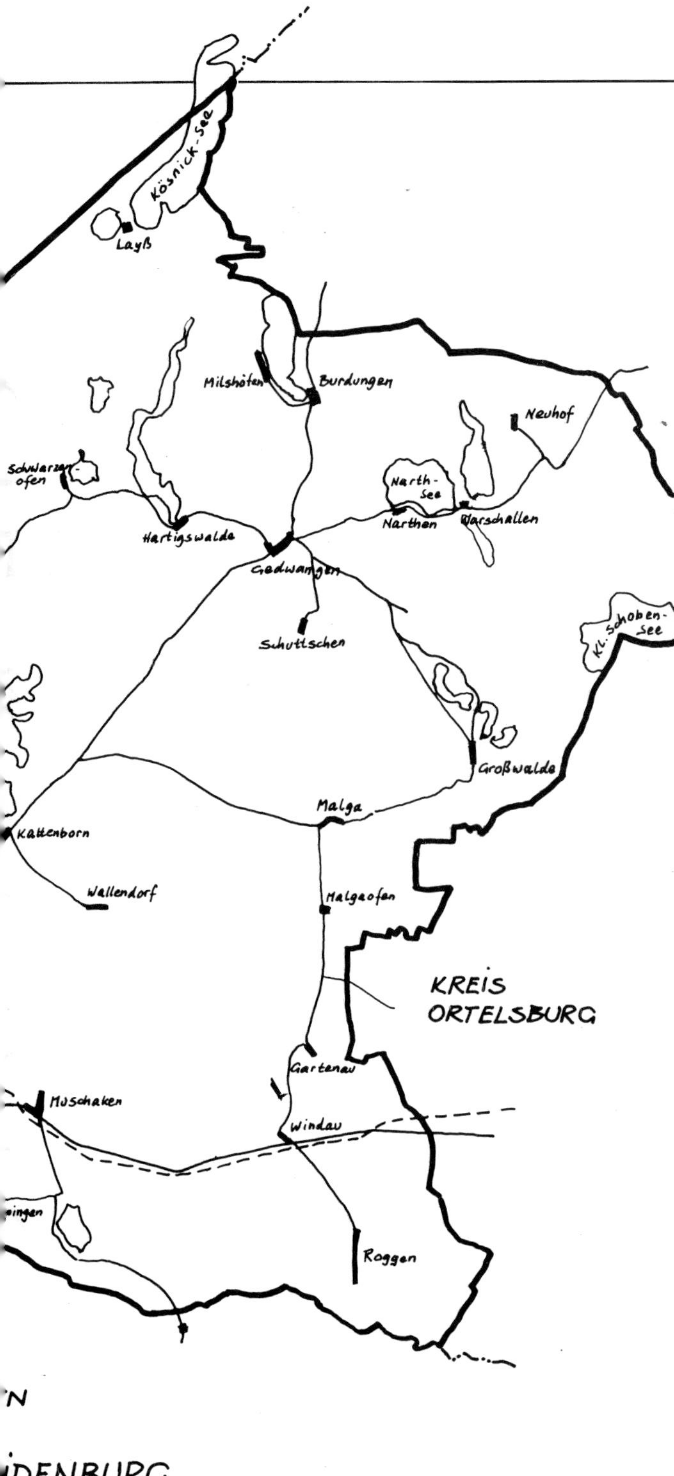

Der Kreis Neidenburg (ohne Kreisteil Soldau) Gesamtfläche 1146,11 km².

Einwohnerzahl 39 730 Personen, demnach 34,7 Einwohner je km². Im Kreis waren 113 Gemeinden in 19 Amtsbezirken, darunter 1 Stadt, 199 Wohnplätze.

Die größte Landgemeinde war Gedwangen mit 1288 Einwohnern. Neidenburg war der südlichste Kreis Ostpreußens, seine Südgrenze war Landesgrenze zu Polen.

Im Kreisgebiet 12 evangelische Kirchspiele, 3 katholische Kirchen, 96 Volksschulen mit 174 Klassen, 6745 Schülern, 162 Lehrern. 57,9 % der Gesamtfläche waren landwirtschaftlich genutzt, 32 % waren Forst und Holzungen, 3,5 % Gewässer, 4,9 % Moore und Ödland, 3,5 % bebaute Fläche.

3745 landwirtschaftliche Betriebe, davon 1094 bis 5 ha, 661 von 5–10 ha, 949 von 10–20 ha, 972 von 20–100 ha, 69 über 100 ha. In der Land- und Forstwirtschaft arbeiteten 63,6 % der Kreisbevölkerung. Es wurden Roggen und Kartoffeln in der Hauptsache angebaut. Rindvieh- und Schweinezucht, Spiritus-Brennereien. Das Krankenhaus in Gedwangen wurde 1937 Altersheim.

1945 kam der gesamte Kreis unter polnische Verwaltung.

Patenschaft: Bochum.

Kreisteil Soldau,
1940 an Kreis Neidenburg angeschlossen;
Fläche: 500 km², Einwohner: 24 830;
34 Landgemeinden in 5 Amtsbezirken und die Stadt Soldau;
8 evangelische Kirchengemeinden, 3 katholische;
36 Volksschulen.

Die größten Landgemeinden im Kreisteil Soldau waren Heinrichsdorf mit 1075, Illowo mit 2434, Narzym mit 903 Einwohnern.

Patenstadt: Bochum.

Neidenburg
Kreisstadt im Regierungsbezirk Allenstein;
170 m über dem Meer;
1939: 9201 Einwohner, meist evangelisch;
1359 Ordensburg;
1370 in Stein ausgebaut;
1376 erstmals erwähnt;
1381 Kulmisches Stadtrecht;
1420 Stadtrecht erneuert;
1381 Pfarrkirche;
1679 Städtlein;
1723 Stadt 2. Klasse genannt.

Höhere Schulen, Museum, Krankenhaus, Landwirtschaftsschule, Zementwarenfabrik (Eisengießerei), Getreide- und Holzhandel, Holzverarbeitung, Berufsschule.

Geburtsort des Operetten-Komponisten Walter Kollo.

1945 zu 80 % zerstört, unter polnische Verwaltung – Nidzica.

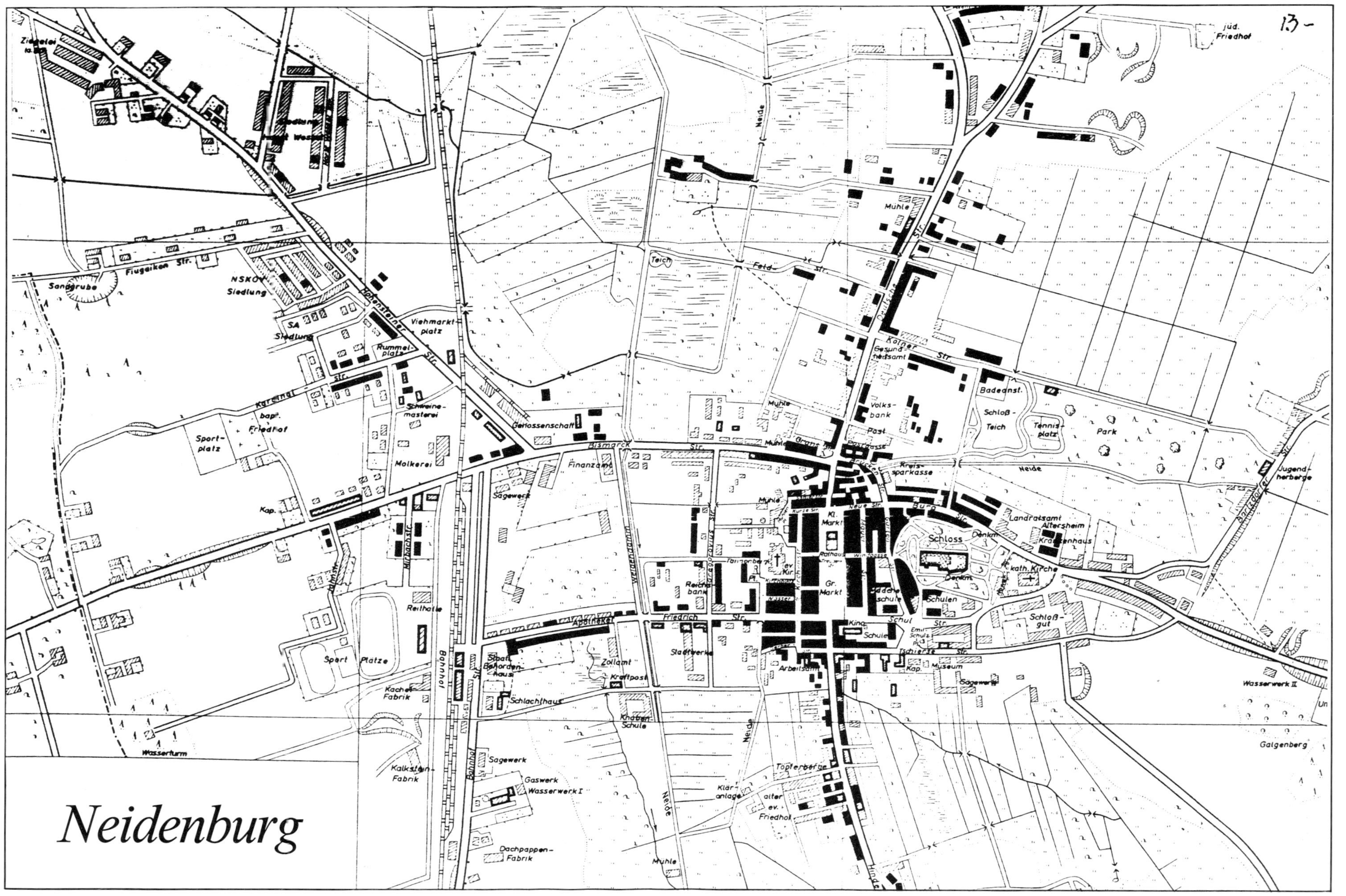
Neidenburg
Bahnhof
Schloss
Galgenberg
Wasserwerk II
Wasserwerk I
Gaswerk
Dachpappen-Fabrik
Kalkstein-Fabrik
Kachel-Fabrik
Molkerei
Viehmarkt platz
Sandgrube
Wasserturm
jüd. Friedhof
Jugendherberge
Park
Neide
Kreissparkasse
Volksbank
Finanzamt
Zollamt
Schlachthaus
Museum
Landratsamt
Altersheim
Krankenhaus
Mühle
Sägewerk
Reithalle
Bismarck Str.
Friedrich Str.
Sport Platze
Schloß-Teich
Tennisplatz
Badeanst.
Kl. Markt
Gr. Markt
Rathaus
Schulen
kath. Kirche
Schloß-gut
Kraftpost
Knaben Schule
Arbeitsamt
Klär-anlage
alter ev. Friedhof
NSKOV Siedlung
SA Siedlung
Sport-platz
bap. Friedhof
Kap.
Genossenschaft
Reichsbank
Stadtwerke
Teich

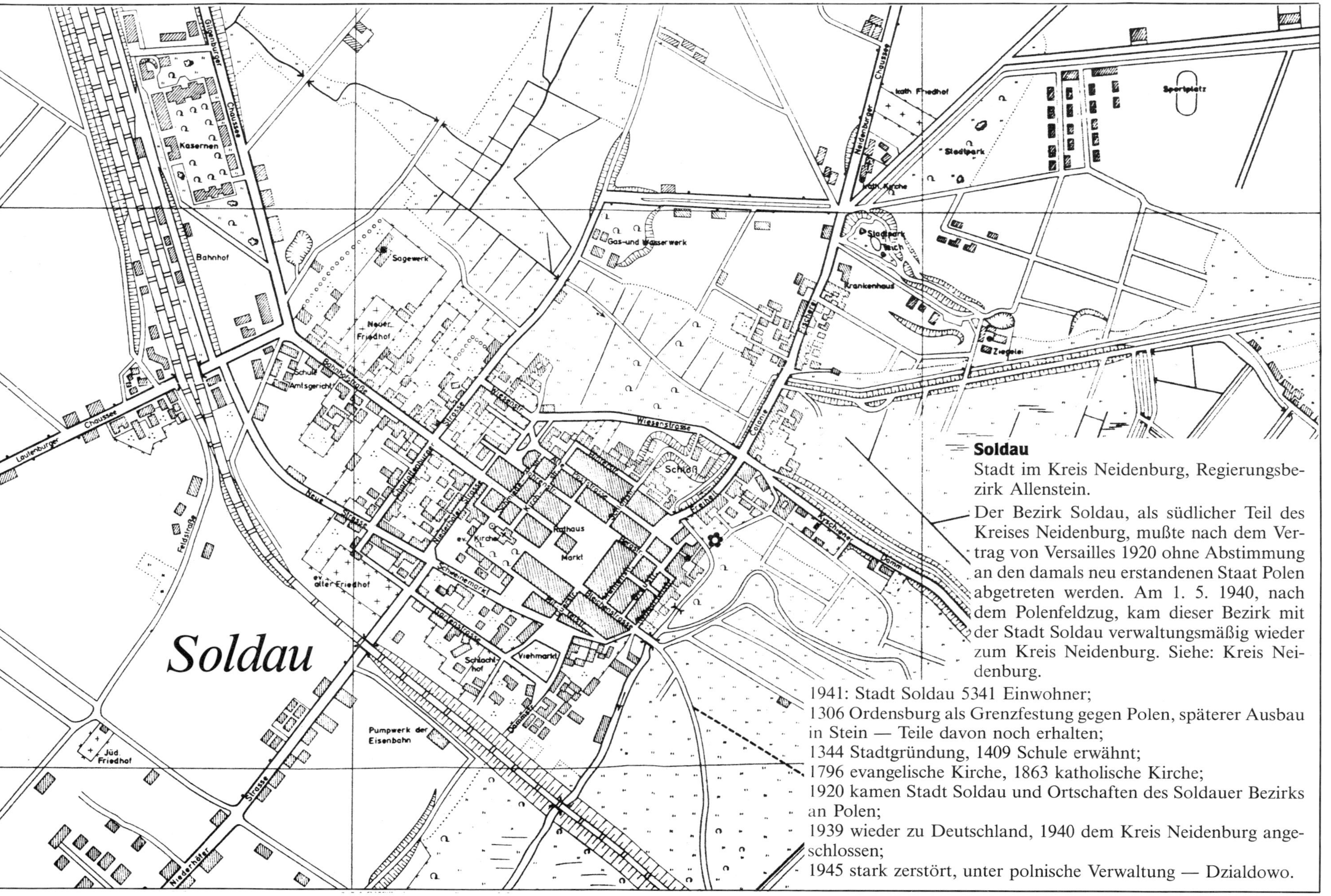

Soldau

Stadt im Kreis Neidenburg, Regierungsbezirk Allenstein.

Der Bezirk Soldau, als südlicher Teil des Kreises Neidenburg, mußte nach dem Vertrag von Versailles 1920 ohne Abstimmung an den damals neu erstandenen Staat Polen abgetreten werden. Am 1. 5. 1940, nach dem Polenfeldzug, kam dieser Bezirk mit der Stadt Soldau verwaltungsmäßig wieder zum Kreis Neidenburg. Siehe: Kreis Neidenburg.

1941: Stadt Soldau 5341 Einwohner;
1306 Ordensburg als Grenzfestung gegen Polen, späterer Ausbau in Stein — Teile davon noch erhalten;
1344 Stadtgründung, 1409 Schule erwähnt;
1796 evangelische Kirche, 1863 katholische Kirche;
1920 kamen Stadt Soldau und Ortschaften des Soldauer Bezirks an Polen;
1939 wieder zu Deutschland, 1940 dem Kreis Neidenburg angeschlossen;
1945 stark zerstört, unter polnische Verwaltung — Dzialdowo.

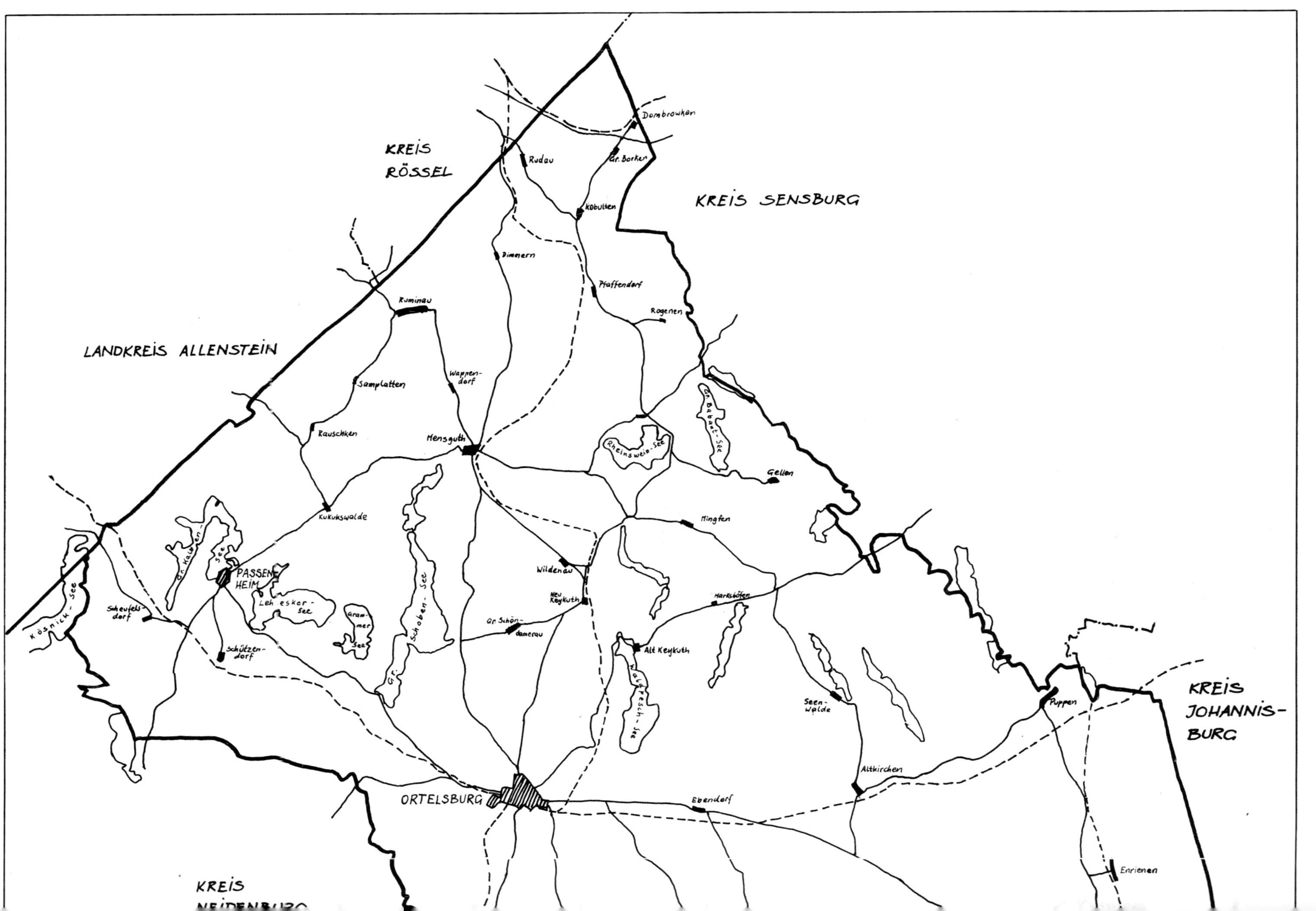

KREIS RÖSSEL
KREIS SENSBURG
LANDKREIS ALLENSTEIN
KREIS JOHANNISBURG
KREIS
ORTELSBURG
PASSENHEIM
Dombrowken
Rudau
Gr. Borken
Kobulten
Dimmern
Pfaffendorf
Rogenen
Ruminau
Wappendorf
Samplatten
Rauschken
Hensguth
Rheinswein-See
Gr. Babant-See
Gellen
Mingfen
Kukukswalde
Wildenau
Neu Keykuth
Gr. Schöndamerau
Markshöfen
Alt Keykuth
Leh esker-See
Grammer See
Gr. Schoben-See
Schützendorf
Scheufelsdorf
Kösnick-See
Seenwalde
Puppen
Altkirchen
Ebendorf
Enrienen

Osterode (Ostpr)
Kreisstadt im Regierungsbezirk Allenstein;
113 m über dem Meer am Drewenzsee und Oberländischen Kanal;
1939: 19 519 Einwohner, meist evangelisch;
vor 1300 Deutsche Ordensburg, später in Stein erbaut;
Handfeste nach Kulmischem Recht 1329, 1335 und 1348 erneuert;
1349—1370 Bau einer festen Burg;
1407 erste Schule;
1791 Rathaus auf dem Markt.

Gymnasium, Oberlyzeum, Präparandenanstalt bis 1923, Landwirtschaftliche Winterschule, Fachschulen, Reichsbank, Garnison, Fremdenverkehr, Hauptzollamt, Eisenbahnknotenpunkt.

Polnischer Name heute: Ostróda (war zu 65 % zerstört).
Patenschaft: Stadt Osterode am Harz.

Liebemühl
Stadt im Kreis Osterode, Regierungsbezirk Allenstein;
100 m über dem Meer, am Oberländischen Kanal;
1335 erstmals erwähnt, Handfeste nach Kulmischem Recht, 1438 erneuert;
vor 1335 schon Ordenshaus, Reste nicht mehr vorhanden;
1939: 2434 Einwohner, meist evangelisch.

Ackerbürger- und Handwerkerstadt.

Gewerbebetriebe, Knotenpunkt des Oberländischen Kanals. Es arbeiteten 446 Personen in der Land- und Forstwirtschaft, 1036 in Industrie und Handwerk, 422 in Handel und Verkehr.

1945 unter polnischer Verwaltung = Miłomłyn.

Patenschaft: Landkreis Osterode/Harz.

Hohenstein (Ostpr)
Stadt im Kreis Osterode, Regierungsbezirk Allenstein;
166 m über dem Meer;
1939: 4245 Einwohner, meist evangelisch;
1351 erstmals erwähnt;
1359 durch Deutschen Orden Kulmisches Stadtrecht;
Stadtmauer aus dem 15. Jahrh. teilweise erhalten.

Ackerbürger- und Handwerkerstadt.

1903 Lungenheilanstalt, 1930 geschlossen.

Höhere- und Fachschulen; Präparandenanstalt, später geschlossen. Westlich der Stadt Reichsehrenmal Tannenberg, 1945 z. T. gesprengt, von den Polen ganz abgetragen.

1945 unter polnische Verwaltung – Olsztynek.
Patenschaft: Landkreis Osterode/Harz.

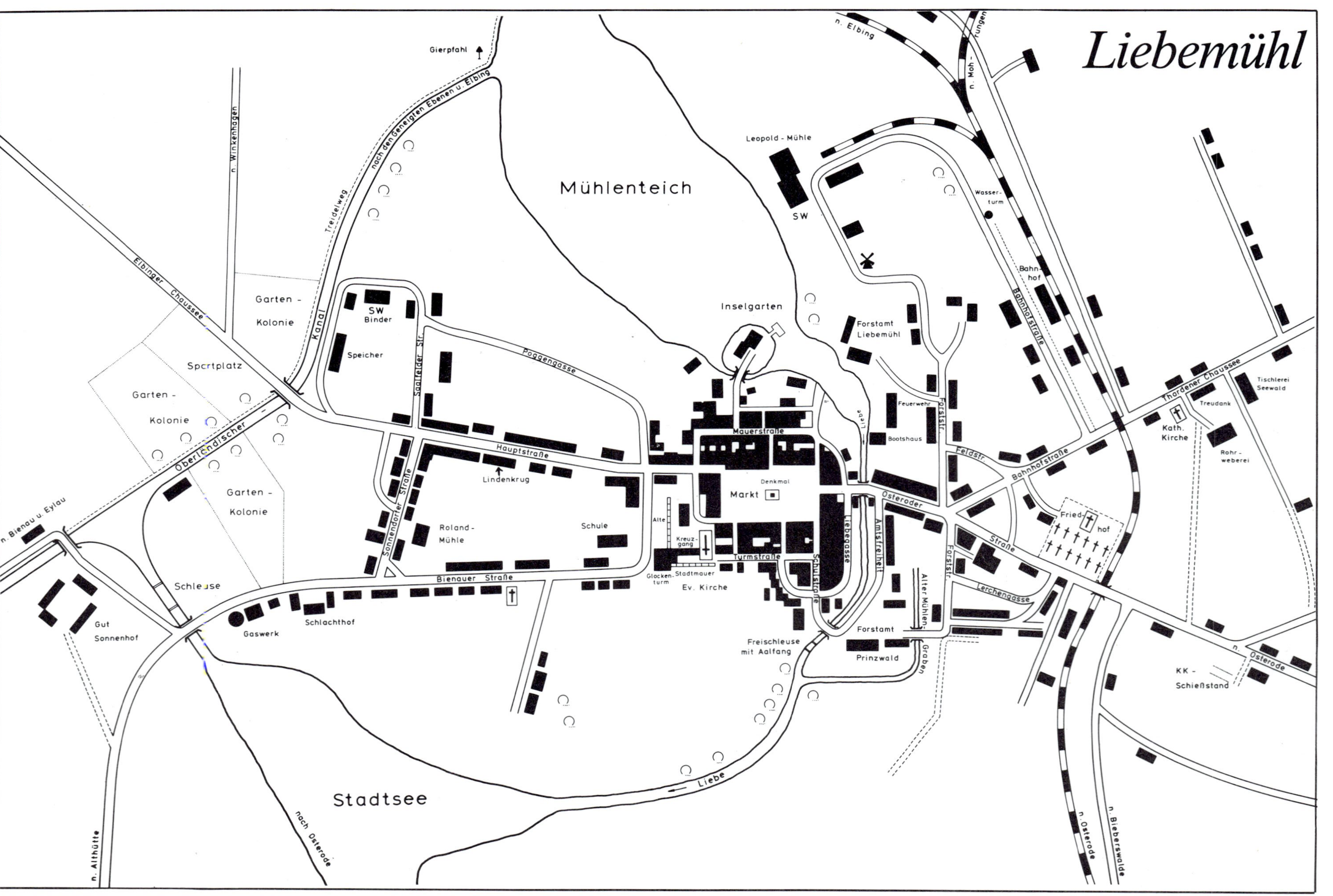

Liebemühl
Gierpfahl
nach den Geneigten Ebenen u. Elbing
n. Winkenhagen
Mühlenteich
Leopold-Mühle
SW
n. Elbing
n. Mohrungen
Wasser-turm
Bahn-hof
Bahnhofstraße
Treidelweg
Kanal
Elbinger Chaussee
Garten-Kolonie
SW Binder
Speicher
Saalfelder Str.
Poggengasse
Inselgarten
Forstamt Liebemühl
Sportplatz
Garten-Kolonie
Oberländischer
Feuerwehr
Bootshaus
Forststr.
Liebe
Tischlerei Seewald
Thardener Chaussee
Treudank
Kath. Kirche
Rohr-weberei
Mauerstraße
Hauptstraße
Feldstr.
Lindenkrug
Sonnendorfer Straße
Garten-Kolonie
Denkmal
Markt
Osteroder
Straße
Fried-hof
Roland-Mühle
Schule
Alte
Kreuz-gang
Liebegasse
Amtsfreiheit
Forststr.
n. Bienau u. Eylau
Turmstraße
Glocken-turm
Stadtmauer
Ev. Kirche
Schulstraße
Bienauer Straße
Alter Mühlen-Graben
Lerchengasse
Schleuse
Gut Sonnenhof
Gaswerk
Schlachthof
Forstamt
Prinzwald
Freischleuse mit Aalfang
n. Osterode
KK-Schießstand
Stadtsee
Liebe
nach Osterode
n. Althütte
n. Osterode
n. Bieberswalde

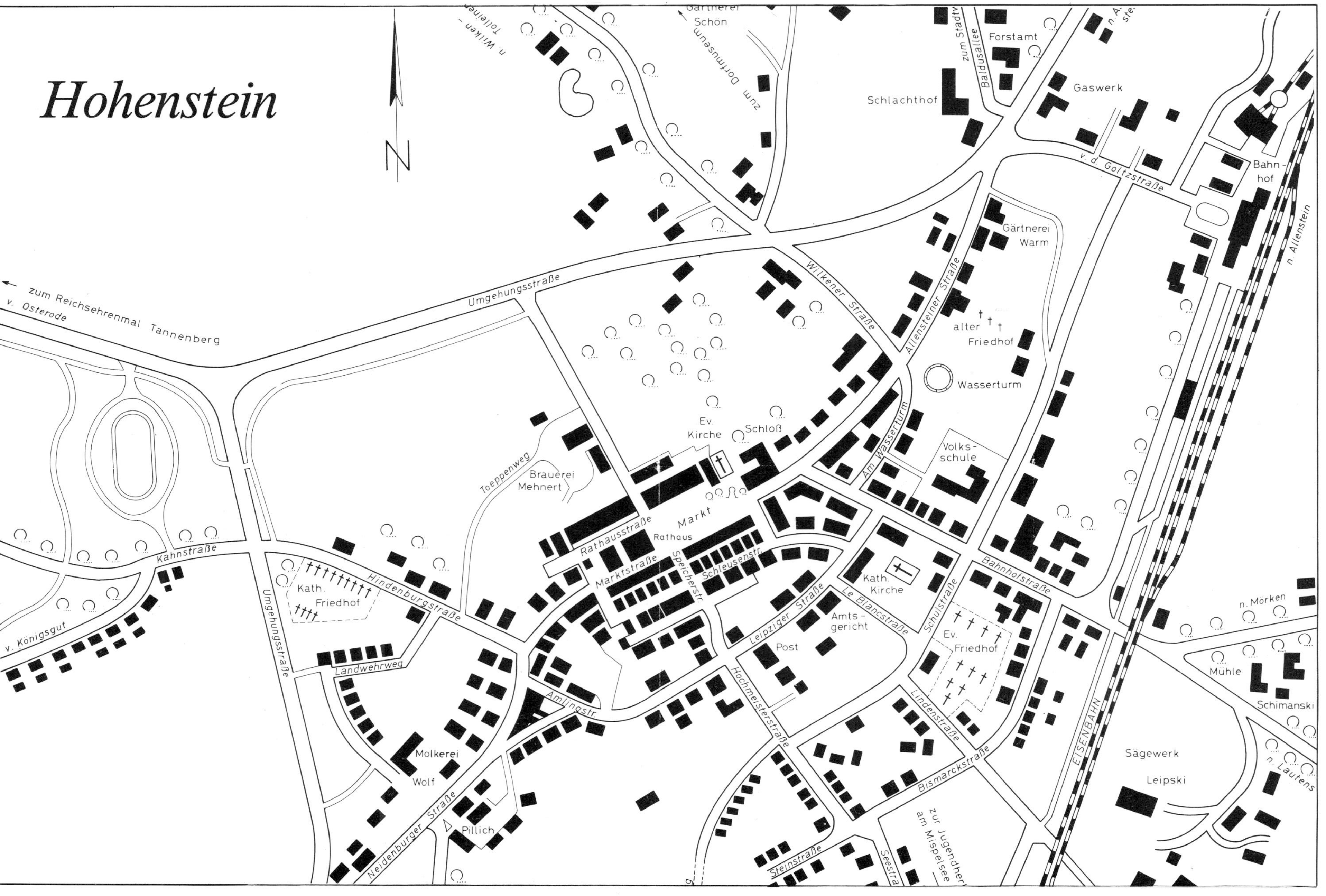
Hohenstein
N
n. Wilken-Tolleinen
Schön
zum Dorfmuseum
Schlachthof
Forstamt
Baldusallee
Gaswerk
v. d. Goltzstraße
Bahnhof
n. Allenstein
Gärtnerei Warm
alter Friedhof
Wasserturm
Allensteiner Straße
Wilkener Straße
Umgehungsstraße
zum Reichsehrenmal Tannenberg
v. Osterode
Ev. Kirche
Schloß
Am Wasserturm
Volksschule
Toeppenweg
Brauerei Mehnert
Markt
Rathaus
Rathausstraße
Marktstraße
Speicherstr.
Schleusenstr.
Kath. Kirche
Bahnhofstraße
Schulstraße
Le Blancstraße
Leipziger Straße
Amtsgericht
Post
Ev. Friedhof
n. Morken
Mühle
Schimanski
EISENBAHN
Sägewerk Leipski
n. Lautens
Kahnstraße
Kath. Friedhof
Hindenburgstraße
Umgehungsstraße
v. Königsgut
Landwehrweg
Amtlingstr.
Hochmeisterstraße
Lindenstraße
Bismarckstraße
Molkerei Wolf
Neidenburger Straße
Pillich
Steinstraße

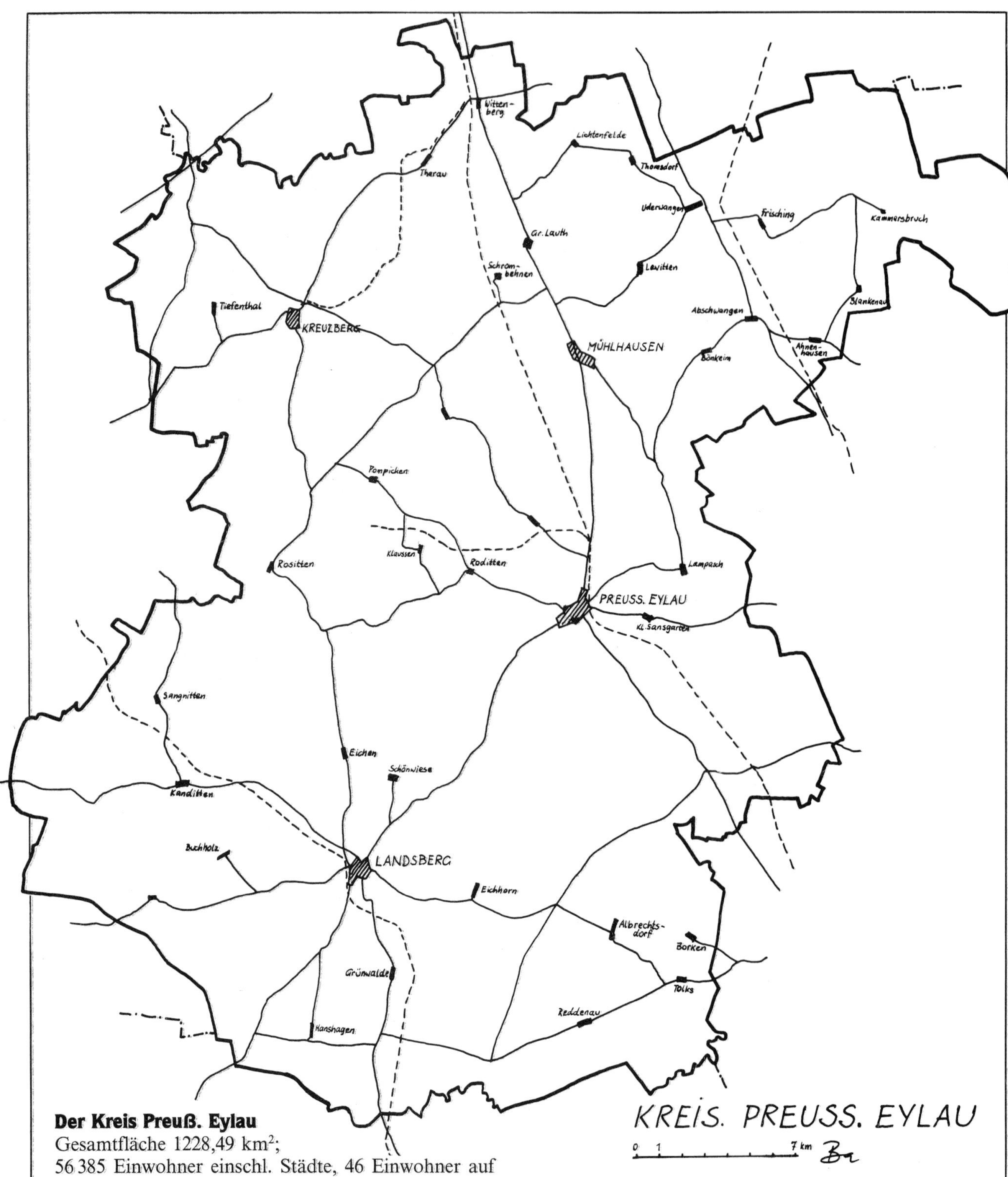

Der Kreis Preuß. Eylau

Gesamtfläche 1228,49 km²;

56 385 Einwohner einschl. Städte, 46 Einwohner auf 1 km².

Im Kreisgebiet 3 Städte: Landsberg, Kreuzburg, Preuß. Eylau. 117 Gemeinden in 35 Amtsbezirken, darunter 3 Städte; 392 Wohnplätze.

Die größten Landgemeinden im Kreis waren Jesau mit 1976, Mühlhausen mit 939, Uderwangen mit 1616 Einwohnern.

Im Kreis Pr. Eylau Truppenübungsplatz Stablack.

Im Kreis gab es 89 Volksschulen mit 194 Klassen, 7910 Schülern und 167 Lehrern, eine Mittelschule in jeder Stadt, 20 evangelische Kirchspiele in 2 Superintendenturbezirken, 2 kath. Kirchen.

3489 Landwirtschaftliche Betriebe, davon 837 von 0,5–5 ha, 582 von 5–10 ha, 1124 von 10–20 ha, 780 von 20–100 ha, 166 über 100 ha.

Der Kreis wurde 1945 durch die Demarkationslinie in einen polnischen und einen sowjetischen Teil getrennt, die Städte Preuß. Eylau und Kreuzburg wurden sowjetischer, die Stadt Landsberg polnischer Verwaltung unterstellt.

Heute heißt Preuß. Eylau: Bagrationowsk, Kreuzburg: Slawskoje, Landsberg: Górowo Iławecki.

Patenschaft für die Stadt Preuß. Eylau: Stadt Verden, für den Kreis Preuß. Eylau: Landkreis Verden/Aller.

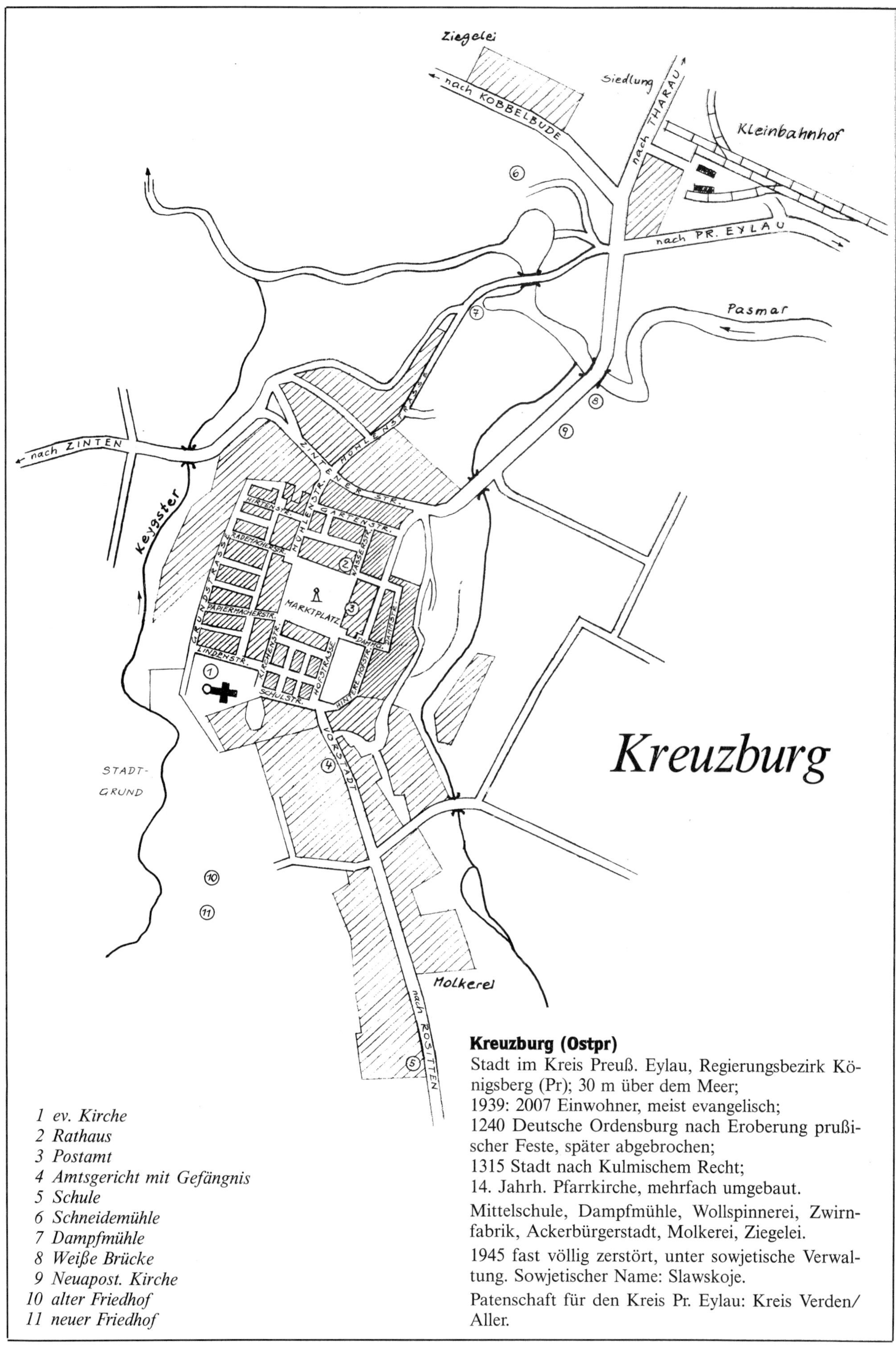

Kreuzburg

1 ev. Kirche
2 Rathaus
3 Postamt
4 Amtsgericht mit Gefängnis
5 Schule
6 Schneidemühle
7 Dampfmühle
8 Weiße Brücke
9 Neuapost. Kirche
10 alter Friedhof
11 neuer Friedhof

Kreuzburg (Ostpr)

Stadt im Kreis Preuß. Eylau, Regierungsbezirk Königsberg (Pr); 30 m über dem Meer;
1939: 2007 Einwohner, meist evangelisch;
1240 Deutsche Ordensburg nach Eroberung prußischer Feste, später abgebrochen;
1315 Stadt nach Kulmischem Recht;
14. Jahrh. Pfarrkirche, mehrfach umgebaut.

Mittelschule, Dampfmühle, Wollspinnerei, Zwirnfabrik, Ackerbürgerstadt, Molkerei, Ziegelei.

1945 fast völlig zerstört, unter sowjetische Verwaltung. Sowjetischer Name: Slawskoje.

Patenschaft für den Kreis Pr. Eylau: Kreis Verden/Aller.

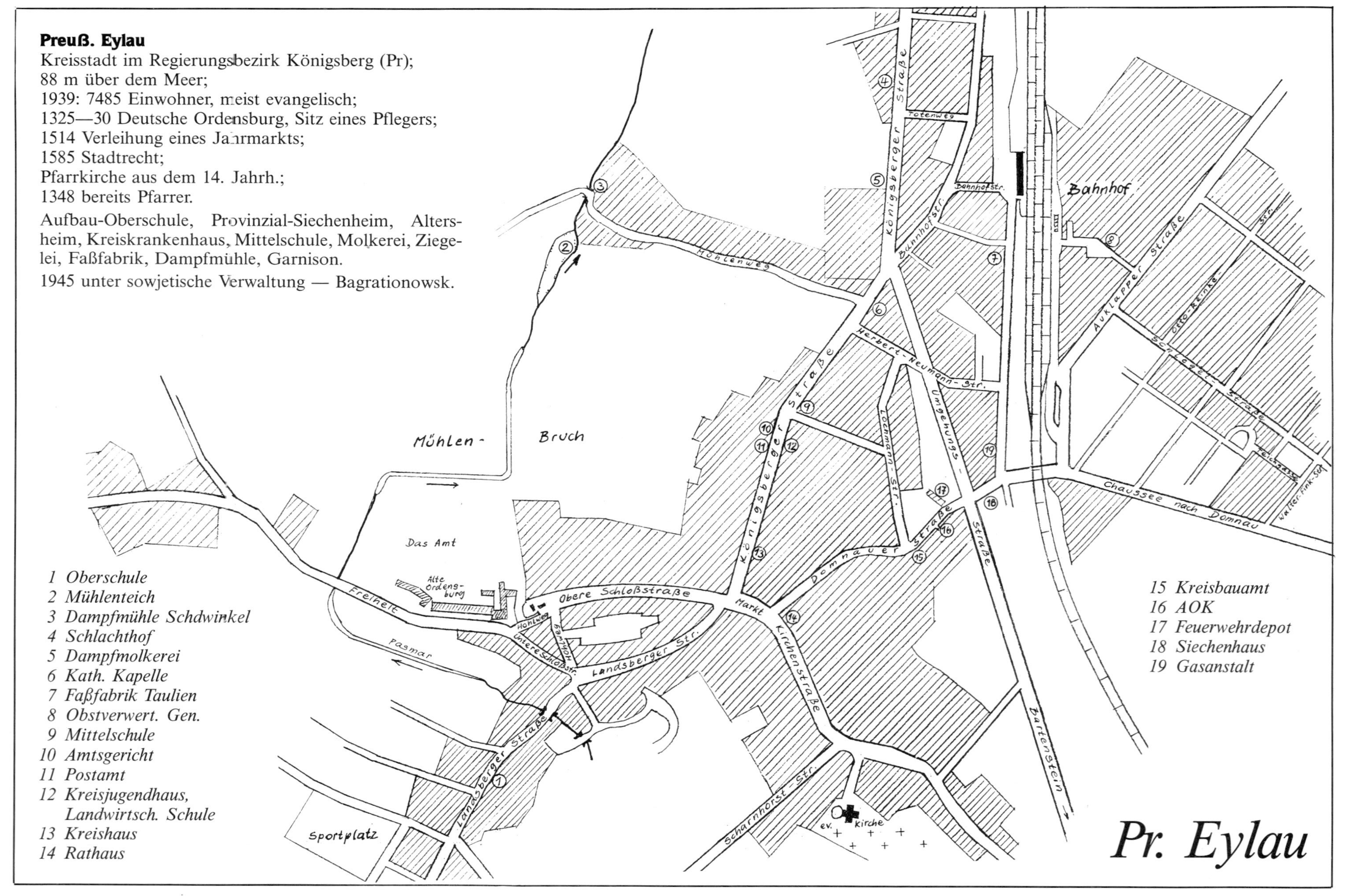
Preuß. Eylau
Kreisstadt im Regierungsbezirk Königsberg (Pr);
88 m über dem Meer;
1939: 7485 Einwohner, meist evangelisch;
1325—30 Deutsche Ordensburg, Sitz eines Pflegers;
1514 Verleihung eines Jahrmarkts;
1585 Stadtrecht;
Pfarrkirche aus dem 14. Jahrh.;
1348 bereits Pfarrer.
Aufbau-Oberschule, Provinzial-Siechenheim, Altersheim, Kreiskrankenhaus, Mittelschule, Molkerei, Ziegelei, Faßfabrik, Dampfmühle, Garnison.
1945 unter sowjetische Verwaltung — Bagrationowsk.
1 Oberschule
2 Mühlenteich
3 Dampfmühle Schdwinkel
4 Schlachthof
5 Dampfmolkerei
6 Kath. Kapelle
7 Faßfabrik Taulien
8 Obstverwert. Gen.
9 Mittelschule
10 Amtsgericht
11 Postamt
12 Kreisjugendhaus, Landwirtsch. Schule
13 Kreishaus
14 Rathaus
15 Kreisbauamt
16 AOK
17 Feuerwehrdepot
18 Siechenhaus
19 Gasanstalt
Pr. Eylau
Bahnhof
Königsberger Straße
Totenweg
Bahnhofstr.
Mühlenweg
Auklapper Straße
Otto-Reinke-
Schlegel-Straße
Herbert-Neumann-Str.
Umgehungs-Straße
Lochmann-Str.
Chaussee nach Domnau
Domnauer Straße
Bartenstein
Mühlen-Bruch
Das Amt
Alte Ordensburg
Obere Schloßstraße
Markt
Kirchenstraße
Freiheit
Pasmar
Mühlweg
Untere Schloßstr.
Landsberger Str.
Landsberger Straße
Scharnhorst-Str.
ev. Kirche
Sportplatz

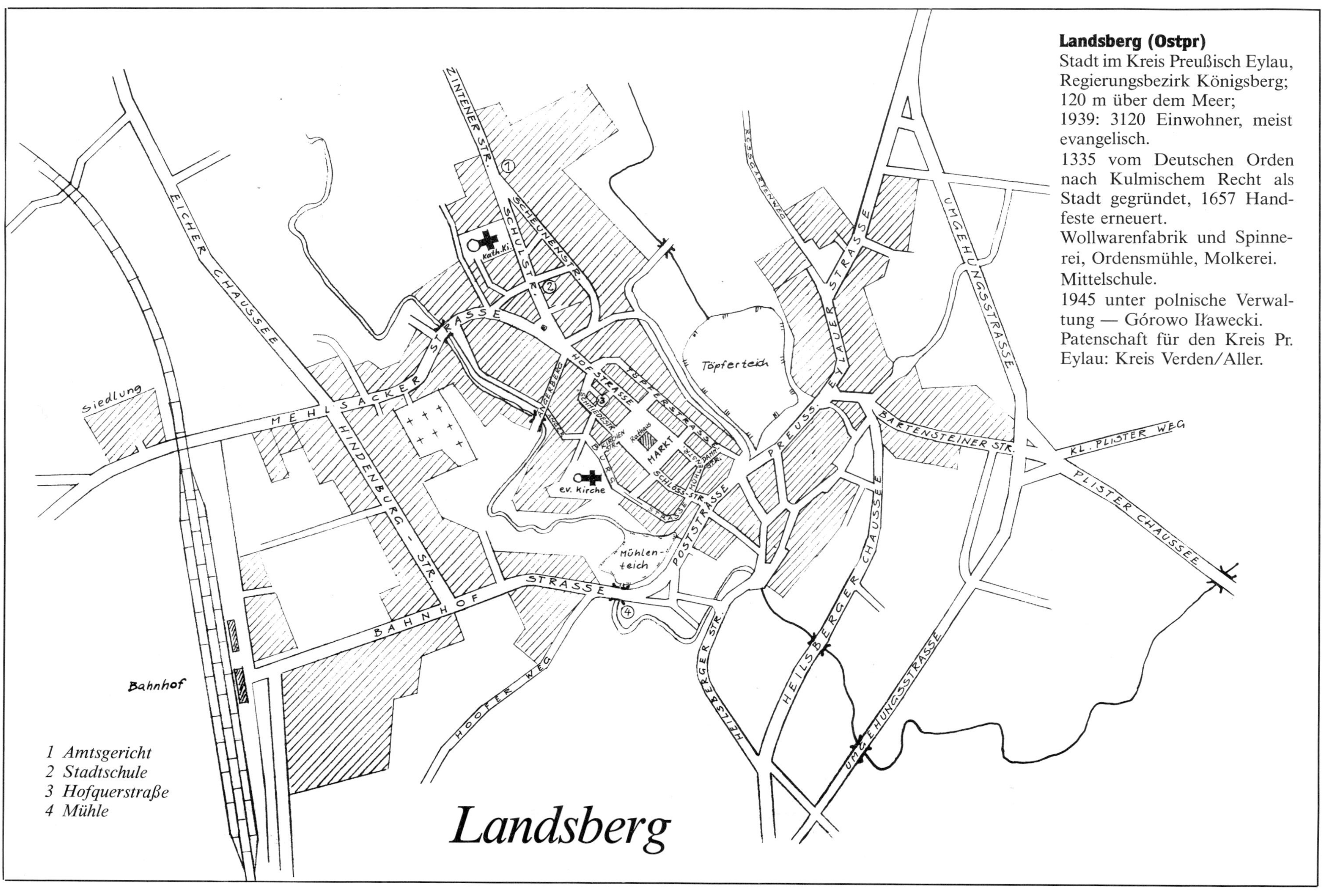

Landsberg (Ostpr)
Stadt im Kreis Preußisch Eylau, Regierungsbezirk Königsberg; 120 m über dem Meer;
1939: 3120 Einwohner, meist evangelisch.
1335 vom Deutschen Orden nach Kulmischem Recht als Stadt gegründet, 1657 Handfeste erneuert.
Wollwarenfabrik und Spinnerei, Ordensmühle, Molkerei. Mittelschule.
1945 unter polnische Verwaltung — Górowo Iławecki.
Patenschaft für den Kreis Pr. Eylau: Kreis Verden/Aller.

1 Amtsgericht
2 Stadtschule
3 Hofquerstraße
4 Mühle

Landsberg

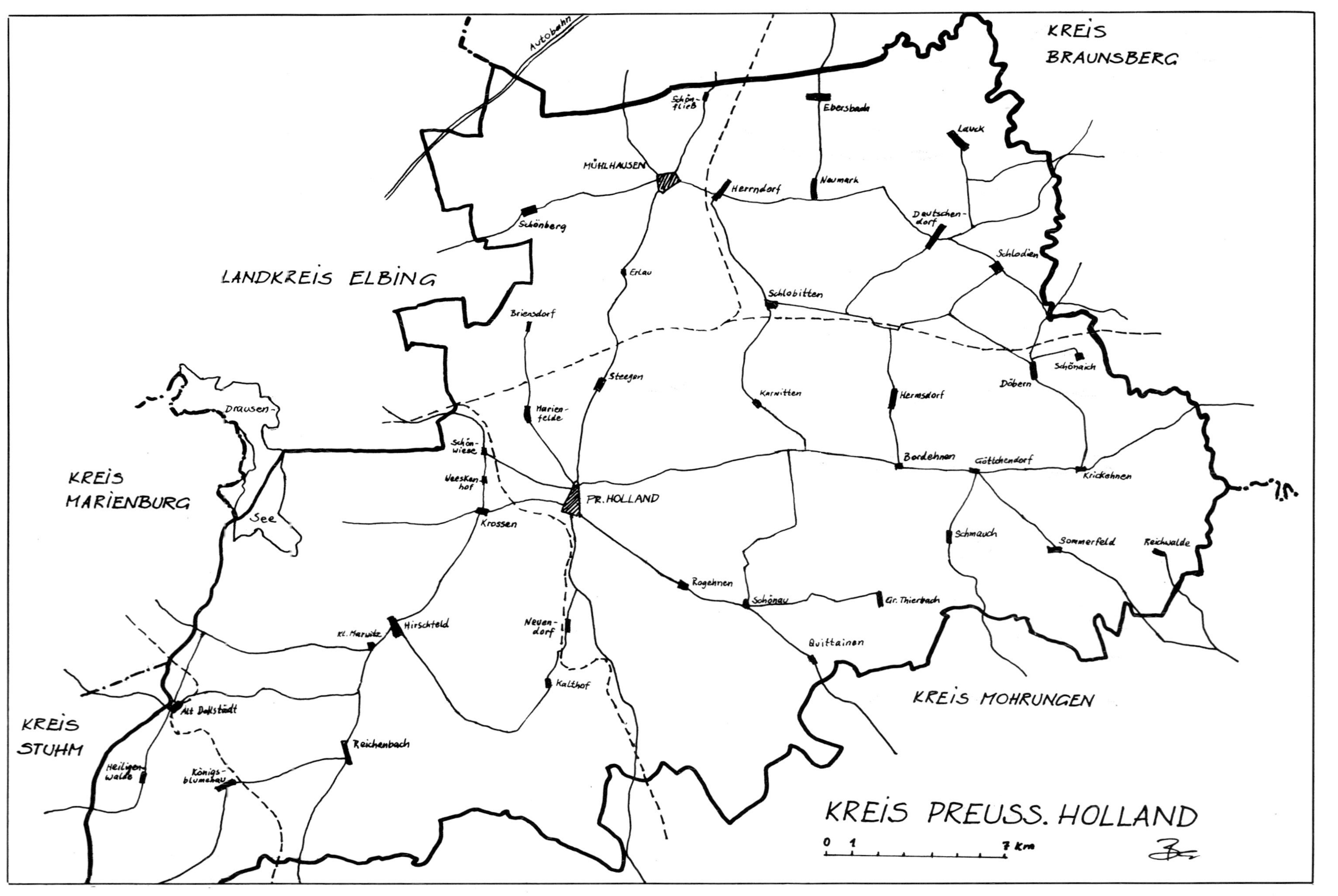
KREIS BRAUNSBERG
Autobahn
Schönfließ
Ebersbach
Lauck
MÜHLHAUSEN
Herrndorf
Neumark
Deutschendorf
Schönberg
Schlodien
LANDKREIS ELBING
Erlau
Schlobitten
Briensdorf
Schönaich
Döbern
Steegen
Karwitten
Hermsdorf
Drausen-See
Marienfelde
Schönwiese
Bordehnen
Göttchendorf
Krickehnen
KREIS MARIENBURG
Weeskenhof
PR. HOLLAND
Krossen
Schmauch
Sommerfeld
Reichwalde
Rogehnen
Schönau
Gr. Thierbach
Hirschfeld
Neuendorf
Kl. Marwitz
Quittainen
Kalthof
KREIS MOHRUNGEN
Alt Dollstädt
KREIS STUHM
Reichenbach
Heiligenwalde
Königsblumenau
KREIS PREUSS. HOLLAND
0 1 7 km

Mühlhausen

Der Kreis Preuß. Holland

Gesamtgröße: 858,28 km^2;

37 492 Einwohner, damit 43,7 Einwohner auf 1 km^2.

Im Kreis 94 Gemeinden, darunter die 2 Städte Mühlhausen und Preuß. Holland sowie das Staatl. Remonteamt Weeskenhof.

260 Wohnplätze.

Die größte Landgemeinde war Hirschfeld mit 1154 Einwohnern. 86 Volksschulen mit 133 Klassen, 5321 Schülern, 131 Lehrern. 18 evangelische Kirchengemeinden, 2 katholische Kirchen.

14,28 % der Kreisfläche war Wald, meist privat.

2840 Landwirtschaftliche Betriebe, davon 774 bis 5 ha, 559 = 5–10 ha, 685 = 10–20 ha, 274 = 20–100 ha, 98 über 100 ha.

1945 kamen Städte und Kreis Preuß. Holland unter polnische Verwaltung. Preuß. Holland = Pasłęk, Mühlhausen = Mlynary.

Paten: Kreis Pr. Holland: Kreis Steinburg/Holst., Stadt Preuß. Holland: Stadt Itzehoe, Stadt Mühlhausen: Stadt Kellinghusen/Holst., Gemeinde Reichenbach: Stadt Krempe/Holst., Gemeinde Döbern: Gemeinde Hohenlockstädt/Holst., Gemeinde Grünhagen: Stadt Hardegsen/Solling (Nieders).

Mühlhausen (Ostpr)

Stadt im Kreis Preuß. Holland, Regierungsbezirk Königsberg (Pr);
44 m über dem Meer;
1939: 3008 Einwohner;
1327 Gründung einer Stadt;
1338 Urkunde erneuert;
1404 nach Kulmischem Recht bestätigt;
1404 Ordenshof mit Mühle;
1329 Kirche an der Stadtmauer;
Stadtschule 1735 gegründet.

Sägewerk, Ziegelei. Heimatmuseum, Höhere Privatschule, Berufsschule, Mittelschule, Amtsgericht, evangelische und kath. Kirche. 1939 unter polnischer Verwaltung — Młynary.

Patenstadt: Kellinghusen/Holst.

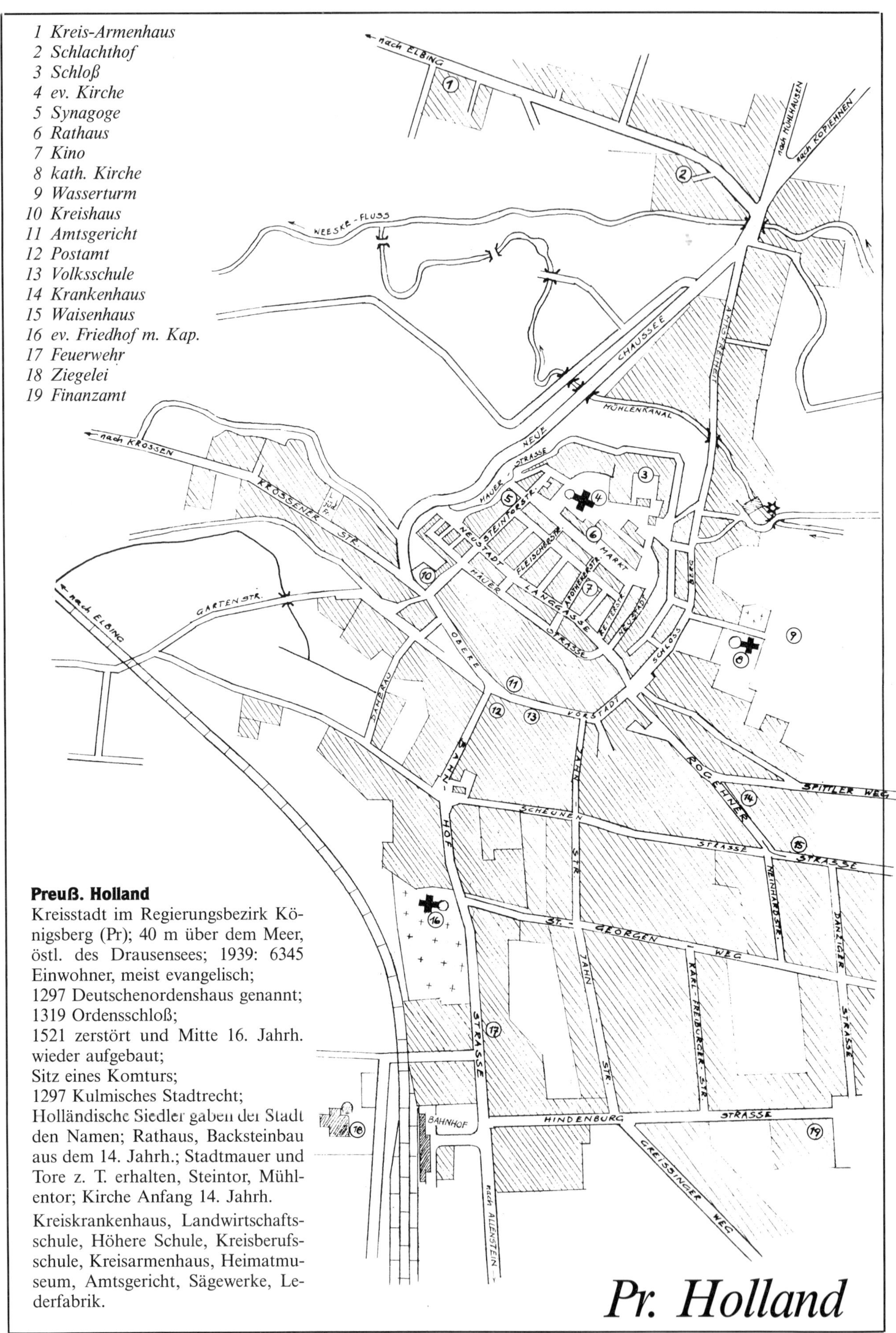

Preuß. Holland
Kreisstadt im Regierungsbezirk Königsberg (Pr); 40 m über dem Meer, östl. des Drausensees; 1939: 6345 Einwohner, meist evangelisch;
1297 Deutschenordenshaus genannt;
1319 Ordensschloß;
1521 zerstört und Mitte 16. Jahrh. wieder aufgebaut;
Sitz eines Komturs;
1297 Kulmisches Stadtrecht;
Holländische Siedler gaben der Stadt den Namen; Rathaus, Backsteinbau aus dem 14. Jahrh.; Stadtmauer und Tore z. T. erhalten, Steintor, Mühlentor; Kirche Anfang 14. Jahrh.

Kreiskrankenhaus, Landwirtschaftsschule, Höhere Schule, Kreisberufsschule, Kreisarmenhaus, Heimatmuseum, Amtsgericht, Sägewerke, Lederfabrik.

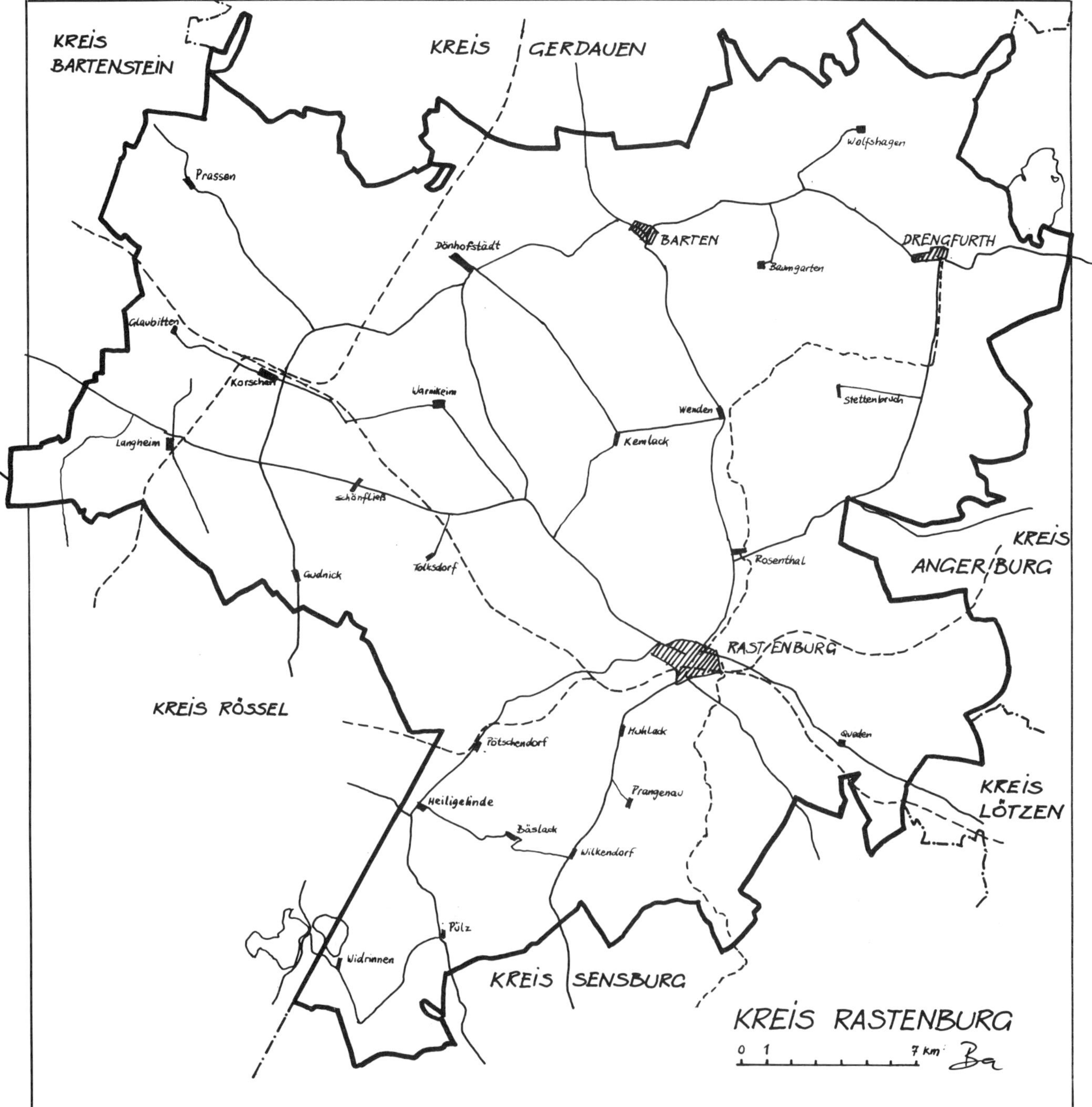

Der Kreis Rastenburg

Gesamtgröße: 871,08 km²;
57 223 Einwohner, damit 65,7 Einwohner auf 1 km² (einschl. Städte);
der Kreis hatte 79 politische Gemeinden, darunter die 3 Städte: Barten, Drengfurt und Rastenburg, 366 Wohnplätze.
Die größten Landgemeinden waren Dönhofstädt mit 1526, Korschen mit 3042, Prassen mit 1469, Schwarzstein mit 1590 Einwohnern.
80 Volksschulen mit 187 Klassen, 7891 Schülern, 172 Lehrern;
13 evangelische Kirchengemeinden, 2 katholische Kirchengemeinden;
80 % der gesamten Kreisfläche wurden landwirtschaftlich genutzt: 49 832 ha Ackerland, 19 094 ha Wiesen und Weiden, 911 ha Garten- und Obstanlagen = 69 837 ha; Forsten und Holzungen = 9783 ha, Moorflächen, Öd- und Unland;
Gewässer und bebautes Gelände = 7703 ha.
Es wurden Winterroggen, Winterweizen, Gerste, Hafer, Klee, Kartoffeln, Zucker- und Futterrüben angebaut. Im Kreis 11 Molkereien, 14 Ziegeleien.
1940 landwirtschaftliche Betriebe, davon 501 bis 5 ha, 276 von 5—10 ha, 545 von 10—20 ha, 458 von 20 bis 100 ha, 160 über 100 ha.
In der Nähe der Kreisgrenze zum ermländischen Kreis Rößel lag der Wallfahrtsort Heiligelinde mit der Wallfahrtskirche im Barockstil (1687 Grundsteinlegung) mit mächtigem Hochaltar.
1945 unter polnische Verwaltung — Rastenburg = Kętrzyn, Barten = Barciany, Drengfurt = Srokowo.
Patenschaft für Kreis Rastenburg: Kreis Wesel, bis 1975 Kreis Rees.

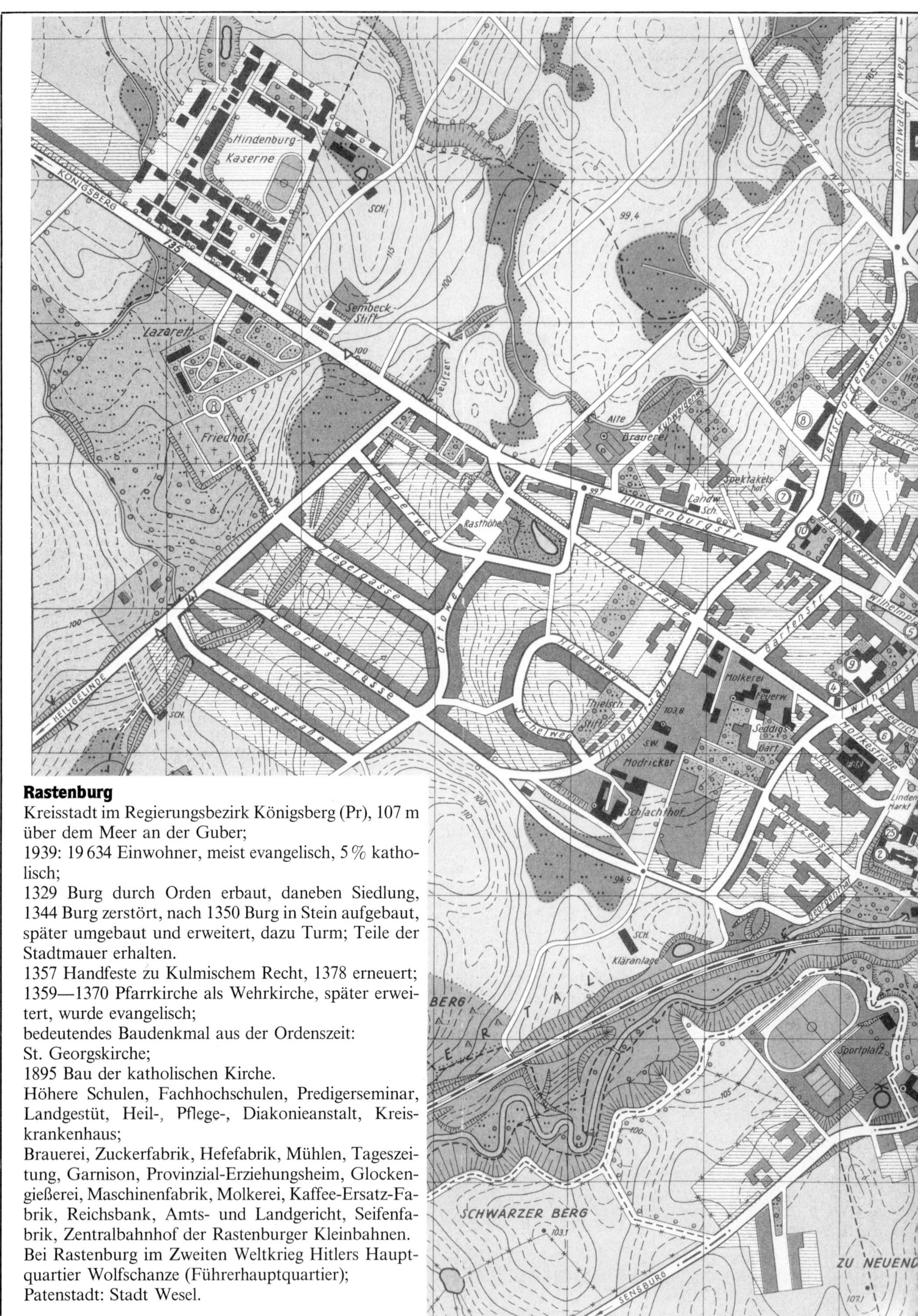

Rastenburg

Kreisstadt im Regierungsbezirk Königsberg (Pr), 107 m über dem Meer an der Guber;
1939: 19 634 Einwohner, meist evangelisch, 5 % katholisch;
1329 Burg durch Orden erbaut, daneben Siedlung, 1344 Burg zerstört, nach 1350 Burg in Stein aufgebaut, später umgebaut und erweitert, dazu Turm; Teile der Stadtmauer erhalten.
1357 Handfeste zu Kulmischem Recht, 1378 erneuert;
1359—1370 Pfarrkirche als Wehrkirche, später erweitert, wurde evangelisch;
bedeutendes Baudenkmal aus der Ordenszeit:
St. Georgskirche;
1895 Bau der katholischen Kirche.
Höhere Schulen, Fachhochschulen, Predigerseminar, Landgestüt, Heil-, Pflege-, Diakonieanstalt, Kreiskrankenhaus;
Brauerei, Zuckerfabrik, Hefefabrik, Mühlen, Tageszeitung, Garnison, Provinzial-Erziehungsheim, Glockengießerei, Maschinenfabrik, Molkerei, Kaffee-Ersatz-Fabrik, Reichsbank, Amts- und Landgericht, Seifenfabrik, Zentralbahnhof der Rastenburger Kleinbahnen.
Bei Rastenburg im Zweiten Weltkrieg Hitlers Hauptquartier Wolfschanze (Führerhauptquartier);
Patenstadt: Stadt Wesel.

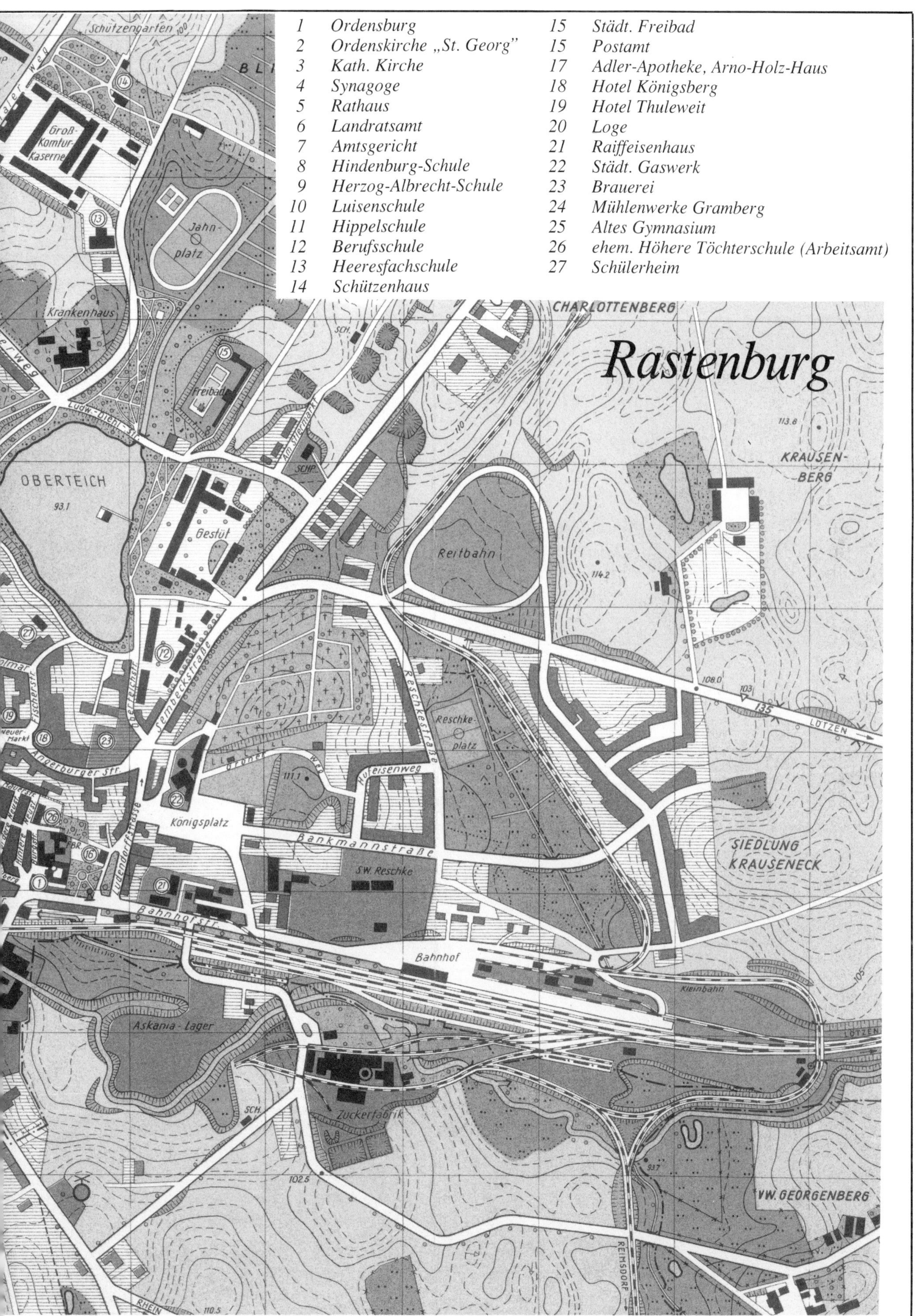
1 Ordensburg
2 Ordenskirche „St. Georg"
3 Kath. Kirche
4 Synagoge
5 Rathaus
6 Landratsamt
7 Amtsgericht
8 Hindenburg-Schule
9 Herzog-Albrecht-Schule
10 Luisenschule
11 Hippelschule
12 Berufsschule
13 Heeresfachschule
14 Schützenhaus
15 Städt. Freibad
15 Postamt
17 Adler-Apotheke, Arno-Holz-Haus
18 Hotel Königsberg
19 Hotel Thuleweit
20 Loge
21 Raiffeisenhaus
22 Städt. Gaswerk
23 Brauerei
24 Mühlenwerke Gramberg
25 Altes Gymnasium
26 ehem. Höhere Töchterschule (Arbeitsamt)
27 Schülerheim
Rastenburg
Schützengarten
Groß-Komtur-Kaserne
Jahnplatz
Krankenhaus
Freibad
OBERTEICH
Gestüt
CHARLOTTENBERG
KRAUSEN-BERG
Reitbahn
Reschkestraße
Reschkeplatz
Hufeisenweg
Sembeckstraße
Angerburger Str.
Königsplatz
Bankmannstraße
SW. Reschke
Bahnhofstr.
Bahnhof
SIEDLUNG KRAUSENECK
LÖTZEN
Kleinbahn
Askania-Lager
Zuckerfabrik
VW. GEORGENBERG
REIMSDORF
RHEIN

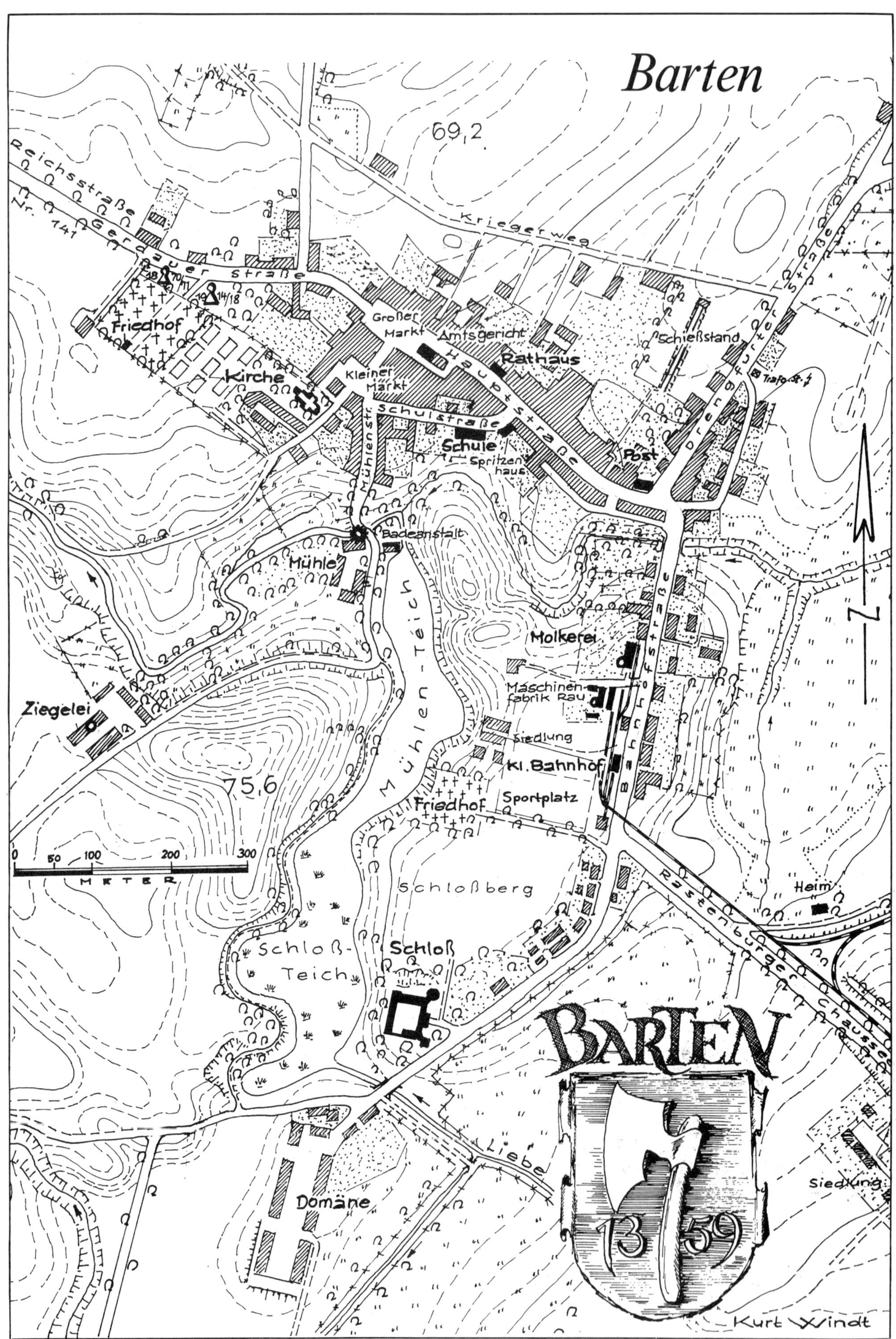
Barten
69,2
Reichsstraße Nr. 141
Gerdauer Straße
Kriegerweg
Friedhof
Kirche
Großer Markt
Amtsgericht
Rathaus
Schießstand
Kleiner Markt
Hauptstraße
Schulstraße
Schule
Spritzenhaus
Post
Drengfurter Straße
Trafo-St.
Mühlenstr.
Badeanstalt
Mühle
Molkerei
Maschinenfabrik Rau
Siedlung
Kl. Bahnhof
Bahnhofstraße
Ziegelei
75,6
Mühlen-Teich
Friedhof
Sportplatz
Schloßberg
Schloß-Teich
Schloß
Rastenburger Chaussee
Heim
Liebe
Domäne
Siedlung
0 50 100 200 300
METER
N
BARTEN
1359
Kurt Windt

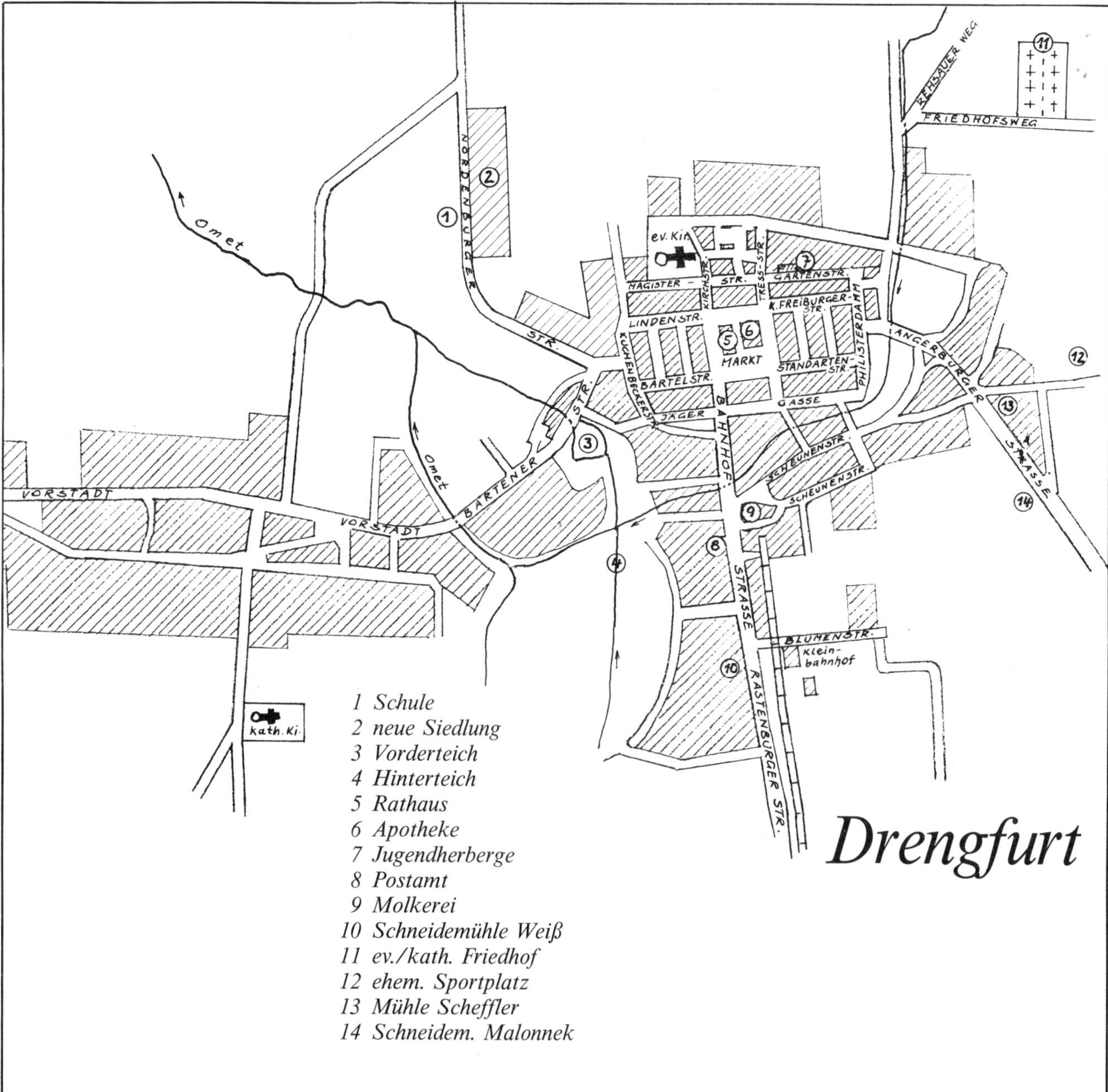

Barten
Stadt im Kreis Rastenburg, Regierungsbezirk Königsberg (Pr), 68 m über dem Meer an der Liebe;
1939: 1543 Einwohner, meist evangelisch;
1325 Burg des Deutschen Ordens, Konventhaus, 1455 teilweise zerstört;
schon 1389 Kirche;
1630 Stadtrecht;
Amtsgericht, Molkereigenossenschaft, Raiffeisenkasse, Mühlen;
Kleinbahnstation: Rastenburg, Nordenburg, Gerdauen;
Volksschule, Berufsschule, Hospital, Höhere private Knaben- und Mädchenschule, Ackerbau, Viehzucht, Kleingewerbe, Handel;
1945 unter polnische Verwaltung, polnischer Name: Barciany;
Patenstadt: Stadt Rees, sie erlosch 1975 wegen Gebietsreform; Kreis Rastenburg: Kreis Wesel.

Drengfurt
Stadt im Kreis Rastenburg, Regierungsbezirk Königsberg (Pr), 89 m über dem Meer;
1939: 2289 Einwohner, meist evangelisch;
1397 als Angerdorf angelegt, später Vorstadt;
1405 Kulmisches Stadtrecht;
1592 Schule, später Mädchenwaisenhaus;
Rathaus 1775/78;
Sägewerke, Dampfmühle, 1883 Dampfmolkerei, Raiffeisenkasse; ab 1887 Kleinbahnstation, handwerkliche Betriebe;
1945 unter polnische Verwaltung — Srokowo;
Patenschaft 1956 mit der Stadt Isselburg, 1975 wegen Gebietsreform erloschen; für Kreis Rastenburg jetzt Kreis Wesel.

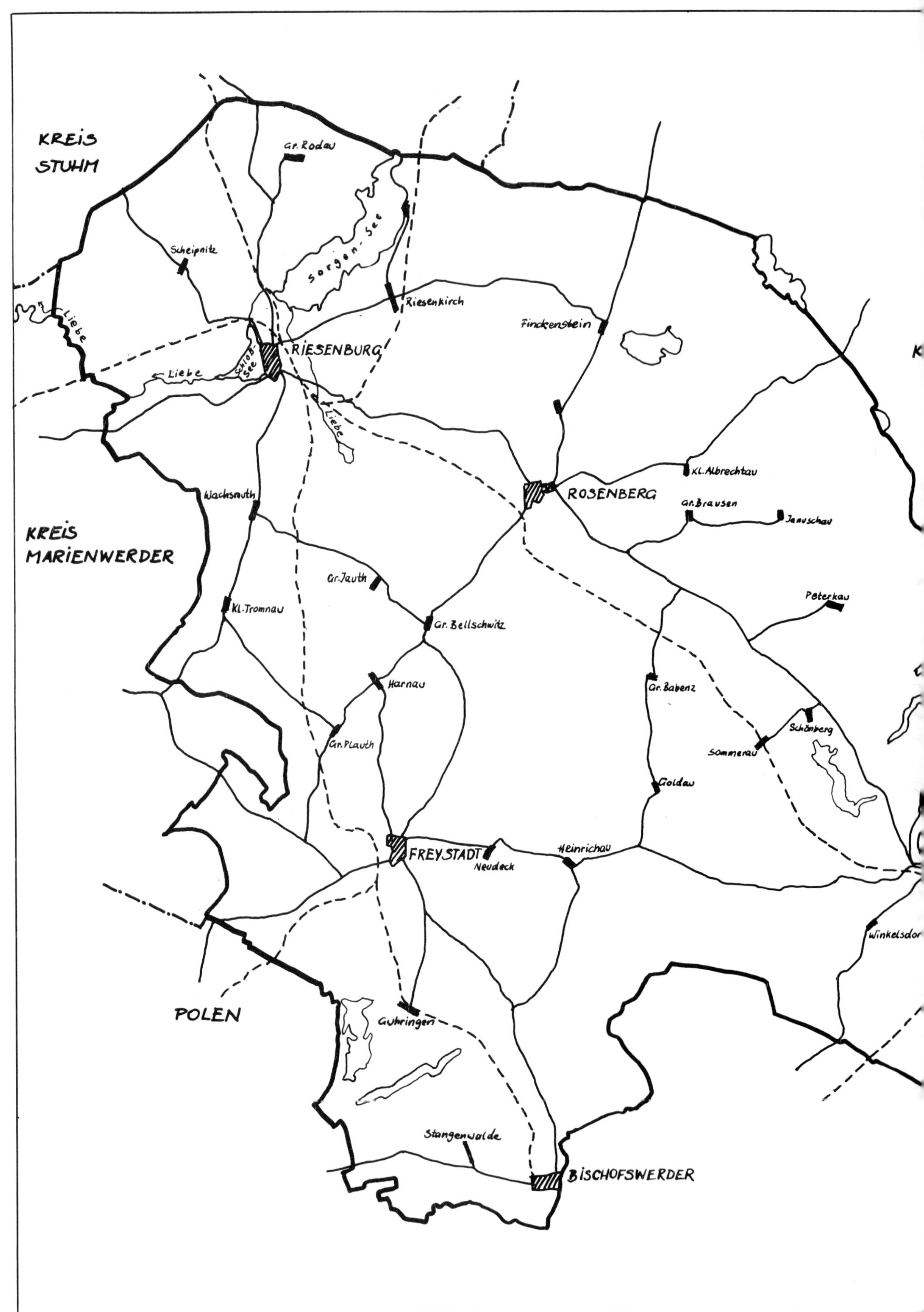

KREIS STUHM
Gr. Rodau
Scheipnitz
Sorgen-See
Riesenkirch
Liebe
RIESENBURG
Schloß-See
Finckenstein
KREIS MARIENWERDER
Wachsmuth
ROSENBERG
Kl. Albrechtau
Gr. Brausen
Januschau
Gr. Jauth
Kl. Tromnau
Gr. Bellschwitz
Peterkau
Harnau
Gr. Babenz
Schönberg
Gr. Plauth
Sommerau
Goldau
FREYSTADT
Neudeck
Heinrichau
Winkelsdor
POLEN
Guhringen
Stangenwalde
BISCHOFSWERDER

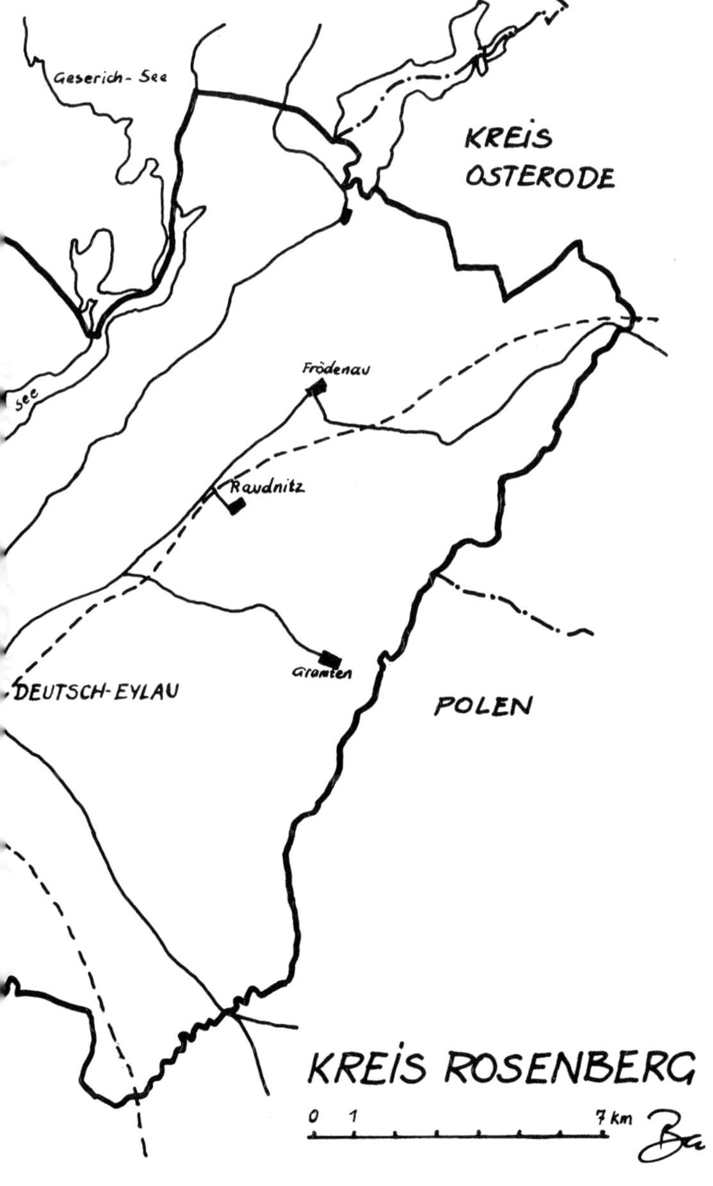

Der Kreis Rosenberg
Gesamtfläche: 1038,31 km², 80—200 m über dem Meer; 63 368 Einwohner einschl. aller Städte, 61 Einwohner auf 1 km²; 5 Städte im Kreis: Bischofswerder, Deutsch Eylau, Freystadt, Riesenburg und Rosenberg; Südgrenze des Kreises gleichzeitig Landesgrenze zu Polen; 84 politische Gemeinden in 28 Amtsbezirken, darunter 5 Städte, 243 Wohnplätze. Die größten Landgemeinden im Kreis waren: Finckenstein mit 1822, Groß Peterwitz mit 1083, Guhringen mit 1092, Heinrichau mit 1122, Riesenkirch mit 917, Schönberg mit 905, Sommerau mit 922 Einwohnern. Im Kreis 22 evangelische Kirchen, 4 katholische;
88 Volksschulen, 212 Klassen, 8898 Schüler, 195 Lehrer, landwirtschaftliche Berufsschulen verstreut im Kreisgebiet.
Von der gesamten Kreisfläche waren 67 % (69 000 ha) landwirtschaftlich genutzt, 22 % (23 000) ha Forsten, 5 % (5200 ha) Seen, der Rest bebaute Flächen, Eisenbahnen, Straßen, Wege, Moore.
Die Forsten waren Gutswälder — kein Staatsbesitz.
3730 landwirtschaftliche Betriebe, davon 1225 bis 5 ha, 607 von 5—10 ha, 1260 von 10—20 ha, 561 von 20 bis 100 ha, 77 über 100 ha. Pferde- und Rindviehhaltung, Schweinezucht, Schafzucht, Holzwirtschaft, Fischfang.
In Hansdorf im Kreis Rosenberg wurde 1845 Emil von Behring geboren;
Abstimmungsergebnis 1920: 97 % deutsch, 3 % polnisch.
1945 kamen die Städte und der Kreis unter polnische Verwaltung; Rosenberg heißt nun polnisch: Susz, Bischofswerder: Biskupiec, Deutsch Eylau: Ilawa, Freystadt: Kisielice, Riesenburg: Prabuty;
Patenkreis auch für die Städte: Kreis Gütersloh.

Freystadt
Stadt im Kreis Rosenberg, bis 1939 Regierungsbezirk Westpreußen (Provinz Ostpreußen), danach Regierungsbezirk Marienwerder, Reichsgau Danzig-Westpreußen;
100 m über dem Meer;
1939: 3351 Einwohner, meist evangelisch;
1331 Kulmisches Stadtrecht, Kirchenbau und Kirchschule;
Rathaus 1406, brannte 1860 ab;
Reste der Stadtmauer noch vorhanden;
1897 Anschluß an Eisenbahnnetz;
Landwirtschaftsschule, Mittelschule, Stadtschule (Volkssch.), Maschinenfabrik, Gerberei, Molkerei, Sägewerk, Schlachthof, Ackerbürger, Kaufleute, Zollamt bis 1940, Kadaverwertung, Försterei;
1920 wurde Freystadt Grenzstadt.
Das Stammgut v. Hindenburgs — Neudeck — gehörte zur unmittelbaren Nachbarschaft.
1920 Volksabstimmung: 1875 Stimmen deutsch, 36 polnisch;
1945 unter polnische Verwaltung — Kisielice;
Patenkreis: Gütersloh.

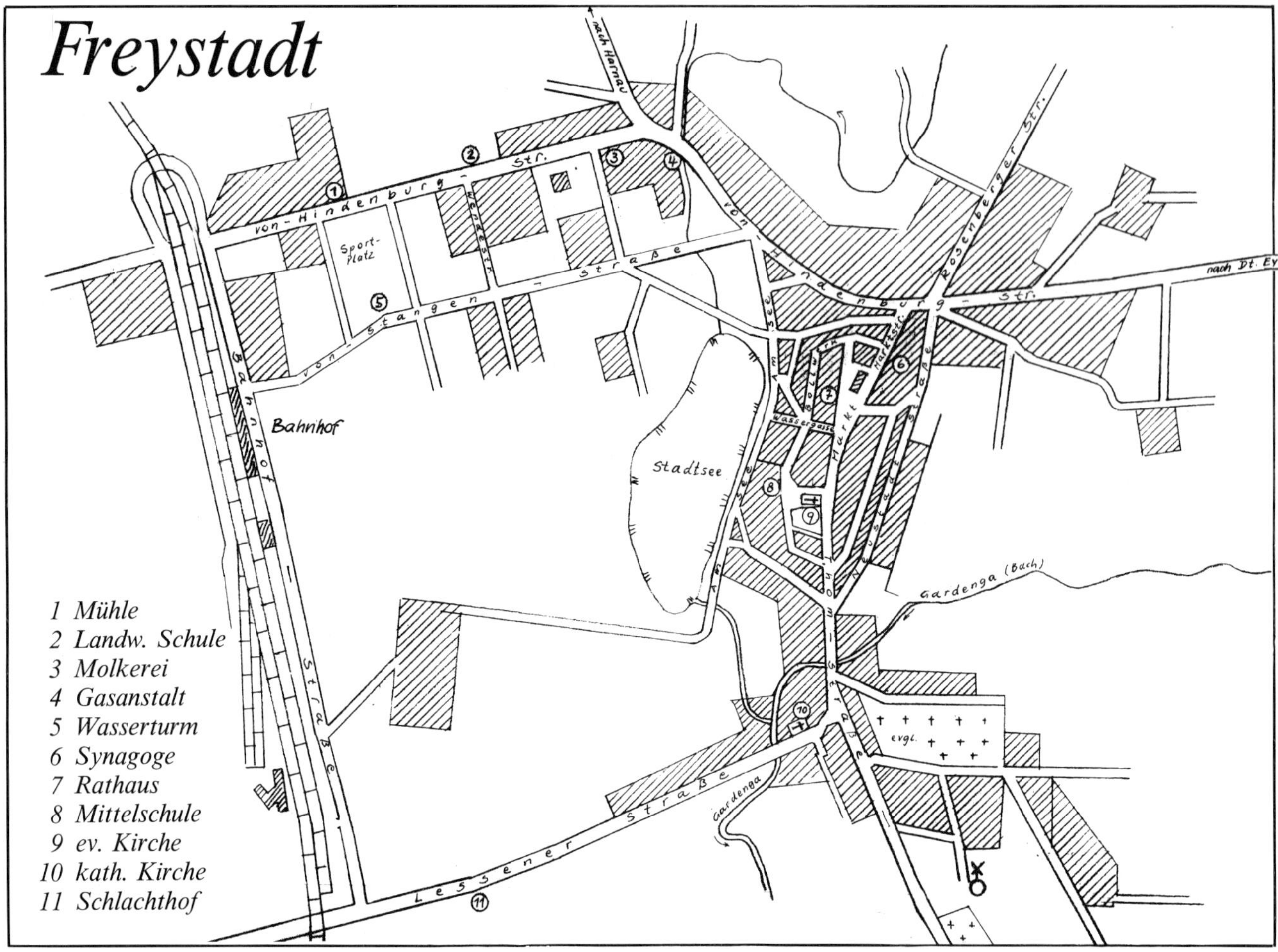

Freystadt

1 Mühle
2 Landw. Schule
3 Molkerei
4 Gasanstalt
5 Wasserturm
6 Synagoge
7 Rathaus
8 Mittelschule
9 ev. Kirche
10 kath. Kirche
11 Schlachthof

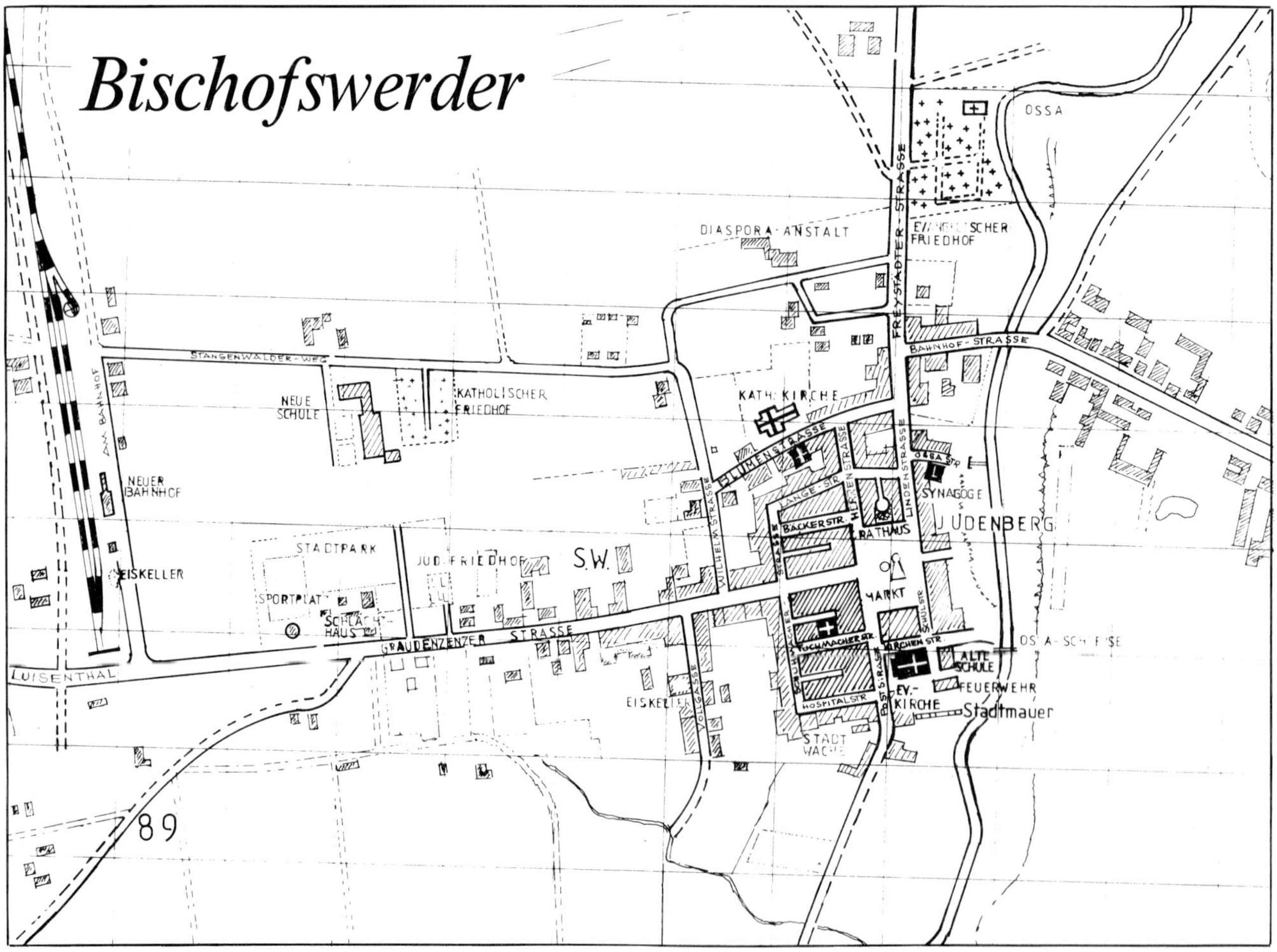

nach Harnau
von-Hindenburg-Str.
von Stangen-Straße
Sport-Platz
Bahnhof
Bahnhof-Straße
Stadtsee
Markt
Rosenberger Str.
nach Dt. Eylau
Gardenga (Bach)
Gardenga
Lessener Straße
evgl.

Bischofswerder

OSSA
DIASPORA-ANSTALT
EVANGELISCHER FRIEDHOF
FREYSTÄDTER-STRASSE
BAHNHOF-STRASSE
STANGENWALDER-WEG
NEUE SCHULE
KATHOLISCHER FRIEDHOF
KATH. KIRCHE
AM BAHNHOF
NEUER BAHNHOF
BLUMENSTRASSE
WILHELMSTRASSE
SYNAGOGE
JUDENBERG
BÄCKER STR.
RATHAUS
STADTPARK
JUD. FRIEDHOF
S.W.
EISKELLER
SPORTPLATZ
SCHLACHTHAUS
MARKT
OSSA-SCHLEUSE
LUISENTHAL
GRAUDENZENER STRASSE
ALTE SCHULE
EV.-KIRCHE
FEUERWEHR
Stadtmauer
HOSPITALSTR.
STADT WACHE
89

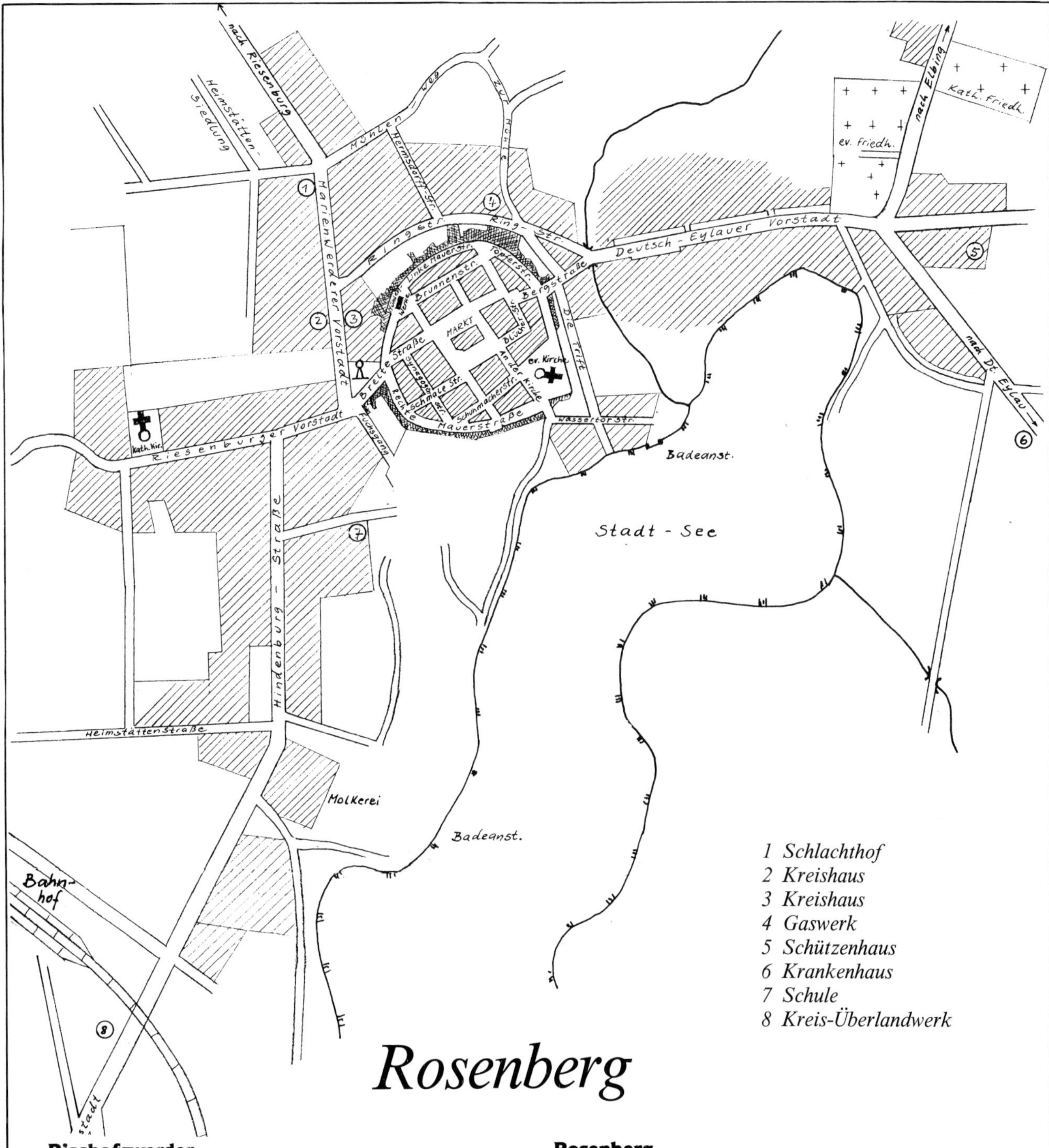

Rosenberg

Bischofswerder
Stadt im Kreis Rosenberg, bis 1939 Regierungsbezirk Westpreußen (Provinz Ostpreußen), danach Regierungsbezirk Marienwerder, Reichsgau Danzig-Westpreußen; 80 m über dem Meer an der Ossa; 1939: 1828 Einwohner, meist evangelisch;
1325 Gründung;
1331 Kulmisches Stadtrecht;
mittelalterliche Stadtmauer, Reste noch erhalten;
1543 erste Stadtschule erwähnt, Stadt 1726 ganz abgebrannt; Pfarrkirche; Ackerbürgerstadt, Gewerbetreibende. Die 1920 errichtete Grenze zu Polen lähmte die Entwicklung.
Garnison, Ziegelei, Sägewerk, Maschinenfabrik, Handweberei; 1945, zu fast 60 % zerstört, unter polnische Verwaltung — Biskupiecz;
Patenschaft: Kreis Gütersloh.

Rosenberg
Kreisstadt im Regierungsbezirk Westpreußen (Ostpreußen). Ab 26. 10. 1939 zum Regierungsbezirk Marienwerder, Reichsgau Danzig-Westpreußen gehörend;
110 m über dem Meer, am Nordufer des Rosenberger Sees;
1939: 4480 Einwohner, meist evangelisch;
1305 gegründet, 1315 Privileg nach Kulmischem Recht;
1376 Hof des Pomesanischen Domkapitels, seit 1532 Sitz des Lehnsherrn, seit 1818 der Landräte;
Stadtmauer mit 17 Türmen kreisförmig um die Stadt;
Kirchschule 1535, Pfarrkirche Backsteingotik 14. Jahrh.;
Höhere Schulen, Kreisbehörden, Kreiskrankenhaus;
Kalksandstein- und Zementwarenfabrik, Mühlen und Holzschneidewerke, Molkerei.

Deutsch Eylau

Stadt im Kreis Rosenberg, bis 1939 Regierungsbezirk Westpreußen (Provinz Ostpreußen), danach Regierungsbezirk Marienwerder Reichsgau Danzig-Westpreußen;
105 m über dem Meer, am Südende des Geserichsees auf einer Landzunge;
1939: 13 922 Einwohner, meist evangelisch;
1280 vom Ritterorden angelegt;
1305 Gründung vom Komtur von Christburg;
1317 als Ylavia erstmals genannt, Handfeste;
1318 Bau einer Ordenskirche;
1333 nach Kulmischem Recht erweitert;
1920 Volksabstimmung; 96 % für Deutschland;
Staatliches Gymnasium, Lyzeum, 2 Volksschulen, Haushaltungsschule, Handelsschule, Schwesternschule, Berufs- und Berufsfachschulen;
Holzindustrie (Sägewerke), Glukosefabrik, Maschinenfabriken, Dachpappenfabrik;
landwirtschaftlich orientierte Stadt;
Garnison;
1945 zu etwa 75 % zerstört, unter polnische Verwaltung, polnischer Name: Iława;
Patenstadt: Gütersloh.

Dt. Eylau

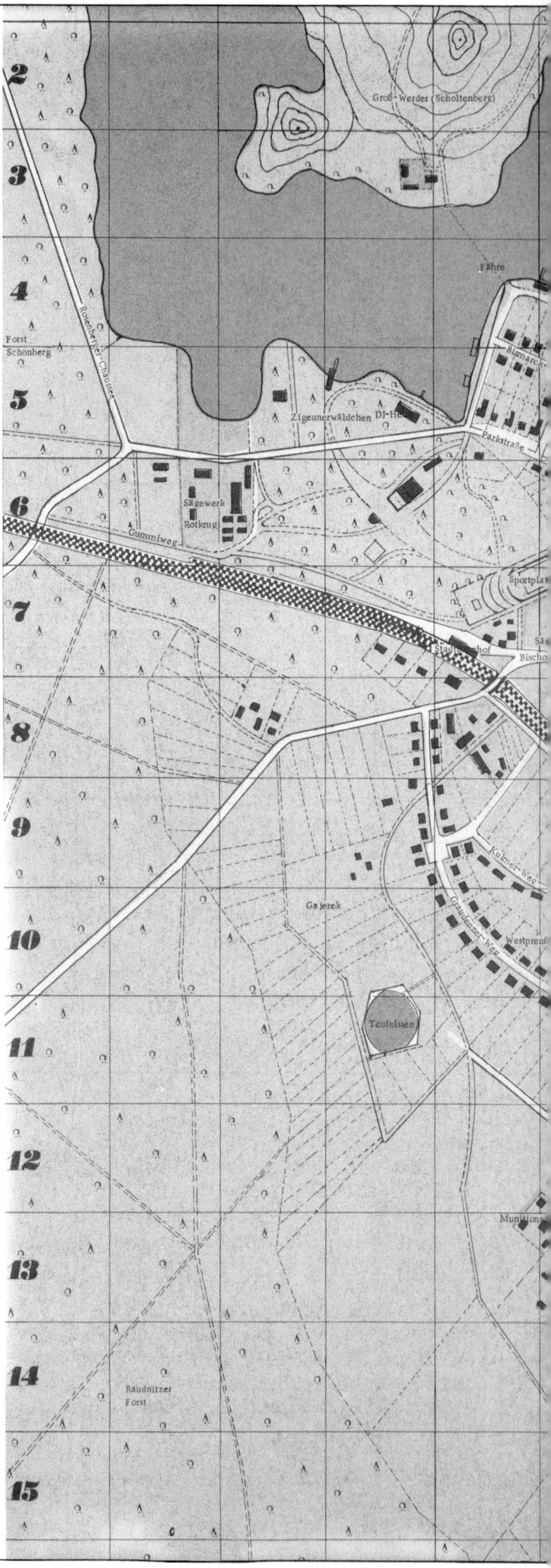

Riesenburg

Stadt im Kreis Rosenberg, bis 1939 Regierungsbezirk Westpreußen (Provinz Ostpreußen), danach Regierungsbezirk Marienwerder Reichsgau Danzig-Westpreußen;
100 m über dem Meer;
1939: 8051 Einwohner, meist evangelisch;
1236 Prußenfeste vom Orden zerstört, darauf Stadt erbaut;
1277 Gründung Riesenburgs durch Bischof Albert;
1330—1340 Burgbau als Residenz für Bischof von Pomesanien, später abgebrannt;
1305—1321 Stadt angelegt;
1330 erneuerte und erweiterte Handfeste nach Kulmischem Recht;
1330 Bau der Pfarrkirche (evangelisch);
seit 1405 Schule im Schloß;
1878 Bau der katholischen Kirche;
1920 Volksabstimmung, 3321 Stimmen für Deutschland, 50 für Polen;
evangelische Volksschule, katholische Volksschule, staatl. Realgymnasium (Vollanstalt), Mittelschule, Gasanstalt, Elektrizitätswerk, Wasserwerk, Kläranlage,

Zuckerfa-brik, Mühlen und Sägewerke, Schlachthaus, Landwirtschaftliche Maschinenfabriken, Kalksandsteinfabrik;
Heil- und Pflegeanstalt, Krankenhaus;
Jugendherberge auf Insel im Sorgensee;
Riesenburg war Knotenpunkt von 5 Eisenbahnlinien;
1945, zu mehr als 50 % zerstört, unter polnische Verwaltung, polnischer Name nun: Prabuty;
Patenkreis: Gütersloh.

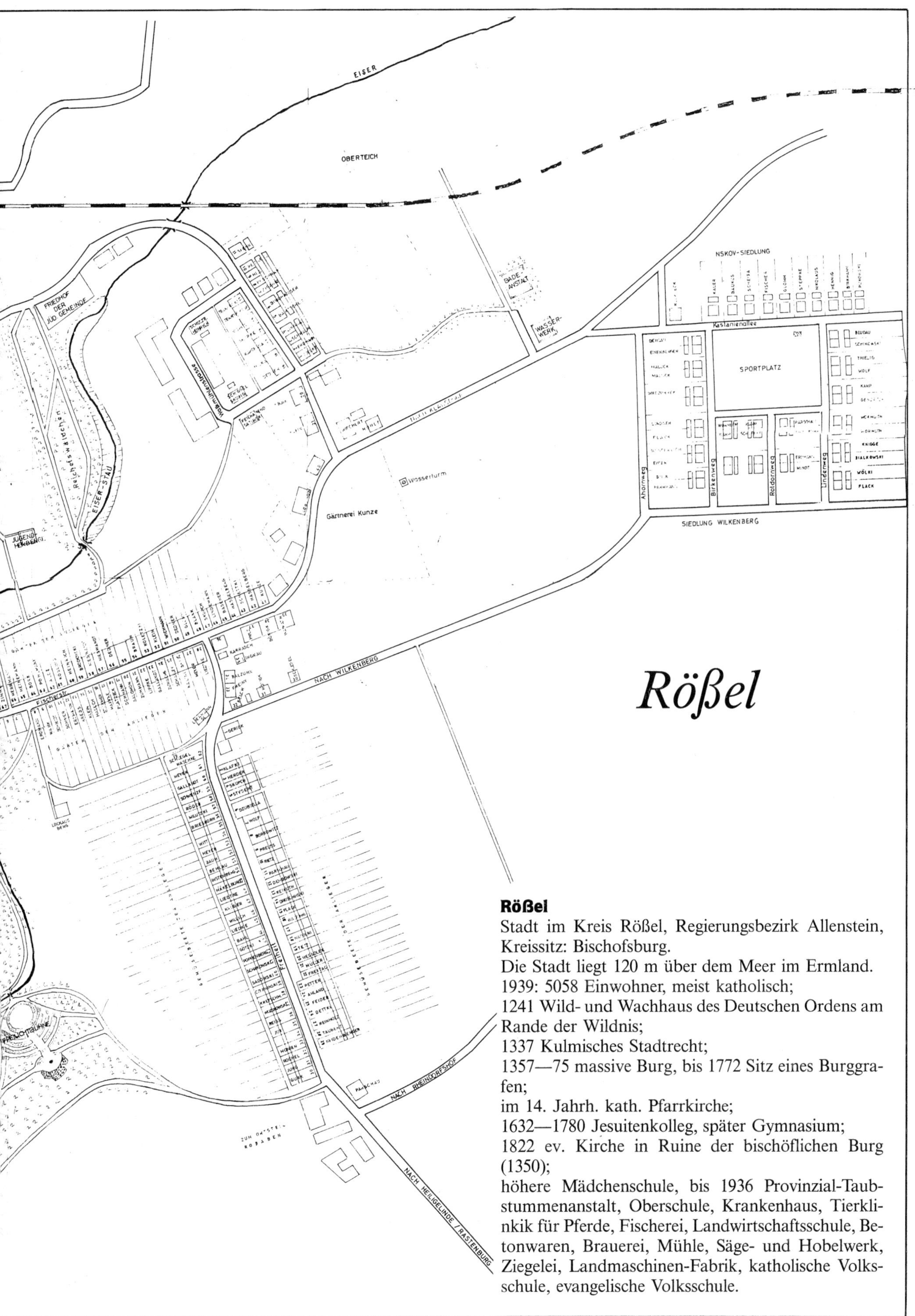

Rößel

Rößel

Stadt im Kreis Rößel, Regierungsbezirk Allenstein, Kreissitz: Bischofsburg.

Die Stadt liegt 120 m über dem Meer im Ermland.

1939: 5058 Einwohner, meist katholisch;

1241 Wild- und Wachhaus des Deutschen Ordens am Rande der Wildnis;

1337 Kulmisches Stadtrecht;

1357—75 massive Burg, bis 1772 Sitz eines Burggrafen;

im 14. Jahrh. kath. Pfarrkirche;

1632—1780 Jesuitenkolleg, später Gymnasium;

1822 ev. Kirche in Ruine der bischöflichen Burg (1350);

höhere Mädchenschule, bis 1936 Provinzial-Taubstummenanstalt, Oberschule, Krankenhaus, Tierklinik für Pferde, Fischerei, Landwirtschaftsschule, Betonwaren, Brauerei, Mühle, Säge- und Hobelwerk, Ziegelei, Landmaschinen-Fabrik, katholische Volksschule, evangelische Volksschule.

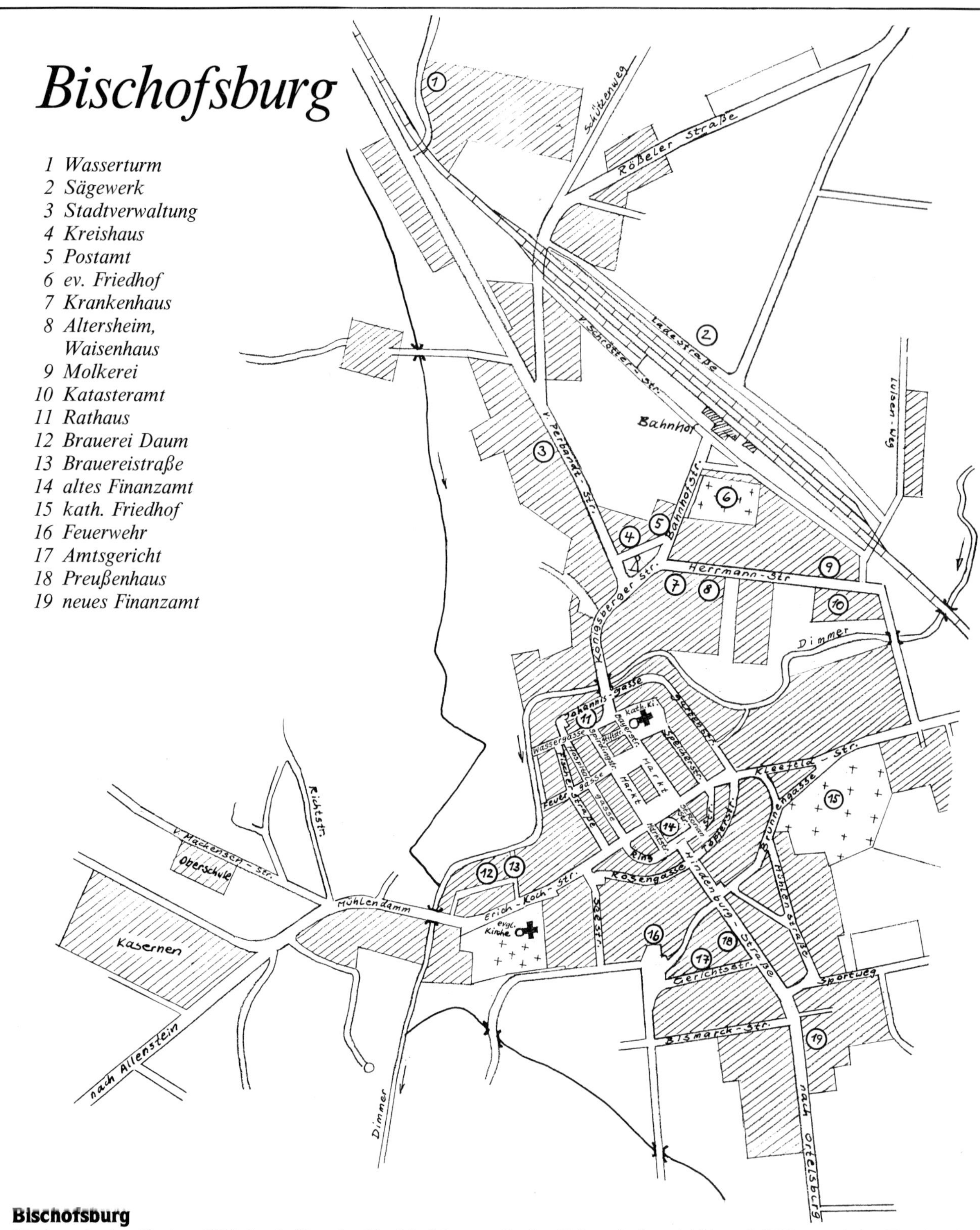

Bischofsburg

Kreisstadt des Kreises Rößel mit Sitz der Kreisbehörden; Regierungsbezirk Allenstein, Ermland;
160 m über dem Meer;
1939: 8463 Einwohner, meist katholisch;
1389 Wacht- und Wildhaus;
1395 gegründet neben der Burg des Deutschen Ordens, die später zerstört wurde, Handfeste nach Kulmischem Recht;
1565 erstes Schulgebäude;
1580 Johanniskirche, später erweitert;
1586 Hospital, 1910 Waisenhaus.

In der Zeit zwischen 1466 und 1772 stand das Ermland unter der Oberhoheit des polnischen Königs.
Oberrealschule, evangelische Volksschule, kath. Volksschule, Behörden des Kreises Rößel, ev. Kirche;
Betonsteinwerke, Brauerei, Essig- und Likörfabrik, Sägewerk, Mühlenwerke, Maschinenfabrik, Lazarett;
Garnisonstadt;
1945 unter polnische Verwaltung, jetziger Name: Biskupiec, 50 % zerstört;
Patenstadt: Neuss/Rh.

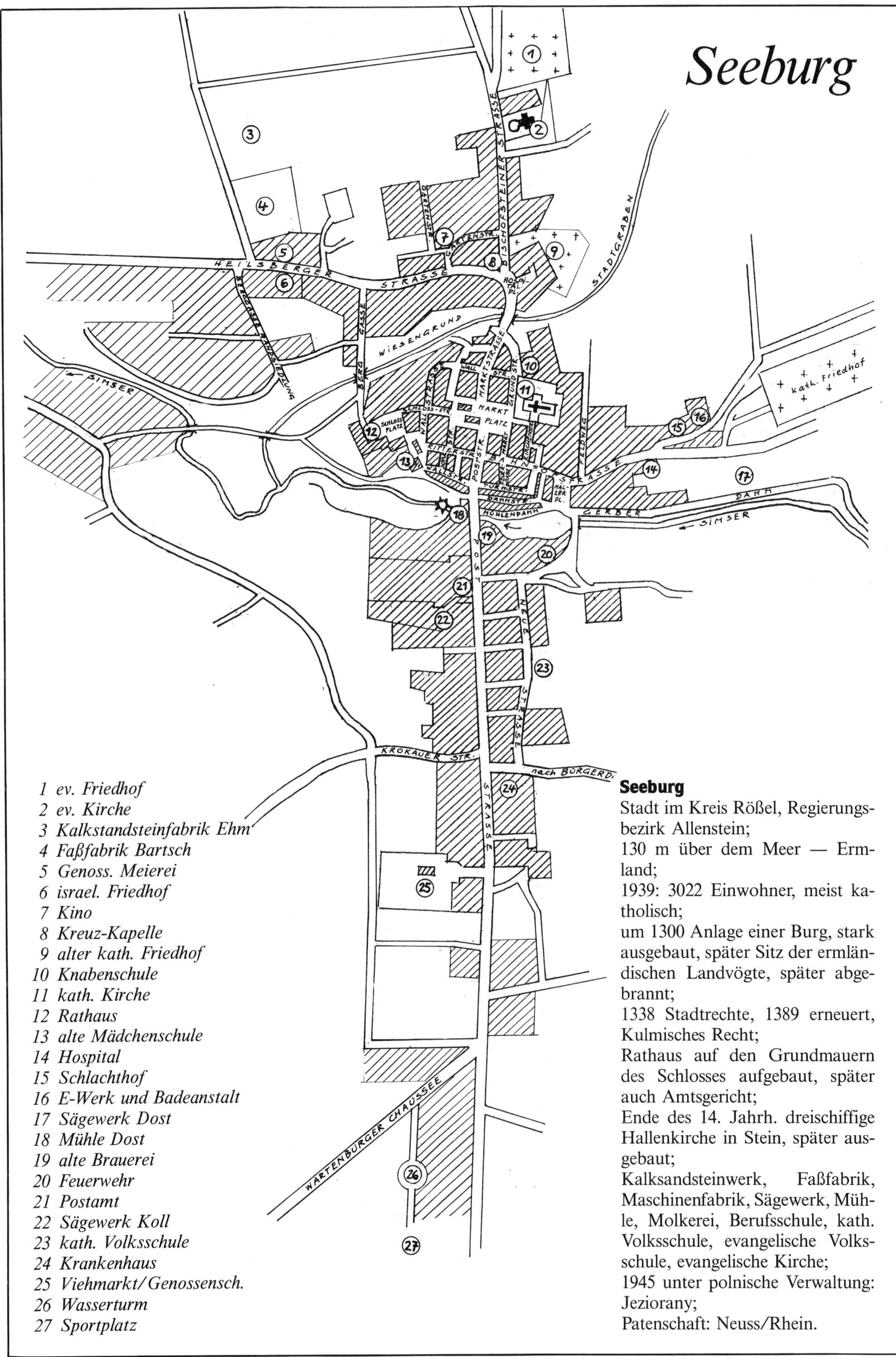

1 ev. Friedhof
2 ev. Kirche
3 Kalkstandsteinfabrik Ehm
4 Faßfabrik Bartsch
5 Genoss. Meierei
6 israel. Friedhof
7 Kino
8 Kreuz-Kapelle
9 alter kath. Friedhof
10 Knabenschule
11 kath. Kirche
12 Rathaus
13 alte Mädchenschule
14 Hospital
15 Schlachthof
16 E-Werk und Badeanstalt
17 Sägewerk Dost
18 Mühle Dost
19 alte Brauerei
20 Feuerwehr
21 Postamt
22 Sägewerk Koll
23 kath. Volksschule
24 Krankenhaus
25 Viehmarkt/Genossensch.
26 Wasserturm
27 Sportplatz

Seeburg

Stadt im Kreis Rößel, Regierungsbezirk Allenstein;
130 m über dem Meer — Ermland;
1939: 3022 Einwohner, meist katholisch;
um 1300 Anlage einer Burg, stark ausgebaut, später Sitz der ermländischen Landvögte, später abgebrannt;
1338 Stadtrechte, 1389 erneuert, Kulmisches Recht;
Rathaus auf den Grundmauern des Schlosses aufgebaut, später auch Amtsgericht;
Ende des 14. Jahrh. dreischiffige Hallenkirche in Stein, später ausgebaut;
Kalksandsteinwerk, Faßfabrik, Maschinenfabrik, Sägewerk, Mühle, Molkerei, Berufsschule, kath. Volksschule, evangelische Volksschule, evangelische Kirche;
1945 unter polnische Verwaltung: Jeziorany;
Patenschaft: Neuss/Rhein.

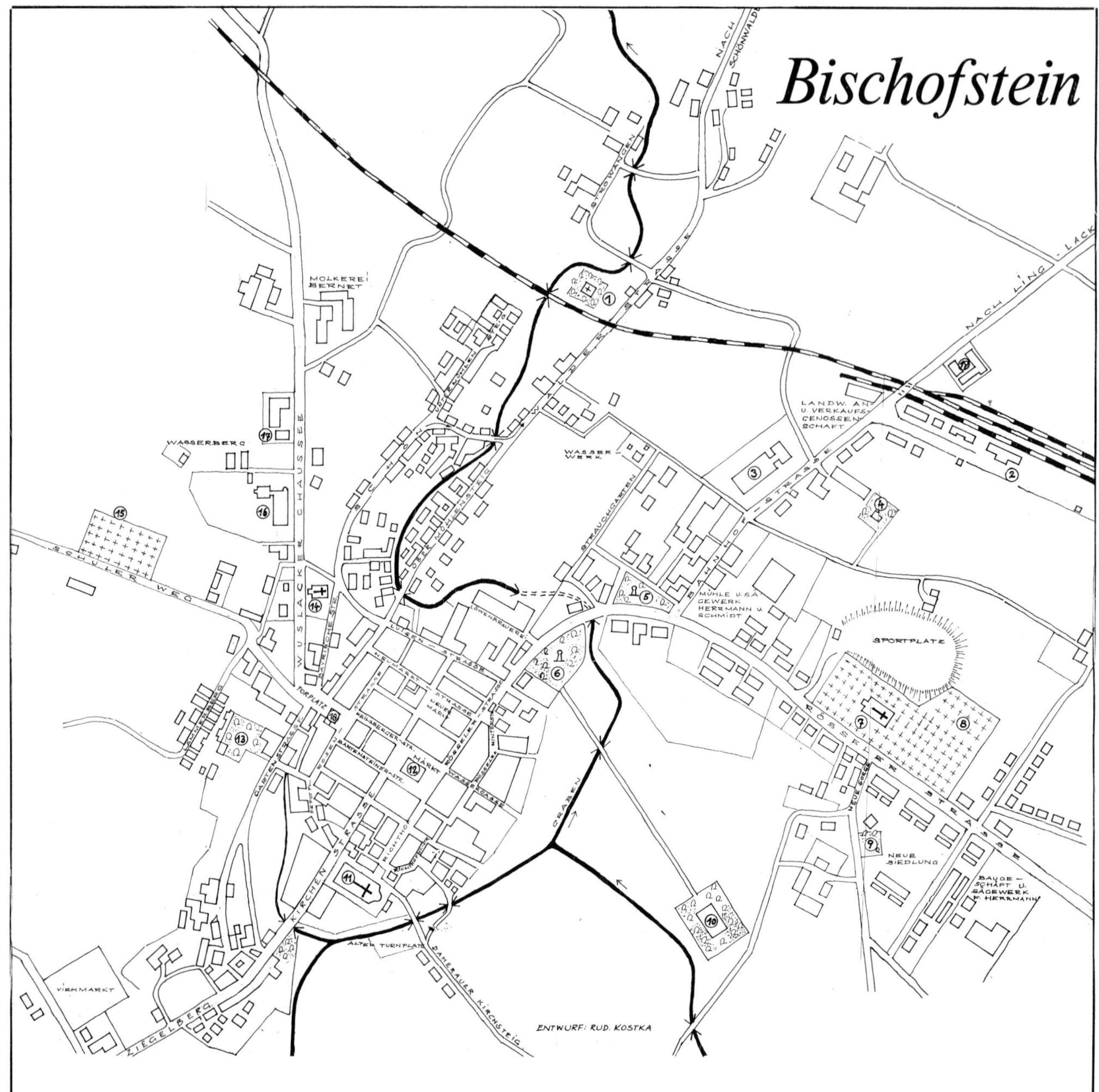

Bischofstein

Stadt im Kreis Rößel, Regierungsbezirk Allenstein;
130 m über dem Meer — Ermland ;
1939: 3163 Einwohner, meist katholisch;
1346 Dorf Schönfließ gegründet, an der Prußensiedlung Strowangen angelehnt;
1385 Gründung Bischofsteins, neben Strowangen angelegt und dieses eingegliedert;
Kulmisches Stadtrecht, 1447 erneuert, 1548 vierte Handfeste;
1400 Weihe der Pfarrkirche St. Matthias, 1776—81 erweitert; Heilsberger Tor noch erhalten.
Maschinenfabrik, Brauerei, 2 Sägewerke;
riesiger Findlingsblock, der „Griffstein", gab der Stadt den Namen;
kath. Volksschule, ev. Volksschule, ev. Kirche;
1945 unter polnische Verwaltung, polnischer Name: Bisztynek, 35 % zerstört;
Patenstadt: Neuss/Rh.

1 St. Marthakapelle
2 Bahnhof
3 Neue Volksschule
4 Griffstein
5 Kriegerdenkmal
6 Abstimmungsstein
7 St. Michaelskirche
8 kath. Friedhof
9 jüd. Friedhof
10 Badeanstalt
11 kath. Pfarrkirche St. Mathias
12 Rathaus
13 Wichmanns Garten
14 ev. Kirche
15 ev. Friedhof
16 St. Barbara-Krankenh.
17 Schlachthof
18 Heilsberger Tor
19 Landw. Masch.-Gen.

Der Kreis Schloßberg (Pillkallen)

Gesamtgröße: 1059,40 km² 42 656 Einwohner, somit durchschnittlich 40,3 Einwohner/km². Die östliche Kreisgrenze war gleichzeitig Staatsgrenze zu Litauen. Der Kreis hatte 2 Städte: Schloßberg und Schirwindt, insgesamt 245 politische Gemeinden, 413 Wohnplätze. Die größte Landgemeinde war Haselberg mit 2066 Einwohnern. Im Kreis waren 94 Volksschulen mit 148 Klassen, 6099 Schülern und 146 Lehrern. 3 private Mittelschulen. 9 evangelische Kirchspiele, 2 katholische Gemeinden; 78,5 % der Kreisfläche landwirtschaftlich genutzt, Anbau von Roggen, Futterrüben, Kartoffeln, Hackfrüchten; Klee, Wiesen, Rindviehzucht, Pferdezucht, Milchwirtschaft;

4181 landwirtschaftliche Betriebe, davon 1326 bis 5 ha, 1146 von 5—10 ha, 790 von 10—20 ha, 761 von 20—100 ha, 158 über 100 ha.

15 413 ha waren Waldbestand = 14,7 % der Gesamtfläche; 25 225 Menschen (fast 60 %) arbeiteten in der Landwirtschaft; Hochmoore (7 % der Gesamtfläche); Holzindustrie, Ziegeleien, Berufsschulen, landwirtschaftl. Schulen. 1945 kam der ganze Kreis unter sowjetische Verwaltung, sowjetischer Name jetzt: Dobrowolsk;

Patenschaft für den Kreis: Landkreis Harburg, für die Stadt: Winsen (Luhe).

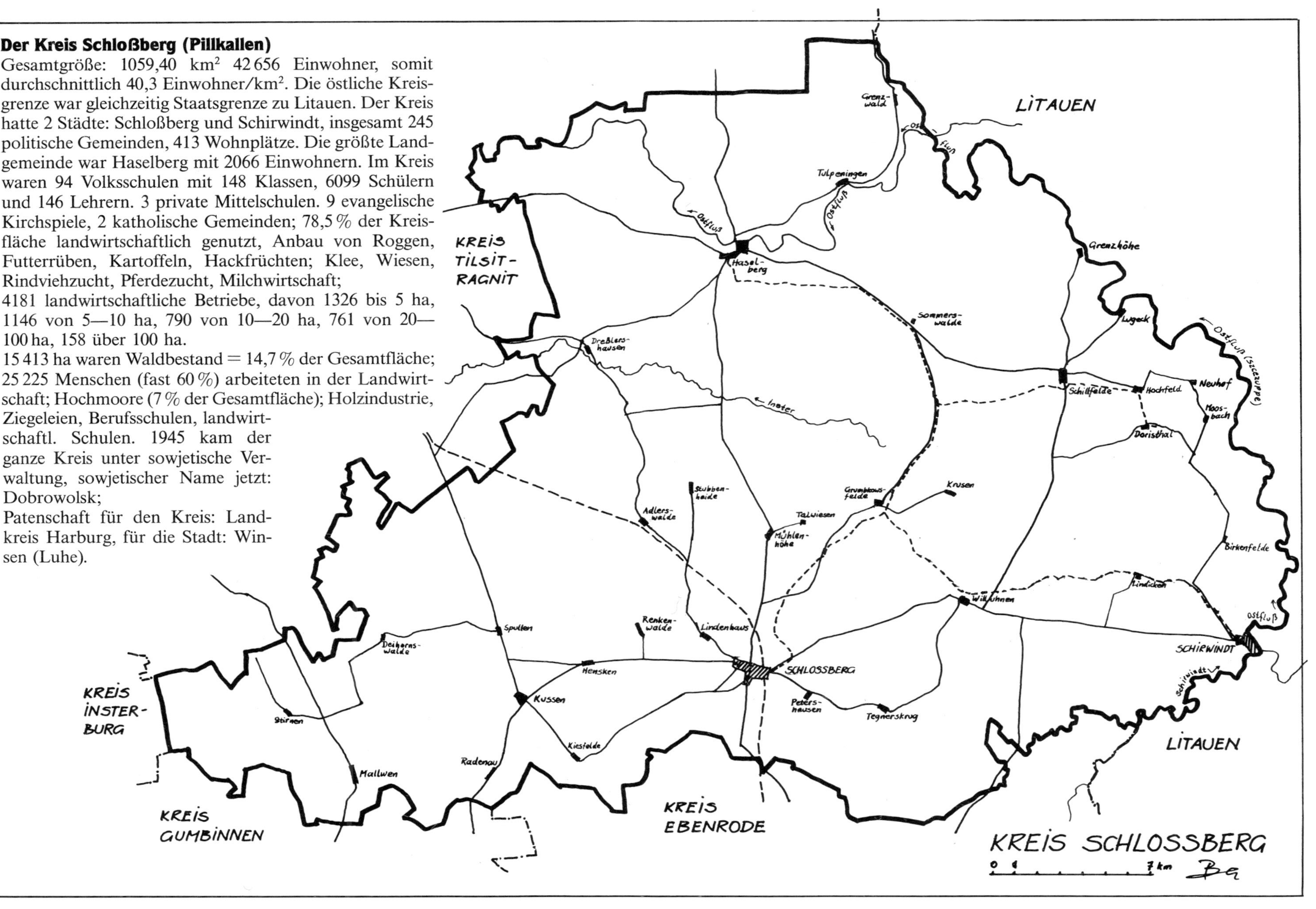

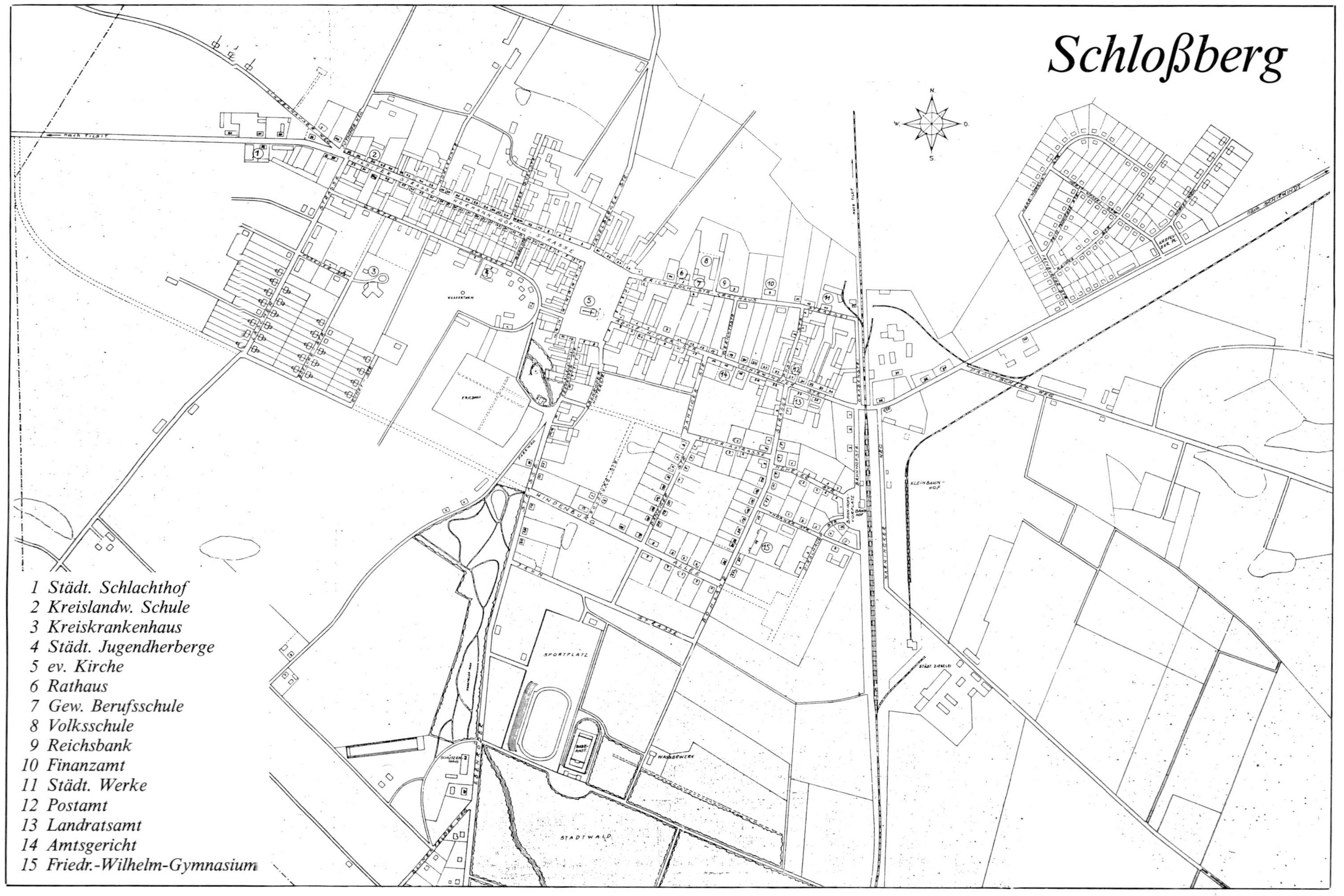

Schloßberg
N.
W.
O.
S.
SPORTPLATZ
STADTWALD
1 Städt. Schlachthof
2 Kreislandw. Schule
3 Kreiskrankenhaus
4 Städt. Jugendherberge
5 ev. Kirche
6 Rathaus
7 Gew. Berufsschule
8 Volksschule
9 Reichsbank
10 Finanzamt
11 Städt. Werke
12 Postamt
13 Landratsamt
14 Amtsgericht
15 Friedr.-Wilhelm-Gymnasium

Schloßberg (Pilkallen)
Kreisstadt im Regierungsbezirk Gumbinnen;
78 m über dem Meer;
1939: 5833 Einwohner, meist evangelisch;
1516 bestand eine Siedlung, erstmals erwähnt;
1549 Kirche
1724 zur Stadt erhoben durch König Friedrich Wilhelm I.;
ab 1732 Ansiedlung der Salzburger;
1758 neue Kirche, Turm dazu 1910;
landwirtschaftliche Schule, Präparandenanstalt, Gymnasium, Berufsschule, Kreiskrankenhaus,
2 landwirtsch. Maschinenfabriken, Molkerei;
jährlich 4 Jahrmärkte, Handwerk und Gewerbe;
Ziegelei, Holzindustrie, Mahlmühlen, „Pillkaller“ beliebter Schnaps.

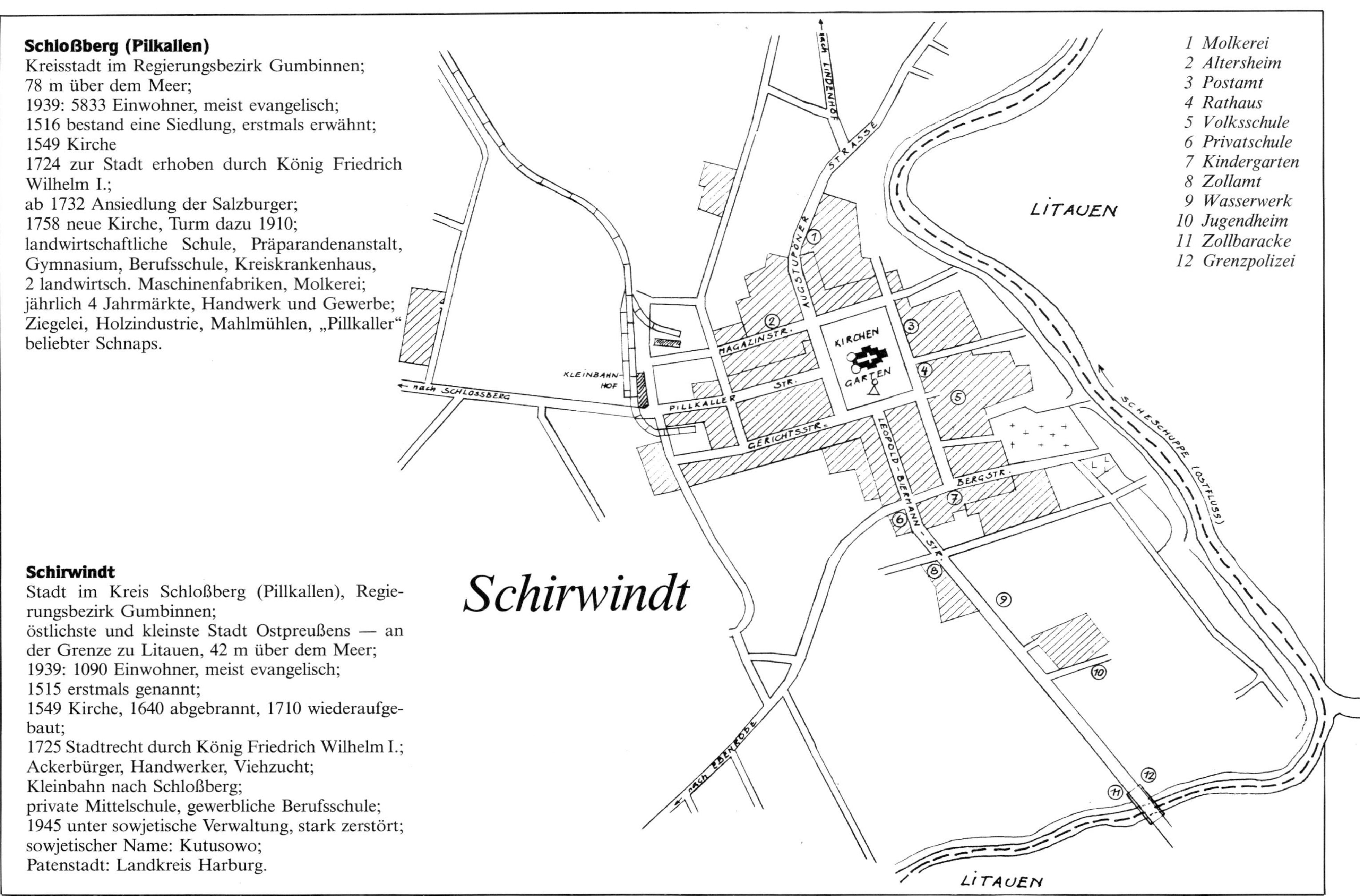

Schirwindt
Stadt im Kreis Schloßberg (Pillkallen), Regierungsbezirk Gumbinnen;
östlichste und kleinste Stadt Ostpreußens — an der Grenze zu Litauen, 42 m über dem Meer;
1939: 1090 Einwohner, meist evangelisch;
1515 erstmals genannt;
1549 Kirche, 1640 abgebrannt, 1710 wiederaufgebaut;
1725 Stadtrecht durch König Friedrich Wilhelm I.;
Ackerbürger, Handwerker, Viehzucht;
Kleinbahn nach Schloßberg;
private Mittelschule, gewerbliche Berufsschule;
1945 unter sowjetische Verwaltung, stark zerstört;
sowjetischer Name: Kutusowo;
Patenstadt: Landkreis Harburg.

Der Kreis Sensburg

Gesamtfläche: 1231,53 km²; Einwohner: 54 443 Personen, demnach 44,2 Einwohner je km². Der Kreis hatte 126 politische Gemeinden, darunter 2 Städte: Nikolaiken und Sensburg, 301 Wohnplätze. Die größten Landgemeinden waren Peitschendorf mit 1645, Salpkeim mit 1495, Ukta mit 1274 Einwohnern. Im Kreisgebiet waren 11 evangelische Kirchspiele und 2 katholische, 106 Volksschulen, 205 Klassen, 8601 Schüler, 191 Lehrkräfte. In Kleinort bei Sensburg wurde 1887 Ernst Wiechert (Romane und Novellen) geboren. Viele in Ketten aneinander gereihte Rinnenseen und weite Wälder, 66 288 ha landwirtschaftliche Nutzfläche, 31 271 ha Forsten und Holzungen, 1 545 ha unkultivierte und Moorflächen, 22 104 ha Gewässer und bebaute Flächen;
4827 landwirtschaftliche Betriebe, davon 1959 bis 5 ha, 979 von 5—10 ha, 1023 von 10—20 ha, 753 von 20—100 ha, 113 über 100 ha. In der Landwirtschaft arbeiteten 26 006 Personen, fast 50 % der Gesamtbevölkerung; Getreide-, Hackfrucht- und Futteranbau, Kartoffelanbau, Vieh-, Schweine- und Pferdezucht.
1945 kam der gesamte Kreis unter polnische Verwaltung, 45 % zerstört; polnischer Name für Sensburg: Mrągowo, Nikolaiken: Mikołajki;
Patenstadt für Stadt und Kreis: Remscheid.

Nikolaiken

Stadt im Kreis Sensburg, Regierungsbezirk Allenstein; zwischen Talter Gewässer und Spirdingsee, 125 m über dem Meer; 1939: 2627 Einwohner, meist evangelisch; 1444 erstmals genannt, seit 1726 Stadtrechte durch König Friedrich Wilhelm I.; 1535 Kirche erwähnt, erste Dorfschule 1581, zur Stadtschule 1726 erhoben, 1764/65 Kanal zum Spirdingsee gebaut; Fremdenverkehr, Dampferverkehr, Fischfang, Sage vom Stinthengst, Maränen, Ackerbau, Molkerei; Mittelschule, Berufsschule; 1945 unter polnische Verwaltung — Mikołajki;
Patenstadt: Remscheid.

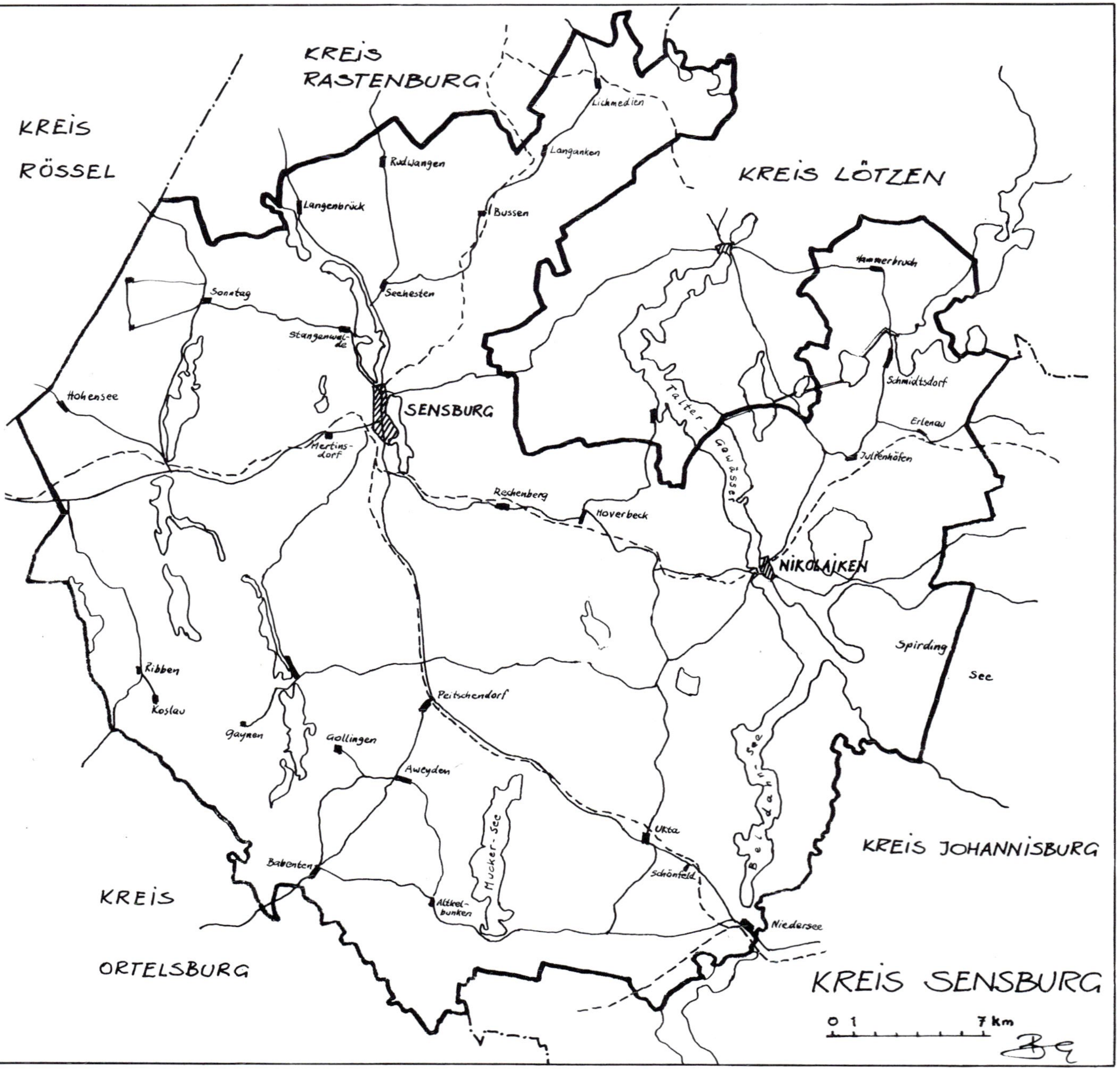

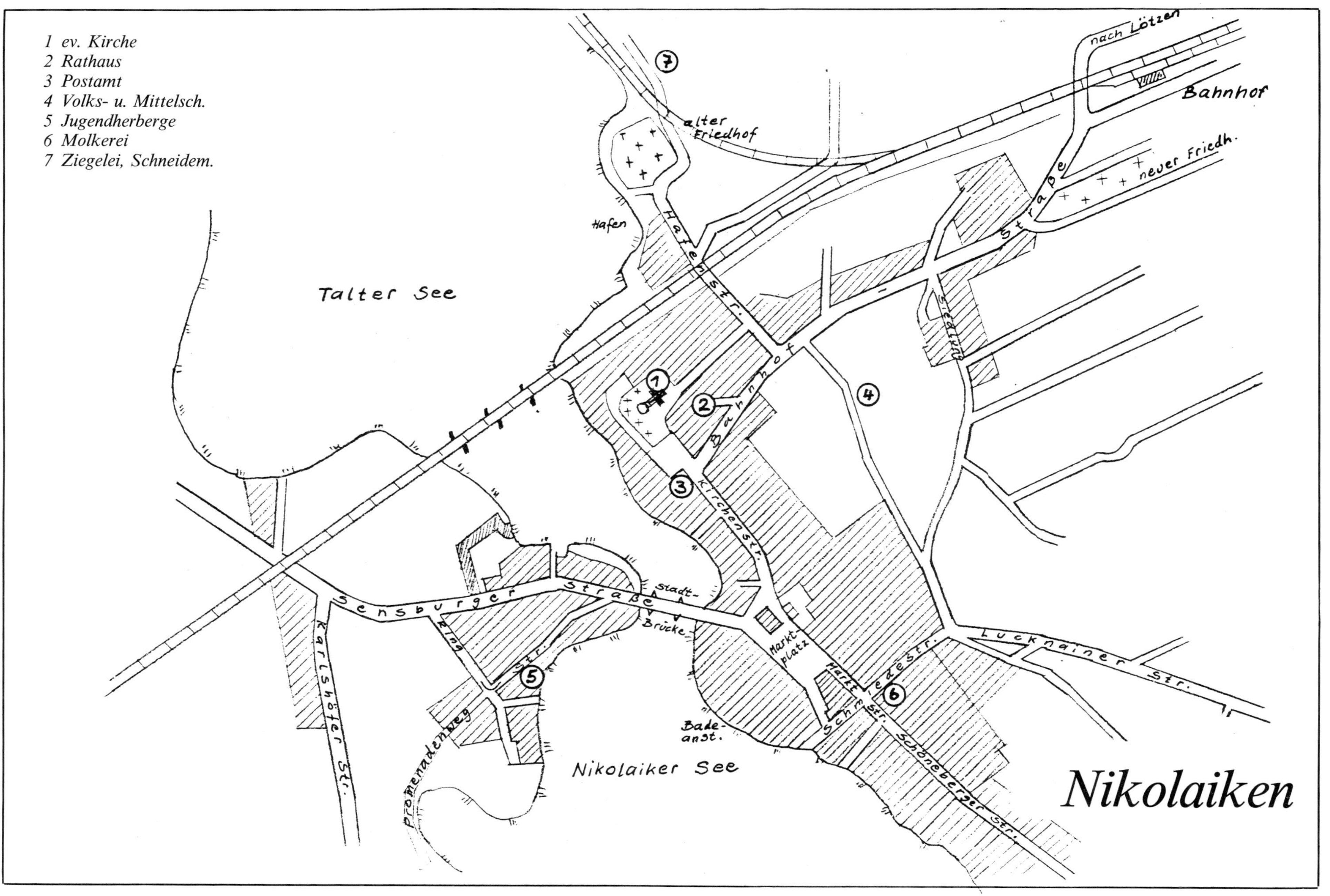

1 ev. Kirche
2 Rathaus
3 Postamt
4 Volks- u. Mittelsch.
5 Jugendherberge
6 Molkerei
7 Ziegelei, Schneidem.
nach Lötzen
Bahnhof
neuer Friedh.
alter Friedhof
Hafen
Hafenstr.
Bahnhof Straße
Siedlung
Talter See
Kirchenstr.
Sensburger Straße
Stadt-Brücke
Marktplatz
Markt Str.
Lucknainer Str.
Schöneberger Str.
Ring
Karlshöfer Str.
Promenadenweg
Bade-anst.
Nikolaiker See
Nikolaiken

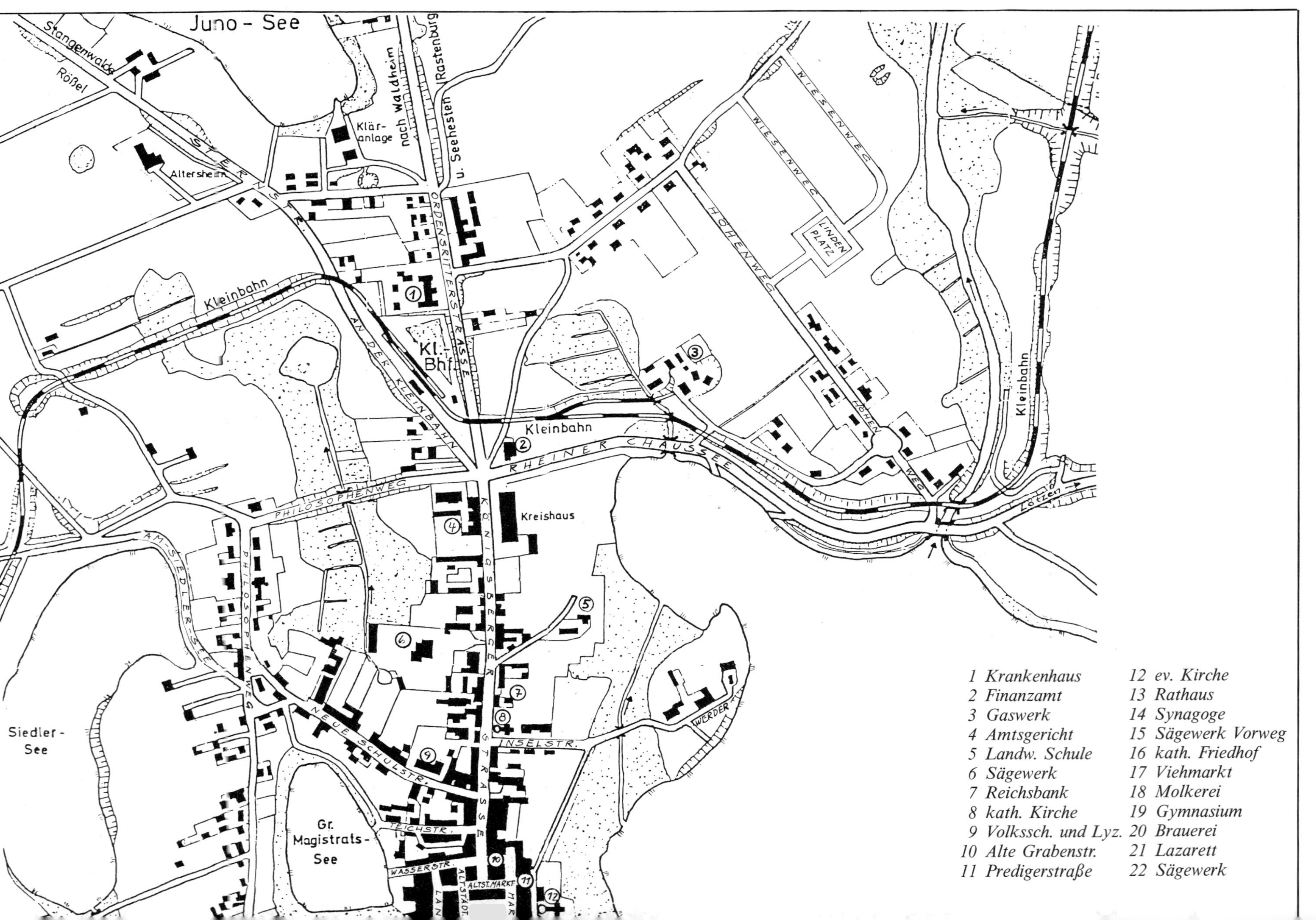
Juno - See
Stangenwalde
Rößel
Altersheim
Klär-
anlage
nach Waldheim
u. Seehesten
Rastenburg
ORDENSRITTERSTRASSE
STERNSTR.
Kleinbahn
AN DER KLEINBAHN
Kl.-
Bhf.
Kleinbahn
RHEINER CHAUSSEE
WIESENWEG
WIESENWEG
LINDEN
PLATZ
HOHENWEG
HOHENWEG
Kleinbahn
Lötzen
PHILOSOPHENWEG
PHILOSOPHENWEG
AM SIEDLER-SEE
KÖNIGSBERGER STRASSE
Kreishaus
INSELSTR.
WERDER
NEUE SCHULSTR.
TEICHSTR.
WASSERSTR.
ALTST. MARKT
ALTSTÄDT.
Siedler-
See
Gr.
Magistrats-
See
1 Krankenhaus
2 Finanzamt
3 Gaswerk
4 Amtsgericht
5 Landw. Schule
6 Sägewerk
7 Reichsbank
8 kath. Kirche
9 Volkssch. und Lyz.
10 Alte Grabenstr.
11 Predigerstraße
12 ev. Kirche
13 Rathaus
14 Synagoge
15 Sägewerk Vorweg
16 kath. Friedhof
17 Viehmarkt
18 Molkerei
19 Gymnasium
20 Brauerei
21 Lazarett
22 Sägewerk

Sensburg

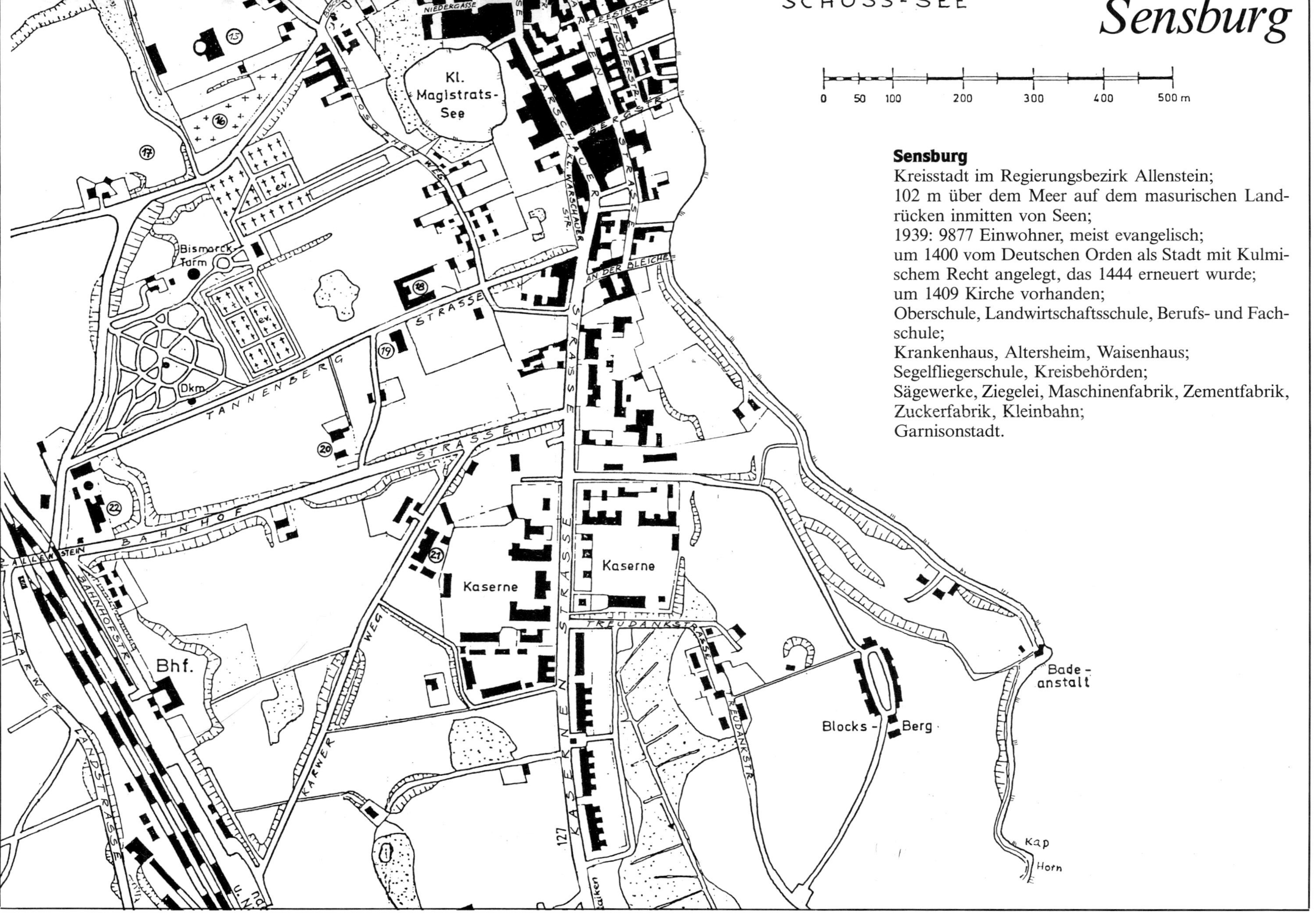

Sensburg
Kreisstadt im Regierungsbezirk Allenstein;
102 m über dem Meer auf dem masurischen Landrücken inmitten von Seen;
1939: 9877 Einwohner, meist evangelisch;
um 1400 vom Deutschen Orden als Stadt mit Kulmischem Recht angelegt, das 1444 erneuert wurde;
um 1409 Kirche vorhanden;
Oberschule, Landwirtschaftsschule, Berufs- und Fachschule;
Krankenhaus, Altersheim, Waisenhaus;
Segelfliegerschule, Kreisbehörden;
Sägewerke, Ziegelei, Maschinenfabrik, Zementfabrik, Zuckerfabrik, Kleinbahn;
Garnisonstadt.

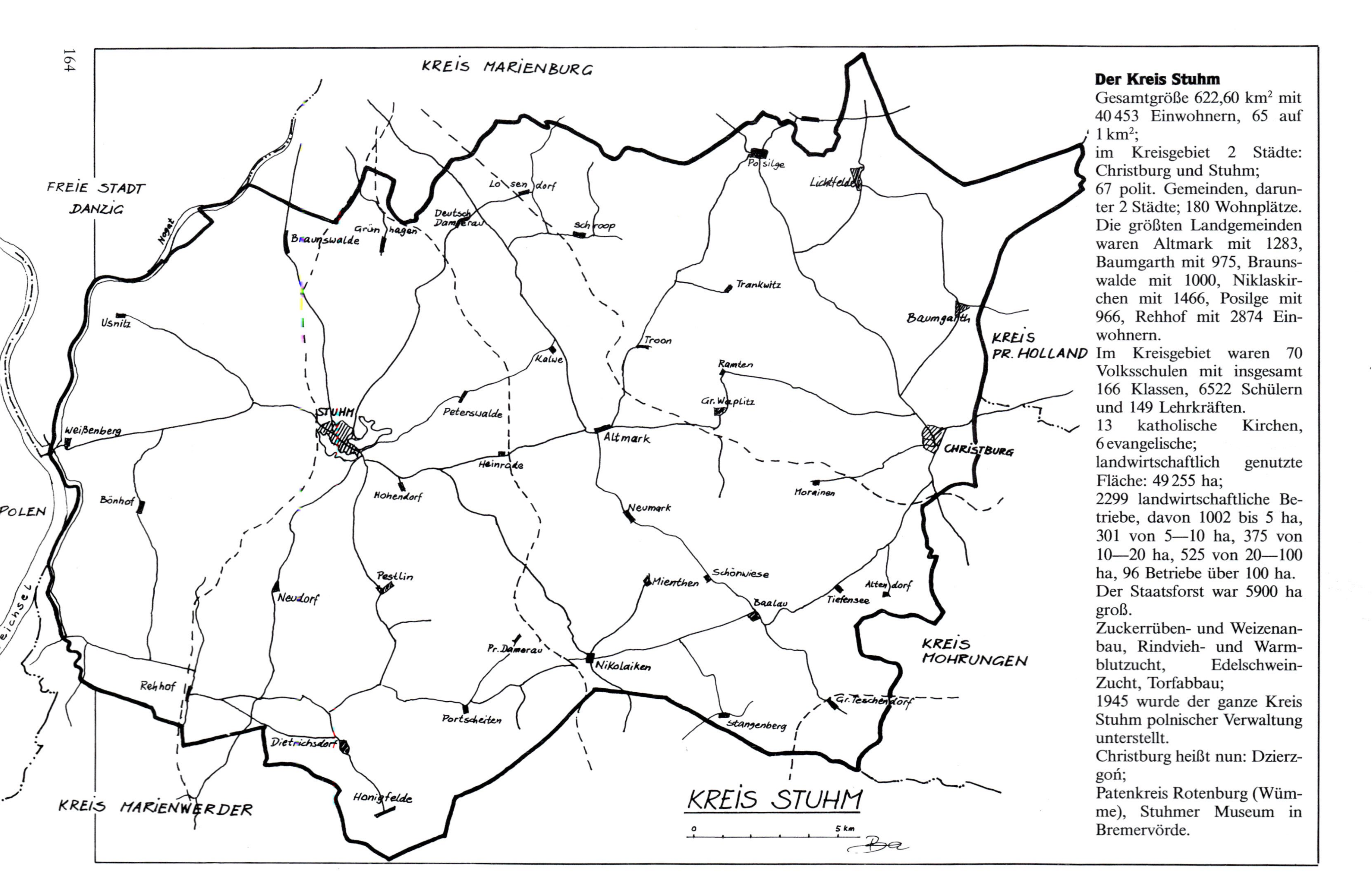

Der Kreis Stuhm

Gesamtgröße 622,60 km² mit 40 453 Einwohnern, 65 auf 1 km²;

im Kreisgebiet 2 Städte: Christburg und Stuhm;

67 polit. Gemeinden, darunter 2 Städte; 180 Wohnplätze. Die größten Landgemeinden waren Altmark mit 1283, Baumgarth mit 975, Braunswalde mit 1000, Niklaskirchen mit 1466, Posilge mit 966, Rehhof mit 2874 Einwohnern.

Im Kreisgebiet waren 70 Volksschulen mit insgesamt 166 Klassen, 6522 Schülern und 149 Lehrkräften.

13 katholische Kirchen, 6 evangelische;

landwirtschaftlich genutzte Fläche: 49 255 ha;

2299 landwirtschaftliche Betriebe, davon 1002 bis 5 ha, 301 von 5—10 ha, 375 von 10—20 ha, 525 von 20—100 ha, 96 Betriebe über 100 ha.

Der Staatsforst war 5900 ha groß.

Zuckerrüben- und Weizenanbau, Rindvieh- und Warmblutzucht, Edelschwein-Zucht, Torfabbau;

1945 wurde der ganze Kreis Stuhm polnischer Verwaltung unterstellt.

Christburg heißt nun: Dzierzgoń;

Patenkreis Rotenburg (Wümme), Stuhmer Museum in Bremervörde.

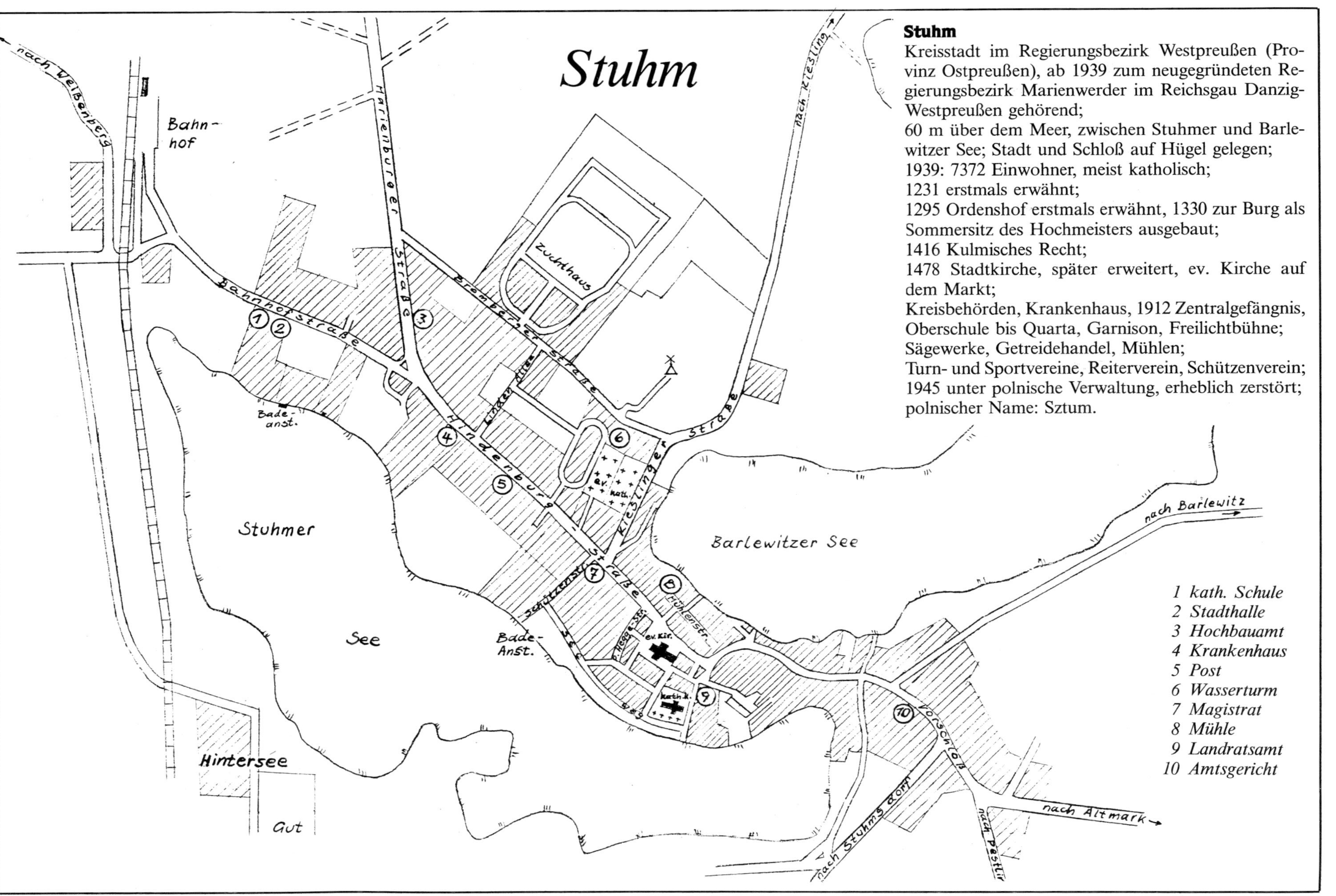

Stuhm

Kreisstadt im Regierungsbezirk Westpreußen (Provinz Ostpreußen), ab 1939 zum neugegründeten Regierungsbezirk Marienwerder im Reichsgau Danzig-Westpreußen gehörend;
60 m über dem Meer, zwischen Stuhmer und Barlewitzer See; Stadt und Schloß auf Hügel gelegen;
1939: 7372 Einwohner, meist katholisch;
1231 erstmals erwähnt;
1295 Ordenshof erstmals erwähnt, 1330 zur Burg als Sommersitz des Hochmeisters ausgebaut;
1416 Kulmisches Recht;
1478 Stadtkirche, später erweitert, ev. Kirche auf dem Markt;
Kreisbehörden, Krankenhaus, 1912 Zentralgefängnis, Oberschule bis Quarta, Garnison, Freilichtbühne;
Sägewerke, Getreidehandel, Mühlen;
Turn- und Sportvereine, Reiterverein, Schützenverein;
1945 unter polnische Verwaltung, erheblich zerstört;
polnischer Name: Sztum.

1 kath. Schule
2 Stadthalle
3 Hochbauamt
4 Krankenhaus
5 Post
6 Wasserturm
7 Magistrat
8 Mühle
9 Landratsamt
10 Amtsgericht

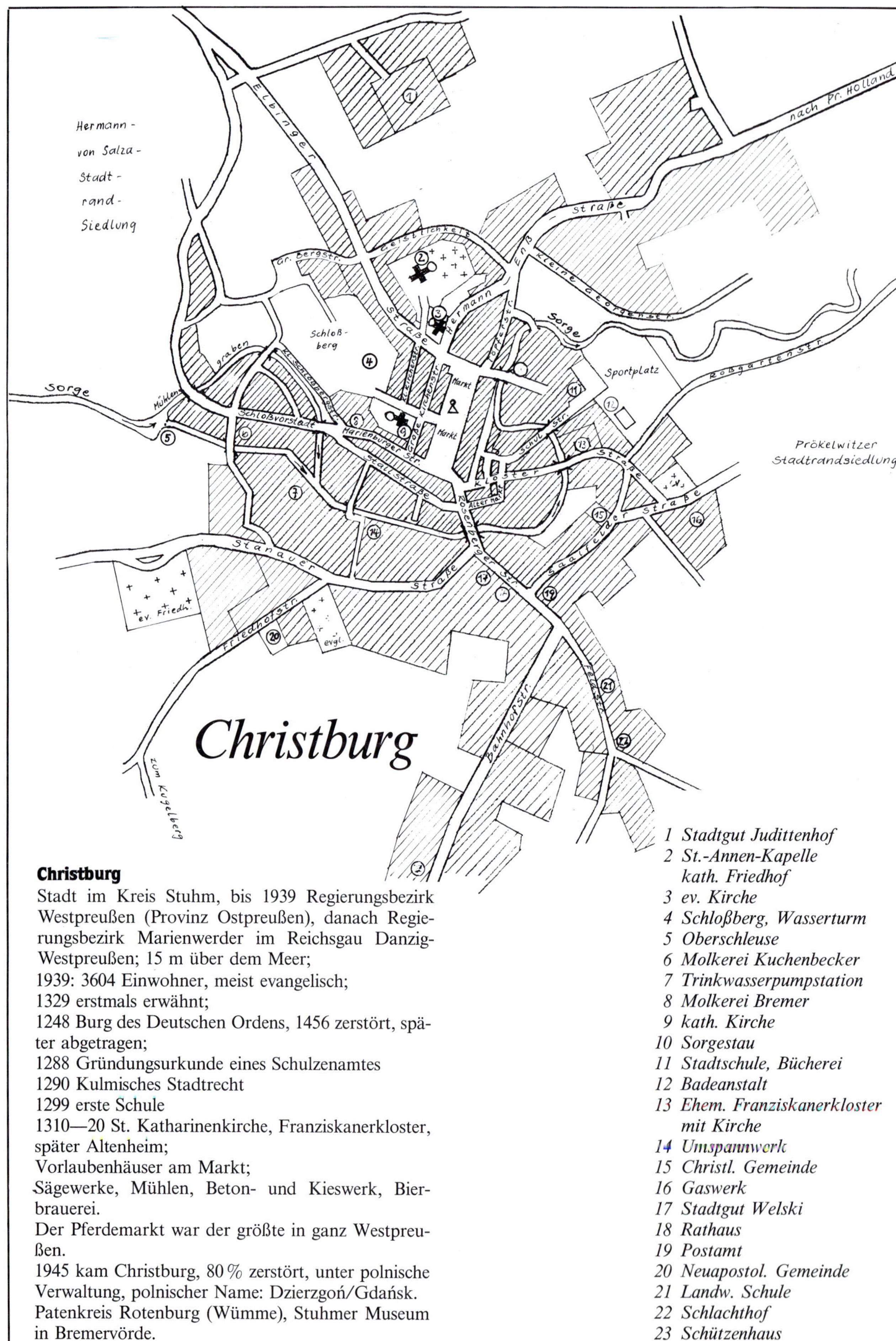

Christburg

Stadt im Kreis Stuhm, bis 1939 Regierungsbezirk Westpreußen (Provinz Ostpreußen), danach Regierungsbezirk Marienwerder im Reichsgau Danzig-Westpreußen; 15 m über dem Meer;
1939: 3604 Einwohner, meist evangelisch;
1329 erstmals erwähnt;
1248 Burg des Deutschen Ordens, 1456 zerstört, später abgetragen;
1288 Gründungsurkunde eines Schulzenamtes
1290 Kulmisches Stadtrecht
1299 erste Schule
1310—20 St. Katharinenkirche, Franziskanerkloster, später Altenheim;
Vorlaubenhäuser am Markt;
Sägewerke, Mühlen, Beton- und Kieswerk, Bierbrauerei.
Der Pferdemarkt war der größte in ganz Westpreußen.
1945 kam Christburg, 80 % zerstört, unter polnische Verwaltung, polnischer Name: Dzierzgoń/Gdańsk.
Patenkreis Rotenburg (Wümme), Stuhmer Museum in Bremervörde.

1 Stadtgut Judittenhof
2 St.-Annen-Kapelle kath. Friedhof
3 ev. Kirche
4 Schloßberg, Wasserturm
5 Oberschleuse
6 Molkerei Kuchenbecker
7 Trinkwasserpumpstation
8 Molkerei Bremer
9 kath. Kirche
10 Sorgestau
11 Stadtschule, Bücherei
12 Badeanstalt
13 Ehem. Franziskanerkloster mit Kirche
14 Umspannwerk
15 Christl. Gemeinde
16 Gaswerk
17 Stadtgut Welski
18 Rathaus
19 Postamt
20 Neuapostol. Gemeinde
21 Landw. Schule
22 Schlachthof
23 Schützenhaus

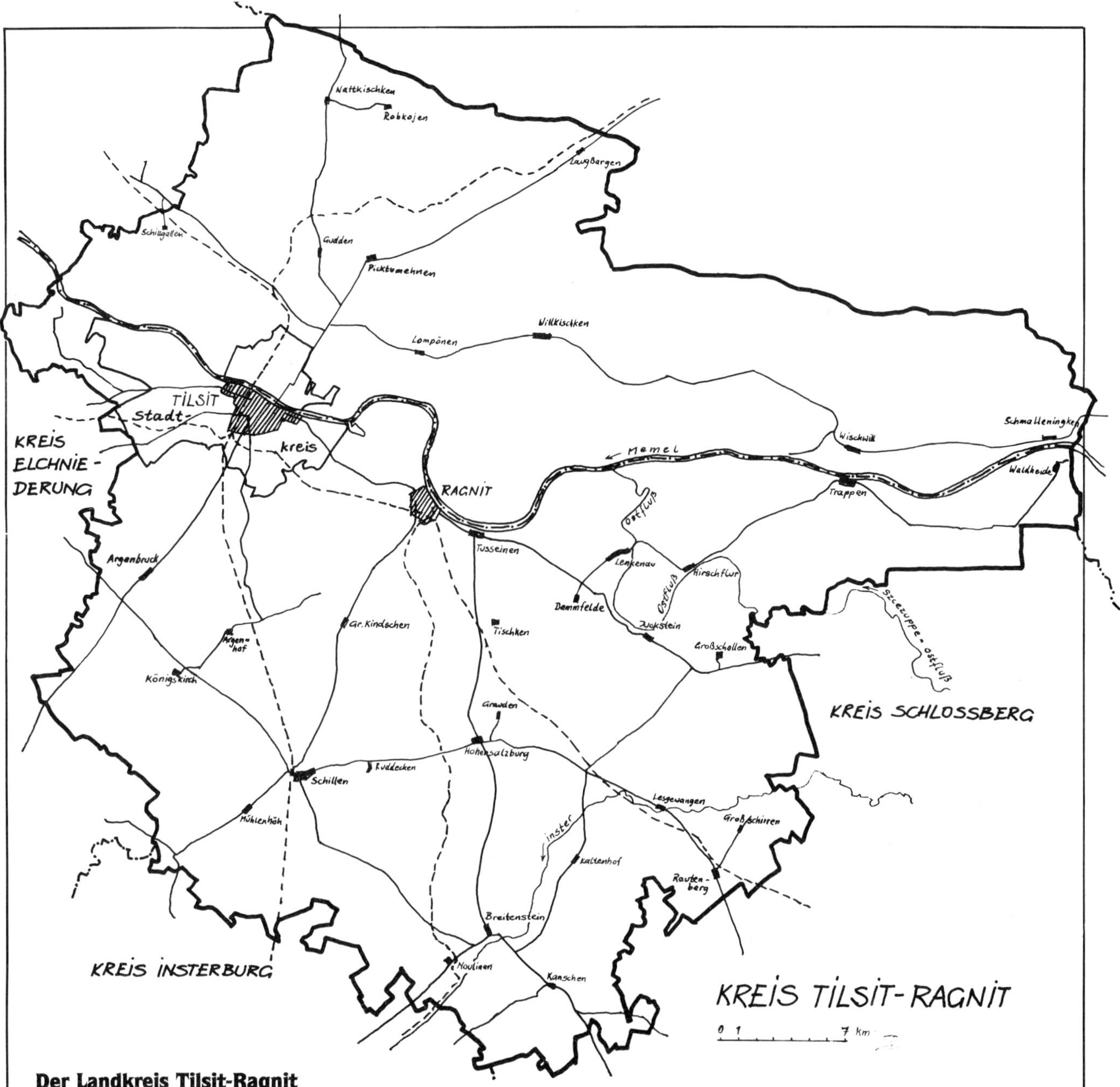

Der Landkreis Tilsit-Ragnit

Die Kreise Tilsit und Ragnit waren bis Ende des Ersten Weltkrieges selbständig. Durch die Abtretung des Memelgebietes verlor der Kreis Tilsit 647 km² Fläche mit 160 Gemeinden und 33 654 Einwohnern an Litauen. Aus den Restgebieten der beiden Kreise südlich der Memel und durch die zusätzliche Eingliederung einiger Gemeinden aus dem Kreis Niederung wurde im Jahr 1922 der Landkreis Tilsit-Ragnit gebildet. Der neue Kreis Tilsit-Ragnit südlich der Memel war im Jahre 1922 insgesamt 1100,45 km² groß und hatte, ohne den Stadtkreis Tilsit, 56 117 Einwohner, so daß auf 1 km² 51 Menschen lebten. Die Kreisbehörden waren in der Stadt Tilsit untergebracht. Der neue Landkreis hatte 269 Gemeinden einschl. Stadt Ragnit, 401 Wohnplätze. Die größten Landgemeinden waren Breitenstein mit 1263, Pogegen mit 2761, Schillen mit 1942, Schmalleningken mit 1321, Trappen mit 1095, Willkischken mit 981, Wischwill mit 1174 Einwohnern. Es gab 118 Volksschulen. Die 8128 Schüler wurden von 204 Lehrern in 224 Klassen unterrichtet. In Ragnit Mittelschule. 14 evangelische Kirchen, 2 katholische.

Es gab 6483 land- und forstwirtschaftliche Betriebe, davon 2875 bis 5 ha Größe, 2713 von 5—20 ha, 600 von 20—50 ha, 166 von 50—100 ha, 129 über 100 ha Größe. In der Hauptsache wurden angebaut: Brotgetreide, Futtergetreide, Kartoffeln, Futterhackfrüchte, Körnerhülsenfrüchte, Futterpflanzen. Pferdezucht, Rinderzucht, Milcherzeugung, „Tilsiter Käse". Aus dem in litauischer Zeit gegründeten Kreis Pogegen kamen nach seiner Auflösung am 22. 3. 1939 28 Gemeinden zum Kreis Heydekrug, die anderen 65 Gemeinden zum Kreis Tilsit-Ragnit (711 km² Fläche). Die Gesamtfläche nach 1939 Kreis Tilsit-Ragnit: 1797,56 km²; Einwohnerzahl ohne Stadtkreis Tilsit: 79382 Personen. Zu den 118 Volksschulen kamen 64 hinzu, so daß die Gesamtzahl an Volksschulen 182 betrug. Zu den 269 politischen Gemeinden kamen 65 (nördl. der Memel) hinzu. Gesamtzahl demnach 334 Gemeinden. Die Zahl der ev. Kirchen erhöhte sich auf 25. Der Kreis und die Städte kamen 1945 unter sowjetische Verwaltung. Tilsit heißt heute: Sowjetsk, Ragnit: Njeman, Patenschaft: Kreis Plön.

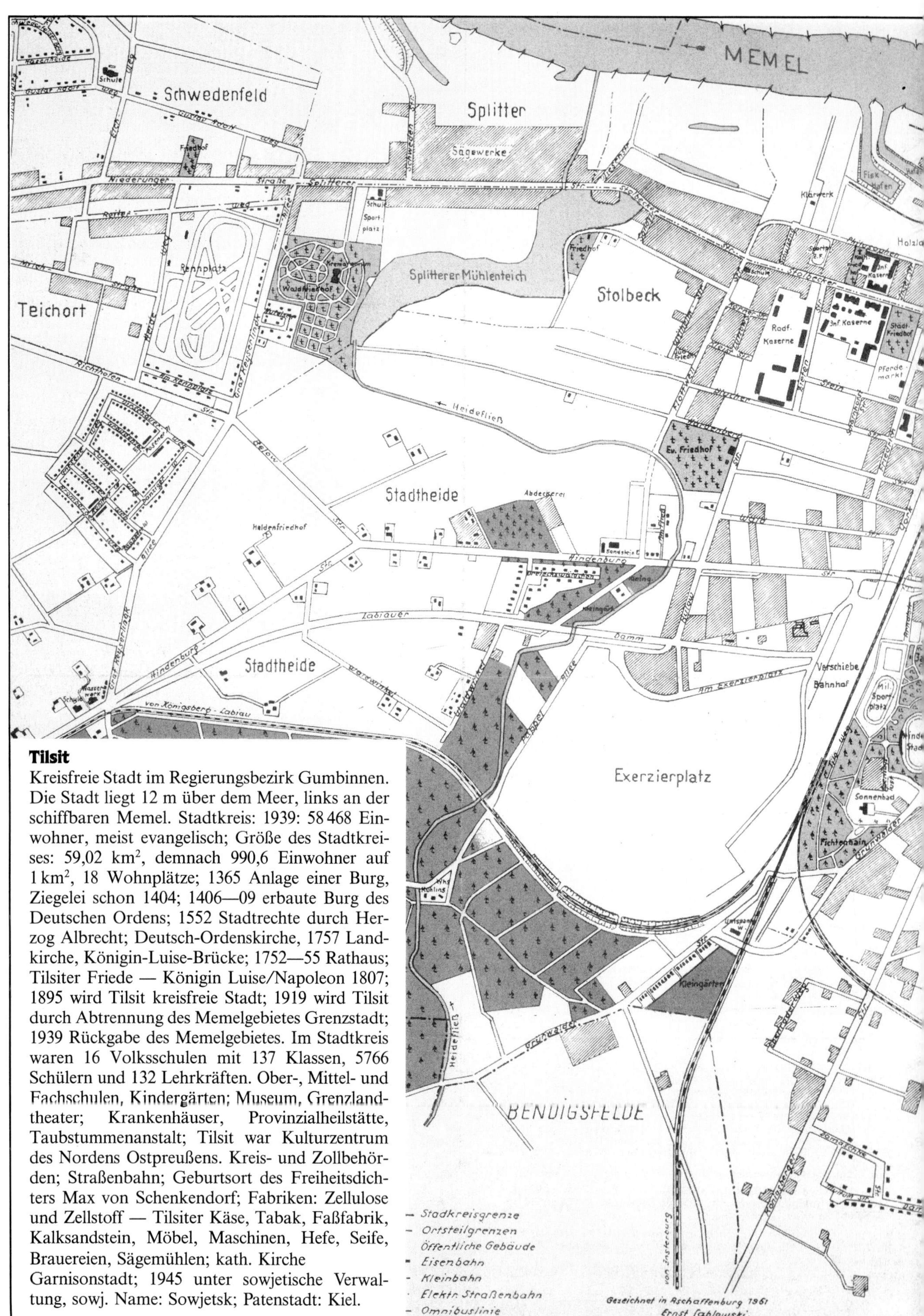

Tilsit

Kreisfreie Stadt im Regierungsbezirk Gumbinnen. Die Stadt liegt 12 m über dem Meer, links an der schiffbaren Memel. Stadtkreis: 1939: 58 468 Einwohner, meist evangelisch; Größe des Stadtkreises: 59,02 km^2, demnach 990,6 Einwohner auf 1 km^2, 18 Wohnplätze; 1365 Anlage einer Burg, Ziegelei schon 1404; 1406—09 erbaute Burg des Deutschen Ordens; 1552 Stadtrechte durch Herzog Albrecht; Deutsch-Ordenskirche, 1757 Landkirche, Königin-Luise-Brücke; 1752—55 Rathaus; Tilsiter Friede — Königin Luise/Napoleon 1807; 1895 wird Tilsit kreisfreie Stadt; 1919 wird Tilsit durch Abtrennung des Memelgebietes Grenzstadt; 1939 Rückgabe des Memelgebietes. Im Stadtkreis waren 16 Volksschulen mit 137 Klassen, 5766 Schülern und 132 Lehrkräften. Ober-, Mittel- und Fachschulen, Kindergärten; Museum, Grenzlandtheater; Krankenhäuser, Provinzialheilstätte, Taubstummenanstalt; Tilsit war Kulturzentrum des Nordens Ostpreußens. Kreis- und Zollbehörden; Straßenbahn; Geburtsort des Freiheitsdichters Max von Schenkendorf; Fabriken: Zellulose und Zellstoff — Tilsiter Käse, Tabak, Faßfabrik, Kalksandstein, Möbel, Maschinen, Hefe, Seife, Brauereien, Sägemühlen; kath. Kirche Garnisonstadt; 1945 unter sowjetische Verwaltung, sowj. Name: Sowjetsk; Patenstadt: Kiel.

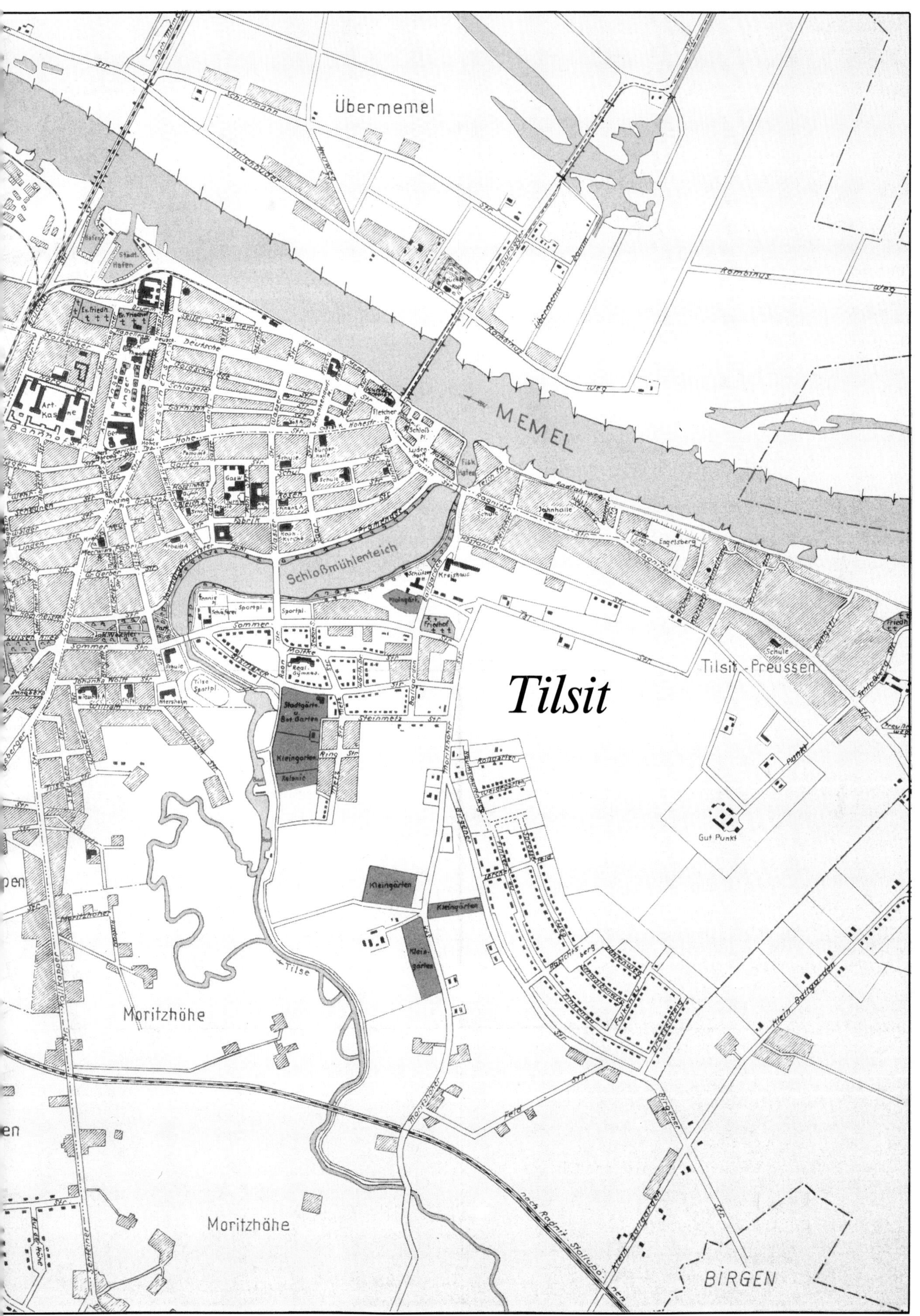

Übermemel
Rombinus
Weg
MEMEL
Schloßmühlenteich
Tilsit
Tilsit-Preussen
Gut Punkt
Kleingärten
Moritzhöhe
Moritzhöhe
Tilse
BIRGEN

Ragnit

Stadt im Kreis Tilsit-Ragnit, Regierungsbezirk Gumbinnen; 12 m über dem Meer, links am Steilufer der Memel, Südufer;
1939: 10 094 Einwohner, meist evangelisch;
1289 Burg vom Deutschen Orden an der Stelle einer Prußenbefestigung angelegt, 1355 zerstört;
1397—1409 Ordenshaus Ragnit, Sitz eines Komturs, zu einer der stärksten Festungen des Ordens ausgebaut;
1722 Stadtrechte durch König Friedrich Wilhelm I.;
1772 Pfarrkirche als Saalbau;
Ackerbau, Getreidehandel, Holzindustrie, Brauerei, Ziegeleien, Binnenschifferhafen, Zellstoffabrik, Maschinenfabrik;
Aufbauschule, Provinzial-Erziehungsanstalt, Krankenhaus, kath. Kirche;
Güterverkehr auf der Memel;
1945 unter sowjetische Verwaltung — Njeman;
Kreis Tilsit-Ragnit siehe dort;
Patenstadt für Stadt Ragnit: Stadt Preetz/Holstein.
Durch die Bestimmungen des Versailler Vertrages wurde 1920 der nördlich der Memel gelegene Teil des selbständigen Kreises Ragnit aus dem Verband der Provinz Ostpreußen herausgelöst. Ebenso wurde der nördlich der Memel gelegene Teil des Kreises Tilsit behandelt, so daß die bei Deutschland verbliebenen Reste allein nicht mehr lebensfähig waren. Diese südlich der Memel gelegenen Teile wurden zum Kreis Tilsit-Ragnit vereinigt.
267 km² des Kreises Ragnit mit 40 Ortschaften und 8800 Einwohnern nördlich der Memel gingen verloren.

1 Aufbauschule
2 Berufsschule
Landwirtsch. Sch.
Mittelschule
3 Ev. Kirche
4 Schule
5 Kreis-Pflegehaus
6 Zollhaus
7 Sperrholzwerk
8 Maschinenfabrik
9 Gaswerk

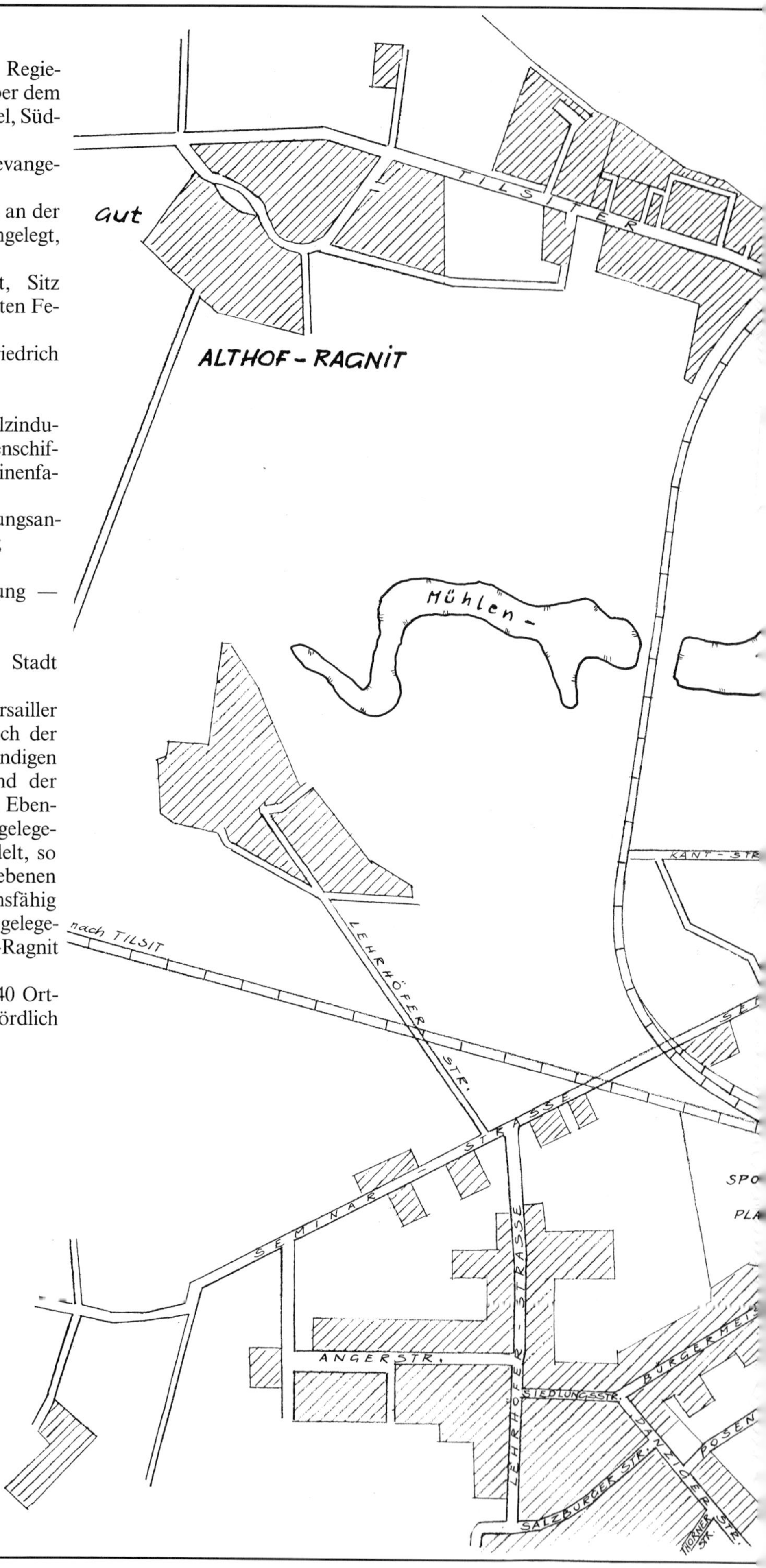

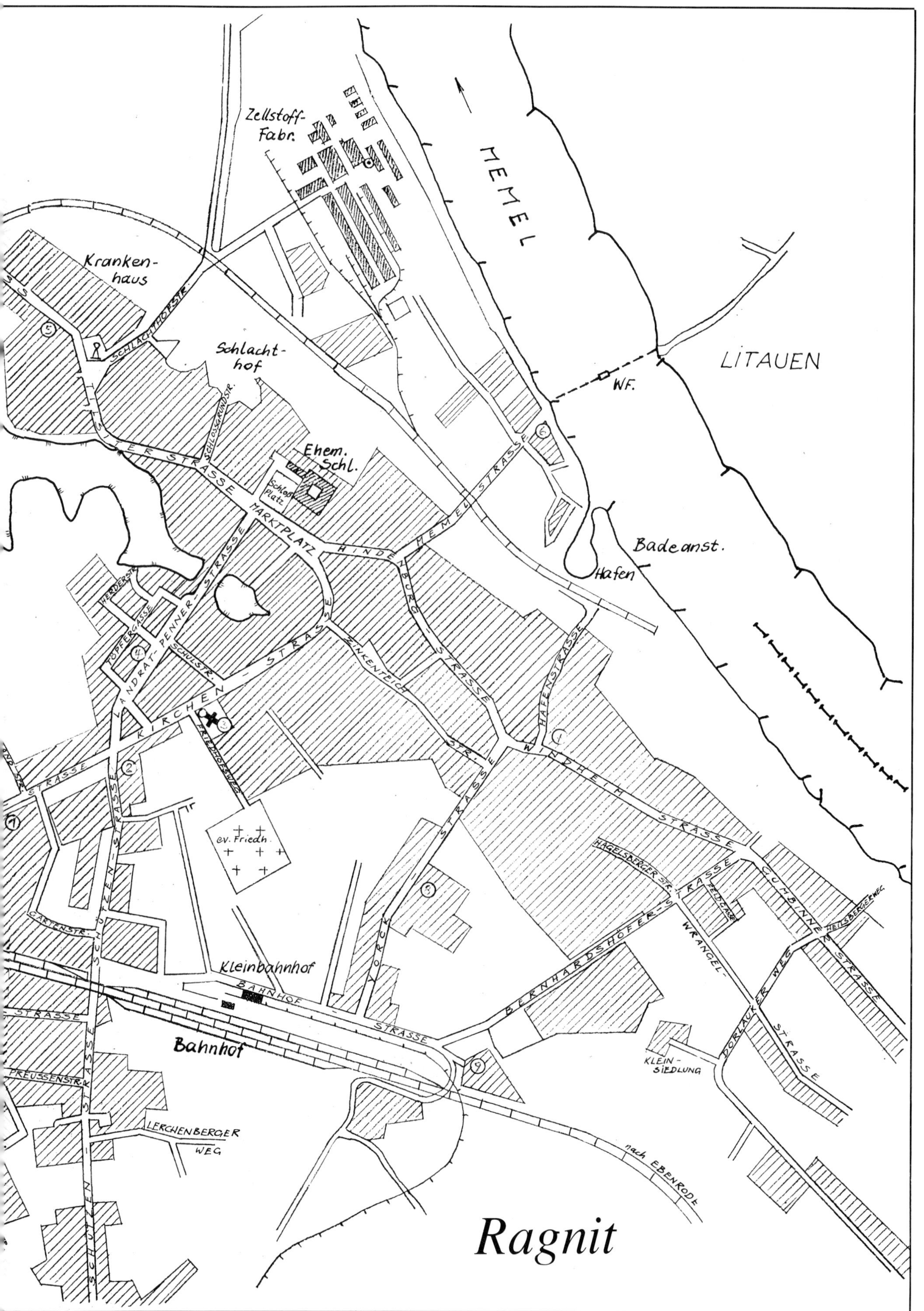
Zellstoff-Fabr.
MEMEL
LITAUEN
Kranken-haus
Schlachthof
WF.
Ehem. Schl.
Schloss Platz
MARKTPLATZ
Badeanst.
Hafen
ev. Friedh.
Kleinbahnhof
Bahnhof
BAHNHOF STRASSE
HINDENBURG-STRASSE
MEMEL STRASSE
HAFENSTRASSE
KIRCHEN-STRASSE
SCHUSTR.
LANDRAT-PENNER-STRASSE
TÖPFERGASSE
HERDERSTR.
ZINKENTEICH STR.
YORCK STRASSE
WINDHEIM STRASSE
HAGELSBERGER STR.
BERNHARDSHÖFER-STRASSE
WRANGEL-STRASSE
GUMBINNER STRASSE
DORLAUKER WEG
KLEIN-SIEDLUNG
SCHÜTZEN-STRASSE
GARTENSTR.
PREUSSENSTR.
LERCHENBERGER WEG
SCHLACHTHOFSTR.
nach EBENRODE
FRIEDHOFSWEG

Ragnit

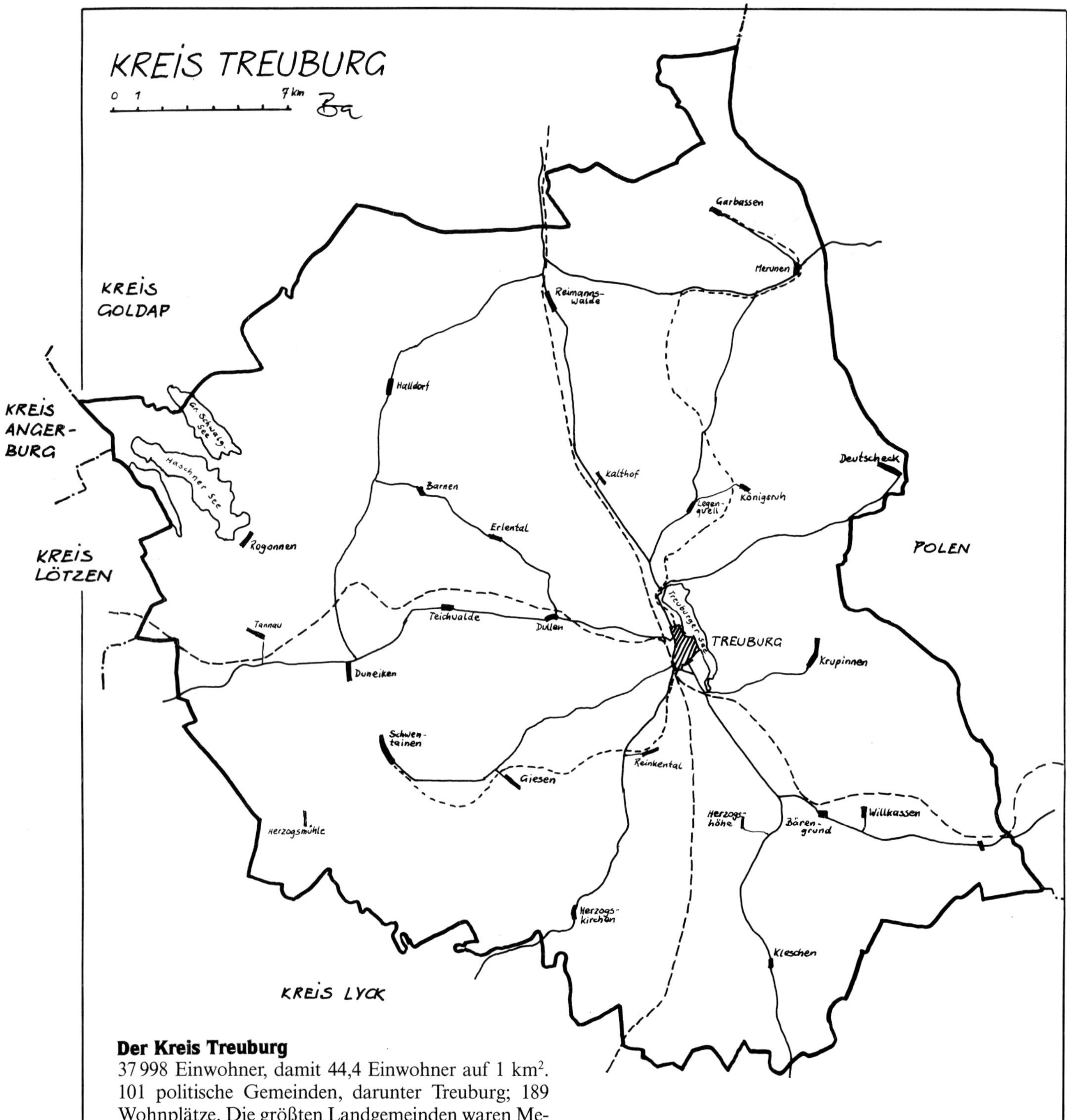

Der Kreis Treuburg

37 998 Einwohner, damit 44,4 Einwohner auf 1 km^2. 101 politische Gemeinden, darunter Treuburg; 189 Wohnplätze. Die größten Landgemeinden waren Merunen mit 1087 und Reimannswalde mit 1231 Einwohnern.

9 evangelische Kirchengemeinden, 1 katholische Kirche Treuburg; 87 Volksschulen, 140 Klassen, 5369 Schüler, 131 Lehrkräfte, Berufsschulen in verschiedenen Gemeinden, 5 Zollämter im Kreis; 4423 landwirtschaftliche Betriebe, davon 1367 bis 5 ha, 1085 von 5—10 ha, 1014 von 10—20 ha, 879 von 20—100 ha, 78 Betriebe über 100 ha. Die landwirtschaftlich genutzte Fläche betrug 68 000 ha, 8000 ha waren Forsten, 9000 ha Seen und bebaute Flächen. Es wurden angebaut: Winterroggen, Winterweizen, Sommergerste, Hafer und Kartoffeln. Seit 1945 unter polnischer Verwaltung — Olecko;

Patenstadt: Leverkusen.

Treuburg

Bis 1928 Marggrabowa (Markgrafenstadt), Kreisstadt im Regierungsbezirk Gumbinnen; 158 m über dem Meer, südl. der Seesker Höhen am Treuburger See; 1939: 7114 Einwohner, meist evangelisch; 1560 Stadtgründung nach Kulmischem Recht; 1619 oder 1654 Schloßbau; Höhere Schulen, Gewerbliche Berufsschule, Landwirtsch.-Schule, Landwirtschaftliche Verarbeitungsindustrie, Mühlen, Molkerei, Kreiskrankenhaus, Kleinbahn, Ziegeleien, Eisengießerei und Maschinenfabrik, Stein- und Kieswerk, Strickwarenfabrik. Größter Marktplatz Deutschlands: 7 ha = 28 Morgen. Treuburg galt als die kälteste Stadt Ostpreußens.

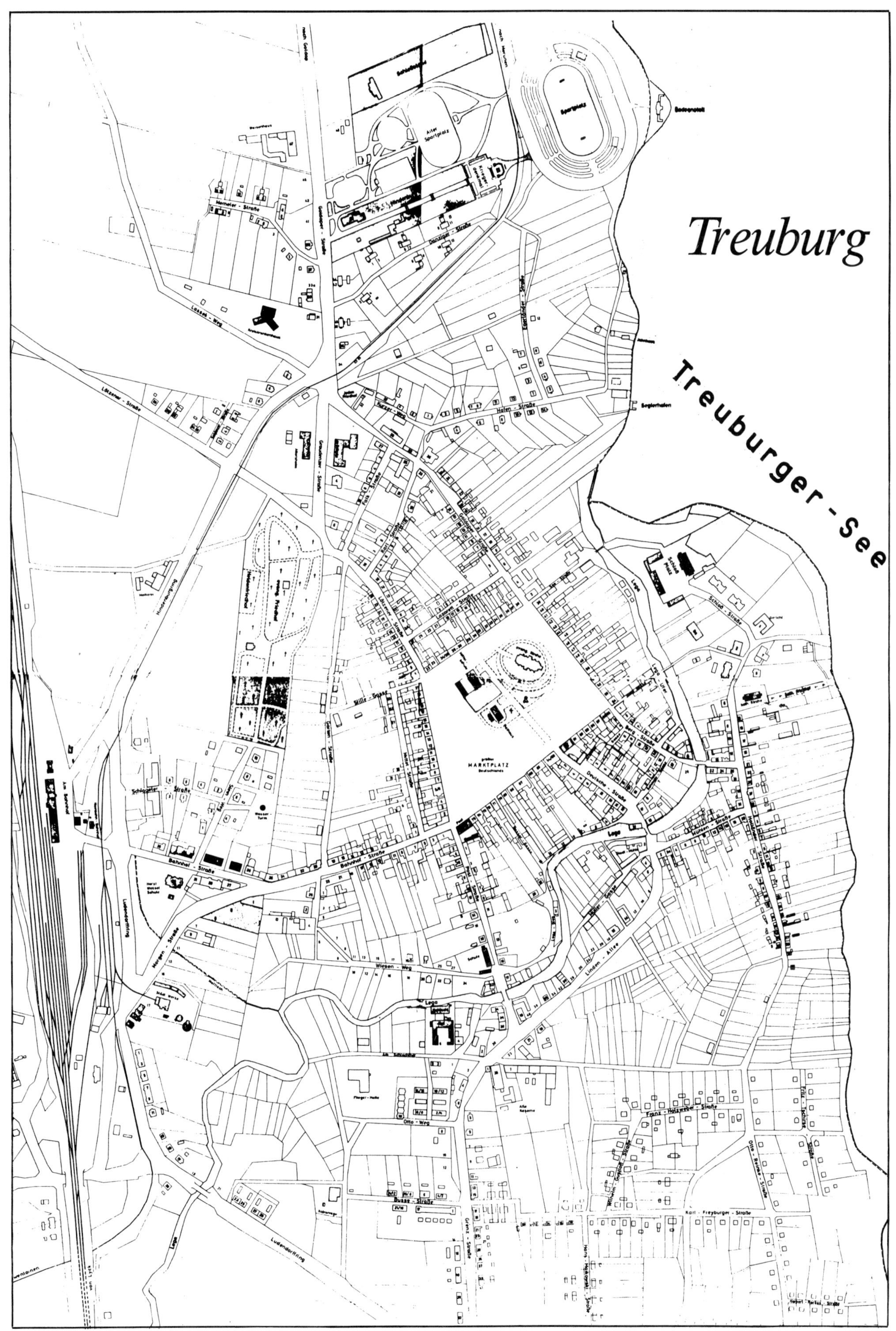
Treuburg
Treuburger-See

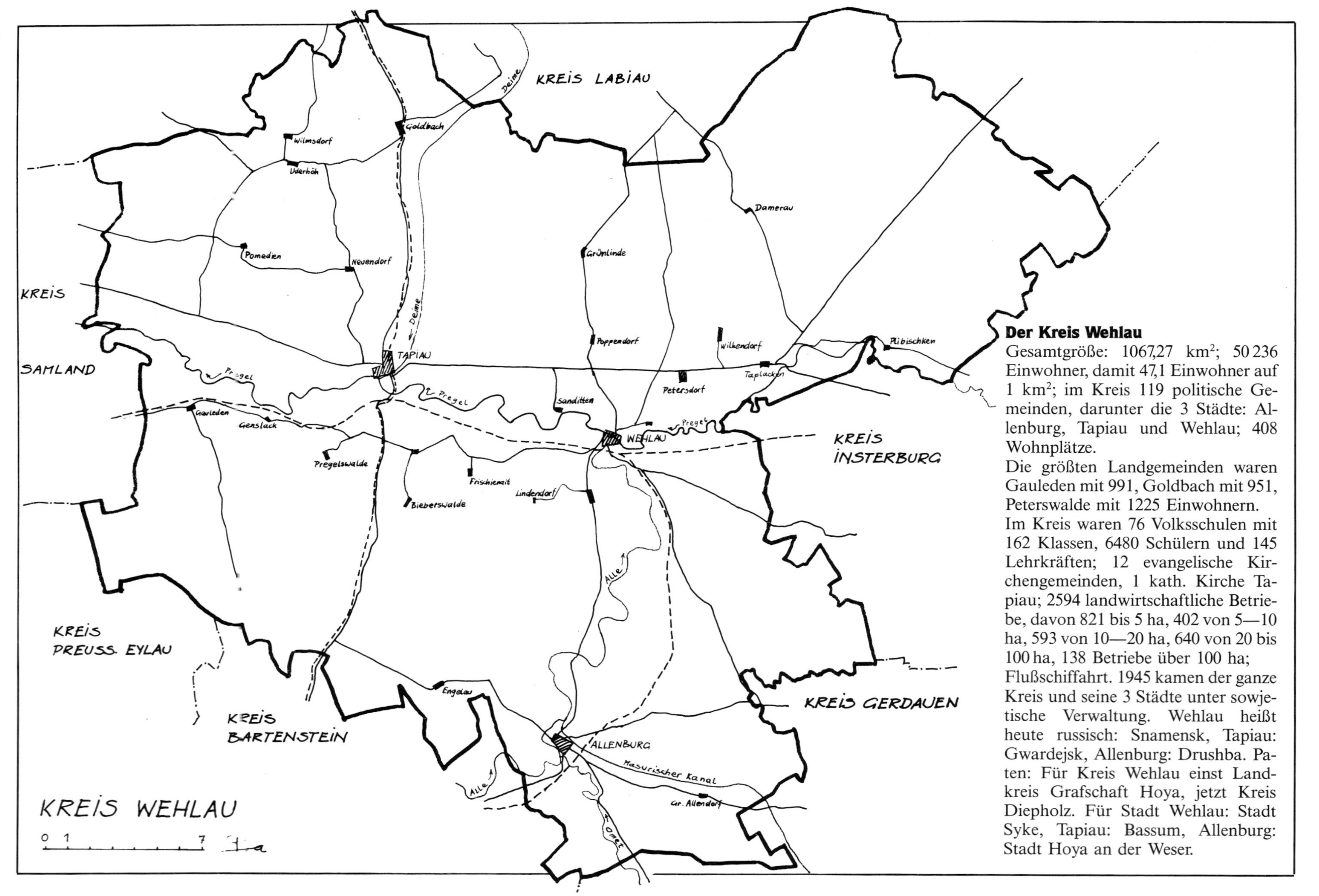

Der Kreis Wehlau

Gesamtgröße: 1067,27 km²; 50 236 Einwohner, damit 47,1 Einwohner auf 1 km²; im Kreis 119 politische Gemeinden, darunter die 3 Städte: Allenburg, Tapiau und Wehlau; 408 Wohnplätze.

Die größten Landgemeinden waren Gauleden mit 991, Goldbach mit 951, Peterswalde mit 1225 Einwohnern.

Im Kreis waren 76 Volksschulen mit 162 Klassen, 6480 Schülern und 145 Lehrkräften; 12 evangelische Kirchengemeinden, 1 kath. Kirche Tapiau; 2594 landwirtschaftliche Betriebe, davon 821 bis 5 ha, 402 von 5—10 ha, 593 von 10—20 ha, 640 von 20 bis 100 ha, 138 Betriebe über 100 ha; Flußschiffahrt. 1945 kamen der ganze Kreis und seine 3 Städte unter sowjetische Verwaltung. Wehlau heißt heute russisch: Snamensk, Tapiau: Gwardejsk, Allenburg: Drushba. Paten: Für Kreis Wehlau einst Landkreis Grafschaft Hoya, jetzt Kreis Diepholz. Für Stadt Wehlau: Stadt Syke, Tapiau: Bassum, Allenburg: Stadt Hoya an der Weser.

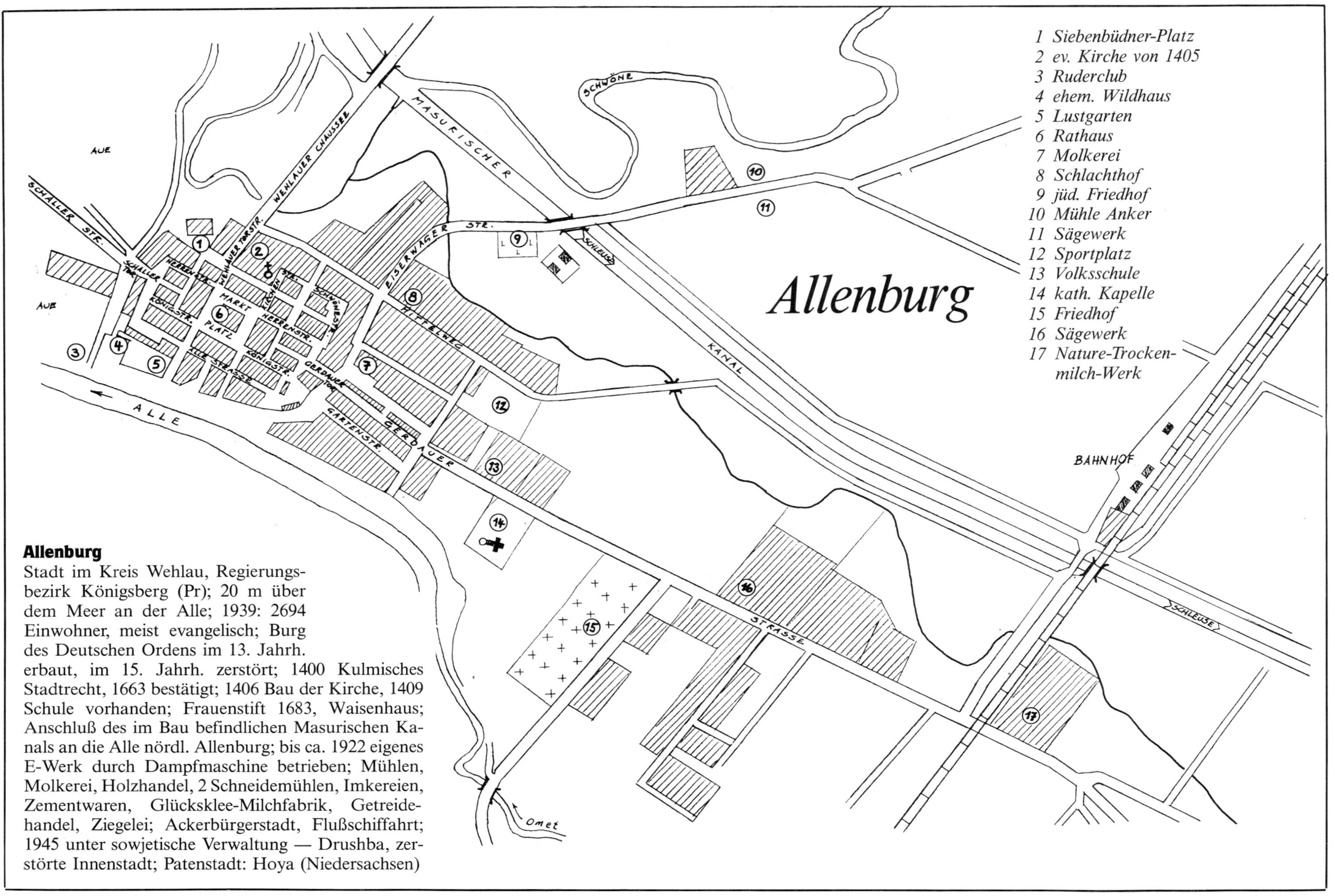

Allenburg

Stadt im Kreis Wehlau, Regierungsbezirk Königsberg (Pr); 20 m über dem Meer an der Alle; 1939: 2694 Einwohner, meist evangelisch; Burg des Deutschen Ordens im 13. Jahrh. erbaut, im 15. Jahrh. zerstört; 1400 Kulmisches Stadtrecht, 1663 bestätigt; 1406 Bau der Kirche, 1409 Schule vorhanden; Frauenstift 1683, Waisenhaus; Anschluß des im Bau befindlichen Masurischen Kanals an die Alle nördl. Allenburg; bis ca. 1922 eigenes E-Werk durch Dampfmaschine betrieben; Mühlen, Molkerei, Holzhandel, 2 Schneidemühlen, Imkereien, Zementwaren, Glücksklee-Milchfabrik, Getreidehandel, Ziegelei; Ackerbürgerstadt, Flußschiffahrt; 1945 unter sowjetische Verwaltung — Drushba, zerstörte Innenstadt; Patenstadt: Hoya (Niedersachsen)

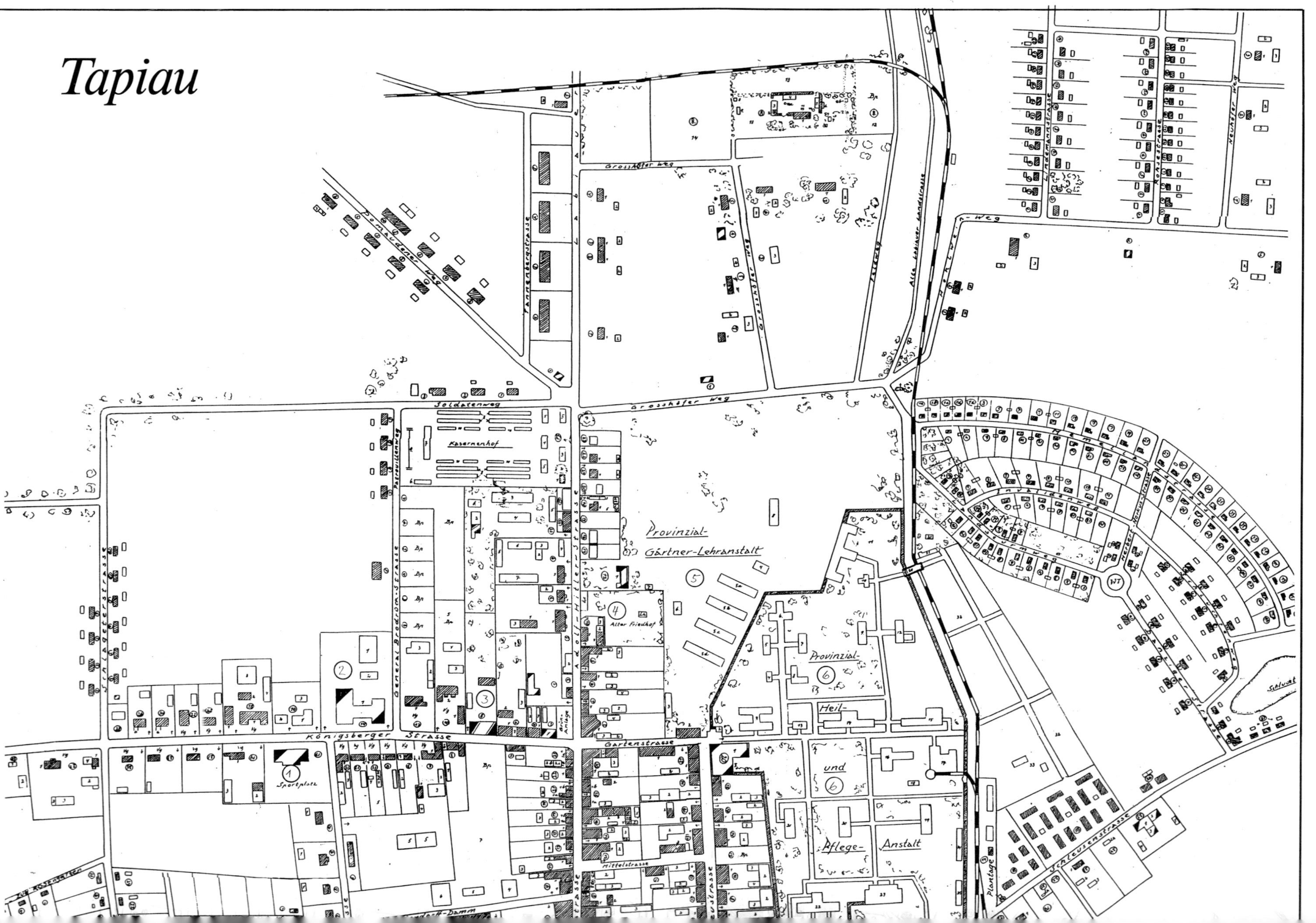
Tapiau
Soldatenweg
Kasernenhof
Grosshöfer Weg
Provinzial-
Gärtner-Lehranstalt
Alter Friedhof
Provinzial-
Heil-
und
Pflege-
Anstalt
Königsberger Strasse
Gartenstrasse
Mittelstrasse
Sportplatz
Schleusenstrasse
Plantage

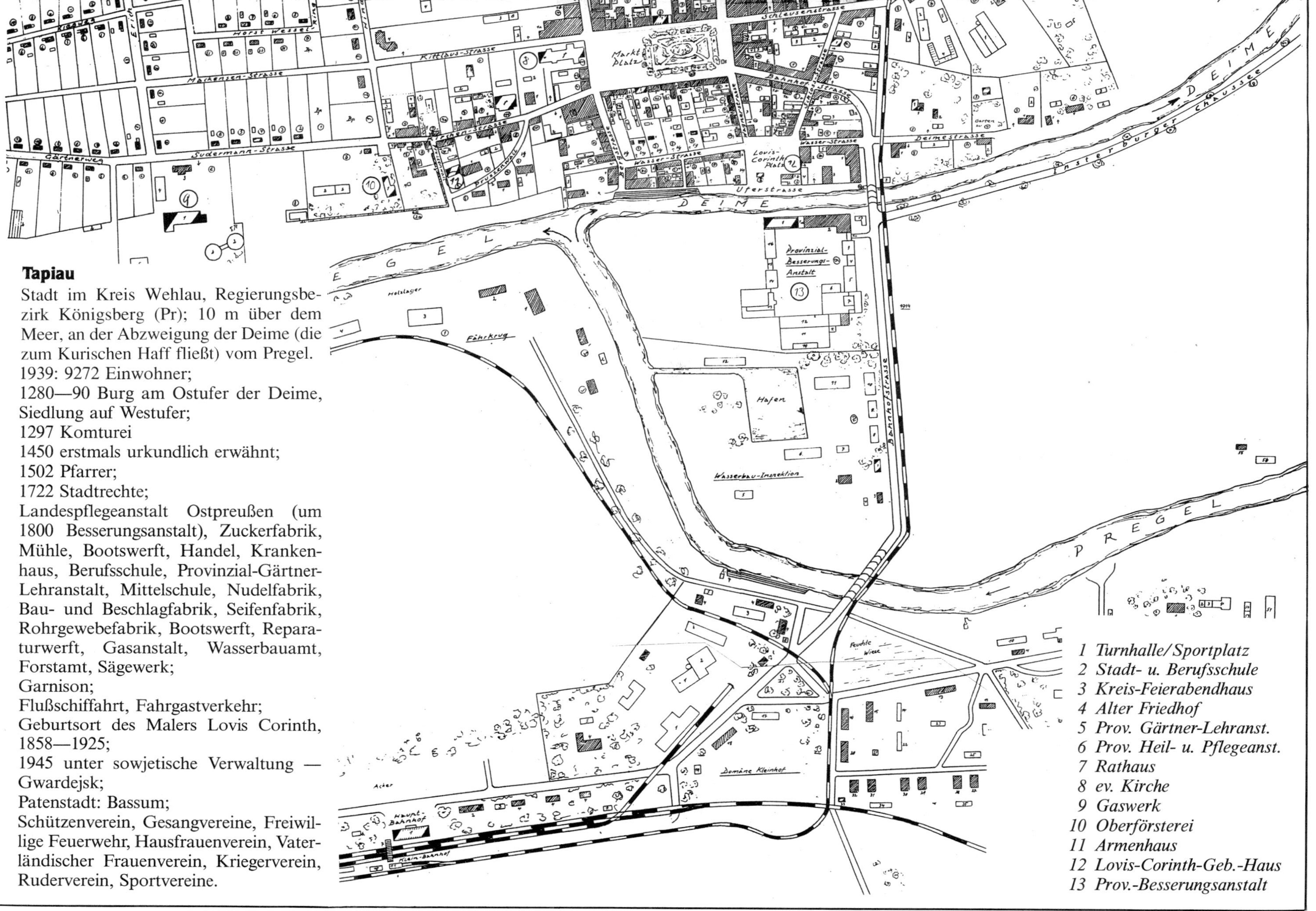

Tapiau

Stadt im Kreis Wehlau, Regierungsbezirk Königsberg (Pr); 10 m über dem Meer, an der Abzweigung der Deime (die zum Kurischen Haff fließt) vom Pregel.
1939: 9272 Einwohner;
1280—90 Burg am Ostufer der Deime, Siedlung auf Westufer;
1297 Komturei
1450 erstmals urkundlich erwähnt;
1502 Pfarrer;
1722 Stadtrechte;
Landespflegeanstalt Ostpreußen (um 1800 Besserungsanstalt), Zuckerfabrik, Mühle, Bootswerft, Handel, Krankenhaus, Berufsschule, Provinzial-Gärtner-Lehranstalt, Mittelschule, Nudelfabrik, Bau- und Beschlagfabrik, Seifenfabrik, Rohrgewebefabrik, Bootswerft, Reparaturwerft, Gasanstalt, Wasserbauamt, Forstamt, Sägewerk;
Garnison;
Flußschiffahrt, Fahrgastverkehr;
Geburtsort des Malers Lovis Corinth, 1858—1925;
1945 unter sowjetische Verwaltung — Gwardejsk;
Patenstadt: Bassum;
Schützenverein, Gesangvereine, Freiwillige Feuerwehr, Hausfrauenverein, Vaterländischer Frauenverein, Kriegerverein, Ruderverein, Sportvereine.

Wehlau

Kreisstadt in Regierungsbezirk Königsberg (Pr); 6 m über dem Meer, an der Mündung der Alle in den Pregel;
1939: 8536 Einwohner, meist evangelisch;
1258 Prußenburg ergab sich dem Ritterorden, war 1255 gegen den Orden errichtet worden, 1258 erwähnt — 1280 zerstört.
1336 Stadtgründung nach Kulmischem Recht;
1380 Befestigungsmauern, 1382 Rathaus, Franziskanerkloster;
Pfarrkirche 1360—80, später breiter Turm;
Tageszeitung, Maschinenfabrik, Mühlenwerke, Amtsgericht, Kreisbehörden, Gasanstalt, Wasserwerk, Fett- und Margarinewerk, Papierfabrik, Höhere und Fachschulen, Mittelschule, Landeserziehungsheim, Kreiskrankenhaus, Getreidehandel, Druckerei, Brauerei, Forstamt; kath. Kirche;
in Wehlau größter Pferdemarkt Europas (Auftrieb bis 20 000 Pferde), Pferdezucht: vorwiegend Kaltblut;
Schützenverein, Gesangvereine, Hausfrauenverein, Sportvereine für Männer und Frauen, Kriegerverein, Vaterländischer Frauenverein, Freiwillige Feuerwehr.
Flußschiffahrt mit Massengütern und Personenschiffahrt.

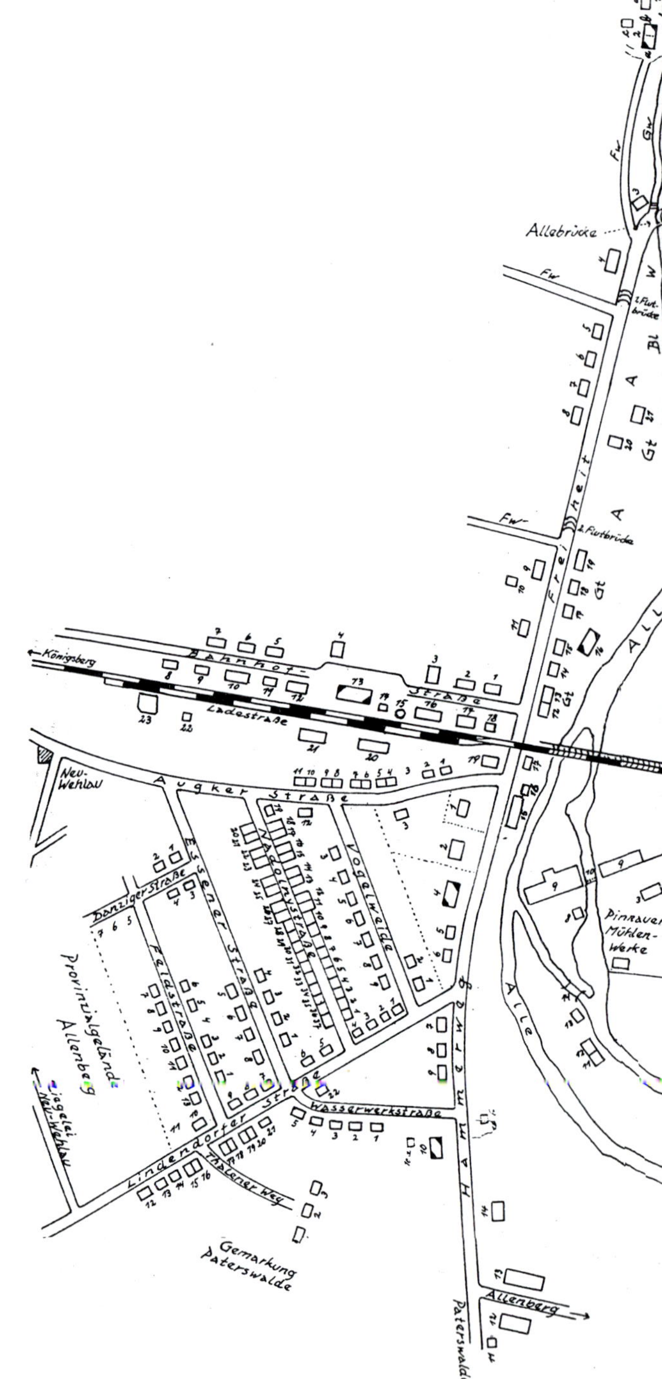

Erläuterungen:

▭	Wohnhaus	Gt	Garten
◩	Behörden u. öfftl. Stellen	Fw	Fahrweg
		Gw	Gehweg
▥	Brücke	WFw	Wiesen-Fahrweg
▨	Mauer	WGw	Wiesen-Gehweg
A	Acker	Schw	Schanzen-Wiese
Bp	Bauplatz	W	Wiese
Bl	Bleiche	Wg	Weidegarten
GrA	Grün-Anlage	.....	Wehr

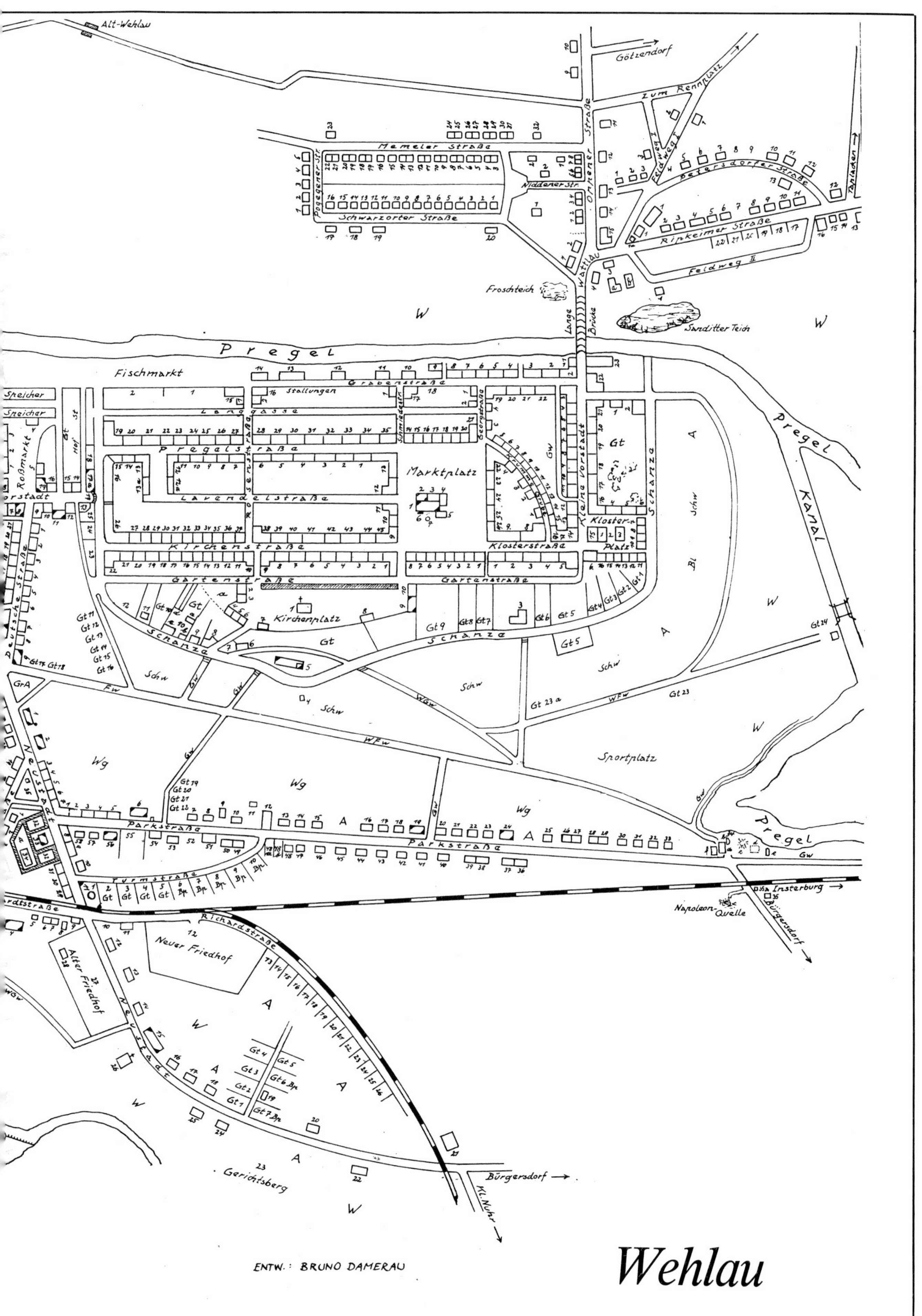
Alt-Wehlau
Götzendorf
Zum Rennplatz
Memeler Straße
Pogegener Str.
Schwarzorter Straße
Niddener Str.
Ossener Straße
Feldweg I
Petersdorfer Straße
Ripkeimer Straße
Feldweg II
Taplacken
Froschteich
Sanditter Teich
Lange
Wattlau
Brücke
Pregel
Fischmarkt
Grabenstraße
Speicher
Stallungen
Langgasse
Schmiedestr.
Georgstraße
Roßmarkt
Hof St.
Pregelstraße
Marktplatz
Lavendelstraße
Kleine Vorstadt
Schanze
Klosterplatz
Klosterstraße
Kirchenstraße
Gartenstraße
Deutsche Straße
Kirchenplatz
Kanal
Sportplatz
Neustadt
Parkstraße
Turmstraße
Richardstraße
Neuer Friedhof
Alter Friedhof
Insterburg
Bürgersdorf
Napoleon-Quelle
Gerichtsberg
Kl. Nuhr
ENTW.: BRUNO DAMERAU
Wehlau

Gemeinden in Ostpreußen mit Einwohnerzahlen

Reg.-Bez. Königsberg (Pr)

Stadt Königsberg 372 164

Bartenstein, Ostpr.	**50 448**
Allenau	528
Althof	230
Ardappen	122
Bartenstein, Stadt	12 912
Beyditten	384
Böttchersdorf	629
Damerau	555
Deutsch Wilten	759
Dietrichswalde	244
Domnau, Stadt	2 990
Eisenbart	306
Falkenau	552
Friedland, Stadt	4 417
Gallingen	800
Gallitten	275
Genditten	460
Georgenau	312
Grommels	234
Groß Klitten	275
Groß Poninken	448
Groß Schwansfeld	480
Groß Schwaraunen	462
Heinrichsdorf	309
Hermenhagen	341
Heyde	213
Hohenstein	104
Juditten	536
Kapsitten	439
Karschau	127
Kinkeim	161
Kipitten	215
Klein Schönau	304
Klingenberg	496
Kraftshagen	536
Kukehnen	79
Landskron	723
Langendorf	618
Langhanken	170
Lapkeim	288
Legienen	130
Liekeim	187
Losgehnen	180
Loyden	206
Markienen	434
Massaunen	375
Maxkeim	363
Mertensdorf	369
Nohnen	106
Paßlack	419
Plensen	369
Polkitten	181
Preußisch Wilten	410
Redden	271
Romsdorf	457
Rosenort	276
Roskeim	233
Sandlack	156
Schippenbeil, Stadt	3 434
Schönbaum	241
Schönbruch	1 139
Schönwalde	327
Schwönau	273
Sehmen	503
Siddau	266
Skitten	315
Söllen	259
Sommerfeld	192
Spittehnen	329
Stockheim	544
Stolzenfeld	390
Tromitten	356
Wangritten	186
Wehrwilten	243
Wöterkeim	543
Wohnsdorf	555
Wolmen	389
Wordommen	148
Liesken gem. fr.	561

Braunsberg, Ostpr.	**62 317**
Agstein	92
Alt Münsterberg	150
Basien	973
Betkendorf	217
Bludau	381
Blumberg	121
Bornitt	272
Borwalde	71
Braunsberg, Stadt	21 142
Bürgerwalde	315
Drewsdorf	93
Engelswalde	205
Eschenau	193
Fehlau	71
Frauenburg, Stadt	2 981
Gauden	75
Gayl	164
Gedauten	173
Gedilgen	128
Glanden	88
Groß Rautenberg	490
Grunenberg	97
Heinrichsdorf	199
Heinrikau	798
Heistern	235
Hogendorf	274
Huntenberg	107
Karben	122
Karschau	210
Kaschaunen	323
Kirschienen	182
Kleefeld	250
Klein Rautenberg	117
Klenau	177
Klingenberg	294
Komainen	161
Kreutzdorf	168
Krickhausen	285
Kurau	392
Langwalde	588
Layß	500
Lichtenau	588
Lichtwalde	149
Liebenau	150
Liebenthal	180
Lilienthal	275
Lotterbach	209
Lotterfeld	222
Mehlsack, Stadt	4 393
Mertensdorf	212
Migehnen	891
Millenberg	292
Neuhof	282
Neu Passarge	429
Open	695
Packhausen	318
Parlack	149
Paulen	227
Peterswalde	399
Pettelkau	488
Pilgramsdorf	124
Plaßwich	670
Plauten	310
Podlechen	172
Rawusen	132
Regitten	435
Rosengarth	324
Rosenwalde	116
Schafsberg	102
Schalmey	362
Schillgehnen	330
Schönau	117
Schöndamerau	598
Schönsee	190
Schwillgarben	143
Seefeld	198
Sonnenfeld	140
Sonnwalde	545
Stangendorf	162
Stegmannsdorf	209
Steinbotten	100
Straubendorf	117
Sugnienen	256
Thalbach	390
Tiedmannsdorf	795
Tolksdorf	474
Tüngen	423
Vierzighuben	259
Wagten	341
Willenberg	148
Wölken	71
Woppen	197
Wormditt, Stadt	7 817
Woynitt	141
Wusen	831
Zagern	156

Gerdauen	**35 013**
Adamswalde	205
Altendorf	718
Arnsdorf	395
Assaunen	493
Astrau	393
Bieberstein	324
Birkenfeld	539
Bokellen	379
Bruchort	67
Dietrichsdorf	280
Dreimühl	290
Ebenau	236
Ellernbruch	270
Friedenberg	383
Friedrichswalde	440
Georgenhain	444
Gerdauen, Stadt	5 118
Gerkiehnen	195
Großblankenfelde	326
Groß Gnie	570
Groß Potauern	205
Groß Schönau	387
Grünheim	225
Hochlindenberg	274
Ilmenhorst	526

Ilmsdorf	322
Kaydann	217
Kiehlendorf	181
Kleinblankenfelde	209
Kleingnie	1 015
Klinthenen	287
Kröligkeim	808
Kurkenfeld	406
Laggarben	434
Lieskendorf	238
Lindenau	426
Löcknick	331
Löwenstein	588
Mauenfelde	216
Melchersdorf	94
Molteinen	672
Momehnen	545
Mulden	894
Neuendorf	496
Neusobrost	534
Nordenburg, Stadt	3 173
Odertal	145
Peißnick	226
Pentlack	370
Petrineusaß	139
Plagbuden	297
Polleiken	233
Posegnick	663
Prätlack	175
Rädtkeim	379
Raudingen	430
Reuschenfeld	718
Schakenhof	677
Schellenberg	239
Schiffus	247
Schmodehnen	217
Schneiderin	285
Schönlinde	488
Skandau	502
Sobrost	296
Trausen	258
Waldburg	534
Wandlacken	562
Werschen	191
Wesselau	459
Willkamm	515

Heiligenbeil	**53 207**
Alt Passarge	247
Arnstein	559
Balga	755
Barsen	89
Birkenau	218
Bladiau	1 217
Bönkenwalde	266
Bolbitten	226
Bombitten	424
Brandenburg	1 596
Breitlinde	99
Deutsch Bahnau	219
Deutsch Thierau	662
Dösen	210
Eichholz	484
Eisenberg	813
Fedderau	164
Follendorf	124
Freudenthal	122
Gallingen	163
Groß Hasselberg	364
Groß Hoppenbruch	299
Groß Klingbeck	359
Groß Rödersdorf	171
Grünwalde	228
Grünwiese	242
Grunau	403
Grunenfeld	236
Hammersdorf	180
Hanswalde	649
Hasselpusch	218
Heiligenbeil, Stadt	12 100
Hermsdorf	839
Herzogswalde	212
Hohenfürst	404
Hohenwalde	496
Jäcknitz	517
Jürkendorf	140
Kahlholz	240
Karben	177
Kildehnen	116
Kirschdorf	160
Klaussitten	206
Klein Rödersdorf	233
Kleinwalde	84
Köllmisch Gehdau	80
Königsdorf	162
Konradswalde	91
Kukehnen	241
Kumgarben	95
Kuschen	150
Langendorf	130
Lank	742
Laukitten	230
Lauterbach	338
Legnitten	305
Leisuhnen	275
Lichtenfeld	794
Lindenau	396
Lönhöfen	132
Ludwigsort	1 252
Lüdtkenfürst	265
Maraunen	237
Müngen	73
Nemritten	231
Partheinen	458
Patersort	221
Pellen	208
Perbanden	77
Perwilten	216
Pinnau	67
Plössen	263
Pörschken	605
Pokarben	273
Poplitten	110
Pottlitten	227
Preußisch Bahnau	434
Quilitten	259
Rauschbach	94
Rehfeld	295
Rippen	546
Robitten	325
Rödersdorf	180
Rossen	221
Sargen	123
Schirten	323
Schölen	145
Schönborn	108
Schönfeld	303
Schönlinde	337
Schönrade	215
Schönwalde	494
Schoschen	153
Schwanis	361
Schwengels	411
Sollecken	179
Sonnenstuhl	314
Steindorf	446
Stolzenberg	549
Thomsdorf	260
Tiefensee	575
Vogelsang	305
Waltersdorf	471
Wangnicken	343
Wargitten	210
Wermten	238
Wesselshöfen	408
Wilknitt	177
Windkeim	301
Wohlau	111
Wolitta	94
Wolittnick	225
Zinten, Stadt	5 800

Heilsberg	**56 214**
Albrechtsdorf	222
Alt Garschen	315
Althof	180
Altkirch	546
Ankendorf	234
Arnsdorf	1 365
Battatron	327
Beiswalde	353
Benern	599
Bewernick	150
Blankenberg	560
Blankensee	349
Bleichenbarth	273
Blumenau	365
Bogen	244
Drewenz	205
Elditten	249
Eschenau	399
Frauendorf	497
Freimarkt	717
Friedrichsheide	108
Glottau	735
Gronau	421
Großendorf	251
Groß Klausitten	319
Guttstadt, Stadt	5 932
Heiligenfelde	126
Heiligenthal	713
Heilsberg, Stadt	11 787
Hohenfeld	84
Jegothen	206
Kalkstein	474
Katzen	280
Kerschdorf	163
Kerschen	139
Kerwienen	457
Kiwitten	434
Kleiditten	132
Kleinenfeld	210
Klingerswalde	524
Klotainen	236
Knipstein	271
Knopen	222
Kobeln	324
Konitten	128
Konnegen	280
Krekollen	627
Langwiese	183
Launau	855
Lauterhagen	438
Lauterwalde	127
Lawden	153
Liewenberg	568
Lingenau	313
Markeim	187
Mawern	169
Medien	196
Münsterberg	578
Napratten	232
Neuendorf b. Guttstadt	191
Neuendorf b. Heilsberg	290
Neu Garschen	216
Noßberg	742
Ober Kapkeim	255
Petersdorf	236
Peterswalde	537
Polpen	234
Pomehren	134
Queetz	789
Raunau	849
Regerteln	360
Rehagen	330
Reichenberg	493
Reimerswalde	619
Retsch	275
Roggenhausen	525
Rosenbeck	186
Rosengarth	776
Schlitt	529
Schmolainen	721
Schönwalde	208
Schönwiese	495
Schulen	581
Schwenkitten	170
Schwuben	111
Settau	111
Siegfriedswalde	740
Sommerfeld	304
Soritten	242
Springborn	251
Stabunken	108
Sternberg	461

Stolzhagen	456
Süssenberg	468
Thegsten	251
Tollnigk	398
Trautenau	235
Unter Kapkeim	237
Voigtsdorf	331
Waltersmühl	334
Warlack	223
Wernegitten	610
Wolfsdorf	799
Workeim	392
Wosseden	199
Wuslack	481

Labiau	**51 885**
Alt Gertlauken	788
Auerfelde	157
Auerwalde	134
Bartelshöfen	107
Beerendorf	95
Berghöfen	136
Biehnendorf	351
Bitterfelde	299
Blöcken	160
Blumenfelde	131
Bothenen	279
Breitflur	198
Burgsdorf	281
Dachsfelde	132
Danielshöfen	108
Deimehöh	213
Deimemünde	30
Deimetal	106
Domhardtfelde	249
Duhnau	132
Ehlertfelde	153
Eichenberg	220
Eichenrode	404
Elchwerder	1 048
Erlenfließ	336
Florweg	49
Friedrichsburg	334
Friedrichsrode	449
Gilge	1 154
Goldberg	386
Goltzhausen	107
Groß Baum	1 036
Groß Droosden	591
Groß Legitten	483
Groß Pöppeln	202
Groß Steindorf	222
Gutfließ	524
Habichtswalde	402
Haffwerder	898
Haffwinkel	547
Hagenwalde	147
Hallenau	135
Heiderode	92
Heiligenhain	381
Herzfelde	135
Hindenburg	1 213
Hirschdorf	163
Hohenbruch	1 155
Hügelort	243
Jorksdorf	391
Kadgiehnen	80
Kaimen	364
Kalkfelde	121
Kampken	214
Kapstücken	183
Kirschbeck	163
Kirschkeim	136
Klein Baum	92
Klein Steinsdorf	90
Korehlen	114
Kornfelde	150
Kornhöfen	103
Krakau	388
Kreuzweg	224
Labiau, Stadt	6 527
Lablacken	575
Langenheim	133
Laukischken	824
Lethenen	101
Liebenfelde	4 089
Liebenort	333
Lindenau	198
Lindenhorst	532
Ludendorff	874
Marienbruch	119
Markthausen	1 220
Mauern	351
Mettkeim	361
Mörnersfelde	250
Moritten	189
Mühlenau	276
Nautzken	235
Neuenrode	182
Neuwiese	555
Paaringen	95
Panzerfelde	138
Perdollen	254
Peremtienen	165
Plicken	101
Pogarben	72
Poßritten	137
Pronitten	732
Reiken	173
Rinderort	672
Rodenwalde	190
Rotenfeld	229
Rothöfen	126
Schakaulack	204
Schanzkrug	167
Scharlack	294
Schlicken	376
Schulkeim	110
Sellwethen	369
Senseln	189
Sergitten	179
Sielkeim	371
Spannegeln	214
Stenken	170
Theut	213
Thiemsdorf	252
Timber	529
Timberhafen	239
Wachsnicken	151
Waldwinkel	607
Wanghusen	208
Wartenburg	112
Weißenbruch	314
Welmdeich	272
Willmanns	127
Wittenrode	129
gemeindefrei:	
Erlenwald, Forst	41
Liebenfelde, Forst	367
Pfeil, Forst	240
Tawellenbruch, Forst	4 325

Mohrungen	**56 255**
Alt Bestendorf	509
Alt Christburg	988
Altstadt	364
Auer	419
Bärting	275
Bagnitten	148
Banners	267
Barten	269
Bauditten	548
Bensee	124
Bolitten	335
Boyden	240
Buchwalde	252
Bündtken	244
Dittersdorf	370
Eckersdorf	682
Freiwalde	1 015
Georgenthal	847
Gergehnen	334
Gerswalde	1 026
Görken	142
Golbitten	121
Goldbach	353
Goyden	234
Groß Arnsdorf	609
Groß Gottswalde	356
Groß Hanswalde	340
Groß Hermenau	432
Groß Münsterberg	273
Groß Sauerken	57
Groß Trukainen	92
Groß Wilmsdorf	349
Gubitten	266
Güldenboden	430
Hagenau	840
Heinrichsdorf	295
Herzogswalde	694
Himmelforth	616
Horn	769
Jäskendorf	407
Kämmen	138
Kahlau	821
Kallisten	353
Karnitten	340
Kerpen	218
Klein Hanswalde	179
Klogehnen	52
Königsdorf	392
Kolteney	425
Kornellen	214
Koschainen	305
Kranthau	98
Kunzendorf	205
Kuppen	399
Liebstadt, Stadt	2 742
Liebwalde	591
Linkenau	316
Löpen	248
Miswalde	735
Mohrungen, Stadt	8 373
Mortung	292
Mothalen	192
Motitten	176
Nickelshagen	485
Paradies	217
Paulehnen	142
Paulken	337
Pittehnen	148
Pörschken	106
Polkehnen	111
Pollwitten	465
Ponarien	277
Prägsden	95
Preußisch Mark	437
Prökelwitz	520
Reichau	881
Reichenthal	269
Reichertswalde	410
Reußen	545
Rollnau	457
Saalfeld, Stadt	3 120
Sadlauken	142
Samrodt	822
Sassen	246
Schertingswalde	213
Schliewe	206
Schnellwalde	570
Schönaich	120
Schwalgendorf	658
Schwenkendorf	287
Seegertswalde	775
Seubersdorf	654
Silberbach	607
Simnau	604
Skollwitten	140
Sonnenborn	751
Sorbehnen	367
Sorrehnen	436
Sportehnen	111
Stollen	304
Taabern	327
Terpen	225
Venedien	441
Vorwerk	459
Waltersdorf	571
Weepers	252
Weinsdorf	732
Wiese	899
Willnau	283
Winkenhagen	227
Wodigehnen	69

Preußisch Eylau	**56 385**
Abschwangen	608
Ackerau	378
Albrechtsdorf	842
Almenhausen	298
Althof	517
Alt Steegen	361
Arnsberg	291
Augam	278
Bandels-Sand	216
Bartelsdorf	378
Bekarten	129
Blankenau	265
Blumstein	285
Bönkeim	398
Borchertsdorf	276
Borken	357
Buchholz	587
Dixen	222
Döbnicken	243
Dollstädt	296
Eichen	323
Eichhorn	337
Finken	337
Frisching	506
Glandau	658
Glauthienen	248
Grauschienen	103
Graventhien	314
Groß Dexen	114
Groß Lauth	616
Groß Sausgarten	284
Grünbaum	281
Grünwalde	411
Guttenfeld	174
Hanshagen	457
Hoofe	519
Hoppendorf	293
Hussehnen	384
Jesau	1 976
Kanditten	928
Kavern	286
Kilgis	301
Klaussen	84
Klein Sausgarten	274
Kniepitten	779
Kreuzburg, Stadt	2 007
Kromargen	390
Krücken	169
Kumkein	388
Kutschitten	120
Lampasch	167
Landsberg, Stadt	3 120
Legden	554
Lewitten	397
Lichtenfelde	215
Liepnicken	195
Loschen	149
Mollwitten	325
Moritten	225
Mostitten	359
Mühlhausen	939
Naunienen	204
Neucken	150
Neuendorf	214
Packerau	231
Papperten	131
Parösken	225
Peisten	247
Petershagen	423
Pompicken	223
Porschkeim	264
Poschloschen	235
Posmahlen	329
Powarschen	116
Preußisch Eylau, Stadt	7 485
Pudelkeim	181
Quehnen	207
Reddenau	448
Roditten	144
Rositten	804
Rothenen	170
Sangnitten	369
Schlauthienen	159
Schmoditten	507
Schnakeinen	219
Schönwiese	579
Schrombehnen	636
Seeben	527
Serpallen	106
Sieslack	370
Sollau	187
Sollnicken	491
Sortlack	121
Strobehnen	181
Tenknitten	213
Tharau	786
Thomsdorf	284
Tiefenthal	257
Tolks	495
Topprienen	439
Trinkheim	200
Uderwangen	1 616
Vierzighuben	342
Wackern	249
Wangnick	207
Warschkeiten	321
Weischnuren	243
Wildenhoff	333
Wittenberg	897
Wöterkeim	195
Wogau	452
Worglitten	279
Worienen	709
Worschienen	132
Zohlen-Perscheln	192
gemeindefrei:	
Stablack	2 730

Preußisch Holland	**37 492**
Alken	148
Alt Dollstädt	275
Alt Kußfeld	45
Alt Teschen	88
Angnitten	277
Awecken	308
Baarden	262
Behlenhof	332
Blumenau	293
Borchertsdorf	300
Bordehnen	188
Breunken	108
Briensdorf	361
Buchwalde	154
Bürgerhöfen	95
Bunden	229
Deutschendorf	620
Döbern	685
Draulitten	234
Drausenhof	144
Ebersbach	430
Falkhorst	130
Fürstenau	381
Göttchendorf	210
Greißings	59
Groß Thierbach	291
Grünhagen	755
Günthersdorf	182
Hasselbusch	80
Heiligenwalde	380
Hermannswalde	176
Hermsdorf	516
Herrndorf	467
Hirschfeld	1 154
Hohendorf	488
Jankendorf	441
Jonikam	35
Kalthof	296
Karwinden	245
Karwitten	158
Königsblumenau	724
Kopiehnen	96
Krapen	191
Krickehnen	114
Krönau	281
Krossen	273
Lägs	147
Langenreihe	159
Lauck	402
Liebenau	137
Lohberg	241
Lomp	276
Luxethen	350
Mäken	151
Marienfelde	368
Mühlhausen, Stadt	3 008
Nauten	200
Neu Dollstädt	763
Neuendorf	421
Neumark	434
Neu Münsterberg	257
Neu Teschen	110
Peiskam	202
Pergusen	144
Plehnen	76
Podangen	223
Preußisch Holland, Stadt	6 345
Quittainen	380
Rapendorf	306
Reichenbach	732
Reichwalde	612
Robitten	153
Rogau	148
Rogehnen	522
Rossitten	257
Schlobitten	672
Schlodien	597
Schmauch	489
Schönaich	143
Schönberg	269
Schönborn	193
Schönfeld	349
Schönfließ	200
Schönwiese	115
Seepothen	196
Sommerfeld	585
Steegen	418
Sumpf	304
Tippeln	231
Weeskendorf	231
Wiese	362
Zallenfelde	258
Weeskenhof gem.-fr.	657

Rastenburg	**57 223**
Alt Rosenthal	418
Babziens	346
Bäslack	686
Bannaskeim	432
Barten, Stadt	1 543
Baumgarten	568
Blaustein	462
Borschenen	94
Bürgersdorf	329
Dönhofstädt	1 526
Drengfurt, Stadt	2 289
Freudenberg	463
Fürstenau	778
Glaubitten	445
Godocken	162
Groß Galbuhnen	381
Groß Köskeim	161
Groß Neuhof	803
Groß Winkeldorf	153
Gudnick	223
Heiligelinde	229
Jäglack	414
Jankenwalde	184
Kaltwangen	172
Kamplack	104
Karschau	435
Kemlack	172
Korschen	3 042
Kotittlack	198
Krausendorf	381
Kremitten	252
Lablack	76
Lamgarben	652
Langheim	733
Laxdoyen	174
Marienthal	429
Meistersfelde	312
Modgarben	307
Muhlack	363
Neuendorf	96
Neu Rosenthal	628
Paaris	459
Partsch	312

Pastern	108
Plehnen	472
Podlacken	221
Podlechen	275
Pötschendorf	521
Pohiebels	459
Prangenau	526
Prassen	1 469
Pülz	771
Rastenburg, Stadt	19 634
Rodehlen	612
Salzbach	321
Sansgarben	219
Sausgörken	361
Scharfs	355
Schlömpen	103
Schönfließ	566
Schrankheim	321
Schülzen	369
Schwarzstein	1 590
Seeligenfeld	496
Spiegels	197
Stettenbruch	163
Sußnick	241
Taberwiese	284
Tolksdorf	563
Wehlack	380
Weischnuren	269
Weitzdorf	145
Wendehnen	216
Wenden	812
Widrinnen	471
Wilkendorf	574
Wolfshagen	378
Woplauken	217
Zandersdorf	158

Samland	**120 246**
Altenberg	250
Alt Katzkeim	189
Arnau	438
Aweyken	81
Bärwalde	608
Battau	170
Bergau	338
Berthaswalde	137
Biegiethen	185
Bieskobnicken	111
Birkenwalde	179
Bledau	656
Bludau	637
Borchersdorf	590
Brasdorf	349
Bulitten	460
Cranz	5 079
Damerau	354
Dargen	147
Dommelkeim	387
Dopsattel	173
Dorben	156
Dossitten	464
Drebnau	253
Drugehnen	820
Eisliethen	354
Eisseln	63
Elchdorf	274
Eythienen	270
Fischhausen, Stadt	3 879
Friedrichstein	525
Fuchsberg	959
Fuchshöfen	349
Gaffken	321
Gallgarben	546
Gamsau	249
Garbseiden	348
Geidau	284
Georgenswalde	791
Germau	1 140
Godnicken	859
Godrienen	773
Goldschmiede	695
Gollau	409
Goythenen	108
Groß Barthen	238
Groß Blumenau	1 013
Groß Dirschkeim	642
Großheidekrug	2 411
Groß Hubnicken	467
Groß Kuhren	844
Groß Ladtkeim	538
Groß Lindenau	1 507
Groß Mischen	693
Groß Ottenhagen	875
Grünhoff	472
Gutenfeld	1 334
Heidemaulen	235
Heidewaldburg	298
Heiligenkreutz	429
Heiligenwalde	716
Horst	130
Jäskeim	389
Jungferndorf	249
Kalkeim	64
Kallen	359
Karmitten	249
Kirschnehmen	504
Klein Dirschkeim	376
Klein Hubnicken	318
Klein Kuhren	234
Klein Ottenhagen	231
Knöppelsdorf	529
Kobbelbude	430
Kojehnen	212
Konradswalde	254
Korreynen	355
Kraam	550
Kragau	245
Kraussen	1 520
Kropiens	539
Kuikeim	164
Kumehnen	793
Langendorf	158
Laptau	611
Lauknicken	80
Legden	198
Lengniethen	315
Lichtenhagen	317
Lindenau	190
Liska-Schaaken	566
Lobitten	169
Löwenhagen	906
Loppöhnen	155
Ludwigswalde	712
Mahnsfeld	522
Mandeln	771
Mantau	376
Marienhof	283
Marscheiten	141
Maulen	490
Medenau	1 202
Michelau	363
Mogahnen	407
Molsehnen	640
Mülsen	359
Nautzwinkel	294
Neuendorf	247
Neuhäuser	961
Neuhausen	4 198
Neuhof	573
Neukuhren	4 779
Neu Lindenau	190
Nickelsdorf	149
Nöttnicken	96
Norgau	497
Norgehnen	175
Paggehnen	155
Palmburg	768
Palmnicken	3 079
Perteltnicken	270
Perwissau	279
Peyse	2 196
Pillau, Seestadt	12 379
Pillkopen	301
Pobethen	1 358
Pogauen	432
Poggenpfuhl	462
Pojerstieten	367
Posselau	109
Postnicken	847
Powayen	140
Powunden	703
Prawten	246
Ramsen	149
Rantau	586
Rauschen	2 542
Regehnen	501
Rosignaiten	198
Rossitten	691
Rothenen	362
Rudau	1 053
Saltnicken	53
Sanglienen	223
Sankt Lorenz	704
Sarkau	705
Schaaksvitte	607
Schalben	159
Schlakalken	184
Schmiedehnen	169
Schönmohr	297
Schönwalde	553
Schorschehnen	94
Schuditten	468
Schugsten	535
Seerappen	1 731
Seewalde	140
Sorthenen	139
Sperlings	426
Stantau	329
Steinbeck	811
Steinort	218
Sudnicken	473
Syndau	250
Tenkitten	258
Thiemsdorf	190
Thierenberg	624
Trankwitz	469
Tranßau	329
Trentitten	555
Trömpau	307
Trutenau	419
Uggehnen	679
Waldau	789
Waldburg	308
Wardienen	95
Wargen	901
Wargienen	328
Weidehnen	356
Weißenstein	343
Wernsdorf	154
Wickbold	479
Widitten	351
Wiekau	273
Willkeim	294
Willkühnen	388
Wischehnen	263
Wolfsdorf	230
Worienen	228
Wosegau	432
Woytnicken	148
Wundlacken	337
Ziegelau	331
Groß Bruch, gem.-fr.	43

Wehlau	**50 236**
Allenburg, Stadt	2 694
Aßlacken	319
Auerbach	157
Bartenhof	237
Bieberswalde	297
Biothen	378
Brandlacken	40
Bürgersdorf	452
Dachsrode	65
Damerau	118
Eichen	376
Eiserwagen	250
Ernstwalde	150
Freudenfeld	218
Friedrichsdorf	350
Friedrichsthal	282
Frischenau	317
Fritschienen	101
Fuchshügel	208
Gauleden	991
Genslack	406

Goldbach	951
Grauden	104
Groß Allendorf	295
Groß Birkenfelde	49
Groß Budlacken	74
Groß Engelau	615
Groß Keylau	218
Groß Michelau	175
Groß Nuhr	337
Groß Ponnau	239
Großudertal	255
Grünhayn	408
Grünlinde	320
Gundau	146
Guttschallen	191
Hanswalde	160
Hasenberg	257
Holländerei	194
Imten	321
Irglacken	208
Jägersdorf	46
Kallehnen	95
Klein Budlacken	36
Klein Engelau	318
Klein Nuhr	534
Klein Ponnau	109
Klinglacken	26
Knäblacken	62
Koddien	141
Köllmisch Damerau	108
Köthen	128
Koppershagen	199
Kortmedien	164
Kühnbruch	50
Kuglack	152
Kuglacken	504
Kukers	135
Langendorf	313
Leipen	96
Leißienen	425
Lindendorf	340
Magotten	106
Moptau	108
Moterau	399
Nalegau	98
Neuendorf	225
Neumühl	249
Nickelsdorf	336
Parnehnen	565
Paterswalde	1 225
Pelkeninken	146
Petersdorf	464
Pettkuhnen	133
Plauen	398
Plibischken	227
Plompen	43
Pomedien	351
Poppendorf	409
Pregelswalde	700
Reinlacken	225
Reipen	127
Richau	284
Ringlacken	37
Rockeimswalde	187
Roddau-Perkuiken	401
Romau	195
Rosenfelde	80
Sanditten	789
Schallen	254
Schiewenau	438
Schillenberg	168
Schirrau	487
Schönrade	199
Schorkenicken	83
Sechshuben	78
Sielacken	64
Skaten	87
Sprindlack	119
Stadthausen	93
Stampelken	293
Starkenberg	398
Stobingen	479
Tapiau, Stadt	9 272
Taplacken	415
Tölteninken	172
Uderhöhe	134
Wargienen	193
Warnien	120
Wehlau, Stadt	8 536
Weidlacken	237
Weißensee	646
Wilkendorf	469
Wilmsdorf	87
Zohpen	304

Regierungsbezirk Gumbinnen

Stadt Insterburg	**48 711**
Stadt Memel	**41 297**
Stadt Tilsit	**59 105**
Angerapp	**31 549**
Adamsheide	262
Albrechtau	157
Albrechtshof	228
Almental	256
Altentrift	69
Altheide	324
Altlautersee	135
Altlinde	92
Altsauswalde	142
Alt Thalau	63
Ammerau	176
Angerapp, Stadt	4 336
Auerfluß	374
Aussicht	162
Ballethen	447
Balschdorf	144
Balsken	133
Berglingen	156
Bidenteich	173
Bindemark	63
Blinkersee	117
Brahetal	210
Brassen	67
Brenndenwalde	145
Brettken	103
Bruderhof	155
Brunshöfen	42
Christiankehmen	222
Dachshausen	208
Dingelau	235
Dittwiese	66
Drachenberg	89
Eibenburg	296
Elken	187
Erlenflet	98
Ernstburg	320
Eschingen	287
Finkenwalde	60
Friedeck	165
Friedrichsberg	310
Fritzenau	132
Gahlen	344
Gembern	257
Gleisgarben	270
Golsaue	134
Grieben	198
Grieswalde	196
Grimmen	266
Großbachrode	112
Großbeinuhnen	215
Groß Grobienen	181
Groß Illmen	95
Groß Jahnen	180
Großkallwen	104
Großlautersee	53
Großmedien	280
Groß Ragauen	204
Groß Skirlack	229
Groß Sobrost	221
Großsteinau	127
Großzedmar	108
Grünblum	73
Gründann	35
Grünsiedel	94
Gruneiken	78
Gudwainen	49
Gudwallen	560
Gutbergen	124
Hallweg	338
Hasenbrück	121
Hilpertswerder	84
Ilgenau	185
Jodanen	108
Jürgenfelde	290
Julienfelde	150
Jungferngrund	67
Kamanten	106
Kanden	155
Kannen	205
Karkeim	168
Karpauen	342
Kermen	250
Kermenau	77
Kleedorf	74
Kleinangerapp	388
Kleinbachrode	90
Kleinbeinuhnen	369
Klein Grobienen	69
Kleinlautersee	211
Klein Ragauen	58
Klein Skirlack	189
Klein Sobrost	139
Kleinzedmar	69
Kleschauen	163
Königsgarten	179
Köskeim	74
Konradshof	216
Kranichfelde	199
Kreuzhausen	203
Kreuzstein	108
Krucken	69
Kudern	135
Kuppenwiese	114
Kurschen	131
Labonen	184
Langenrück	69
Linnemarken	42
Loppinnen	48
Maiden	107
Marienwalde	316
Meltbach	79
Mentau	81
Menturren	70
Meßken	93
Milchbude	19
Missen	69
Neubeinuhnen	92
Neusauswalde	82
Neu Thalau	82
Notrienen	73
Oberhofen	82
Ostkehmen	67
Peterkeim	82
Puttkammer	54
Ragen	57
Ramfelde	113
Rauben(-Degelgirren)	122
Raunen	105
Rogalwalde	214
Rosenberg	50
Roßkamp	111
Rüttelsdorf	147
Runden	159
Sandeck	126
Sanden	500
Sauckenhof	208
Sausreppen	251

Schanzenhöh	124
Schiedelau	146
Schimmelhof	90
Schlieben	98
Schönfels	168
Schönwall	70
Schudau	66
Seehagen	50
Seehügel	88
Sillenfelde	234
Sodehnen	422
Stillheide	180
Ströpken	259
Stroppau	292
Tatarren	267
Tiefenhagen	68
Trempen	872
Uhlenhorst	207
Ursfelde	91
Waldkerme	156
Wehrwalde	102
Wiecken	268
Wiesenbrunn	93
Wiesenhausen	180
Wildhorst	99
Wilhelmsberg	578
Wittbach	201

Angerburg	**42 744**
Albrechtswiesen	494
Andreastal	456
Angerburg, Stadt	10 922
Angertal	172
Benkheim	1 970
Bergensee	431
Birkenhöhe	241
Borkenwalde	310
Buddern	897
Doben	227
Dowiaten	205
Engelstein	592
Gembalken	139
Geroldswalde	215
Gronden	367
Groß Budschen	443
Großgarten	1 551
Groß Guja	447
Groß Strengeln	262
Gurren	402
Haarschen	811
Hartenstein	412
Heidenberg	540
Herbsthausen	385
Hochsee	193
Jakunen	749
Jorken	354
Kanitz	509
Kehlen	777
Kerschken	311
Kleinkutten	231
Klein Strengeln	348
Knobbenort	193
Kruglanken	1 222
Kulsen	330
Kutten	413
Langbrück	383
Lindenwiese	256
Lissen	749
Masehnen	374
Neu Freudenthal	284
Ostau	229
Paßdorf	377
Paulswalde	425
Perlswalde	325
Primsdorf	401
Raudensee	373
Rehsau	334
Rochau	299
Rosengarten	1 139
Salpen	537
Schwenten	828
Seehausen	450
Siewen	259
Siewken	401
Soldahnen	430
Soltmahnen	517
Sonnheim	315
Steinort	629
Steinwalde	363
Stullichen	175
Sunkeln	175
Surminnen	455
Taberlack	255
Talheim	391
Thiergarten	635
Treugenfließ	138
Wensen	240
Wenzken	510
Wiesental	364
Wieskoppen	154
Wolken (Sperling), gem.-fr.	54

Ebenrode	**41 265**
Absteinen	147
Alexbrück	367
Almen	83
Altbruch	66
Altenfließ	68
Amalienhof	275
Andersgrund	95
Antonshain	68
Baringen	432
Bartztal	129
Berningen	120
Bersbrüden	181
Bilderweiten	342
Birkenmühle	1 076
Bißnen	68
Blocksberg	106
Brandrode	38
Bredauen	482
Bruchhöfen	338
Brücken	92
Burgkampen	591
Buschfelde	296
Damerau	229
Datzken	48
Deeden	70
Disselberg	112
Dräwen	114
Drusken	198
Dürrfelde	107
Ebenrode, Stadt	6 608
Eichhagen	339
Eichkamp	231
Eimental	83
Ellerau	117
Ellerbach	106
Erlenhagen	249
Eydtkau, Stadt	4 922
Finkenschlucht	71
Föhrenhorst	322
Freieneck	45
Fuchshagen	184
Germingen	79
Göritten	467
Grenzen	106
Grenzkrug	55
Grieben	113
Groß Degesen	277
Groß Trakehnen	1 518
Grünhof	125
Grünweide	300
Grundhausen	26
Gutweide	91
Hainau	462
Haldenau	235
Haselgrund	68
Heimfelde	187
Hellbrunn	47
Hochmühlen	190
Hochtann	81
Hohenfried	166
Hohenschanz	118
Hollenau	184
Hopfenbruch	112
Hügeldorf	77
Jocken	77
Jürgenrode	65
Kalkhöfen	158
Kassuben	243
Kattenau	696
Kickwieden	145
Kinderfelde	55
Kinderhausen	208
Kischken	118
Klimmen	114
Kögsten	53
Krähenwalde	70
Krebsfließ	96
Kummeln	176
Lauken	206
Leegen	81
Lehmau	114
Lehmfelde	92
Lengen	96
Lengfriede	191
Lerchenborn	263
Lichtentann	77
Lucken	168
Malissen	153
Martinsort	48
Matten	86
Mecken	72
Mehlkinten	43
Mildenheim	69
Mühlengarten	460
Narwickau	145
Nassawen	402
Neuenbach	49
Neu Trakehnen	801
Nickelsfelde	102
Norwieden	100
Packern	45
Parkhof	58
Pfeifenberg	37
Platen	82
Pohlau	98
Preußenwall	56
Quellbruch	98
Raineck	133
Randau	91
Raschen	47
Rauhdorf	71
Rauschendorf	87
Rauschmünde	65
Rehbusch	127
Ribben	101
Rodebach	261
Rohren	187
Romeiken	149
Russen	29
Sandau	72
Sannen	117
Schanzenort	545
Schapten	73
Scharfeneck	271
Schellendorf	240
Schenkenhagen	196
Schleusen	173
Schleuwen	54
Schloßbach	791
Schmilgen	36
Schuckeln	48
Schützenort	147
Schuggern	49
Schwanen	29
Seebach	114
Seehausen	141
Seekampen	178
Semmetimmen	56
Sinnhöfen	101
Sodargen	368
Soginten	93
Sonnenmoor	182
Stadtfelde	602
Stärken	34
Stehlau	170
Steinhalde	175
Stobern	51
Stolzenau	161
Ströhlen	60
Sudeiken	32
Talfriede	73
Tannenmühl	224
Tauern	88
Teichacker	139

Trakehnen	501
Tutschen	471
Ulmenau	42
Urfelde	141
Wabbeln	176
Wagonen	29
Weidenkreuz	191
Weitendorf	28
Weitenruh	65
Wenzbach	326
Wickenfeld	156
Wilken	53
Willdorf	60
Wilpen	112
Windberge	133
Wirbeln	107
Wittkampen	114
Wohren	64

Elchniederung	**54 867**
Ackeln	113
Adelau	58
Adlig Linkuhnen	379
Ahlgarten	62
Allgau	67
Altdümpelkrug	121
Altengilge	195
Altginnendof	105
Alt Iwenberg	84
Altmühle	190
Altschanzenkrug	131
Alt Seckenburg	211
Alt Sellen	147
Amtal	136
Anmut	47
Ansorge	147
Antonswiese	150
Argemünde	246
Argendorf	220
Argental	276
Aschenberg	73
Aschpalten	82
Balten	111
Berkeln	298
Birkenheim	120
Bolzfelde	104
Bolzhagen	113
Borstehnen	16
Brandenburg	154
Breitenhof	97
Brittanien	334
Budeweg	127
Bürgerhuben	121
Buttenhagen	82
Dannenberg	156
Demmen	151
Deschen	310
Doblienen	64
Dünen	358
Deckwalde	182
Elbings Kolonie	601
Elchwinkel	155
Erlen	145
Erlenrode	73
Eschenberg	200
Falkenhöhe	139
Finkenhof	136
Friedeberg	270
Friedlau	87
Georgenforst	104
Georgenheide	144
Gerhardsgrund	165
Gerhardsheim	150
Gerhardshöfen	56
Gerhardswalde	105
Gerhardsweide	202
Gilgenfeld	171
Gilgetal	285
Gilkendorf	94
Ginkelsmittel	244
Gobienen	112
Gowarten	333
Grenzberg	358
Grieteinen	142
Gronwalde	248
Groß Friedrichsdorf	1 196
Großheidenstein	68
Groß Heinrichsdorf	181
Groß Marienwalde	196
Großwalde	230
Grünau	238
Grünbaum	133
Gründann	287
Grüneberg	111
Grünhausen	464
Grünhof-Kippen	76
Grünwiese	151
Gruten	164
Gutsfelde	121
Haslingen	104
Heideckshof	220
Heinrichswalde	3 460
Herdenau	592
Herrendorf	144
Hochdünen	126
Hohenberge	196
Hoheneiche	128
Hohensprindt	282
Hohenwiese	147
Ibenberg	111
Ibenwerder	75
Inse	545
Iwenheide	58
Jägerhöh	364
Jagsten	272
Jodingen	86
Johannsdorf	99
Kämpen	103
Karkeln	885
Kastaunen	358
Kieslau	46
Kischen	104
Kleeburg	161
Kleindünen	162
Kleinerlenrode	106
Klein Friedrichsdorf	39
Klein Friedrichsgraben	328
Kleingrenzberg	54
Kleinheidenstein	62
Klein Heinrichsdorf	203
Klein Marienwalde	94
Kleinrokitten	29
Kleinsommershöfen	100
Kleinwalde	36
Kleinwarschen	76
Klemenswalde	337
Kloken	581
Köllmisch Linkuhnen	71
Köllmisch Schnecken	73
Kreuzingen	2 256
Kripfelde	184
Kuckerneese	4 492
Kurrenberg	86
Kurwe	22
Kurwensee	85
Kussenberg	138
Lakendorf	135
Langenberg	82
Lehmbruch	50
Leitwarren	67
Lentenbude	81
Lessen	68
Lindendorf	134
Lindental	372
Lischau	132
Loye	279
Mägdeberg	110
Margen	119
Milchhof	176
Motzfelde	150
Mühlenkreuz	229
Mühlmeistern	180
Nassenfelde	113
Neuendorf	161
Neufelde	349
Neufrost	184
Neuginnendorf	51
Neukirch	1 487
Neulinkuhnen	89
Neuschleuse	164
Neu Sellen	59
Neusorge Ksp. Heinrichswalde	331
Neusorge Ksp. Kuckerneese	76
Noiken	301
Ossafelde	247
Oswald	220
Parwen	197
Perkuhnen	102
Peterswalde	417
Plein	140
Polenzhof	207
Raging	212
Rautenburg	307
Rautersdorf	205
Rauterskirch	598
Rehwalde	77
Rewellen	96
Rokitten	91
Rosenwalde	151
Ruckenfeld	266
Ruckenhagen	88
Rutenfelde	32
Schackwiese	143
Schakendorf	367
Schalteck	135
Schlichtingen	147
Schneckenwalde	481
Schneiderende	119
Schönrohr	57
Schönwiese	299
Schorningen	71
Schulzenwiese	358
Schwanensee	207
Seckenburg	1 488
Selsen	82
Sköpen	414
Skören	266
Skulbetwarren	142
Skuldeinen	118
Sommershöfen	72
Sprosserweide	112
Steilberg	139
Stellwagen	193
Stobingen	120
Streulage	80
Stucken	240
Tannenhöhe	85
Tawe	840
Tawellenbruch	455
Tewellen	138
Thomaten	361
Trammen	276
Tranatenberg	112
Trumpenau	181
Urbansprind	297
Vielbrücken	163
Warsche	63
Warschfelde	161
Warskillen	132
Warten	149
Wartenfeld	183
Wartenhöfen	660
Wegnersdorf	18
Wildwiese	524
Wilhelmsbruch	434
Wilhelmsheide	234
Wittken	158
Wolfsberg	148
Wolfsdorf	128
Ziegelberg	162
gemeindefrei:	
Ibenhorst, Forst	378
Schnecken, Forst	407
Tawellenbruch, Forst	116

Goldap	**45 825**
Äschenbruch	118
Albrechtsrode	166
Altenbude	306
Altenwacht	55
Altenzoll	50
Amberg	48
Arnswald	466
Auersfeld	88
Ballenau	99
Barkau	247

Bastental	123
Beierswalde	276
Bergerode	75
Bergershof	58
Bergesruh	171
Billenau	73
Birkendorf	154
Bodenhausen	832
Bornberg	142
Burgfelde	432
Buschbach	125
Daken	62
Deeden	65
Dobauen	168
Dubeningen	404
Duneiken	389
Ebershagen	52
Eckertsberg	141
Eichicht	284
Ellern	126
Elsgrund	279
Engern	272
Erlensee	116
Forsthausen	188
Frankeneck	93
Freienfeld	81
Freudenau	59
Friedrichau	78
Friedrichswalde	187
Gehlweiden	477
Gellenau	59
Gerwalde	60
Glaubitz	277
Gnadenheim	240
Goldap, Stadt	12 786
Grilsen	59
Grimbach	65
Grischken	118
Grönfleet	231
Großfreiendorf	173
Großguden	141
Grünhügel	57
Gulbensee	79
Gurnen	599
Hainholz	37
Hallenfelde	504
Hardteck	1 191
Hartental	67
Hegelingen	361
Heidensee	47
Hellerau	106
Herandstal	694
Hermeshof	259
Herzogsrode	394
Hitlershöhe	133
Hohenrode	143
Hohenwaldeck	167
Holzeck	225
Jägersee	128
Jagdbude	78
Jarkental	335
Johannisberg	168
Kaltenbach	63
Kaltensee	159
Kaschen	155
Keckskeim	90
Klarfließ	62
Kleinau	42
Kleinguden	114
Kornberg	230
Kosmeden	208
Kräuterwiese	33
Kraghof	66
Kühlberg	67
Kunzmannsrode	298
Kurnen	174
Langensee	170
Langenwasser	223
Lengenfließ	122
Liegetrocken	152
Linnau	155
Loien	231
Loken	81
Maleiken	81
Martinsdorf	168
Matztal	103
Meschen	179
Mörleinstal	227
Motzken	73
Neumagdeburg	57
Noldental	56
Nordenfeld	105
Ossau	43
Pabbeln	70
Padingen	181
Pellau	57
Pellkauen	189
Pfalzberg	75
Pfalzrode	107
Pickeln	276
Plauendorf	153
Pöwen	143
Praßlau	76
Preußischnassau	138
Quellental	84
Rabeneck	36
Rappenhöh	270
Rauental	169
Reddicken	72
Reutersdorf	58
Ribbenau	168
Ringfelde	104
Rodenheim	173
Rodenstein	135
Rogainen	395
Rominten	309
Rotenau	20
Rothebude	156
Salzburgerhütte	54
Satticken	166
Schackeln	243
Schäferberg	235
Schardingen	237
Scharnen	132
Scheeben	104
Schelden	554
Schlaugen	198
Schneegrund	210
Schönheide	411
Schöntal	411
Schwadenfeld	280
Seefelden	169
Serguhnen	76
Serteck	102
Spechtsboden	223
Sprindberg	175
Staatshausen	174
Steinhagen	287
Steinheide	108
Summau	99
Tannenhorst	101
Texeln	193
Thomasfelde	365
Tiefenort	203
Tollmingen	395
Tulkeim	185
Unterfelde	307
Urbansdorf	393
Wangenheim	79
Warnen	231
Wartenstein	117
Wehrfeld	66
Wehrkirchen	1 270
Wellenhausen	190
Widmannsdorf	271
Wildwinkel	66
Winterberg	160
Wittigshöfen	533
Zapfengrund	82
Zellmühle	608
Zoden	73
Zollteich	82

Gumbinnen	**55 272**
Adamshausen	455
Altkrug	753
Altlinden	60
Altweiler	120
Amtshagen	470
Angereck	337
Angerfelde	184
Angerhöh	346
Austfelde	61
Bärenhagen	67
Bahnfelde	194
Balbern	50
Bergenbrück	98
Bergendorf	201
Berstenau	105
Birkenhöhe	101
Birkenried	234
Bismarckshöh	118
Blecken	286
Branden	227
Brauersdorf	81
Brückental	132
Buchenrode	70
Bumbeln	181
Chorbuden	65
Dauginten	160
Eggenhof	122
Eichenfeld	252
Erlengrund	358
Eyßeln	63
Falkenhausen	128
Florhof	133
Forsteck	125
Frankenhof	59
Freudenhoch	58
Friedrichsfelde	29
Fuchstal	63
Gertenau	98
Gerwen	580
Girnen	208
Groß Baitschen	306
Groß Datzen	165
Großgauden	338
Groß Mixeln	173
Großpreußenbruch	100
Großpreußenwald	193
Großstangenwald	221
Großwaltersdorf	480
Grünfließ	176
Grünhaus	202
Gumbinnen, Stadt	24 534
Habichtsau	133
Hagelsberg	87
Haselhof	51
Hasenrode	119
Heinsort	169
Herzogskirch	291
Heubude	50
Hochfließ	486
Hoheneck	48
Hohenfried	163
Hohenwerder	89
Jäckstein	79
Jägersfreude	199
Jägershagen	311
Jürgendorf	75
Jungort	177
Kahlheim	250
Kailen	39
Kaimelau	189
Kaimelskrug	168
Kanthausen	374
Karmohnen	97
Kleehagen	221
Klein Baitschen	165
Kleingauden	67
Kleinpreußenbruch	188
Kleinpreußenwald	185
Kleinstangenwald	90
Klein Trakehnen	573
Kleinweiler	75
Korellen	76
Krammsdorf	195
Krausenbruck	74
Krügertal	49
Kubbeln	252
Kutten	164
Lampshagen	43
Langenweiler	164
Laurinshof	99
Lolen	217
Lorenzfelde	261
Luschen	231
Lutzen	78
Martinshof	77
Matzhausen	285
Matzrode	132

Mertinshagen	78
Mittenfelde	118
Moorhof	152
Moosgrund	144
Nemmersdorf	637
Neuenburg	47
Neuhufen	53
Neupassau	118
Norbuden	125
Ohldorf	1 181
Pabbeln	99
Pendershof	100
Peterstal	171
Pfälzerort	70
Pfälzerwalde	243
Pötschwalde	255
Praßfeld	344
Preußendorf	917
Puspern	442
Rahnen	77
Reckeln	62
Richtfelde	238
Riedwiese	81
Ringfließ	96
Röden	67
Rohrfeld	210
Roloffseck	133
Roseneck	74
Rosenfelde	94
Roßlinde	305
Rotenkamp	63
Rotweiler	74
Samfelde	236
Sampau	83
Schmilgen	151
Schöppenfelde	135
Schublau	60
Schulzenwalde	382
Schunkern	171
Schwarzenau	72
Schweizerau	82
Schweizersfelde	216
Schweizertal	380
Seewiese	191
Seilhofen	94
Sodeiken	553
Sprindort	152
Springen	208
Steffensfelde	266
Tannsee	291
Tellrode	319
Turen	106
Tutteln	118
Ullrichsdorf	329
Vierhufen	59
Weidengrund	266
Wiekmünde	175
Wilhelmsberg	134
Wolfseck	127
Zweilinden	669
Roßlinde, gem.-fr.	454

Heydekrug	**41 592**
Akmonischken	236
Alt Stremehnen	197
Altweide	315
Augskieken	236
Auritten	485
Barden	396
Bersteningken	333
Berzischken	320
Bewern	592
Coadjuthen	947
Didßeln	300
Feilenhof	224
Gaidellen	767
Galsdon-Joneiten	343
Georgenhöhe	265
Girreningken	133
Gnieballen	253
Gurgsden	200
Heidewald	320
Heinrichsfelde	479
Hermannlöhlen	321
Heydekrug, Stadt	5 236
Jonaten	251
Jugnaten	271
Kaßemecken	331
Kawohlen	218
Kinten	833
Kirlicken	230
Kischken	334
Klein Grabuppen	201
Klugohnen	321
Kolleschen	249
Kugelhof	420
Kukoreiten	321
Kurpen	329
Kuwertshof	427
Lapallen	185
Laschen	381
Laudßen	386
Leitgirren	171
Mädewald	272
Mantwieden	341
Matzken	269
Matzstubbern	506
Medischkehmen	480
Meischlauken	384
Mestellen	307
Metterqueten	328
Michelsakuten	164
Minge	205
Moorweide	281
Neusassen	424
Pageldienen	415
Pagrienen	482
Pakamonen	227
Paleiten	324
Passon-Reisgen	254
Pauern	210
Peteraten	121
Petrellen	409
Plaschken	466
Pleine	395
Prätzmen	155
Rucken	618
Rudienen	213

Rumschen	325
Rupkalwen	100
Ruß	2 454
Saugen	419
Sausgallen	206
Scheeren	393
Schillmeyßen	312
Schillwen	474
Schlaunen	222
Skerswethen	273
Skirwiet	354
Steppon-Rödßen	164
Stonischken	469
Suwehnen	258
Szagaten	232
Szameitkehmen	269
Tarwieden	445
Tattamischken	82
Tauten	215
Tennetal	267
Trakseden	580
Ußlöknen	549
Ußpelken	481
Wabbeln	160
Wersmeningken	535
Wiesenheide	394
Wietullen	265
Wilkomeden	195
Willeiken	325
Windenburg	395
Wirkieten	469

Insterburg	**43 224**
Althof-Insterburg	798
Amwalde	233
Angerbrück	165
Angerlinde	692
Angermoor	170
Argenquell	120
Aulenbach	1 049
Bärensprung	162
Bergental	155
Bergfriede	161
Bernhardseck	136
Bessen	194
Binden	227
Birken	726
Birkenhausen	190
Birkenhof	261
Birkenhorst	235
Birklacken	147
Blüchersdorf	263
Blumenbach	127
Blumental	182
Brachenfeld	125
Brennersdorf	193
Buchhof	276
Burbeln	114
Dallwitz	375
Dittau	215
Dittlacken	452
Dreibrücken	246
Dröschdorf	147
Drojental	237
Eichenberg	253
Eichenstein	324
Eichental	153
Eichhorn	121
Erdmannsruh	382
Eschenhang	83
Falkenreut	227
Farndorf	46
Fehlbrücken	274
Feldeck	208
Finkengrund	150
Friedenau	280
Friedensfelde	272
Gaiden	46
Georgenburg	605
Georgental	774
Gnottau	177
Gravenort	145
Groß Eschenbruch	436
Groß Franzdorf	340
Groß Gerlauken	80
Groß Jägersdorf	289
Großlugau	414
Groß Schunkern	226
Groß Warkau	282
Grünacker	88
Grünbirken	63
Grünheide	611
Güldenau	198
Hasenfeld	302
Hengstenberg	201
Hoheninster	114
Honigberg	114
Horstenau	415
Hutmühle	395
Insterblick	166
Jägertal	404
Jänichen	466
Jennen	171
Jessen	105
Kampeneck	170
Kamswiken	149
Karlswalde	264
Kastaunen	108
Keilergrund	214
Kirschland	223
Kirsnen	49
Klein Bubainen	131
Kleingeorgenburg	217
Klein Gerlauken	90
Klein Schunkern	160
Klingen	122
Kneiffen	68
Kumpchen	58
Kundern	72
Kuttenhöh	142
Landwehr	178
Laschnicken	639
Lehwald	89
Lindenberg	388
Lindenhausen	87
Lindenhöhe	262
Louisenthal	161
Luisenberg	522
Mattenau	285

Mittel Warkau 203
Mittenwalde 173
Muldenwiese 157
Myrtenhof 166
Neuendorf 358
Neugrün 183
Neunassau 374
Neuteich 120
Neuwalde 201
Norkitten 1 147
Oberschleifen 145
Oberschwalben 159
Ossafurt 249
Ossaquell 261
Otterwangen 387
Pagelienen 197
Perkunsfelde 124
Pesseln 165
Peterstal 154
Piaten 383
Pladden 47
Pregelau 342
Puschdorf 559
Rauducken 100
Rehfeld 158
Rehwiese 65
Rosenthal 210
Roßthal 129
Saalau 725
Saugehnen 241
Sausen 103
Schackenau 297
Scherden 77
Scheunenort 212
Schierheide 181
Schleifenau 159
Schmackerau 86
Schönwaldau 266
Schönwiese 217
Schulzenhof 435
Schuppinen 98
Schwägerau 427
Schwalbental 577
Schwerfelde 281
Seßlacken 374
Siegmanten 260
Siegmundsfelde 399
Siemohnen 418
Sprakten 320
Staatshausen 519
Stablacken 200
Staggen 140
Stanken 107
Starkenicken 302
Steinacker 129
Steinsee 215
Stobingen 277
Storchfelde 187
Streudorf 131
Streusiedel 114
Strigengrund 620
Swainen 132
Tammau 278
Tannenfelde 83
Tannenschlucht 104
Tiesfelde 76
Timberquell 110
Tricken 134
Trumplau 68
Unterbirken 78
Walddorf 215
Waldfrieden 215
Waldhausen 758
Walkenau 131
Wiesenblick 115
Wilkental 127
Wirbeln 364
Wirtberg 202
Kranichbruch, Forst, gem.-fr. 3

Memel 27 752

Aglohnen 423
Althof 463
Bachmann 117
Bajohren 419
Birkenhain 249
Buddelkehmen 271
Dargußen 321
Darzeppeln 354
Daugmanten 254
Dawillen 471
Deegeln 397
Deutsch Crottingen 303
Dittauen 536
Drawöhnen 260
Drucken 286
Dumpen 430
Gabergischken 224
Gelßinnen 347
Girngallen-Gedmin 269
Girngallen-Matz 348
Götzhöfen 350
Grabsten 390
Groß Jagschen 619
Hohenflur 258
Ißluße 153
Jankeiten 229
Kairinn 282
Kantweinen 409
Karkelbeck 772
Karlsberg 264
Kebbeln 532
Kerndorf 311
Kissinnen 190
Klausmühlen 285
Kollaten 530
Krucken-Görge 559
Lankuppen 331
Lankutten 145
Laugallen 281
Launen 229
Leisten 144
Lingen 272
Löllen 295
Matzkieken 184
Mellneraggen 1 069
Mißeiken 293
Nidden 847
Nimmersatt 382
Paul-Narmund 263
Perwelk 173
Piaulen 252
Plicken 960
Pößeiten 376
Preil 188
Prökuls 1 196
Rooken 309
Sakuten 487
Schäferei 193
Schilleningken 366
Schlappschill 240
Schnaugsten 258
Schudebarsden 213
Schwarzort 346
Schwenzeln 349
Stankeiten 313
Starrischken 188
Stragna 292
Stutten 275
Szimken 502
Truschellen 920
Wallehnen 248
Wannaggen 681
Wensken 279
Wilkieten 403
Wowerischken 135

Schloßberg, Ostpr. 42 656

Abendwalde 210
Ackermühle 163
Adlerswalde 255
Albrechtswalde 38
Altbaum 106
Altsnappen 358
Auengrund 65
Auertal 61
Bärenbach 71
Bärenfang 406
Ballen 96
Barschen 79
Barsden 59
Beinicken 147
Belsen 137
Beutnerwalde 22
Bilden 105
Birkenfelde 79
Birkenhof 128
Bitzingen 111
Blockswalde 262
Blumenfeld 431
Blumenthal 249
Bönick 164
Brämerhusen 185
Bröden 74
Bruchdorf 64
Bruchlage 57
Buden 120
Bühlen 45
Bühlerhof 63
Cäsarsruhe 137
Dachsheide 68
Dauden 69
Deihornswalde 204
Deinen 188
Derschau 92
Doristhal 227
Dorotheendorf 50
Dreibuchen 153
Dreßlershausen 152
Drozwalde 101
Dudenfelde 156
Dudenwalde 119
Ebenfelde 194
Ebenhausen 90
Ebenwalde 100
Ebertann 320
Edern 183
Eichbruch 134
Eigern 34
Eschenhöhe 182
Freuchtwiesen 127
Fichtenhöhe 149
Flußfelde 129
Fohlenthal 154
Forsthusen 56
Frankenreuth 107
Friedfelde 85
Friedrichsweiler 71
Gettkanten 25
Gobern 97
Grabenbrück 93
Grabfelde 71
Grenzbrück 28
Grenzfelde 80
Grenzheide 189
Grenzhöhe 330
Grenzwald 215
Groß Königsbruch 27
Grüneichen 148
Grünrode 95
Grünwalde 91
Grumbkowsfelde 118
Grundhufen 43
Grundweiler 45
Gutpetern 21
Hagenfließ 86
Hagenrode 44
Hainort 50
Hansruh 133
Haselberg 2 066
Hauptmannsdorf 58
Heinrichsfelde 121
Hensken 423
Herbstfelde 99
Hermannsdorf 248
Hintertannen 34
Hochfeld 71
Hochweiler 138
Hopfendorf 182
Inglau 140
Insterwalde 128
Insterwangen 41
Iwenberg 115
Jägerswalde 249
Jodungen 111
Kailen 174
Karpfenwinkel 148

Katharinenhof	273
Kayserswiesen	166
Kiefernberg	140
Kiefernhorst	24
Kiesdorf	865
Kiesfelde	208
Kleinhildesheim	73
Kleinruden	58
Kleinschloßberg	26
Kleinsorge	108
Klischen	79
Klohnen	80
Königsfeld	49
Köschen	137
Krähenberge	207
Kreuzhöhe	95
Krusen	124
Kühnen	93
Kurschen	106
Kussen	660
Ladmannsfelde	125
Langenfelde	496
Laschen	51
Lauterbrücken	53
Legen	57
Lindbach	176
Lindenhaus	588
Lindenhof	170
Lindicken	175
Lindnershorst	75
Löbaugrund	83
Löbenau	184
Lorenzen	68
Lubenwalde	52
Lugeck	41
Mallwen	780
Marderfelde	80
Martingen	60
Meißnersrode	221
Michelfelde	143
Mingen	56
Mittenbach	37
Mittenwalde	193
Moormühle	52
Moorwiese	107
Moosbach	103
Moosheim	146
Mühleck	99
Mühlenhöhe	349
Naßfelde	69
Nauningen	119
Neuweide	113
Nicklashagen	157
Ostdorf	142
Osterfelde	73
Ostfurt	134
Parschen	44
Paulicken	119
Peterort	42
Petershausen	120
Petzingen	28
Radenau	236
Rehwalde	161
Reinkenwalde	410
Ritterswalde	35
Rodungen	141
Rotfelde	183
Rucken	231
Sallen	62
Salten	74
Sandhöhe	60
Sandwalde	79
Sassenbach	70
Schacken	81
Scharen	291
Schatzhagen	92
Schieden	95
Schillfelde	899
Schillingen	92
Schwirwindt, Stadt	1 090
Schleswighöfen	138
Schloßberg, Stadt	5 833
Schmilgen	321
Schruten	118
Schwarpen	313
Schwarzenberge	261
Schwarzfelde	44
Schwarzwiesen	123
Seehuben	145
Seidlershöhe	279
Senkendorf	45
Serbenten	28
Siebenlinden	108
Siedlerfelde	169
Smailen	143
Snappen	135
Sorgenfelde	69
Spatzen	74
Sprindacker	105
Spullen	357
Stahnsdorf	102
Steinershöfen	110
Steinkirch	217
Stimbern	57
Stirnen	76
Stobern	70
Streuhöfen	140
Sturmen	92
Stutbruch	74
Talwiesen	134
Tanneck	74
Tannenwalde	104
Tegnerskrug	348
Tiefenfelde	32
Treufelde	197
Tulpeningen	384
Tuppen	206
Urbanshöhe	91
Urlau	49
Vierhöfen	76
Vormwalde	148
Walddorf	85
Waldenau	34
Waldhufen	145
Waldlinden	86
Waldried	33
Wallinden	30
Weidenbruch	73
Weidenfeld	181
Wensken	96
Werben	137
Werden	67
Wetterau	254
Wiesenbrück	75
Wietzheim	291
Wildnisrode	61
Willuhnen	291
Wingern	130
Wöschen	72
Zweihuben	38
Schwaighöfen, gem.-fr.	139

Tilsit-Ragnit	**79 382**
Absteinen	313
Achtfelde	84
Ackerbach	90
Adelshof	104
Aggern	109
Allingen	179
Altengraben	75
Altenkirch	781
Altweiden	39
Angerbrunn	40
Angerwiese	208
Ansten	178
Annuschen	344
Argenau	68
Argenbrück	576
Argenfelde	338
Argenflur	210
Argenfurt	194
Argenhof	189
Aschen	87
Auerfließ	289
Augsgirren	343
Ballanden	263
Baltupönen	365
Balzershöfen	98
Barsuhnen	204
Bartken	113
Baubeln	206
Bendigsfelde	440
Bergdorf	168
Bergental	213
Berghang	131
Berginswalde	28
Bersken	106
Billen	124
Birgen	60
Birkenfelde	74
Birkenhain	452
Birkenstein	109
Birkenweide	86
Birstonischken	197
Bittehnen	391
Blendienen	78
Bojehnen	331
Boyken	98
Brakenau	104
Brandenhof	95
Breitenstein	1 263
Brettschneidern	176
Brohnen	57
Bruchfelde	121
Bruchhof	113
Budingen	66
Burental	117
Buschdorf	32
Cullmen-Jennen	347
Cullmen-Wiedutaten	396
Dammfelde	247
Dirsen	23
Dreidorf	132
Dreifurt	541
Dreisiedel	214
Drosselbruch	92
Duden	53
Dundeln	80
Ehrenfelde	230
Eichbaum	96
Eichendorf	70
Eichenheim	115
Eichenhorst	207
Eistrawischken	365
Ellerngrund	38
Endrikaten	230
Erlenbruch	90
Erlenfeld	210
Falkenort	98
Feldhöhe	71
Fichtenberg	102
Fichtenfließ	214
Fichtenwalde	124
Finkenhagen	170
Finkental	138
Flachdorf	86
Freiendorf	97
Freienfelde	107
Freihöfen	51
Friedenswalde	179
Fuchshausen	41
Fuchshöhe	69
Gaistauden	154
Garnen	46
Geidingen	173
Gerslinden	401
Gillanden	180
Gillandwirßen	305
Gindwillen	132
Girren	46
Girschunen	139
Größpelken	315
Groosten	100
Groschenweide	219
Großfelde	98
Groß Kindschen	274
Großkummen	98
Großlenkenau	657
Groß Perbangen	84
Großroden	126
Großschenkendorf	126
Großschollen	197
Großwingen	212
Grünau	160
Grünhöhe	71
Grüntal	255
Grünweiden	153
Gudden	382
Güldengrund	265
Hartigsberg	238
Hasenflur	71

Hegehof	233
Heidenanger	176
Henndorf	70
Hirschflur	418
Hohenflur	94
Hohensalzburg	364
Hüttenfelde	248
Insterbergen	55
Insterbrück	219
Insterhöh	182
Insterweide	139
Jägerfeld	54
Jägerkrug	46
Jägershof	162
Jesten	54
Jonikaten	249
Juckstein	206
Jurken	96
Kaiserau	75
Kallehnen	121
Kallehnen	203
Kallenfeld	139
Kallwehlen	225
Kampspowilken	205
Karlshof	152
Karohnen	175
Kartingen	211
Kasseln	47
Kattenhof	270
Kauschen	241
Kellen	218
Kellerischken	222
Keppen	74
Kerkutwethen	420
Kermen	47
Kernhall	111
Kettingen	48
Kindschen	186
Kleehausen	135
Kleinkummen	66
Kleinlenkenau	82
Kleinmark	73
Klein Perbangen	64
Kleinschollen	121
Klingsporn	125
Klipschen	133
Königshuld I	133
Königshuld II	27
Königskirch	508
Krakischken	162
Krakonischken	55
Krauden	96
Kreywöhnen	270
Kuben	44
Kühlen	149
Kulmen	183
Kuttenhof	248
Langenflur	148
Langenort	34
Lasdehnen	277
Lassen	36
Laugßargen	500
Lesgewangen	418
Lichtenhöhe	31
Lichtenrode	60
Lieparten	108
Lindenbruch	125
Lindengarten	153
Lindenthal	107
Lindenweiler	92
Lindicken	73
Lobellen	194
Löffkeshof	208
Lompönen	700
Loten	185
Mantwillaten	164
Martinsrode	65
Marunen	100
Maßwillen	209
Meldienen	146
Memelwalde	247
Mikut-Krauleiden	180
Moritzfelde	55
Motzischken	301
Moulinen	204
Mühlenhöh	201
Mühlpfordt	56
Nattkischken	418
Neppertlauken	218
Nesten	96
Neudorf	157
Neuhof	141
Neusiedel	372
Obereißeln	403
Opeln	77
Ostfelde	184
Ostmoor	97
Ostwalde	375
Pagulbinnen	171
Palen	74
Pamletten	301
Paschen	91
Paßleiden	40
Pellehnen	148
Petersfelde	136
Petersmoor	223
Piktupönen	312
Plaunen	54
Plauschwarren	156
Pötken	87
Pogegen	2 761
Powilken	247
Preußenhof	91
Preußwalde	67
Pröschen	129
Prussellen	163
Pucknen	117
Quellgründen	98
Radingen	142
Ragnit, Stadt	10 094
Rauken	129
Rautenberg	643
Rautengrund	521
Reisterbruch	160
Robkojen	502
Rucken	71
Ruddecken	367
Sackeln	85
Sammelhofen	165
Sandfelde	139
Sandkirchen	336
Sassenau	182
Sassenhöhe	64
Sauerwalde	136
Schäcken	255
Schäferei-Nausseden	148
Schalau	464
Schanzenkrug	144
Scharden	86
Scharken	84
Schattenau	151
Scheiden	89
Schillen	1 942
Schillgallen	270
Schlecken	57
Schleppen	381
Schmalleningken	1 321
Schreitlaugken	239
Schroten	74
Schudienen	182
Schuppen	49
Schuppenau	131
Schurfelde	113
Schustern	216
Siebenkirchberg	103
Sokaiten	218
Sommerau	262
Staggen	96
Stannen	111
Steffenshof	48
Steinflur	153
Steireggen	63
Stumbragirren	437
Szagmanten	272
Szillutten	132
Szugken	230
Tauern	178
Thomuscheiten	359
Thorunen	56
Tilsen	59
Tilsenau	200
Tilsental	109
Timstern	218
Tischken	197
Torffelde	189
Trakeningken	330
Trappen	1 095
Turken	61
Tussainen	491
Ulmental	127
Untereißeln	876
Urbanshof	76
Ußballen	249
Ußkullmen	235
Wabben	89
Waldau	199
Waldeneck	123
Waldheide	428
Waldreuten	195
Wallenfelde	88
Warnen	164
Wartulischken	230
Waschingen	127
Weedern	115
Weidenau	197
Weidenberg	89
Weidenfließ	167
Weinoten	761
Werfen	108
Weßeningken	126
Wiesenfeld	75
Wilkenau	80
Willkischken	981
Willmannsdorf	103
Windungen	48
Winge	136
Winterlinden	37
Wischwill	1 174
Wittenhöhe	62
Wittgirren	230
Wodehnen	233
Woringen	82
Neuhof-Ragnit, gem.-fr.	493

Treuburg	**37 998**
Albrechtsfelde	258
Babeck	157
Bärengrund	350
Barnen	139
Bartken	45
Bergenau	401
Bittkau	202
Bolken	305
Borken	298
Buttken	280
Deutscheck	405
Diebauen	310
Dingeln	86
Draheim	370
Dullen	240
Duneiken	528
Eibenau	527
Eichhorn	291
Erlental	430
Friedberg	234
Friedensdorf	37
Friedrichsheide	155
Fronicken	457
Garbassen	752
Gelitten	94
Giesen	526
Gordeiken	250
Griesen	300
Groß Retzken	181
Grünheide	212
Guhsen	220
Gutten	183
Halldorf	367
Heinrichstal	166
Herrendorf	199
Herzogshöhe	401
Herzogskirchen	596
Herzogsmühle	374
Jarken	120
Jesken	241
Jürgen	243
Kalkhof	415
Kelchdorf	42
Kilianen	148
Kiöwen	412
Kleschen	429

Klinken	70
Königsruh	275
Kreuzdorf	49
Krupinnen	499
Kutzen	155
Legenquell	385
Lengau	238
Markau	304
Markgrafsfelde	308
Masuren	398
Merunen	1 087
Moneten	333
Moschnen	269
Müllersbrück	208
Neuendorf	306
Nußdorf	335
Plöwken	398
Podersbach	72
Rehfeld	58
Reimannswalde	1 231
Reinkental	628
Reuß	779
Richtenberg	215
Ringen	64
Roggenfelde	132
Rogonnen	436
Rostau	64
Saiden	405
Sargensee	283
Satticken	398
Schareiken	309
Schlöppen	55
Schönhofen	532
Schuchten	165
Schwalg	189
Schwalgenort	301
Schwentainen	689
Schwiddern	213
Seedranken	385
Seesken	230
Siebenbergen	84
Statzen	199
Stosnau	412
Suleiken	325
Tannau	324
Teichwalde	244
Treuburg, Stadt	7 114
Urbanken	69
Vorbergen	212
Wallenrode	587
Wiesenfelde	203
Wiesenhöhe	785
Willkassen	404
Woinassen	210

Regierungsbezirk Allenstein

Stadt Allenstein	**50 396**
Allenstein	**57 150**
Abstich	481
Alt Kockendorf	307
Alt Märtinsdorf	344
Alt Schöneberg	421
Alt Vierzighuben	350
Alt Wartenburg	830
Ballingen	67
Barwienen	69
Bertung	798
Bogdainen	67
Braunswalde	503
Bruchwalde	209
Cronau	803
Darethen	565
Daumen	173
Debrong	83
Derz	630
Deuthen	977
Dietrichswalde	941
Diwitten	626
Fittigsdorf	375
Friedrichstädt	130
Ganglau	183
Gedaithen	278
Gillau	458
Göttkendorf	1 079
Gottken	230
Grabenau	624
Graskau	93
Grieslienen	939
Gronitten	236
Groß Bartelsdorf	443
Groß Buchwalde	724
Groß Damerau	385
Groß Gemmern	89
Groß Kleeberg	521
Groß Lemkendorf	1 002
Groß Purden	820
Groß Trinkhaus	263
Herrmannsort	356
Hirschberg	603
Hochwalde	260
Honigswalde	265
Jadden	351
Jomendorf	904
Jonkendorf	781
Kainen	152
Kalborn	547
Kallacken	50
Kaplitainen	193
Kirschbaum	248
Kirschdorf	250
Kirschlainen	279
Klaukendorf	215
Klausen	177
Klein Kleeberg	592
Klein Lemkendorf	102
Klein Purden	195
Köslienen	498
Krämersdorf	301
Kranz	99
Lansk	107
Leinau	263
Leissen	129
Lengainen	731
Leschnau	225
Likusen	820
Maraunen	296
Mauden	167
Micken	181
Mokainen	597
Mondtken	543
Nagladden	325
Nattern	268
Nerwigk	226
Neu Bartelsdorf	414
Neu Kockendorf	381
Neu Märtinsdorf	253
Neu Schöneberg	139
Neu Vierzighuben	489
Nußtal	98
Odritten	91
Ottendorf	529
Pathaunen	310
Patricken	426
Penglitten	195
Plautzig	732
Plutken	379
Polleiken	81
Preiwils	401
Prohlen	224
Qüidlitz	161
Ransau	837
Redigkainen	158
Rentienen	59
Reuschhagen	679
Reußen	870
Rosenau	690
Rosgitten	63
Salbken	205
Schaustern	358
Schillings	74
Schönau	200
Schönbrück	644
Schönfelde	667
Schönfließ	129
Schönwalde	487
Skaibotten	554
Sombien	153
Spiegelberg	569
Stabigotten	925
Steinberg	404
Stenkienen	280
Süssenthal	525
Teerwalde	347
Thomsdorf	566
Tollack	757
Tolnicken	417
Trautzig-Nickelsdorf	267
Wadang	130
Warkallen	313
Wartenburg, Stadt	5 843
Wemitten	387
Wengaithen	215
Wieps	850
Windtken	244
Wiranden	241
Woppen	28
Woritten	570
Wuttrienen	730
Johannisburg	**53 089**
Adlig Kessel	91
Altwolfsdorf	443
Andreaswalde	133
Arenswalde	394
Arys, Stadt	3 553
Babrosten	149
Bachort	214
Balkfelde	165
Balzershausen	149
Bergfelde	87
Birkenberg	84
Birkental	65
Brandau	98
Breitenheide	153
Brennen	314
Brennerheim	67
Brödau	304
Brüderfelde	120
Burgdorf	137
Diebau	261
Dimussen	266
Dornberg	72
Dorren	482
Dreifelde	397
Drigelsdorf	1 798
Drosselwalde	233
Drugen	145
Dünen	125
Eckersberg	234
Eichendorf	778
Erdmannen	388
Erlichshausen	55
Erztal	186
Eschenried	108
Falkendorf	149
Fichtenwalde	98
Fischborn	100
Flockau	208
Flosten	248
Freundlingen	218
Fröhlichen	70
Gebürge	300
Gehlenburg, Stadt	2 623
Gehsen	260

Gentken	180
Gregersdrf	262
Großdorf	300
Groß Kessel	449
Groß Rogallen	214
Großrosen	496
Groß Zechen	148
Grünheide	169
Gruhsen	156
Gusken	256
Gutten	214
Heidig	350
Heldenhöh	181
Herzogsdorf	154
Hirschwalde	296
Jagdhof	19
Jakubben	132
Johannisburg, Stadt	6 322
Jurgasdorf	52
Kaltenfließ	133
Karpen	378
Karwik	312
Kibissen	57
Klein Rogallen	55
Kleinrosen	45
Klein Zechen	118
Kölmerfelde	664
Königsdorf	275
Königstal	497
Kolbitz	141
Kolbitzbruch	149
Kosken	150
Kotten	177
Kreuzofen	480
Kronfelde	123
Kuckeln	64
Kurwien	715
Lehmannsdorf	109
Lindensee	203
Lipniken	181
Lisken	350
Lissuhnen	297
Loterswalde	169
Ludwigshagen	198
Lupken	364
Maldaneien	293
Masten	141
Mikutten	125
Misken	256
Mittelpogauen	482
Mittenheide	518
Mövenau	286
Monethen	279
Morgen	334
Mühlengrund	136
Nickelsberg	289
Nieden	542
Nittken	213
Offenau	373
Opendorf	106
Ottenberge	176
Pasken	91
Paulshagen	208
Pilchen	314
Poseggen	56
Quicka	247
Raken	316
Reihershorst	232
Reiherswalde	129
Reinersdorf	155
Reitzenstein	240
Ribitten	197
Richtenberg	378
Richtwalde	265
Rosensee	174
Rostken	375
Ruhden	283
Sadunen	342
Schast	193
Schlangenfließ	150
Schoden	300
Schützenau	416
Schwallen	219
Schwiddern	236
Seegutten	1 037
Seehöhe	232
Seeland	275
Sernau	102
Siegenau	196
Siegmunden	211
Simken	142
Soldahnen	92
Spallingen	94
Sparken	134
Spirdingswerder	30
Steinen	228
Steinfelde	198
Stollendorf	631
Sulimmen	289
Surren	134
Talau	269
Tannenheim	101
Tatzken	80
Tuchlinnen	421
Turau	305
Ublick	320
Valenzinnen	127
Wächtershausen	35
Wagenau	141
Walddorf	122
Waldenfried	124
Waldersee	182
Warnold	372
Wartendorf	694
Weissuhnen	433
Wiartel	271
Wiesenheim	146
Wildfrieden	84
Wilkenhof	179
Woinen	147
Woiten	100
Wolfsheide	294
Worgullen	52
Zollerndorf	364

Lötzen	**50 012**
Adlersdorf	633
Allenbruch	483
Arlen	532
Balzhöfen	438
Bergwalde	166
Billsee	108
Birkensee	34
Birkfelde	301
Brassendorf	378
Dankfelde	664
Dannen	139
Eisenwerk	126
Eisermühl	453
Faulhöden	94
Freihausen	413
Freiort	244
Funken	453
Gneist	312
Goldensee	628
Graiwen	245
Gregerswalde	66
Groß Gablick	748
Groß Jauer	409
Großkrösten	252
Groß Notisten	101
Groß Stürlack	871
Großwarnau	505
Grünau	324
Grünwalde	69
Grundensee	247
Gutten	89
Hanffen	502
Kampen	242
Klein Jauer	141
Kleinkrösten	148
Klein Lenkuk	176
Klein Notisten	219
Klein Stürlack	592
Kleinwarnau	272
Königsfließ	396
Königshöhe	477
Kraukeln	487
Kronau	228
Langenwiese	260
Lauken	465
Lindenheim	288
Lindenwiese	274
Lötzen, Stadt	16 288
Lorenzhall	197
Martinshagen	459
Mertenau	116
Mertenheim	328
Milken	960
Münchenfelde	93
Neuforst	68
Neuhoff	619
Perkunen	217
Preußenburg	205
Rainfeld	142
Rauschenwalde	390
Reichensee	542
Reichenstein	356
Rhein, Stadt	2 429
Richtenfeld	84
Rodenau	287
Rodental	989
Rotwalde	402
Rübenzahl	285
Salza	398
Schalensee	93
Schönballen	209
Schwansee	99
Schwiddern	340
Skomand	48
Spirgsten	562
Steintal	508
Steinwalde	187
Stenzeln	68
Sulimmen	497
Talken	448
Tiefen	214
Trossen	262
Upalten	548
Waldfließ	219
Weidicken	246
Widminnen	2 235
Wissowatten	389
Wolfsee	1 167
Zondern	127

Lyck	**56 417**
Alt Kriewen	222
Andreken	69
Auersberg	185
Auglitten	330
Aulacken	220
Baitenberg	209
Bartendorf	335
Berndhöfen	251
Binien	68
Birkenwalde	229
Blumental	145
Bobern	178
Borken	313
Borschimmen	683
Bunhausen	263
Deumenrode	187
Dippelsee	864
Dorntal	109
Dorschen	164
Dreimühlen	661
Ebenfelde	562
Ehrenwalde	195
Eichensee	339
Finsterwalde	129
Fließdorf	843
Frauenfließ	126
Gailau	93
Geigenau	113
Georgsfelde	96
Giersfelde	114
Giesen	61
Gingen	179
Glinken	68
Goldenau	434
Gollen	286
Gorlau	400
Gortzen	176
Grabnick	685
Groß Lasken	245
Großschmieden	134
Grünsee	102
Gusken	174

Gutenborn	85
Hansbruch	309
Heldenfelde	377
Hellmahnen	97
Hennenberg	24
Herrnbach	78
Jürgenau	175
Kalgendorf	444
Kalkofen	150
Kalthagen	169
Kechlersdorf	139
Keipern	387
Kelchendorf	275
Kiefernheide	26
Kielen	107
Klaussen	315
Klein Lasken	232
Klein Rauschen	201
Kobilinnen	185
Kölmersdorf	692
Königswalde	225
Krassau	100
Kreuzborn	198
Kreuzfeld	124
Kulessen	54
Kutzen	186
Langenhöh	226
Langheide	348
Langsee	190
Laschmieden	66
Lenzendorf	271
Lindenfließ	102
Lisken	277
Lissau	293
Loien	80
Lübeckfelde	349
Lyck, Stadt	16 482
Maihof	27
Malkienen	73
Martinshöhe	271
Maschen	196
Millau	512
Milucken	153
Milussen	217
Monken	139
Montzen	114
Morgengrund	131
Mostolten	240
Mulden	242
Neuendorf	1 103
Neumalken	467
Nußberg	296
Petersgrund	267
Petzkau	177
Plötzendorf	132
Prostken	2 300
Ramecksfelde	110
Regeln	389
Reichenwalde	106
Reiffenrode	267
Renkussen	102
Reuschendorf	209
Rogallen	256
Rosenheide	460
Rostken	248
Rotbach	238
Rumeyken	56
Rundfließ	419
Sareiken	159
Sarken	122
Scharfenrade	222
Schelasken	100
Schnippen	166
Schönhorst	423
Schwarzberge	118
Seebrücken	272
Seedorf	185
Seefrieden	189
Seeheim	30
Seliggen	286
Selmenthöhe	110
Sentken	483
Sieden	211
Siegersfeld	154
Skomanten	308
Soffen	310
Soltmahnen	117
Sonnau	446
Sorden	82
Sprindenau	157
Stahnken	136
Statzen	244
Steinberg	674
Steinkendorf	244
Stettenbach	158
Stradaunen	801
Talken	23
Talussen	154
Thomken	107
Ulrichsfelde	155
Vierbrücken	262
Wachteldorf	97
Waiblingen	97
Walden	850
Waldwerder	465
Waltershöhe	261
Weißhagen	80
Wellheim	99
Wiesengrund	142
Willenheim	115
Wittenwalde	410
Wittingen	234
Zappeln	68
Zeysen	344
Zielhausen	108
Zinschen	45

Neidenburg mit Soldau	**64 442**
Allendorf	226
Alt Petersdorf	100
Balden	229
Bartkenguth	288
Bartzdorf	333
Bialutten	472
Billau	88
Borchersdorf	472
Braynicken	172
Breitenfelde	239
Brodau	612
Burdungen	589
Bursch	358
Buschwalde	169
Dietrichsdorf	473
Eichenau	210
Frankenau	319
Freidorf	171
Froben	244
Fylitz	507
Gardienen	510
Gartenau	348
Gedwangen	1 288
Gimmendorf	372
Gittau	125
Gorau	79
Grallau	433
Gregersdorf	235
Grenzdamm	157
Grenzhof	72
Großeppingen	164
Großkarlshof	125
Großkosel	349
Groß Lensk	567
Großmuckenhausen	160
Groß Sakrau	279
Groß Schläfken	320
Großseedorf	219
Großwalde	385
Grünfließ	730
Gutfeld	275
Hardichhausen	229
Hartigswalde	187
Heinrichsdorf	1 075
Herzogsau	125
Hohendorf	402
Hornheim	240
Illowo	2 434
Ittau	335
Jägersdorf	316
Kämmersdorf	162
Kaltenborn	305
Kandien	407
Kaunen	214
Kleineppingen	62
Kleinkosel	504
Klein Lensk	597
Klein Sakrau	219
Klein Schläfken	388
Kleinseedorf	40
Kniprode	256
Königshagen	487
Koschlau	752
Krokau	308
Kurkau	426
Kyschienen	714
Lahna	225
Layß	221
Lippau	183
Logdau	141
Lykusen	156
Magdalenz	119
Malga	481
Malgaofen	170
Malshöfen	397
Michelsau	97
Moddelkau	204
Murawken	234
Muschaken	631
Narthen	258
Narzym	903
Neidenburg, Stadt	9 201
Neudorf	445
Neuhof	415
Niedenau	269
Niederhof	416
Omulefofen	518
Orlau	425
Oschekau	241
Palicken	53
Pierlawken	362
Pilgramsdorf	439
Przellenk	883
Radomin	162
Rettkau	157
Reuschwerder	216
Roggen	561
Roggenhausen	67
Ruttkowitz	644
Saberau	335
Sablau	126
Saffronken	214
Sagsau	246
Salleschen	192
Santop	81
Scharnau	748
Schiemanen	123
Schönkau	495
Schönwiese	380
Schuttschen	435
Schuttschenofen	198
Schwarzenofen	302
Seeben	733
Seehag	669
Siemienau	213
Skottau	401
Skudayen	133
Skurpien	532
Sochen	408
Soldau	5 349
Steinau	143
Steintal	225
Struben	447
Talhöfen	417
Taubendorf	194
Tauersee	665
Tautschken	396
Thalheim	256
Thurau	195
Ulleschen	422
Usdau	732
Waiselhöhe	414
Waldbeek	127
Wallendorf	373
Waltershausen	195
Wansen	267
Warchallen	155
Wasienen	172
Wetzhausen	358
Wiesenfeld	294
Wilmsdorf	398
Windau	315

Winrichsrode	119
Winsken	309

Ortelsburg	**73 442**
Alt Keykuth	284
Altkirchen	1 666
Alt Kiwitten	147
Alt Werder	80
Anhaltsberg	95
Auerswalde	85
Babanten	74
Bärenbruch	212
Borkenheide	85
Bottau	480
Damerau	144
Deutschheide	335
Deutschwalde	126
Dimmern	202
Ebendorf	861
Eckwald	165
Eichthal	52
Erben	604
Eschenwalde	276
Farien	857
Finsterdamerau	222
Flammberg	772
Freudengrund	184
Friedrichsfelde	115
Friedrichshagen	62
Friedrichshof	1 802
Friedrichsthal	121
Fröhlichshof	345
Fröhlichswalde	69
Fürstenwalde	549
Geislingen	221
Gellen	452
Georgensguth	174
Gilgenau	319
Glauch	197
Grammen	800
Großalbrechtsort	387
Groß Blumenau	370
Groß Borken	510
Groß Dankheim	536
Großheidenau	137
Groß Jerutten	486
Groß Leschienen	408
Groß Schiemanen	1 133
Groß Schöndamerau	655
Grünflur	59
Grünlanden	461
Grünwalde	724
Haasenberg	336
Hamerudau	343
Heideberg	64
Hellengrund	199
Hirschthal	40
Höhenwerder	304
Hügelwalde	533
Jakobswalde	32
Jeromin	61
Kahlfelde	32
Kallenau	414
Kannwiesen	196
Kaspersguth	92
Klein Dankheim	262
Kleinheidenau	148
Klein Jerutten	660
Klein Leschienen	118
Kleinruten	97
Klein Schiemanen	421
Kobbelhals	109
Kobulten	752
Konraden	136
Kornau	574
Krummfuß	185
Kukukswalde	306
Kutzburg	462
Langenwalde	429
Lehlesken	367
Lehmanen	250
Leinau	456
Lichtenstein	82
Liebenberg	985
Lilienfelde	250
Lindengrund	206
Lindenort	1 230
Luckau	341
Maldanen	197
Malschöwen	364
Markshöfen	261
Materschobensee	249
Mensguth	1 637
Michelsdorf	185
Milucken	116
Mingfen	774
Moithienen	326
Montwitz	528
Nareythen	256
Neuenwalde	97
Neufließ	327
Neu Keykuth	401
Neu Kiwitten	96
Neuvölklingen	95
Neu Werder	81
Neuwiesen	324
Ohmswalde	115
Ortelsburg, Stadt	14 234
Ostfließ	29
Parlösen	159
Passenheim, Stadt	2 431
Paterschobensee	234
Pfaffendorf	307
Plohsen	272
Preußenwalde	180
Puppen	1 515
Radegrund	153
Rauschken	593
Rehbruch	173
Rheinswein	295
Rodefeld	217
Röblau	133
Rogenau	255
Rohmanen	571
Rohrdorf	211
Rudau	480
Rummau Ost	545
Rummau West	354
Ruttkau	266
Saadau	316
Samplatten	698
Scheufelsdorf	417
Schobendorf	252
Schobensee	34
Schönhöhe	151
Schrötersau	46
Schützendorf	575
Schützengrund	218
Schwirgstein	251
Seedanzig	318
Seenwalde	913
Stauchwitz	271
Theerwisch	567
Theerwischwalde	189
Treudorf	266
Ulrichssee	247
Wacholderau	317
Wagenfeld	83
Waldburg	287
Waldpusch	221
Waldrode	126
Wallen	343
Waplitz	230
Wappendorf	484
Wehrberg	120
Weißengrund	220
Wiesendorf	212
Wildenau	479
Wildheide	174
Wilhelmshof	666
Wilhelmsthal	439
Willenberg, Stadt	2 600
Worfengrund	104

Osterode, Ostpr.	**81 513**
Adamsgut	54
Altfinken	275
Altstadt	225
Arnau	461
Baarwiese	241
Bednarken	151
Bergfriede	906
Bergling	183
Bieberswalde	1 027
Bienau	336
Biessellen	455
Bolleinen	273
Brückendorf	493
Buchwalde	1 330
Bujaken	425
Dembenofen	134
Döhlau	693
Döhringen	579
Domkau	291
Dröbnitz	1 008
Dungen	187
Eichdamm	48
Elgenau	676
Falkenstein	240
Faulen	215
Frödau	347
Frögenau	734
Gallinden	290
Ganshorn	275
Geierswalde	951
Georgenthal	25
Gilgenau	388
Gilgenburg, Stadt	1 722
Glanden	173
Görlitz	149
Grasnitz	387
Grieben	497
Gröben	549
Groß Altenhagen	489
Groß Kirsteinsdorf	354
Groß Lauben	54
Groß Lehwalde	583
Groß Maransen	112
Groß Nappern	262
Groß Werder	31
Grünfelde	241
Gusenofen	276
Haasenberg	259
Heeselicht	243
Heinrichsdorf	100
Hinzbruch	70
Hirschberg	826
Hohenstein, Stadt	4 245
Ilgenhöh	359
Johannisberg	75
Jonasdorf	87
Jugendfelde	106
Jungingen	96
Kämmersdorf	169
Kernsdorf	304
Ketzwalde	433
Klein Gehlfeld	92
Klein Lehwalde	180
Klein Maransen	105
Klein Reußen	95
Kleintal	21
Klonau	282
Köllmisch Lichteinen	317
Königsgut	533
Kompitten	56
Kraplau	349
Kunchengut	372
Kurken	121
Langstein	52
Lautens	306
Leip	622
Lichteinen	191
Liebemühl, Stadt	2 434
Lindenau	244
Lindenwalde	282
Locken	780
Lubainen	358
Ludwigsdorf	339
Luttken	47
Luzeinen	34
Magergut	47
Makrauten	105
Manchengut	248
Marienfelde	530
Marwalde	665
Meitzen	84
Mertinsdorf	244
Mispelsee	383

Mittelgut	147
Mörken	557
Moldsen	270
Moschnitz	235
Mühlen	563
Nadrau	230
Neudorf	137
Neuhain	196
Osterode, Stadt	19 519
Osterschau	334
Osterwein	1 268
Osterwitt	286
Parwolken	126
Paulsgut	458
Persing	138
Peterswalde	688
Platteinen	280
Plichten	207
Poburzen	40
Podleiken	159
Pötzdorf	387
Pulfnick	569
Ramten	177
Raspatten	262
Rauden	134
Rauschken	675
Reichenau	325
Rhein	145
Röschken	496
Rothwasser	43
Ruhwalde	216
Sabangen	142
Sallewen	212
Sallmeien	39
Sassendorf	258
Schildeck	529
Schmückwalde	611
Schönhausen	69
Schwedrich	168
Schwenteinen	273
Schwirgstein	108
Seebude	133
Seemen	628
Seewalde	373
Sellwen	42
Sensujen	66
Sensutten	73
Seubersdorf	762
Seythen	182
Sophienthal	194
Spogahnen	98
Steffenswalde	385
Taberbrück	130
Tafelbude	305
Tannenberg	664
Taulensee	462
Tharden	216
Theuernitz	601
Thierberg	571
Thomareinen	249
Thomascheinen	192
Thymau	188
Thyrau	894
Tolleinen	65
Treuwalde	71
Turauken	204
Waplitz	519
Warglitten	54
Warneinen	81
Warweiden	186
Waschette	43
Wilken	152
Wilmsdorf	71
Wittigwalde	141
Wittmannsdorf	791
Witulten	139
Wönicken	153
Worleinen	260

Rößel	**51 832**
Adlig Wolken	64
Altkamp	145
Bansen	244
Begnitten	68
Bergenthal	214
Bischdorf	332
Bischofsburg, Stadt	8 463
Bischofstein, Stadt	3 163
Bredinken	994
Buchenberg	58
Bürgerdorf	345
Damerau	213
Elsau	253
Fleming	632
Frankenau	927
Freudenberg	887
Fürstenau	212
Gerthen	202
Glockstein	501
Groß Bößau	657
Groß Köllen	816
Groß Mönsdorf	416
Großwolken	155
Heinrichsdorf	283
Kabienen	765
Kekitten	199
Klackendorf	582
Klawsdorf	895
Klein Bößau	128
Kleisack	140
Komienen	345
Krämersdorf	305
Krausen	531
Krausenstein	28
Krokau	535
Labuch	307
Landau	237
Lautern	781
Legienen	558
Lekitten	243
Linglack	208
Lokau	519
Loßainen	357
Modlainen	180
Molditten	248
Nassen	163
Neudims	795
Ottern	199
Paudling	80
Plausen	561
Plößen	351
Polkeim	240
Porwangen	166
Prossitten	589
Raschung	607
Ridbach	617
Robaben	660
Rochlack	326
Rößel, Stadt	5 058
Rosenschön	97
Rothfließ	983
Samlack	338
Santoppen	563
Sauerbaum	650
Scharnigk	252
Schellen	415
Schönborn	291
Schöndorf	292
Schöneberg	441
Seeburg, Stadt	3 022
Soweiden	366
Sternsee	934
Stockhausen	534
Sturmhübel	528
Teistimmen	292
Tollnigk	269
Tornienen	204
Voigtsdorf	407
Waldensee	280
Walkeim	300
Wangst	148
Wengoyen	683
Willims	364
Wonneberg	366
Zehnhuben	66

Sensburg	**54 443**
Allmoyen	309
Altensiedel	347
Alt Gehland	155
Althöfen	148
Altkelbunken	504
Alt Rudowken	226
Aweyden	657
Babenten	342
Balz	96
Biebern	192
Borkenau	155
Brödienen	527
Bruchwalde	276
Buchenhagen	249
Bussen	518
Charlotten	41
Dietrichswalde	197
Dommelhof	54
Eckertsdorf	605
Eichelswalde	108
Eichhöhe	291
Eichmedien	736
Eisenack	234
Erlenau	609
Fasten	255
Fedorwalde-Peterhain	303
Gansen	315
Ganthen	381
Giesenau	440
Glashütte	229
Glognau	91
Gollingen	203
Grabenhof	515
Groß Stamm	80
Groß Steinfelde	208
Grünbruch	177
Grunau	357
Gurkeln	207
Guttenwalde	241
Heinrichsdorf	301
Hermannsruh	40
Hirschen	371
Hohensee	509
Hoverbeck	560
Immenhagen	105
Isnothen	135
Jägerswalde	227
Jakobsdorf	409
Julienhöfen	769
Kaddig	83
Karwen	419
Kersten	344
Kleinort	62
Klein Stamm	58
Koslau	434
Kranzhausen	36
Krummendorf	348
Kruttinnen	436
Kruttinnerofen	226
Langanken	262
Langenbrück	272
Langendorf	566
Lasken	68
Lindendorf	474
Lißuhnen	22
Lockwinnen	281
Lucknainen	110
Macharren	372
Maradtken	367
Mertinsdorf	893
Moythienen	201
Muntau	260
Neberg	191
Neu Gehland	160
Neukelbunken	151
Neu Rudowken	144
Nickelshorst	297
Niedersee	772
Nikolaiken, Stadt	2 627
Peitschendorf	1 645
Pfaffendorf	249
Polommen	68
Prausken	498
Preußenort	186
Preußental	222
Proberg	312
Prußhöfen	593
Pustnick	305
Rechenberg	608
Rehfelde	268
Reuschendorf	376

Ribben	520
Rosoggen	308
Rotenfelde	154
Rudwangen	327
Salpia	347
Salpkeim	1 495
Schaden	268
Schlößchen	102
Schmidtsdorf	754
Schniedau	80
Schnittken	274
Schönfeld	493
Seehesten	492
Selbongen	558
Sensburg, Stadt	9 877
Siebenhöfen	109
Sixdroi	101
Sonntag	565
Sorquitten	455
Spirding	121
Stangenwalde	405
Steinhof	282
Surmau	411
Talhausen	146
Talten	527
Tiefendorf	95
Ukta	1 274
Wachau	180
Wahrendorf	400
Warpuhnen	577
Weißenburg	645
Wigrinnen	473
Zollernhöhe	358

Regierungsbezirk Westpreußen

Stadtkreis Elbing 85 952

Elbing	**28 149**
Aschbuden	236
Bartkamm	109
Baumgart	487
Behrendshagen	347
Birkau	75
Böhmischgut	157
Bollwerk	395
Cadinen	448
Conradswalde	267
Dambitzen	421
Damerau	370
Dörbeck	631
Drewshof	173
Dünhöfen	159
Ellerwald I. Trift	211
Ellerwald II. Trift	181
Ellerwald III. Trift	411
Ellerwald IV. Trift	220
Ellerwald V. Trift	252
Fischerskampe	293
Groß Röbern	288
Groß Steinort	628
Groß Wickerau	191
Grunau Höhe	533
Haselau	191
Hoppenau	155
Hütte	214
Kämmersdorf	256
Kahlberg-Liep	742
Kerbshorst	164
Klakendorf	49
Klein Wickerau	164
Königshagen	158
Kraffohlsdorf	683
Lärchwalde	1 176
Lenzen	998
Maibaum	495
Meislatein	167
Möskenberg	85
Moosbruch	162
Narmeln	295
Neuendorf Höhe	249
Neuendorf-Kämmereidorf	70
Neuhof	182
Neukirch Höhe	602
Neukrug	114
Nogathau	466
Oberkerbswalde	349
Plohnen	190
Pomehrendorf	351
Preußisch Mark	248
Pröbbernau	269
Rückenau	157
Schlammsack	48
Schönwalde	211
Schwarzdamm	63
Serpin	179
Stoboi	582
Streckfuß	306
Succase	770
Terranova	1 245
Tolkemit, Stadt	3 875
Trunz	661
Unterkerbswalde	308
Vöglers	188
Wöklitz	328
Wolfsdorf Höhe	286
Zeyerniederkampen	682
Fichthorst, gem.-fr.	1 533

Marienburg, Wespr.	**39 073**
Altfelde	1 026
Alt Rosengart	189
Augustwalde	405
Baalau	108
Eschenhorst	160
Fischau	471
Grunau	556
Hohenwalde	763
Jonasdorf	175
Kampenau	449
Katznase	462
Klettendorf	136
Königsdorf	445
Kronsnest	236
Lindenwald	374
Marienburg, Stadt	27 318
Markushof	632
Notzendorf	317
Parwark	63
Preußisch Königsdorf	334
Preußisch Rosengart	367
Pruppendorf	137
Reichfelde	304
Reichhorst	92
Rosenort	72
Schlablau	173
Schönwiese	226
Schwansdorf	248
Sommerau	665
Sorgenort	295
Stalle	301
Thiensdorf	173
Thiergart	638
Thiergartsfelde	197
Thörichthof	179
Wengeln	145
Wengelwalde	242

Marienwerder	**45 318**
Bauthen	712
Brakau	583
Daubel	240
Dietmarsdorf	489
Ellerwalde	605
Garnsee, Stadt	2 003
Gilwe	382
Groß Grabau	202
Groß Krebs	1 031
Groß Nebrau	321
Groß Weide	344
Johannisdorf	505
Klein Grabau	482
Klein Krebs	237
Klein Nebrau	226
Klösterchen	455
Klötzen	876
Kunkenau	372
Kurzebrack	495
Lamprechtsdorf	338
Littschen	740
Mahren	467
Mareese	1 026
Marienwerder, Stadt	20 484
Mergental	247
Mewischfelde	311
Neuhöfen	290
Niederzehren	1 085
Oberfeld	230
Ottlau	557
Ottotschen	279
Pankendorf	347
Paradies	125
Rachelshof	393
Reussenau	183
Rosainen	446
Rospitz	534
Rundewiese	567
Schadewinkel	117
Schinkenberg	486
Schulwiese	85
Sedlinen	906
Seubersdorf	429
Stangendorf	334
Tiefenau	761
Treugenkohl	316
Unterberg	255
Unterwalde	377
Wandau	584
Weichselburg	273
Weißenkrug	438
Weißhof	150
Zandersfelde	290
Ziegellack	308

Rosenberg, Westpr.	**63 368**
Bischofswerder, Stadt	1 828
Bornitz	332
Buchfelde	300
Charlottenwerder	263
Dakau	409
Daulen	193
Deutsch Eylau, Stadt	13 922
Drulitten	94
Faulen	195
Finckenstein	1 822
Freiwalde	240
Freudenthal	532
Freystadt, Stadt	3 351
Frödenau	449
Goldau	546
Gramten	533
Groß Babenz	357
Groß Bellschwitz	459
Groß Falkenau	328
Groß Herzogswalde	527
Groß Jauth	525
Groß Nipkau	362
Groß Peterwitz	1 083
Groß Plauth	381
Groß Rohdau	569
Groß Schönforst	368

Groß Sehren	697
Groß Stärkenau	208
Guhringen	1 092
Gulbien	504
Gunthen	213
Hansdorf	308
Harnau	449
Heinfriede	85
Heinrichau	1 122
Hochfelde	78
Jacobsdorf	340
Jakobau	252
Kalitten	325
Karrasch	205
Klein Albrechtau	704
Klein Radem	205
Klein Schönforst	83
Klein Sehren	125
Klein Tromnau	825
Konradswalde	500
Langenau	709
Languth	99
Laskowitz	635
Limbsee	324
Ludwigsdorf	443
Luisenseegen	22
Melchertswalde	162
Montig	459
Mosgau	227
Neudorf	435
Neuguth	201
Peterkau	371
Rahnenberg	249
Raudnitz	528
Riesenburg, Stadt	8 051
Riesenkirch	917
Riesenwalde	357
Rosenau	307
Rosenberg, Stadt	4 480
Rothwasser	150
Schakenbruch	121
Schalkendorf	246
Scheipnitz	393
Schönberg	981
Schönerswalde	105
Schornsteinmühle	123
Sommerau	846
Sonnenberg	271
Stangenwalde	508
Steenkendorf	141
Stein	356
Stradem	386
Susannenthal	90
Tillwalde	551
Wachsmuth	514
Winkelsdorf	322

Stuhm	**40 453**
Altendorf	37
Altmark	1 283
Ankemitt	452
Baalau	149
Baumgarth	975
Blonaken	125
Bönhof	696
Braunswalde	1 000
Bruch	304
Budisch	145
Christburg, Stadt	3 604
Deutsch Damerau	574
Dietrichsdorf	664
Georgensdorf	345
Groß Brodsende	219
Großwaplitz	642
Grünhagen	259
Güldenfelde	142
Heinrode	303
Hohendorf	343
Honigfelde	690
Iggeln	90
Jordansdorf	221
Kalsen	241
Kalwe	474
Kammerau	34
Kiesling	319
Klein Brodsende	83
Konradswalde	587
Laabe	165
Laase	104
Lichtfelde	666
Losendorf	233
Mahlau	93
Menthen	284
Mirahnen	236
Montauerweide	364
Morainen	493
Neudorf	813
Neuhöferfelde	294
Neumark	814
Neunhuben	67
Niklaskirchen	1 446
Pestlin	759
Peterswalde	361
Pirklitz	182
Polixen	168
Portschweiten	411
Posilge	966
Preußisch Damerau	127
Ramten	161
Rehhof	2 874
Rudnerweide	161
Sadlacken	222
Schönwiese	376
Schroop	725
Stangenberg	253
Stuhm, Stadt	7 372
Teschendorf	394
Tiefensee	291
Tragheimerweide	484
Trankwitz	611
Troop	365
Usnitz	734
Wadkeim	620
Wargels	220
Weißenberg	544

Anhang

Verzeichnis der verdeutschten Ortsnamen in Ostpreußen

In den letzten Jahren vor dem Zweiten Weltkrieg wurden viele Ortschaften der einzelnen Landkreise umbenannt und erhielten deutsche oder verdeutschte und besser aussprechbare oder in der Schreibweise vereinfachte Namen. So liefen die alten und neuen Namen nebeneinander her. Wahrscheinlich hätte es Generationen bedurft, um die neuen Namen populär zu machen und nur die neuen Namen zu gebrauchen.

SYSTEMATISCHES VERZEICHNIS DER NAMENS- UND BESTANDSÄNDERUNGEN VON GEMEINDEN (IN DER ZEIT VOM 1.1.1934 — 31.8.1939)

Land Preußen

1. Provinz Ostpreußen

Reg.-Bez. Königsberg

Kleinerer Verwaltungs-bezirk	alter Zustand (Gemeindename)	Art der Veränderung	neuer Zustand (Gemeindename)	Wir-kungs-datum
1/1 Bartenstein (Ostpr.)	Gertlack	Namensänderung	Kapsitten	8. 5.34
»	Groß Sporwitten	Wegfall durch Eingliederung	Wolmen	1. 1.35
»	Puschkeiten	»	Eisenbart Stockheim	1. 4.37
»	Sauerschienen	»	Siddau	»
»	Dompendehl Juditten	Zusammenschluß	Juditten	1. 4.38
»	Bartenstein, Stadt	Festsetzung einer Zusatzbezeichnung	Bartenstein (Ostpr.), Stadt	20. 7.38
1/3 Fischhausen	Pillau, Stadt	Verleihung einer Bezeichnung	Pillau, Seestadt	30. 9.36
»	Kamstigall	Wegfall durch Eingliederung	»	1. 4.37
»	Norgehnen	Namensänderung	Schugsten	1. 1.38
»	Neutief, teilw. Gutsbez. Frisches Haff, Anteil Kr. Fischhausen, teilw.	Neubildung	Gutsbezirk Groß Bruch	1. 4.38
»	Neutief, Rest	Wegfall durch Eingliederung	Pillau, Seestadt	»
1/4 Gerdauen	Muldszen	Feststellung der Schreibweise	Muldschen	12. 2.36
»	Abelischken	Namensänderung	Ilmenhorst	16. 7.38
»	Astrawischken	»	Astrau	»
»	Barraginn	»	Georgenhain	»
»	Groß Bajohren	»	Großblankenfelde	»
»	Juganeusaß	»	Odertal (Ostpr.)	»
»	Klein Bajohren	»	Kleinblankenfelde	»
»	Klein Gnie	Feststellung der Schreibweise	Kleingnie	»
»	Klonofken	Namensänderung	Dreimühl	»
»	Molthainen	Festsellung der Schreibweise	Molteinen	»
»	Muldschen	Namensänderung	Mulden (Kreis Gerdauen)	»
»	Polleyken	Feststellung der Schreibweise	Polleiken	»
»	Popowken	Namensänderung	Neusobrost (Ostpr.)	»
»	Raudischken	»	Raudingen	»
»	Sawadden	»	Bruchort	»
»	Wessolowen	»	Wesselau	»
»	Wolla	»	Ebenau (Ostpr.)	»
1/5 Heiligenbeil	Brandenburg	Festsetzung einer Zusatzbezeichnung	Brandenburg (Frisches Haff)	6. 2.35
»	Rosenberg	Wegfall durch Eingliederung	Heiligenbeil, Stadt	1.10.35
»	Neu Hasselberg	»	Groß Hasselberg	1. 4.38
»	Schettnienen	»	Alt Passarge Preußisch Bahnau	»
»	Tengen	»	Brandenburg (Frisches Haff)	»
»	Kuyschen	Feststellung der Schreibweise	Kuschen	16. 7.38
»	Leysuhnen	»	Leisuhnen	»
»	Schoyschen	»	Schoschen	»
1/6 Heilsberg	Widdrichs	Wegfall durch Eingliederung	Retsch	1. 4.38
1/8 Königsberg (Pr)	Plöstwehnen Stombeck Willkeim	Zusammenschluß	Willkeim	1.10.34
»	Sensen	Wegfall durch Eingliederung	Knöppelsdorf	»
»	Rachsitten	»	Prawten	1. 1.35
»	Reichenhagen	»	Friedrichstein	»
»	Rosengarten	»	Worienen	1. 4.35
»	Birkenwalde Klein Barthen Seewiesen	Zusammenschluß	Birkenwalde	»
»	Steinbeckellen	Wegfall durch Eingliederung	Horst	1. 7.35
»	Dogehnen	»	Gallgarben	1.10.35
»	Ginthieden	»	Sudnicken	»
»	Spohr	»	Friedrichstein	1. 4.36
»	Fünflinden	»	Mantau	1. 4.37
»	Kleinheide Transitten	»	Neuhausen	1. 4.38
»	Wangitt	»	Heyde-Waldburg	»
»	Heyde-Maulen	Feststellung der Schreibweise	Heidemaulen	19. 4.38
»	Heyde-Waldburg	»	Heidewaldburg	»
1/9 Labiau	Alt Pustlauken Neu Pustlauken	Zusammenschluß	Pustlauken	1.10.35
»	Gutsbez. Nemonien, Forst	Wegfall durch Eingliederung	Gutsbez. Tawellningken, Forst	1.11.35
»	Bartuszen	Feststellung der Schreibweise	Bartuschen	12. 2.36
»	Berszgirren	»	Berschgirren	»
»	Eszerninken	»	Escherninken	»
»	Lauszen	»	Lauschen	»
»	Leiszen	»	Leischen	»
»	Patylszen	»	Patilschen	»
»	Peldszen	»	Peldschen	»
»	Szallgirren	»	Schallgirren	»
»	Szanzell	»	Schanzell	»
Noch: 1/9 Labiau	Szerszantinnen	Feststellung der Schreibweise	Scherschantinnen	12. 2.36
»	Uszballen	»	Uschballen	»
»	Szargillen	»	Schargillen	15. 5.36
»	Auxkallen Bescharwen	Wegfall durch Eingliederung	Kallweninken	1. 4.38
»	Berschgirren	»	Groß Baum	»
»	Geduhnlauken	»	Auerfelde	»
»	Kermuschienen Paschwirgsten	»	Schmilgienen	»
»	Lauschen Schwirgslauken	Zusammenschluß	Herzfelde	»
»	Schallgirren	Wegfall durch Eingliederung	Escherninken	»
»	Scherschantinnen	»	Kelladden	»
»	Abschruten	Namensänderung	Ehlertfelde	16. 7.38
»	Agilla	»	Haffwerder	»
»	Alt Heidendorf	»	Heidendorf	»
»	Alt Kirschnabeck	»	Kirschbeck	»
»	Alt Sussemilken	»	Friedrichsrode (Ostpr.)	»
»	Bartuschen	»	Bartelshöfen	»
»	Bielauken	»	Bielken	»
»	Bittehnen	»	Biehnendorf (Ostpr.)	»
»	Bittkallen	»	Bitterfelde	»
»	Dedawe	»	Deimehöh	»
»	Domharthenen	»	Domhardtfelde	»
»	Escherninken	»	Gutfließ	»
»	Florlauken	»	Blumenfelde (Ostpr.)	»
»	Geidlauken	»	Heiligenhain	»
»	Groß Elxnupönen	»	Erlenfließ	»
»	Groß Ischdaggen	»	Rodenwalde (Ostpr.)	»
»	Groß Kallkeninken	»	Kalkfelde	»
»	Groß Kirschnakeim	»	Kirschkeim	»
»	Groß Reikeninken	»	Reiken	»
»	Groß Rudlauken	»	Rotenfeld	»
»	Herzfelde	Festsetzung einer Zusatzbezeichnung	Herzfelde (Ostpr.)	»
»	Juwendt	Namensänderung	Möwenort	»
»	Kallweninken	»	Hügelort	»
»	Kaymen	Feststellung der Schreibweise	Kaimen	»
»	Kelladden	Namensänderung	Waldwinkel (Ostpr.)	»
»	Klein Kalkeninken	»	Kleinkalkfelde	»
»	Klewienen	»	Seegershöfen	»
»	Kreutzweg	Feststellung der Schreibweise	Kreuzweg	»
»	Labagienen	Namensänderung	Haffwinkel	»
»	Lankeninken	»	Langenheim	»
»	Lappienen	»	Daudertshöfen	»
»	Lauknen	»	Hohenbruch (Ostpr.)	»
»	Leischen	»	Hirschdorf	»
»	Lucknojen	»	Neuenrode	»
»	Luschninken	»	Friedrichsmühle	»
»	Mehlauken	»	Liebenfelde (Ostpr.)	»
»	Mehlawischken	»	Liebenort	»
»	Minchenwalde	»	Lindenhorst (Ostpr.)	»
»	Nemonien	»	Elchwerder	»
»	Obscherninken	»	Dachsfelde	»
»	Packalwen	»	Berghöfen	»
»	Pannaugen	»	Habichtswalde	»
»	Panzerlauken	»	Panzerfelde	»
»	Pareyken	»	Goldberg (Ostpr.)	»
»	Paringen	Feststellung der Schreibweise	Paaringen	»
»	Paschwentschen	Namensänderung	Wittenrode	»
»	Patilschen	»	Kunzenrode	»
»	Peldschen	»	Deimemünde	»
»	Permauern	»	Mauern (Ostpr.)	»
»	Petricken	»	Welmdeich	»
»	Piplin	»	Timberhafen	»
»	Plattupönen	»	Breitflur	»
»	Pogarblauken	»	Pogarben	»
»	Popelken	»	Markthausen	»
»	Pustlauken	»	Hallenau	»
»	Rogainen	»	Hornfelde	»
»	Rüdlauken	»	Rothöfen	»
»	Schanzell	»	Schanzkrug	»
»	Schargillen	»	Eichenrode (Ostpr.)	»
»	Schaudienen	»	Kornhöfen	»
»	Schelecken	»	Schlicken	»
»	Schillgallen	»	Heiderode	»
»	Schmilgienen	»	Kornfelde (Ostpr.)	»
»	Serpentienen	»	Beerendorf (Ostpr.)	»
»	Skieslauken	»	Mörnersfelde	»
»	Stellienen	»	Deimetal	»
»	Treinlauken	»	Kreuzberg (Ostpr.)	»
»	Uschballen	»	Mühlenau	»
»	Wilkowischken	»	Wolfshof	»
»	Wittgirren	»	Weißenbruch	»
»	Gutsbezirk Klein Naujock, Forst	»	Gutsbezirk Erlenwald, Forst	»
»	Gutsbezirk Mehlauken, Forst	»	Gutsbezirk Liebenfelde (Ostpr.), Forst	»
»	Gutsbezirk Tawellningken, Forst	»	Gutsbezirk Tawellenbruch, Forst	»
1/11 Preußisch Eylau	Lawdt	Namensänderung	Groß Lauth	6. 1.3[illegible]
	Knauten	Wegfall durch Eingliederung	Mühlhausen	1. 1.3[illegible]
»	Schultitten	»	Schrombehnen	1. 4.3[illegible]

Kleinerer Verwaltungsbezirk	alter Zustand (Gemeindename)	Art der Veränderung	neuer Zustand (Gemeindename)	Wirkungsdatum
Noch: 1/11 Preußisch Eylau	Eichen, teilw.	Neubildung	Gutsbezirk Stablack	1. 4.38
»	Graventhien, teilw.			
»	Klaussen, teilw.			
»	Kumkeim, teilw.			
»	Parösken, teilw.			
»	Pompicken, teilw.			
»	Rositten, teilw.			
»	Schlauthienen, teilw.			
»	Tenknitten, teilw.			
»	Topprienen, teilw.			
»	Wackern, teilw.			
»	Wildenhoff, teilw.			
»	Bornehnen	Wegfall durch Eingliederung	Gutsbezirk Stablack Rositten	
»	Orschen	»	Gutsbezirk Stablack Eichen	
»	Klein Dexen Wonditten	»	Gutsbezirk Stablack	
1/12 Preußisch Holland	Judendorf	Namensänderung	Hermannswalde	7.10.36
»	Köllming	Wegfall durch Eingliederung	Grünhagen	1. 4.37
»	Koken	»	Luxethen	1. 4.38
»	Nektainen	»	Alken	»
»	Wickerau	»	Steegen	»
1/13 Rastenburg	Drengfurth, Vorstadt	»	Drengfurth, Stadt*	»
»	Junkerken	»	Babziens	»
»	Wangnick	»	Prassen	»
»	Sawadden	Namensänderung	Schwaden	16. 7.38
»	Schwaden	Wegfall durch Eingliederung	Paßlack (Kreis Bartenstein [Ostpr.])	1.10.38
1/14 Wehlau	Aszlacken	Feststellung der Schreibweise	Aschlacken	12. 2.36
»	Szillenberg	»	Schillenberg	»
»	Szorkeninken	»	Schorkeninken	»
»	Aschlacken	»	Aßlacken	16. 7.38
»	Augstupöhnen	Namensänderung	Uderhöhe	»
»	Groß Uderballen	»	Großudertal	»
»	Kekorischken	»	Auerbach (Kreis Wehlau)	»
»	Lapischken	»	Fuchshügel	»
»	Muplacken	»	Moptau	»
»	Nagurren	»	Freudenfeld	»
»	Obscherninken	»	Dachsrode	»
»	Papuschienen	»	Grauden	»
»	Skaticken	»	Skaten	»
»	Schorkeninken	Feststellung der Schreibweise	Schorkenicken	»
»	Gutsbezirk Papuschienen, Ant. Kr. Wehlau, Forst	Namensänderung	Gutsbezirk Grauden, Ant. Kr. Wehlau, Forst	»
Reg.-Bez. Gumbinnen				
1/15 Angerapp (früher Kreis Darkehmen)	Bidszuhnen	Feststellung der Schreibweise	Bidschuhnen	17. 9.36
»	Bindszuhnen	»	Bindschuhnen	»
»	Eszergallen	»	Eschergallen	»
»	Eszerienen	»	Escherienen	»
»	Eszerischken	»	Escherischken	»
»	Eszerningken	»	Escherningken	»
»	Jodszinn	»	Jodschinn	»
»	Jodszuhnen	»	Jodschuhnen	»
»	Kandszen	»	Kandschen	»
»	Kleszowen	»	Kleschowen	»
»	Koszischken	»	Kossischken	»
»	Kundszicken	»	Kundschicken	»
»	Muldszählen	»	Muldschählen	»
»	Neu Eszergallen	»	Neu Eschergallen	»
»	Oszeningken	»	Oscheningken	»
»	Ragoszen	»	Ragoschen	»
»	Szallgirren	»	Schallgirren	»
»	Szidlack	»	Schidlack	»
»	Uszballen	»	Uschballen	»
»	Uszblenken	»	Uschblenken	»
»	Abscherningken	Namensänderung	Dachshausen	16. 7.38
»	Adlig Kermuschienen	»	Kermen	»
»	Alt Ballupönen	»	Schanzenhöh	»
»	Alt u. Neu Kermuschienen	»	Kermenau	»
»	Alt Ragaischen	»	Konradshof	»
»	Alt Sausköyen	»	Altsauswalde	»
»	Alt Schabienen	»	Altlautersee	»
»	Angerapp	»	Kleinangerapp	»
»	Antmeschken	»	Meßken	»
»	Astrawischken	»	Großzedmar	»
»	Audinischken	»	Hilpertswerder	»
»	Auxinnen	»	Ammerau	»
»	Auxkallen	»	Roßkamp	»
»	Balschkehmen	»	Balsken	»
»	Bidschuhnen	»	Bidenteich	»
»	Bindschuhnen	»	Bindemark	»
»	Bratricken	»	Brahetal	»
»	Darkehmen, Stadt	»	Angerapp, Stadt	»
»	Didwischken	»	Dittwiese	»
»	Dombrowken	»	Eibenburg	»
»	Dumbeln	»	Kranichfelde	»
»	Elkinehlen	»	Elken	»
Noch: 1/15 Angerapp (früher Kreis Darkehmen)	Endruschen	Namensänderung	Maiden	16. 7.38
»	Eschergallen	»	Seehügel	»
»	Escherienen	»	Seehagen (Ostpr.)	»
»	Escherischken	»	Schönfels	»
»	Escherningken	»	Eschingen	»
»	Grasgirren	»	Dingelau	»
»	Griesgirren	»	Grieswalde	»
»	Groß Beynuhnen	Feststellung der Schreibweise	Großbeinuhnen	»
»	Groß Bretschkehmen	Namensänderung	Brettken	»
»	Groß Kallwischken	»	Großkallwen	»
»	Groß Kolpacken	»	Großbachrode	»
»	Groß Pelledauen	»	Jungferngrund	»
»	Groß Schabienen	»	Großlautersee	»
»	Groß u. Klein Menturren	»	Mentau	»
»	Gruneyken	Feststellung der Schreibweise	Gruneiken	»
»	Hallwischken	Namensänderung	Hallweg	»
»	Illgossen	»	Ilgenau	»
»	Ischdaggen	»	Brenndenwalde	»
»	Jaggeln	»	Kleinzedmar	»
»	Jagotschen	»	Gleisgarben	»
»	Jautecken	»	Friedeck	»
»	Jewonischken	»	Brunshöfen	»
»	Jodschinn	»	Sausreppen	»
»	Jodschuhnen	»	Jodanen	»
»	Jurgaitschen	»	Jürgenfelde	»
»	Kallnen	»	Drachenberg	»
»	Kandschen	»	Kanden	»
»	Kannehlen	»	Kannen	»
»	Kariotkehmen	»	Karkeim	»
»	Karklienen	»	Wiesenhausen	»
»	Karpowen	»	Karpauen	»
»	Karteningken	»	Kleedorf (Ostpr.)	»
»	Kermuschienen	»	Fritzenau	»
»	Klein Beynuhnen	Feststellung der Schreibweise	Kleinbeinuhnen	»
»	Klein Darkehmen	Namensänderung	Schimmelhof	»
»	Klein Kolpacken	»	Kleinbachrode	»
»	Klein Pelledauen	»	Kreuzstein	»
»	Klein Schabienen	»	Kleinlautersee	»
»	Kleschowen	»	Kleschauen	»
»	Kossischken	»	Köskeim	»
»	Krugken	Feststellung der Schreibweise	Krucken	»
»	Kruschinnen	Namensänderung	Altlinde	»
»	Kuddern	Feststellung der Schreibweise	Kudern	»
»	Kuinen	Namensänderung	Golsaue	»
»	Kundschicken	»	Sandeck	»
»	Kunigehlen	»	Stroppau	»
»	Labowischken	»	Labonen	»
»	Launingken	»	Sanden	»
»	Lengwetschen	»	Tiefenhagen	»
»	Lenkehlischken	»	Gutbergen	»
»	Lenkimmen	»	Uhlenhorst	»
»	Lingwarowen	»	Berglingen	»
»	Mallenuppen	»	Gembern	»
»	Masutschen	»	Oberhofen (Ostpr.)	»
»	Matzwolla	»	Balschdorf	»
»	Medunischken	»	Großmedien	»
»	Melletschen	»	Meltbach	»
»	Muldschählen	»	Finkenwalde (Ostpr.)	»
»	Neu Beynuhnen	Feststellung der Schreibweise	Neubeinuhnen	»
»	Neu Eschergallen	Namensänderung	Wehrwalde	»
»	Neu Pillkallen	»	Rüttelsdorf	»
»	Neu Ragaischen	»	Kuppenwiese	»
»	Neu Sauskoyen	»	Neusauswalde	»
»	Oscheningken	»	Hasenbrück	»
»	Petrelskehmen	»	Peterkeim	»
»	Piontken	»	Waldkerme	»
»	Pogrimmen	»	Grimmen (Ostpr.)	»
»	Potkehmen	»	Puttkammer	»
»	Puikwallen	»	Schönwall	»
»	Ragoschen	»	Ragen	»
»	Ramoschkehmen	»	Ramfelde	»
»	Raudohnen	»	Raunen (Ostpr.)	»
»	Rogahlen	»	Gahlen (Ostpr.)	»
»	Schakumehlen	»	Wildhorst	»
»	Schallgirren	»	Kreuzhausen	»
»	Schaugsten	»	Linnemarken	»
»	Scherrewischken	»	Bruderhof	»
»	Schidlack	»	Schiedelau	»
»	Schillehlen	»	Sillenfelde	»
»	Schudischken	»	Schudau	»
»	Schunkarinn	»	Schlieben (Ostpr.)	»
»	Schuppinnen	»	Wiesenbrunn (Ostpr.)	»
»	Schwirgsden	»	Königsgarten	»
»	Skallischen	»	Altheide (Ostpr.)	»
»	Skallischkehmen	»	Großsteinau	»
»	Stobrigkehlen	»	Stillheide	»
»	Stumbrakehmen	»	Ursfelde	»
»	Tarputschen, Ksp. Ballethen	»	Erlenflet	»
»	Tarputschen, Ksp. Trempen	»	Sauckenhof	»

Kleinerer Verwaltungsbezirk	alter Zustand (Gemeindename)	Art der Veränderung	neuer Zustand (Gemeindename)	Wirkungsdatum
Noch: 1/15 Angerapp (früher Kreis Darkehmen)	Tautschillen	Namensänderung	Altentrift	16. 7.38
»	Uschballen	»	Langenrück	»
»	Uschblenken	»	Blinkersee	»
»	Wantischken	»	Grünsiedel	»
»	Wikischken	»	Wiecken	»
»	Wittgirren	»	Wittbach	»
»	Worellen	»	Runden	»
»	Gutsbezirk Skallischen, Ant. Kr. Darkehmen, Forst	»	Gutsbezirk Altheide, Ant. Kr. Angerapp, Forst	»
1/16 Angerburg	Haarszen	Feststellung der Schreibweise	Haarschen	17. 9.36
»	Alt Perlswalde Neu Perlswalde	Zusammenschluß	Perlswalde	1. 4.38
»	Budzisken Mitschkowken Sawadden	»	Herbsthausen	»
»	Gassöwen	Wegfall durch Eingliederung	Schloßberg	»
»	Biedaschken	Namensänderung	Wieskoppen	16. 7.38
»	Brosowen	»	Hartenstein (Ostpr.)	»
»	Brosowken	»	Birkenhöhe (Ostpr.)	»
»	Groß Wessolowen	»	Raudensee	»
»	Jakunowken	»	Jakunen	»
»	Jorkowen	»	Jorken	»
»	Mitschullen	»	Rochau (Ostpr.)	»
»	Ogonken	»	Schwenten	»
»	Olschöwen	»	Kanitz	»
»	Pietrellen	»	Treugenfließ	»
»	Popiollen	»	Albrechtswiesen	»
»	Possessern	»	Großgarten	»
»	Prinowen	»	Primsdorf	»
»	Pristanien	»	Paßdorf	»
»	Przytullen	»	Kleinkutten	»
»	Sapallen	»	Ostau	»
»	Schloßberg	»	Heidenberg	»
»	Sobiechen	»	Salpen	»
»	Wensowken	»	Wensen	»
»	Wilkowen	»	Geroldswalde	»
»	Willudden	»	Andreastal	»
»	Zabinken	»	Hochsee	»
»	Gutsbezirk Skallischen, Ant. Kr. Angerburg, Forst	»	Gutsbezirk Altheide, Ant. Kr. Angerburg, Forst	»
1/17 Ebenrode (früher Kreis Stallupönen)	Enskehmen, teilw. Hopfenbruch, teilw.	Neubildung	Amalienhof	1.10.34
»	Bugdszen	Feststellung der Schreibweise	Bugdschen	17. 9.36
»	Doblendszen	»	Doblendschen	»
»	Eszerkehmen	»	Escherkehmen	»
»	Gaidszen	»	Gaidschen	»
»	Jodszen	»	Jodschen	»
»	Kryszullen	»	Kryschullen	»
»	Norudszen	»	Norudschen	»
»	Noruszuppen	»	Noruschuppen	»
»	Osznaggern	»	Oschnaggern	»
»	Patilszen	»	Patilschen	»
»	Podszohnen	»	Podschohnen	»
»	Radszen	»	Radschen	»
»	Rudszen	»	Rudschen	»
»	Schluidszen	»	Schluidschen	»
»	Skrudszen	»	Skrudschen	»
»	Szabojeden	»	Schabojeden	»
»	Szameitkehmen	»	Schameitkehmen	»
»	Szapten	»	Schapten	»
»	Szeskehmen	»	Scheskehmen	»
»	Szillehlen	»	Schillehlen	»
»	Szillen	»	Schillen	»
»	Szinkuhnen	»	Schinkuhnen	»
»	Szuggern	»	Schuggern	»
»	Urbszen	»	Urbschen	»
»	Uszdeggen	»	Uschdeggen	»
»	Grünwalde Neuteich Schönbruch	Wegfall durch Eingliederung	Damerau	1. 4.37
»	Jogeln	»	Göritten	»
»	Norudschen	»	Plathen	»
»	Abracken Peterlauken	»	Schillen	1.10.37
»	Ackmonienen, Ksp. Enzuhnen Kurplauken		Schluidschen	»
»	Ackmonienen, Ksp. Pillupönen	»	Pillupönen	»
»	Gaidschen		Benullen	»
»	Klein Degesen Lukoschen		Lucken	»
»	Klein Lengmeschken Messeden Sobeitschen	»	Mehlkehmen	»
»	Mikuthelen	»	Kattenau	»
»	Noreitschen	»	Wirbeln	»
»	Pötschlauken		Matzkutschen	»
»	Reckeln	»	Scharfeneck	»
»	Sommerkrug	»	Groß Degesen	»
»	Wertimlauken	»	Jucknischken	»
»	Kupsten Scheppetschen	Zusammenschluß	Hohenfried	1. 4.38
Noch: 1/17 Ebenrode (früher Kreis Stallupönen)	Adlig Budweitschen	Namensänderung	Grundhausen	16. 7.38
»	Alexkehmen	»	Alexbrück	»
»	Ambraskehmen	»	Krebsfließ	»
»	Anderskehmen	»	Andersgrund	»
»	Antanischken	»	Antonshain	»
»	Antsodehnen	»	Almen	»
»	Aschlauken	»	Kalkhöfen	»
»	Bäuerlich Budweitschen	»	Finkenschlucht	»
»	Bareischkehmen	»	Baringen	»
»	Bartzkehmen	»	Bartztal	»
»	Baubeln	»	Windberge (Ostpr.)	»
»	Benullen	»	Weidenkreuz	»
»	Berninglauken	»	Berningen	»
»	Bilderweitschen	»	Bilderweiten	»
»	Bisdohnen	»	Blocksberg	»
»	Bugdschen	»	Klimmen	»
»	Datzkehmen	»	Datzken	»
»	Daugelischken	»	Pfeifenberg	»
»	Disselwethen	»	Disselberg	»
»	Doblendschen	»	Parkhof	»
»	Dopönen	»	Grünweide (Kreis Ebenrode)	»
»	Dozuhnen	»	Muldau	»
»	Dräweningken	»	Dräwen	»
»	Egglenischken	»	Tannenmühl	»
»	Enskehmen	»	Rauschendorf (Ostpr.)	»
»	Enzuhnen	»	Rodebach	»
»	Escherkehmen	»	Seebach (Ostpr.)	»
»	Eydtkuhnen, Stadt	»	Eydtkau, Stadt	»
»	Eymenischken	»	Eimental	»
»	Gallkehmen	»	Hohenschanz	»
»	Germingkehmen	»	Germingen	»
»	Girnischken	»	Lichtentann	»
»	Girnuhnen	»	Rehbusch	»
»	Groß Grigalischken	»	Ellerbach (Ostpr.)	»
»	Groß Lengmeschken	»	Lengen	»
»	Groß Sodehnen	»	Grenzen (Ostpr.)	»
»	GroßWannagupchen	»	Rohren (Ostpr.)	»
»	Gudellen	»	Preußenwall	»
»	Gudweitschen	»	Gutweide (Ostpr.)	»
»	Jentkutkampen	»	Burgkampen	»
»	Jocknen	»	Jocken	»
»	Jodringkehmen	»	Sinnhöfen	»
»	Jodschen	»	Hollenau (Ostpr.)	»
»	Jucknischken	»	Föhrenhorst	»
»	Jurgeitschen	»	Jürgenrode	»
»	Kallweitschen	»	Haldenau (Ostpr.)	»
»	Karklienen	»	Hügeldorf	»
»	Kiaulacken	»	Quellbruch	»
»	Kiddeln	»	Sonnenmoor	»
»	Kinderlauken	»	Kinderfelde	»
»	Kinderweitschen	»	Kinderhausen	»
»	Kischen	»	Krähenwalde	»
»	Kosakweitschen	»	Rauschmünde	»
»	Krajutkehmen	»	Dürrfelde	»
»	Kryschullen	»	Narwickau	»
»	Kubillehlen	»	Freieneck	»
»	Laukupönen	»	Erlenhagen	»
»	Lawischkehmen	»	Stadtfelde	»
»	Lengwehnen	»	Grenzkrug	»
»	Matternischken	»	Matten	»
»	Mattlauken	»	Hellbrunn	»
»	Matzkutschen	»	Fuchshagen	»
»	Mehlkehmen	»	Birkenmühle	»
»	Milluhnen	»	Mühlengarten	»
»	Mitzkaweitschen	»	Ellerau (Ostpr.)	»
»	Nausseden	»	Weitenruh	»
»	Nickelnischken	»	Nickelsfelde	»
»	Noruschuppen	»	Altenfließ (Ostpr.)	»
»	Oschnaggern	»	Sandau (Ostpr.)	»
»	Pakalnischken	»	Schleusen	»
»	Patilschen	»	Brücken (Ostpr.)	»
»	Peschicken	»	Altbruch	»
»	Petrikatschen	»	Schützenort	»
»	Pillupönen	»	Schloßbach	»
»	Plathen	Feststellung der Schreibweise	Platen	»
»	Plimballen	Namensänderung	Lehmfelde	»
»	Podschohnen	»	Buschfelde (Ostpr.)	»
»	Puplauken	»	Ulmenau (Ostpr.)	»
»	Radschen	»	Raschen (Ostpr.)	»
»	Raudohnen	»	Rauhdorf	»
»	Rittigkeitschen	»	Martinsort	»
»	Romanuppen	»	Wildenheim	»
»	Romeyken	Feststellung der Schreibweise	Romeiken	»
»	Rudschen	Namensänderung	Talfriede	»
»	Sannseitschen	»	Sannen	»
»	Schabojeden	»	Haselgrund (Ostpr.)	»
»	Schackummen	»	Eichkamp	»
»	Schameitkehmen	»	Weitendorf (Ostpr.)	»
»	Scheskehmen	»	Hochmühlen	»
»	Schillehlen	»	Lehmau	»
»	Schillen	»	Schellendorf	»
»	Schilleningken	»	Hainau	»
»	Schillgallen	»	Heimfelde	»
»	Schillupönen	»	Stolzenau (Ostpr.)	»
»	Schinkuhnen	»	Schenkenhagen	»

Kleinerer Verwaltungsbezirk	alter Zustand (Gemeindename)	Art der Veränderung	neuer Zustand (Gemeindename)	Wirkungsdatum
Noch: 1/17 Ebenrode (früher Kreis Stallupönen)	Schirmeyen	Namensänderung	Brandrode	16. 7.38
»	Schluidschen	»	Lerchenborn (Ostpr.)	»
»	Schockwethen	»	Randau (Ostpr.)	»
»	Schöckstupönen	»	Pohlau	»
»	Schwentakehmen	»	Schwanen	»
»	Schwentischken	»	Schanzenort	»
»	Schwiegupönen	»	Neuenbach	»
»	Schwirgallen	»	Eichhagen (Ostpr.)	»
»	Skarullen	»	Ebenflur	»
»	Skrudschen	»	Lengfriede	»
»	Stallupönen, Stadt	»	Ebenrode, Stadt	»
»	Stehlischken	»	Stehlau	»
»	Ströhlkehmen	»	Ströhlen	»
»	Susseitschen	»	Hochtann	»
»	Taschieten	»	Steinhalde	»
»	Tauerkallen	»	Tauern	»
»	Urbschen	»	Urfelde	»
»	Uschdeggen	»	Raineck	»
»	Wagohnen	Feststellung der Schreibweise	Wagonen	»
»	Walleykehmen	Namensänderung	Teichacker	»
»	Wenzlowischken	»	Wenzbach	»
»	Wicknaweitschen	»	Wickenfeld	»
»	Willkinnen	»	Willdorf	»
»	Wilpischen	»	Wilpen	»
»	Gutsbezirk Rominter Heide, Ant. Kr. Stallupönen, Forst	Änderung der Zusatzbezeichnung	Gutsbezirk Rominter Heide, Ant. Kr. Ebenrode, Forst	»
»	Leibgarten Plicken	} Wegfall durch Eingliederung	Baringen	1.10.38
1/18 Elchniederung (früher Kreis Niederung)	Degimmen	Namensänderung	Brandenburg (Kr. Niederung)	29.10.34
»	Klein Girratischken	»	Gronwalde	30. 8.35
»	Ibenhorst	Wegfall durch Eingliederung	Gutsbez. Ibenhorst,	1.11.35
»	Osznugarn	Namensänderung	Rehwalde (Kreis Niederung)	27. 3.36
»	Alt Buttkischken Neu Buttkischken	} Zusammenschluß	Buttkischken	1. 6.36
»	Lukischken	Wegfall durch Eingliederung	Kallningken	»
»	Groß Asznaggern	Namensänderung	Grenzberg	17. 8.36
»	Gräflich Prudimmen	»	Erlenrode	4. 9.36
»	Basznitzkallen	Feststellung der Schreibweise	Baschnitzkallen	17. 9.36
»	Demedszen	»	Demedschen	»
»	Grudszen	»	Grudschen	»
»	Lyszeiten	»	Lyscheiten	»
»	Pawarszen	»	Pawarschen	»
»	Staldszen	»	Staldschen	»
»	Uszkurwe	»	Uschkurwe	»
»	Warsze	»	Warsche	»
»	Warszlauken	»	Warschlauken	»
»	Wieszeiten	»	Wiescheiten	»
»	Schillehlen Wargutschen	} Zusammenschluß	Tannenhöhe	1. 4.37
»	Labben	Wegfall durch Eingliederung	Lebbeden	1. 4.38
»	Luttken Schudereiten Staldschen Wiescheiten, teilw.	} Zusammenschluß	Jägerhöh	»
»	Ossupönen	Wegfall durch Eingliederung	Endrejen	»
»	Serpentienen	»	Friedlauken	»
»	Ackelningken	Namensänderung	Ackeln	16. 7.38
»	Ackmenischken	»	Dünen (Kreis Elchniederung)	»
»	Ackminge	»	Ibenwerder	»
»	Ackmonienen	»	Argental (Ostpr.)	»
»	Adlig Kreywehlen	»	Adelau	»
»	Alleckneiten	»	Kurwensee	»
»	Alt Ginnischken	»	Altginnendorf	»
»	Alt Lappienen	»	Rauterskirch	»
»	Andreischken	»	Nassenfelde	»
»	An Rokaiten	»	Kleinrokitten	»
»	Argelothen	»	Argendorf	»
»	Augustlauken	»	Hohensprindt	»
»	Baltruscheiten, Ksp. Heinrichswalde	»	Amtal	»
»	Baltruscheiten, Ksp. Skören	»	Balten	»
»	Baltruschkehmen	»	Altschanzenkrug	»
»	Bartscheiten	»	Oswald	»
»	Baschnitzkallen	»	Steilberg	»
»	Baubeln	»	Sommershöfen	»
»	Bersteningken	»	Eckwalde	»
»	Bittehnischken	»	Argemünde	»
»	Bogdahnen	»	Bolzfelde	»
»	Borstehlischken	«	Borstehnen	»
»	Brandenburg (Kr. Niederung)	Änderung der Zusatzbezeichnung	Brandenburg (Kr. Elchniederung)	»
»	Budehlischken	Namensänderung	Hoheneiche (Ostpr.)	»
»	Budwethen	»	Ansorge	»

Kleinerer Verwaltungsbezirk	alter Zustand (Gemeindename)	Art der Veränderung	neuer Zustand (Gemeindename)	Wirkungsdatum
Noch: 1/18 Elchniederung (früher Kreis Niederung)	Buttkischken	Namensänderung	Buttenhagen	16. 7.38
»	Demedschen	»	Falkenhöhe	»
»	Demmenen	»	Demmen	»
»	Dittballen	»	Streulage	»
»	Endrejen	»	Ossafelde	»
»	Friedlauken	»	Friedlau	»
»	Griegolienen	»	Lehmbruch	»
»	Grietischken	»	Grieteinen	»
»	Groß Allgawischken	»	Schlichtingen	»
»	Groß Girratischken	»	Wartenhöfen	»
»	Groß Karzewischken	»	Sprosserweide	»
»	Groß Krauleiden	»	Großheidenstein	»
»	Groß Obscherningken	»	Gutsfelde	»
»	Groß Skaisgirren	»	Kreuzingen	»
»	Groß Wabbeln	»	Kleingrenzberg	»
»	Groß Wannaglauken	»	Großwalde (Kreis Elchniederung)	»
»	Groß Wixwen	»	Vielbrücken	»
»	Grudschen	»	Gruten	»
»	Jedwilleiten	»	Neuschleuse	»
»	Jodgallen	»	Grünhausen	»
»	Jodischken	»	Jodingen	»
»	Joneiten	»	Gilgenfeld	»
»	Kallningken	»	Herdenau	»
»	Katrinigkeiten	»	Schorningen	»
»	Kaukehmen	»	Kuckerneese	»
»	Kiauken	»	Wartenfeld	»
»	Klein Allgawischken	»	Allgau	»
»	Klein Ischdaggen	»	Georgenforst	»
»	Klein Krauleiden	»	Kleinheidenstein	»
»	Klein Obscherningken	»	Kleinwalde (Kreis Elchniederung)	»
»	Klein Prudimmen	»	Kleinerlenrode	»
»	Klein Wannaglauken	»	Haslingen	»
»	Kletellen	»	Georgenheide	»
»	Klubinn	»	Anmut	»
»	Kriplauken	»	Kripfelde	»
»	Kumpelken	»	Kämpen	»
»	Lankeningken	»	Altmühle	»
»	Lebbeden	»	Friedeberg (Ostpr.)	»
»	Lepienen	»	Gerhardsheim	»
»	Liedemeiten	»	Gerhardsweide	»
»	Lyscheiten	»	Lischau	»
»	Makohnen	»	Mühlenkreuz	»
»	Matzgirren	»	Kurrenberg	»
»	Mosteiten	»	Eschenberg	»
»	Motzwethen	»	Motzfelde	»
»	Nausseden	»	Kleindünen	»
»	Neu Bogdahnen	»	Bolzhagen	»
»	Neu Descherin	»	Deschen	»
»	Neu Ginnischken	»	Neuginnendorf	»
»	Neuhof-Reatischken	»	Budeweg	»
»	Neu Lappienen	»	Rautersdorf	»
»	Neu Norweischen	»	Altdümpelkrug	»
»	Neusorge, Ksp. Kaukehmen	Änderung der Zusatzbezeichnung	Neusorge, Ksp. Kuckerneese	»
»	Noragehlen	Namensänderung	Urbansprind	»
»	Norweischen	»	Mühlmeistern	»
»	Norwischeiten	»	Schwanensee	»
»	Obolin	»	Erlen	»
»	Obschruten	»	Gerhardsgrund	»
»	Oschke	»	Wildwiese	»
»	Oschweningken	»	Breitenhof	»
»	Packuß	»	Kussenberg	»
	Palinkuhnen	»	Neulinkuhnen	»
»	Parwischken	»	Parwen	»
»	Pawarschen	»	Kleinwarschen	»
»	Pustutten	»	Antonswiese	»
»	Rehwalde (Kreis Niederung)	Änderung der Zusatzbezeichnung	Rehwalde (Kreis Elchniederung)	»
»	Rokaiten	Namensänderung	Rokitten (Ostpr.)	»
»	Rucken, Ksp. Groß Friedrichsdorf	»	Ruckenfeld	»
»	Rucken, Ksp. Lappienen	»	Ruckenhagen	»
»	Sausseningken	»	Milchhof	»
»	Schakuhnen	»	Schakendorf(Ostpr.)	»
»	Schalteik	Feststellung der Schreibweise	Schalteck	»
»	Scharkus-Tawell	Namensänderung	Iwenheide	»
»	Schaugsten	»	Altengilge	»
»	Schillelwethen	»	Noiken	»
»	Schillgallen	»	Hochdünen	»
»	Schudledimmen	»	Schulzenwiese	»
»	Selseningken	»	Selsen	»
»	Skieslauken	»	Kieslau	»
»	Skirbst	»	Heideckshof	»
»	Skirwieth	Feststellung der Schreibweise	Skirwiet	»
»	Spucken	Namensänderung	Stucken	»
»	Tawellningken	»	Tawellenbruch	»
»	Thewellen	Feststellung der Schreibweise	Tewellen	»
»	Tirkseln	Namensänderung	Kleeburg	»
»	Tramischen	»	Trammen	»

Kleinerer Verwaltungsbezirk	alter Zustand (Gemeindename)	Art der Veränderung	neuer Zustand (Gemeindename)	Wirkungsdatum
Noch: 1/18 Elchniederung (früher Kreis Niederung)	Trumpeiten	Namensänderung	Trumpenau	16. 7.38
»	Tunnischken	»	Schneckenwalde	»
»	Uschkurwe	»	Kurwe	»
»	Usseinen	»	Stellwagen	»
»	Warschlauken	»	Warschfelde	»
»	Wegnerminnen	»	Wegnersdorf	»
»	Weidgirren	»	Gerhardshöfen	»
»	Wiescheiten	»	Kleinsommershöfen	»
»	Wirballen	»	Warten	»
»	Wirblauken	»	Rutenfelde	»
»	Gutsbezirk Kurisches Haff, Ant. Kr. Niederung	Änderung der Zusatzbezeichnung	Gutsbezirk Kurisches Haff, Ant. Kr. Elchniederung	»
»	Gutsbezirk Tawellningken, Forst	Namensänderung	Gutsbezirk Tawellenbruch, Forst	»
1/19 Goldap	Czerwonnen	»	Rotenau	6. 1.34
»	Groß Kummetschen	»	Hermeshof	8. 3.34
»	Iszlaudszen	»	Schönheide (Ostpr.)	19. 3.34
»	Marczinowen	»	Martinsdorf	24. 7.34
»	Präroszlehnen	»	Jägersee	17. 9.35
»	Juckneitschen	»	Steinhagen (Ostpr.)	5.10.35
»	Morathen	»	Bergesruh	14.11.35
»	Bludszen	Feststellung der Schreibweise	Bludschen	17. 9.36
»	Budszedehlen	»	Budschedehlen	»
»	Budweitschen, Ksp. Szittkehmen	»	Budweitschen, Ksp. Schittkehmen	»
»	Didszullen	»	Didschullen	»
»	Eszergallen, Ksp. Dubeningken	»	Eschergallen, Ksp. Dubeningken	»
»	Eszergallen, Ksp. Gawaiten	»	Eschergallen, Ksp. Gawaiten	»
»	Gelleszuhnen	»	Gelleschuhnen	»
»	Kaszeleken	»	Kaseleken	»
»	Kaszemeken	»	Kaschemeken	»
»	Kuiken, Ksp. Szittkehmen	»	Kuiken, Ksp. Schittkehmen	»
»	Meszehnen	»	Meschehnen	»
»	Oszeningken	»	Oscheningken	»
»	Pablindszen	»	Pablindschen	»
»	Pallädszen	»	Pallädschen	»
»	Pelludszen	»	Pelludschen	»
»	Sausleszowen	»	Sausleschowen	»
»	Szabojeden	»	Schabojeden	»
»	Szardeningken	»	Schardeningken	»
»	Szeeben	»	Scheeben	»
»	Szeldkehmen	»	Scheldkehmen	»
»	Szielasken	»	Schielasken	»
»	Szittkehmen	»	Schittkehmen	»
»	Wyszupönen	»	Wyschupönen	»
»	Zodszen	»	Zodschen	»
»	Abscherningken	Namensänderung	Ebershagen	16. 7.38
»	Auxinnen	»	Freudenau	»
»	Auxkallen	»	Bergerode	»
»	Ballupönen, Ksp. Goldap	»	Ballenau	»
»	Ballupönen, Ksp. Tollmingkehmen	»	Wittigshöfen	»
»	Barkehmen	»	Barkau	»
»	Billehnen	»	Billenau	»
»	Blindgallen	»	Schneegrund	»
»	Blindischken	»	Wildwinkel	»
»	Bludschen	»	Forsthausen	»
»	Bodschwingken	»	Herandstal	»
»	Budschedehlen	»	Salzburgerhütte	»
»	Budweitschen, Ksp. Dubeningken	»	Elsgrund	»
»	Budweitschen, Ksp. Schittkehmen	»	Altenwacht	»
»	Buttkuhnen	»	Bodenhausen	»
»	Collnischken	»	Burgfelde	»
»	Czarnen	»	Scharnen	»
»	Dagutschen	»	Zapfengrund	»
»	Dakehnen	»	Daken	»
»	Didschullen	»	Schwadenfeld	»
»	Dobawen	»	Dobauen	»
»	Dubeningken	»	Dubeningen	»
»	Duncyken	Feststellung der Schreibweise	Duneiken (Kreis Goldap)	»
»	Dzingellen	Namensänderung	Widmannsdorf	»
»	Egglenischken	»	Preußischnassau	»
»	Elluschönen	»	Ellern (Ostpr.)	»
»	Eschergallen, Ksp. Dubeningken	»	Äschenbruch	»
»	Eschergallen, Ksp. Gawaiten	»	Tiefenort (Ostpr.)	»
»	Flösten	»	Bornberg (Ostpr.)	»
»	Friedrichowen	»	Friedrichau (Ostpr.)	»
»	Gawaiten	»	Herzogsrode	»
»	Gelleschuhnen	»	Gellenau (Ostpr.)	»
»	Gerehlischken	»	Gerwalde	»
»	Glowken	»	Thomasfelde	»
»	Gollubien	»	Unterfelde	»
»	Grabowen	»	Arnswald	»
»	Grilskehmen	»	Grilsen	»
»	Grischkehmen	»	Grischken	»
»	Groblischken	»	Ringfelde	»
Noch: 1/19 Goldap	Groß Dumbeln	Namensänderung	Erlensee	16. 7.38
»	Groß Gudellen	»	Großguden	»
»	Groß Kallweitschen	»	Kornberg	»
»	Groß Rominten	»	Hardteck	»
»	Groß Rosinsko	»	Großfreiendorf	»
»	Groß Trakischken	»	Hohenrode (Ostpr.)	»
»	Groß Wronken	»	Winterberg (Ostpr.)	»
»	Gulbenischken	»	Gulbensee	»
»	Jeblonsken	»	Urbansdorf	»
»	Jessatschen	»	Grimbach	»
»	Jodupp	»	Holzeck	»
»	Jörkischken	»	Jarkental	»
»	Jurgaitschen	»	Kleinau (Ostpr.)	»
»	Kallnischken	»	Kunzmannsrode	»
»	Kamionken	»	Eichicht	»
»	Kaschemeken	»	Kaschen	»
»	Kaseleken	»	Neumagdeburg	»
»	Keppurdeggen	»	Kühlberg	»
»	Kiaunen	»	Rodenheim	»
»	Kiauten	»	Zellmühle	»
»	Klein Dumbeln	»	Kräuterwiese	»
»	Klein Gudellen	»	Kleinguden	»
»	Klein Kummetschen	»	Schäferberg (Ostpr.)	»
»	Klein Rosinsko	»	Bergershof	»
»	Kögskehmen	»	Keckskeim	»
»	Kosaken	»	Rappenhöh	»
»	Kowalken	»	Beierswalde	»
»	Kragiunen	»	Kraghof	»
»	Kubillen	»	Nordenfeld	»
»	Kuiken, Ksp. Goldap	»	Tannenhorst	»
»	Kuiken, Ksp. Schittkehmen	»	Albrechtsrode	»
»	Kurnehnen	»	Kurnen	»
»	Langkischken	»	Langenwassern	»
»	Lengkupchen	»	Lengenfließ	»
»	Linkischken	»	Rabeneck (Ostpr.)	»
»	Linnawen	»	Linnau (Ostpr.)	»
»	Loyen	Feststellung der Schreibweise	Loien	»
»	Loyken	Namensänderung	Loken	»
»	Makunischken	»	Hohenwaldeck	»
»	Maleyken	Feststellung der Schreibweise	Maleiken	»
»	Marlinowen	Namensänderung	Mörleinstal	»
»	Matznorkehmen	»	Matztal	»
»	Matzutkehmen	»	Wellenhausen	»
»	Meldienen	»	Gnadenheim	»
»	Meschehnen	»	Wehrfeld	»
»	Meschkrupchen	»	Meschen	»
»	Mlinicken	»	Buschbach	»
»	Motzkuhnen	»	Motzken	»
»	Murgischken	»	Bastental	»
»	Oscheningken	»	Pfalzrode	»
»	Ossöwen	»	Ossau	»
»	Pablindschen	»	Zollteich	»
»	Padingkehmen	»	Padingen	»
»	Pallädschen	»	Frankeneck (Ostpr.)	»
»	Pellkawen	»	Pellkauen	»
»	Pelludschen	»	Pellau	»
»	Pietraschen	»	Rauental (Ostpr.)	»
»	Plautzkehmen	»	Engern (Ostpr.)	»
»	Plawischken	»	Plauendorf	»
»	Pöwgallen	»	Pöwen	»
»	Präslauken	»	Praßlau	»
»	Regellen	»	Glaubitz (Ostpr.)	»
»	Ribbenischken	»	Ribbenau	»
»	Roponatschen	»	Steinheide	»
»	Rudzien	»	Rodenstein (Ostpr.)	»
»	Samonienen	»	Klarfließ	»
»	Sausleschowen	»	Seefelden (Ostpr.)	»
»	Schabojeden	»	Sprindberg	»
»	Schaltinnen	»	Quellental (Ostpr.)	»
»	Schardeningken	»	Schardingen	»
»	Scheldkehmen	»	Schelden	»
»	Schielasken	»	Hallenfelde	»
»	Schillinnen	»	Heidensee	»
»	Schittkehmen	»	Wehrkirchen	»
»	Schuiken	»	Spechtsboden	»
»	Serteggen	»	Serteck	»
»	Skaisgirren	»	Hellerau (Ostpr.)	»
»	Skarupnen	»	Hartental	»
»	Skötschen	»	Grönfleet	»
»	Sokollen	»	Hainholz (Ostpr.)	»
»	Stonupönen	»	Kaltenbach	»
»	Stukatschen	»	Freienfeld (Ostpr.)	»
»	Stumbern	»	Auersfeld	»
»	Summowen	»	Summau	»
»	Tartarren	»	Noldental	»
»	Thewelkehmen	»	Tulkeim	»
»	Theweln	»	Pfalzburg	»
»	Tollmingkehmen	»	Tollmingen	»
»	Upidamischken	»	Altenzoll	»
»	Wannaginnen	»	Wangenheim (Ostpr.)	»
»	Warkallen	»	Wartenstein (Ostpr.)	»
»	Werxnen	»	Grünhügel	»
»	Wilkatschen	»	Birkendorf (Ostpr.)	»
»	Wyschupönen	»	Kaltensee	»
»	Zodschen	»	Zoden	»
1/20 Gumbinnen	Pötschkehmen	»	Pötschwalde	14.12.34
»	Kiaulkehmen	»	Jungort	11. 1.35

Kleinerer Verwaltungsbezirk	alter Zustand (Gemeindename)	Art der Veränderung	neuer Zustand (Gemeindename)	Wirkungsdatum
Noch: 1/20 Gumbinnen	Klein Datzen	Wegfall durch Eingliederung	Spirockeln	1. 7.35
»	Kasenowsken	Namensänderung	Tannsee	29. 7.35
»	Pruszischken	»	Preußendorf (Ostpr.)	»
»	Wannagupchen	»	Habichtsau	»
»	Gerschwillauken	Wegfall durch Eingliederung	Jungort	1. 8.35
»	Karszamupchen	Namensänderung	Grünfließ	»
»	Mingstimmen	»	Angerfelde	16. 8.35
»	Eszerischken	Wegfall durch Eingliederung	Tutteln	1.10.35
»	Grünheide	»	Lolidimmen	»
»	Jodszleidzen	Namensänderung	Altlinden	26. 3.36
»	Antszirgessern	Feststellung der Schreibweise	Antschirgessern	17. 9.36
»	Balberdszen	»	Balberdschen	»
»	Budszedszen	»	Budschedschen	»
»	Didsziddern	»	Didschiddern	»
»	Eszerningken	»	Escherningken	»
»	Jodszen	»	Jodschen	»
»	Krauleidszen	»	Krauleidschen	»
»	Niebudszen	»	Niebudschen	»
»	Rödszen	»	Rödschen	»
»	Rudbardszen	»	Rudbardschen	»
»	Sabadszuhnen	»	Sabadschuhnen	»
»	Szameitschen	»	Schameitschen	»
»	Szirgupönen	»	Schirgupönen	»
»	Szublauken	»	Schublauken	»
»	Szurgupchen	»	Schurgupchen	»
»	Szuskehmen	»	Schuskehmen	»
»	Uszballen	»	Uschballen	»
»	Uszupönen	»	Uschupönen	
»	Wandlauszen	»	Wandlaudschen	»
»	Alt Maygunischken Neu Maygunischken	} Zusammenschluß	Erlengrund (Ostpr.)	1. 4.38
»	Abschermeningken	Namensänderung	Fuchstal	16. 7.38
»	Adomlauken	»	Adamshausen	»
»	Antbrakupönen	»	Kahlheim	»
»	Antschirgessern	»	Seewiese	»
»	Augstupönen	»	Hochfließ	»
»	Austinlauken	»	Austfelde	»
»	Balberdschen	»	Balbern	»
»	Ballienen	»	Riedwiese	»
»	Bersteningken	»	Berstenau	»
»	Bibehlen	»	Falkenhausen	»
»	Brakupönen	»	Roßlinde	»
»	Budschedschen	»	Pfälzerwalde	»
»	Budweitschen	»	Forsteck	»
»	Buylien	»	Schulzenwalde	»
»	Datzkehmen	»	Lorenzfelde	»
»	Didschiddern	»	Frankenhof	»
»	Drutischken	»	Pfälzerort	»
»	Escherningken	»	Neupassau	»
»	Florkehmen	»	Florhof	»
»	Gertschen	»	Gertenau	»
»	Gerwischkehmen	»	Gerwen	»
»	Gerwischken	»	Richtfelde	»
»	Groß Berschkurren	»	Großpreußenwald	»
»	Groß Gaudischkehmen	»	Großgauden	»
»	Groß Pruschillen	»	Großpreußenbruch	»
»	Groß Tellitzkehmen	»	Tellrode	»
»	Groß Wersmeningken	»	Großstangenwald	»
»	Groß Wischtecken	»	Ullrichsdorf (Ostpr.)	»
»	Guddatschen	»	Kleehagen	»
»	Ischdaggen	»	Branden	»
»	Jodschen	»	Schwarzenau (Ostpr.)	»
»	Jodupchen	»	Mittenfelde	»
»	Jodzuhnen	»	Weidengrund	»
»	Jogelehnen	»	Jürgendorf	»
»	Jucknischken	»	Bahnfelde	»
»	Judtschen	»	Kanthausen	»
»	Kallnen	»	Bismarckshöh	»
»	Kampischkehmen	»	Angereck	»
»	Karklienen	»	Brauersdorf (Ostpr.)	»
»	Klein Berschkurren	»	Kleinpreußenwald	»
»	Klein Gaudischkehmen	»	Kleingauden	»
»	Klein Pruschillen	»	Kleinpreußenbruch	»
»	Klein Wersmeningken	»	Kleinstangenwald	»
»	Kollatischken	»	Langenweiler	»
»	Krauleidschen	»	Schöppenfelde	»
»	Kulligkehmen	»	Ohldorf (Ostpr.)	»
»	Kuttkuhnen	»	Eggenhof	»
»	Lampseden	»	Lampshagen	»
»	Laugallen	»	Heubude	»
»	Lenglauken	»	Pommerfelde	»
»	Lolidimmen	»	Lolen	»
»	Lutzicken	»	Lutzen	»
»	Martischen	»	Martinshof	»
»	Matzutkehmen	»	Matzhausen	»
»	Meschkeningken	»	Bärenhagen	»
»	Naujeningken	»	Neuhufen	»
»	Nestonkehmen	»	Schweizertal	»
»	Niebudschen	»	Herzogskirch	»
»	Norgallen	»	Wiekmünde	»
»	Packallnischken	»	Bergendorf (Ostpr.)	»
»	Pendrinnen	»	Pendershof	»
»	Pillkallen	»	Hoheneck	»
Noch: 1/20 Gumbinnen	Plimballen	Namensänderung	Mertinshagen	16. 7.38
»	Praßlauken	»	Praßfeld	»
»	Purwienen	»	Altweiler (Ostpr.)	»
»	Ribbinnen	»	Jägershagen	»
»	Rödschen	»	Röden	»
»	Rudbardschen	»	Rotweiler	»
»	Rudstannen	»	Steffensfelde	»
»	Rudupönen	»	Ringfließ	»
»	Sabadschuhnen	»	Bergenbrück	»
»	Sadweitschen	»	Altkrug	»
»	Samelucken	»	Brückental (Ostpr.)	»
»	Sampowen	»	Sampau	»
»	Schameitschen	»	Samfelde	»
»	Schestocken	»	Peterstal, Kreis Gumbinnen	»
»	Schilleningken	»	Kaimelskrug	»
»	Schirgupönen	»	Amtshagen	»
»	Schlappacken	»	Krausenbrück	»
»	Schmulkehlen	»	Neuenburg (Ostpr.)	»
»	Schmulken	»	Birkenhöhe (Ostpr.)	»
»	Schorschienen	»	Moosgrund	»
»	Schublauken	»	Schublau	»
»	Schurgupchen	»	Sprindort	»
»	Schuskehmen	»	Angerhöh	»
»	Schwiegseln	»	Schweizerau	»
»	Semkuhnen	»	Hohenwerder	»
»	Skardupchen	»	Kleinweiler	»
»	Skardupönen	»	Matzrode	»
»	Skroblienen	»	Buchenrode	»
»	Sodehnen	»	Heinsort	»
»	Sodinehlen	»	Jägersfreude (Ostpr.)	»
»	Spirockeln	»	Hohenfried	»
»	Stannaitschen	»	Zweilinden	»
»	Stobricken	»	Krammsdorf	»
»	Stulgen	»	Hasenrode	»
»	Thuren	Feststellung der Schreibweise	Turen	»
»	Tittnaggen	Namensänderung	Krügertal	»
»	Tublauken	»	Schweizersfelde	»
»	Uschballen	»	Birkenried	»
»	Uschupönen	»	Moorhof	»
»	Waiwern	»	Seilhofen (Ostpr.)	»
»	Wallehlischken	»	Hagelsberg	»
»	Walterkehmen	»	Großwaltersdorf	»
»	Wandlaudschen	»	Rotenkamp (Ostpr.)	
»	Warkallen	»	Roloffseck	»
»	Warnehlen	»	Haselhof	»
»	Warschlegen	»	Laurinshof	»
»	Wilkoschen	»	Wolfseck	»
»	Wingeningken	»	Vierhufen	»
»	Worupönen	»	Roseneck	»
»	Gutsbezirk Brakupönen	»	Gutsbezirk Roßlinde	»
1/22 Insterburg	Patimbern	»	Birkenhorst (Ostpr.)	1. 8.35
»	Berszienen, Ksp. Jodlauken	Feststellung der Schreibweise	Berschienen, Ksp. Jodlauken	17. 9.36
»	Berszienen, Ksp. Pelleningken	»	Berschienen, Ksp. Pelleningken	»
»	Bindszohnen	»	Bindschohnen	»
»	Eszeratschen	»	Escheratschen	»
»	Gaidszen	»	Gaidschen	»
»	Groß Laszeningken	»	Groß Lascheningken	»
»	Groß Niebudszen	»	Groß Niebudschen	»
»	Klein Laszeningken	»	Klein Lascheningken	»
»	Klein Niebudszen	»	Klein Niebudschen	»
»	Muldszehlen	»	Muldschehlen	»
»	Szacken	»	Schacken	»
»	Szameitkehmen	»	Schameitkehmen	»
»	Szemlauken	»	Schemlauken	»
»	Szierandszen	»	Schierandschen	»
»	Uszballen	»	Uschballen	»
»	Waszeninken	»	Wascheninken	»
»	Abschruten	Namensänderung	Ossaquell	16. 7.38
»	Ackmenischken, Ksp. Aulowönen	»	Steinacker	»
»	Ackmenischken, Ksp. Obehlischken	»	Sittenfelde	»
»	Antargen	»	Argenquell	»
»	Aulowönen	»	Aulenbach (Ostpr.)	»
»	Auxkallen, Ksp. Georgenburg	»	Ringelau	»
»	Auxkallen, Ksp. Pelleningken	»	Hoheninster	»
»	Auxkallnehlen	»	Blumenbach	»
»	Baginski	»	Freimannsdorf	»
»	Berschienen, Ksp. Jodlauken	»	Birklacken	»
»	Berschienen, Ksp. Pelleningken	»	Grünbirken	»
»	Bindschohnen	»	Binden	»
»	Bublauken	»	Brachenfeld (Ostpr.)	»
»	Budwethen	»	Streudorf (Ostpr.)	»
»	Daupelken	»	Seitenbach (Ostpr.)	»
»	Didlacken	Feststellung der Schreibweise	Dittlacken	»
»	Drutschlauken	Namensänderung	Hasenfeld	»
»	Escheratschen	»	Eschenhang	»
»	Gaidschen	»	Wiesenblick	»

Kleinerer Verwaltungsbezirk	**alter Zustand** (Gemeindename)	Art der Veränderung	**neuer Zustand** (Gemeindename)	Wirkungsdatum
Noch: **1**/22 Insterburg	Gandrinnen	Namensänderung	Storchfelde	16. 7.38
»	Georgenburgkehlen	»	Kleingeorgenburg	»
»	Geswethen	»	Landwehr (Ostpr.)	»
»	Gillischken	»	Insterblick	»
»	Groß Berschkallen	»	Birken (Ostpr.)	»
»	Groß Lascheningken	»	Großlaschnicken	»
»	Groß Lasdehnen	»	Streusiedel	»
»	Groß Niebudschen	»	Steinsee (Ostpr.)	»
»	Ischdagehlen	»	Brennersdorf	»
»	Ischdaggen	»	Brandenau	»
»	Jänischken	»	Jänichen	»
»	Jodlauken	»	Schwalbental	»
»	Kallwischken	»	Hengstenberg	»
»	Kamputschen	»	Kampeneck	»
»	Kamswyken	Feststellung der Schreibweise	Kamswiken	»
»	Karalene	Namensänderung	Luisenberg	»
»	Klaukallen	»	Timberquell	»
»	Klein Berschkallen	»	Kleinbirken	»
»	Klein Lascheningken	»	Kleinlaschnicken	»
»	Klein Niebudschen	»	Bärengraben	»
»	Klein Reckeitschen	»	Blüchersdorf	»
»	Kraupischkehmen	»	Erdmannsruh	»
»	Laugallen	»	Feldeck	»
»	Lenkeitschen	»	Angerbrück	»
»	Lenkutschen	»	Schleifenau	»
»	Leputschen	»	Oberschwalben	»
»	Lugowen	»	Großlugau	»
»	Matheningken	»	Mattenau	»
»	Medukallen, Ksp. Grünheide	»	Honigberg	»
»	Medukallen, Ksp. Pelleningken	»	Rehwiese	»
»	Metschullen	»	Lehwald	»
»	Milschlauken	»	Milchfelde	»
»	Muldschehlen	»	Muldenwiese	»
»	Neunischken	»	Neunassau	»
»	Obehlischken	»	Schulzenhof	»
»	Padrojen	»	Drojental	»
»	Paducken	»	Padau	»
»	Pakalehnen	»	Schweizersdorf	»
»	Paskirsnen	»	Kirsnen	»
»	Pelleningken	»	Strigengrund	»
»	Perkunischken	»	Perkunsfelde	»
»	Peterkehmen	»	Peterstal	»
»	Pillupönen	»	Kuttenhöh	»
»	Powehlischken	»	Hoffnungsbrück	»
»	Pusberschkallen	»	Unterbirken	»
»	Rudlauken	»	Ossafurt	»
»	Saugwethen	»	Saugehnen	»
»	Sauskeppen	»	Sausen	»
»	Schacken	»	Schackenau	»
»	Schameitkehmen	»	Walkenau	»
»	Schemlauken	»	Roßberg (Ostpr.)	»
»	Scheppetschen	»	Oberschleifen	»
»	Schernupchen	»	Kirschland	»
»	Schierandschen	»	Schierheide	»
»	Schillgallen	»	Heideck (Ostpr.)	»
»	Schmackerlauken	»	Schmackerau	»
»	Schwirbeln	»	Güldenau	»
»	Siemonischken	»	Siegmanten	»
»	Skardupönen	»	Klingen (Ostpr.)	»
»	Skerdienen	»	Scherden	»
»	Skungirren	»	Scheunenort	»
»	Snappen	»	Schnappen	»
»	Stagutschen	»	Dallwitz (Ostpr.)	»
»	Sterkeninken	»	Starkenicken	»
»	Stirkallen	»	Keilergrund	»
»	Tammowischken	»	Tammau	»
»	Tarpupp	»	Angermoor	»
»	Tarputschen	»	Tarpen (Ostpr.)	»
»	Thieslauken	»	Tiesfelde	»
»	Trakinnen	»	Tannenschlucht	»
»	Trakis	»	Farndorf	»
»	Triaken, Ksp. Berschkallen	»	Tricken	»
»	Triaken, Ksp. Jodlauken	»	Schwerfelde	16. 7.38
»	Trumplauken	»	Trumplau	»
»	Uderballen	»	Otterwangen	»
»	Uschballen	»	Dittau	»
»	Wanniglauken	»	Falkenreut	»
»	Wascheninken	»	Grünacker	»
»	Wasserlauken	»	Wasserlacken	»
»	Willschicken	»	Wilkental	»
»	Wirtkallen	»	Wirtberg	»
»	Gutsbezirk Papuschienen, Ant. Lkr. Insterburg, Forst	»	Gutsbezirk Grauden, Ant. Lkr. Insterburg, Forst	»
1/23 Schloßberg (Ostpr.) (früher Kreis Pillkallen)	Radszen, Ksp. Kussen	»	Radenau	26. 1.35
»	Groß Baitruschelen	»	Grüneichen	4. 2.35
»	Antmirehlen (-Werben)	»	Werben	1. 8.35
»	Groß Stimbern	»	Stimbern	»
»	Groß Wingillen	»	Wingillen	»
»	Radszen	Feststellung der Schreibweise	Radschen	»
»	Plonszöwen	Namensänderung	Waldhufen	26. 3.36
»	Treczaken	»	Treufelde	30. 3.36
Noch: 1/23 Schloßberg (Ostpr.) (früher Kreis Pillkallen)	Bardszen	Feststellung der Schreibweise	Bardschen	17. 9.36
»	Bludszen	»	Bludschen	»
»	Brödszen	»	Brödschen	»
»	Bruszen	»	Bruschen	»
»	Budszuhnen	»	Budschuhnen	»
»	Doblendszen	»	Doblendschen	»
»	Droszwalde	»	Droschwalde	»
»	Galwoszen	»	Gallwoschen	»
»	Groß Darguszen	»	Groß Darguschen	»
»	Groß Rudszen	»	Groß Rudschen	»
»	Jodszen, Ksp. Kussen	»	Jodschen, Ksp. Kussen	»
»	Jodszen, Ksp. Willuhnen	»	Jodschen, Ksp. Willuhnen	»
»	Jodzahlen	»	Jodschahlen	»
»	Jodzuhnen	»	Jodschuhnen	»
»	Klein Darguszen	»	Klein Darguschen	»
»	Maszuiken	»	Maschuiken	»
»	Neu Rudszen	»	Neu Rudschen	»
»	Paberdszen	»	Paberdschen	»
»	Payszeln	»	Payscheln	»
»	Szameitkehmen	»	Schameitkehmen	»
»	Szieden	»	Schieden	»
»	Szimkuhnen	»	Schimkuhnen	»
»	Szogelgalwen	»	Schogelgalwen	»
»	Uszballen, Ksp. Lasdehnen	»	Uschballen, Ksp. Lasdehnen	»
»	Uszballen, Ksp. Pillkallen	»	Uschballen. Ksp. Pillkallen	»
»	Uszbördszen	»	Uschbördschen	»
»	Uszdrawen	»	Uschdrawen	»
»	Uszpiaunehlen	»	Uschpiaunehlen	»
»	Uszpiaunen	»	Uschpiaunen	»
»	Uszproduppen	»	Uschproduppen	»
»	Uszrudszen	»	Uschrudschen	»
»	Wallindszen	»	Wallindschen	»
»	Wandlauszen	»	Wandlaudschen	»
»	Weszkallen	»	Weschkallen	»
»	Wöszupchen	»	Wöschupchen	»
»	Wöszupöhlen	»	Wöschupöhlen	»
»	Gutsbezirk Uszballen, Forst	»	Gutsbezirk Uschballen, Forst	»
»	Droschwalde	»	Drozwalde	13. 2.37
»	Klein Schorellen	Wegfall durch Eingliederung	Groß Schorellen / Schmilgen	1.10.37
»	Wandlaudschen	»	Uschballen (Kreis Gumbinnen)	»
»	Neu Rudschen	»	Groß Rudschen	1. 4.38
»	Abschruten, Ksp. Mallwischken	Namensänderung	Bitzingen	16. 7.38
»	Abschruten, Ksp. Willuhnen	»	Schruten	»
»	Albrecht-Naujehnen	»	Albrechtswalde	»
»	Alxnupönen	»	Altsnappen	»
»	Antballen	»	Abendwalde	»
»	Antbudupönen	»	Vormwalde	»
»	Augstupönen	»	Hochweiler (Ostpr.)	»
»	Bagdohnen	»	Rodungen	»
»	Ballupönen	»	Ballen	»
»	Baltruschen	»	Sorgenfelde	»
»	Bardschen	»	Barschen	»
»	Bartschkühnen	»	Kühnen	»
»	Bednohren	»	Stahnsdorf (Ostpr.)	»
»	Beinigkehmen	»	Beinicken	»
»	Bludschen	»	Vierhöfen (Ostpr.)	»
»	Brödlaugken	»	Bröden	»
»	Brödschen	»	Lugeck	»
»	Bruschen	»	Kiesfelde	»
»	Budschuhnen	»	Eschenhöhe	»
»	Budupönen, Ksp. Kussen	»	Buden	»
»	Budupönen, Ksp. Lasdehnen	»	Sandhöhe	»
»	Budupönen, Ksp. Schirwindt	»	Moosbach (Ostpr.)	»
»	Dagutschen	»	Tegnerskrug	»
»	Daynen	Feststellung der Schreibweise	Deinen	»
»	Dickiauten	Namensänderung	Waldried	»
»	Dickschen	»	Lindbach	»
»	Doblendschen	»	Kayserswiesen	»
»	Dörschkehmen	»	Derschau (Ostpr.)	»
»	Draugupönen	»	Deihornswalde	»
»	Duden, Ksp. Kussen	»	Dudenwalde	»
»	Duden, Ksp. Schillehnen	»	Dudenfelde	»
»	Ederkehmen	»	Edern	»
»	Eggleningken	»	Kiefernberg	»
»	Endruhnen	»	Bruchlage	»
»	Eygarren	»	Eigern	»
»	Eymenischken-Wassaken	»	Stutbruch	»
»	Gallwoschen	»	Sandwalde	»
»	Girrehlischken B	»	Ebenwalde	»
»	Goberischken	»	Gobern	»
»	Grablaugken	»	Grabfelde	»
»	Gricklaugken	»	Bönick	»
»	Groß Daguthelen	»	Streuhöfen	»
»	Groß Darguschen	»	Tanneck	»

Kleinerer Verwaltungsbezirk	alter Zustand (Gemeindename)	Art der Veränderung	neuer Zustand (Gemeindename)	Wirkungsdatum
Noch: 1/23 Schloßberg (Ostpr.) (früher Kreis Pillkallen)	Groß Jodupönen	Namensänderung	Schwarzfelde	16. 7.38
»	Groß Rudminnen	»	Wietzheim	»
»	Groß Rudschen	»	Mühlenhöhe	»
»	Groß Schorellen	»	Adlerswalde	»
»	Groß Tullen	»	Reinkenwalde	»
»	Groß Warningken	»	Steinkirch	»
»	Groß Wersmeningken	»	Langenfelde	»
»	Guttpettern	Feststellung der Schreibweise	Gutpetern	»
»	Henskehmen	Namensänderung	Sprindacker	»
»	Henskischken	»	Hensken	»
»	Hermoneiten	»	Hermannsdorf (Ostpr.)	»
»	Jnglauden	»	Jnglau	»
»	Jänischken	»	Hansruh	»
»	Jodeglienen	»	Moosheim (Ostpr.)	»
»	Jodschahlen	»	Herbstfelde	»
»	Jodschen, Ksp. Kussen	»	Ackermühle	»
»	Jodschen, Ksp. Willuhnen	»	Kleinhildesheim	»
»	Jodschuhnen	»	Jodungen	»
»	Jodupönen	»	Naßfelde	»
»	Jogschen	»	Seehuben	»
»	Jucknaten	»	Meißnersrode	»
»	Jutschen	»	Weidenbruch	»
»	Kallnehlischken	»	Ebenhausen (Ostpr.)	»
»	Kaunohnen	»	Marderfelde	»
»	Kermuschienen	»	Ladmannsfelde	»
»	Kiauschen	»	Wetterau	»
»	Kiggen	»	Steinershöfen	»
»	Kischen, Ksp. Schillehnen	»	Senkendorf	»
»	Kischen, Ksp. Schirwindt	»	Zweihuben	»
»	Kischenbannies	»	Bühlerhof	»
»	Klein Daguthelen	»	Dorotheendorf (Ostpr.)	»
»	Klein Darguschen	»	Grenzheide	»
»	Klein Jodupönen	»	Kleinsorge	»
»	Klein Meschkuppen	»	Bärenbach (Ostpr.)	»
»	Klein Pillkallen	»	Kleinschloßberg	»
»	Klein Rudminnen	»	Kleinruden	»
»	Klein Warningken	»	Seidlershöhe	»
»	Klein Wersmeningken	»	Dreßlershausen	»
»	Kögsten	»	Michelfelde	»
»	Königshuld	»	Friedrichsweiler	»
»	Kötschen	Feststellung der Schreibweise	Köschen	»
»	Kruschinehlen	Namensänderung	Frankenreuth	»
»	Kurschehlen	»	Siedlerfelde	»
»	Kusmen	»	Kreuzhöhe	»
»	Kybarten	»	Tiefenfelde	»
»	Lasdehnen	»	Haselberg (Ostpr.)	»
»	Laugallen	»	Lorenzen	»
»	Lengschen	»	Moorwiese	»
»	Löbegallen	»	Löbenau	»
»	Löbtuballen	»	Löbaugrund	»
»	Lubinehlen	»	Lubenwalde	»
»	Mallwischken	»	Mallwen	»
»	Martingken	»	Martingen	»
»	Maschuiken	»	Blockswalde	»
»	Mingstimmehlen	»	Mingen	»
»	Mingstimmen	»	Wiesenbrück	»
»	Naujehnen	»	Rotfelde (Ostpr.)	»
»	Naujeningken	»	Nauningen	»
»	Neuhof-Lasdehnen	»	Altbaum	»
»	Neu Skardupönen	»	Grenzwald	»
»	Neu Stonupönen	»	Hagenrode	»
»	Orupönen	»	Grünrode	»
»	Paberdschen	»	Grundhufen	»
»	Paplienen	»	Moormühle	»
»	Pawidlaugken	»	Bruchdorf (Ostpr.)	»
»	Payscheln	»	Insterwangen	»
»	Petereithelen	»	Schleswighöfen	»
»	Petereitschen	»	Petershausen (Ostpr.)	»
»	Petzingken, Ksp. Groß Warningken	»	Petzingen	»
»	Petzingken, Ksp. Pillkallen	»	Hainort	»
»	Pieragen	»	Nicklashagen	»
»	Pillkallen, Stadt	»	Schloßberg (Ostpr.), Stadt	»
»	Plampen	»	Dreibuchen	»
»	Plimballen	»	Osterfelde (Ostpr.)	»
»	Pötschlauken	»	Peterort	»
»	Pritzkehmen	»	Mühleck	»
»	Puschinnen	»	Grenzbrück	»
»	Radschen	»	Grabenbrück	»
»	Rammonischken	»	Hagenfließ	»
»	Sallehnen	»	Sallen	»
»	Sassupönen	»	Sassenbach	»
»	Schaaren	Feststellung der Schreibweise	Scharen	»
»	Schackeln	Namensänderung	Mittenbach	»
»	Schameitkehmen	»	Lindenhaus	»
Noch: 1/23 Schloßberg (Ostpr.) (früher Kreis Pillkallen)	Scharkabude	Namensänderung	Friedfelde (Ostpr.)	16. 7.38
»	Schillehnen	»	Schillfelde	»
»	Schilleningken Ksp. Lasdehnen	»	Ebertann	»
»	Schilleningken, Ksp. Schirwindt	»	Ostdorf (Ostpr.)	»
»	Schillenöhlen	»	Flußfelde	»
»	Schimkuhnen	»	Schwarzenberge	»
»	Schogelgalwen	»	Kiefernhorst	»
»	Schwarballen	»	Grundweiler	»
»	Schwarpeln	»	Schwarpen	»
»	Siemoken	»	Hintertannen	»
»	Skroblienen	»	Ambruch	»
»	Stirnlaugken	»	Stirnen	»
»	Stumbern	»	Auertal	»
»	Tulpeningken	Feststellung der Schreibweise	Tulpeningen	»
»	Urbantatschen	Namensänderung	Urbanshöhe	»
»	Urblaugken	»	Urlau	»
»	Uschballen, Ksp. Lasdehnen	»	Lindnershorst	»
»	Uschballen, Ksp. Pillkallen	»	Eichbruch	»
»	Uschbördschen	»	Karpfenwinkel	»
»	Uschdrawen	»	Beutnerwalde	»
»	Uschpiaunehlen	»	Fohlental	»
»	Uschpiaunen	»	Kiesdorf (Ostpr.)	»
»	Uschproduppen	»	Dachsheide	»
»	Uschrudschen	»	Talwiesen	»
»	Wallindschen	»	Wallinden	»
»	Warnakallen	»	Krähenberge	»
»	Wassantkehmen	»	Wildnisrode	»
»	Werdehlischken	»	Werden (Ostpr.)	»
»	Werskepchen	»	Schwarzwiesen	»
»	Weschkallen	»	Forsthusen	»
»	Wiltauten	»	Schatzhagen	»
»	Wingeruppen	»	Lauterbrücken	»
»	Wingillen	»	Feuchtwiesen	»
»	Wisborienen	»	Grenzhöhe	»
»	Wittgirren	»	Legen	»
»	Wöschupchen	»	Auengrund	»
»	Wöschupöhlen	»	Wöschen	»
»	Woitekaten	»	Ostfurt	»
»	Zwirballen	»	Spatzen	»
»	Gutsbezirk Eichwald, Ant. Kr. Pillkallen, Forst	Änderung der Zusatzbezeichnung	Gutsbezirk Eichwald, Ant. Kr. Schloßberg (Ostpr.), Forst	»
»	Gutsbezirk Kalbassen	Namensänderung	Gutsbezirk Schwaighöfen	»
»	Gutsbezirk Schorellen, Forst	»	Gutsbezirk Adlerswalde, Forst	»
»	Gutsbezirk Trappönen, Ant. Kr. Pillkallen, Forst	»	Gutsbezirk Trappen, Ant. Kr. Schloßberg (Ostpr.), Forst	»
»	Gutsbezirk Uschballen, Forst	»	Gutsbezirk Lindnershorst, Forst	»
1/25 Tilsit-Ragnit	Matterningken	Wegfall durch Eingliederung	Kauschen	1. 7.34
»	Dirwonuppen	Namensänderung	Ackerbach	29. 7.35
»	Smaledumen	»	Fichtenberg (Ostpr.)	9.10.35
»	Groß Kackschen	»	Birkenhain (Ostpr.)	30. 3.36
»	Skrebudicken	»	Finkental (Ostpr.)	16. 7.36
»	Alt Krauleidszen	Feststellung der Schreibweise	Alt Krauleidschen	17. 9.36
»	Argeningken-Graudszen	»	Argeningken-Graudschen	»
»	Balandszen	»	Balandschen	»
»	Aszen	»	Aschen	»
»	Bruiszen	»	Bruischen	»
»	Budeningken b. Argeningken-Graudszen	»	Budeningken b. Argeningken-Graudschen	»
»	Gaidszen	»	Gaidschen	»
»	Gudszen	»	Gudschen	»
»	Ihlauszen	»	Ihlauschen	»
»	Klipschen-Rödszen	»	Klipschen-Rödschen	»
»	Krauleidszen	»	Krauleidschen	»
»	Lepalothen, Ksp. Szillen	»	Lepalothen, Ksp. Schillen	»
»	Neu Krauleidszen	»	Neu Krauleidschen	»
»	Papuschienen, Ksp. Szillen	»	Papuschienen, Ksp. Schillen	»
»	Paszleidszen	»	Paschleidschen	»
»	Paszuiszen	»	Paschuischen	»
»	Patilszen	»	Patilschen	»
»	Petratschen, Ksp. Szillen	»	Petratschen, Ksp. Schillen	»
»	Podszuhnen	»	Podschuhnen	»
»	Pröwoiszen	»	Pröwoischen	»
»	Raudszen	»	Raudschen	»
»	Szillen	»	Schillen	»
»	Szurellen	»	Schurellen	»
»	Thalszenten	»	Thalschenten	»
»	Tilszenehlen	»	Tilschenehlen	»
»	Uszberszen	»	Uschberschen	»
»	Uszelxnen	»	Uschelxnen	»
»	Waszeningken	»	Wascheningken	»

Kleinerer Verwaltungsbezirk	alter Zustand (Gemeindename)	Art der Veränderung	neuer Zustand (Gemeindename)	Wirkungsdatum
Noch: 1/25 Tilsit-Ragnit	Bludischken Kaukerwethen	Zusammenschluß	Weidenberg (Ostpr.)	1. 4.38
»	Klein Kackschen	Wegfall durch Eingliederung	Birkenhain (Ostpr.)	»
»	Abschruten, Ksp. Butwethen	Namensänderung	Schroten	16. 7.38
»	Abschruten, Ksp. Kraupischken	»	Steinflur	»
»	Alloningken	»	Allingen	»
»	Alt Krauleidschen	»	Hohenflur (Ostpr.)	»
»	Alt Lubönen	»	Friedenswalde	»
»	Alt Weynothen	»	Weinoten	»
»	Alt Wingeruppen	»	Windungen	»
»	Alt Wischteggen	»	Altweiden	»
»	Anstippen	»	Ansten	»
»	Argeningken-Graudschen	»	Argenhof	»
»	Audeaten	»	Freiendorf	»
»	Augsgirren	»	Sassenhöhe	»
»	Babillen	»	Billen	»
»	Balandschen	»	Ballanden	»
»	Ballupönen	»	Löffkeshof	»
	Baltruschatschen	»	Balzershöfen	»
»	Bambe	»	Heidenanger (Ostpr.)	»
»	Bartukeiten	»	Bartenhöh	»
»	Bendiglauken	»	Bendigsfelde	»
»	Birjohlen	»	Birgen	»
»	Blindupönen	»	Weidenfließ (Ostpr.)	»
»	Bruischen	»	Lindenbruch	»
»	Bublauken	»	Argenfurt	»
»	Budeningken b. Argeningken-Graudschen	»	Budingen	»
»	Budeningken b. Kraupischken	»	Langenflur	»
»	Budupönen B	»	Hüttenfelde	»
»	Budupönen J	»	Freihöfen	»
»	Budwethen	»	Altenkirch	»
»	Buttkuhnen	»	Tilsental	»
»	Czuppen	Feststellung der Schreibweise	Schuppen	»
»	Eggleningken	Namensänderung	Lindengarten	»
»	Eigarren	»	Kernhall	»
»	Eromeiten	»	Ehrenfelde	»
»	Gaidschen	»	Drosselbruch	»
»	Gaidwethen	»	Geidingen	»
»	Galbrasten	»	Dreifurt	»
»	Gerskullen	»	Gerslinden	»
»	Giewerlauken	»	Hirschflur	»
»	Giggarn	»	Girren	»
»	Giggarn-Skerswethen	»	Garnen	»
»	Girrehnen	»	Güldengrund	»
»	Groß Jschdaggen	»	Großroden	»
»	Groß Kummeln	»	Großkummen	»
»	Groß Lenkeningken	»	Großlenkenau	»
»	Groß Pillkallen	»	Kallenfeld	»
»	Groß Puskeppeln	»	Keppen	»
»	Groß Schillehlen	»	Großschollen	»
»	Groß Wabbeln	»	Winterlinden	»
»	Groß Wingsnupönen	»	Großwingen	»
»	Guddaschen	»	Freienfelde	»
»	Gudgallen	»	Großfelde	»
»	Gudschen	»	Jnsterbergen	»
»	Gurbischken	»	Nettelhorst	»
»	Iokschen	»	Bergdorf (Ostpr.)	»
»	Ihlauschen	»	Hochmooren	»
»	Jägerischken	»	Jägershof	»
»	Jestwethen	»	Jesten	»
»	Jonienen	»	Tilsenau	»
»	Jucknaten	»	Fuchshöhe	»
»	Jurgaitschen	»	Königskirch	»
»	Kallwellen	»	Torffelde	»
»	Karteningken	»	Kartingen	»
»	Kaschelen	»	Kasseln	»
»	Kellmienen	»	Kellen (Ostpr.)	»
»	Kermuscheiten	»	Kermen (Ostpr.)	»
»	Ketturrecken	»	Kettingen	»
»	Kiauschälen	»	Kleinmark	»
»	Klapaten	»	Angerwiese	»
»	Klein Kummeln	»	Kleinkummen	»
»	Klein Lenkeningken	»	Kleinlenkenau	»
»	Klein Schillehlen	»	Kleinschollen	»
»	Klein Skaisgirren	»	Lichtenrode (Ostpr.)	»
»	Klein Wabbeln	»	Wabben	»
»	Klipschen-Rödschen	»	Klipschen	»
»	Krauleiden	»	Krauden	»
»	Krauleidschen	»	Erlenfeld	»
»	Kraupischkehmen	»	Insterhöh	»
»	Kraupischken	»	Breitenstein (Ostpr.)	»
»	Krebschen	»	Eichbaum	»
»	Kubillehnen	»	Kuben	»
»	Kullminnen	»	Kulmen	»
»	Kuttkuhnen	»	Kuttenhof	»
»	Laskowethen	»	Lassen	»
»	Laugallen, Ksp. Jurgaitschen	»	Martinsrode	»
»	Laugallen, Ksp. Kraupischken	»	Insterweide	»
»	Laugallen, Ksp. Rautenberg	»	Kleehausen	»
Noch: 1/25 Tilsit-Ragnit	Laukandten	Namensänderung	Waldeneck	16. 7.38
»	Lengwethen	»	Hohensalzburg	»
»	Lenkonischken	»	Großschenkendorf	»
»	Lepalothen, Ksp. Budwethen	»	Lindenweiler	»
»	Lepalothen, Ksp. Ragnit	»	Loten	»
»	Lepalothen, Ksp. Schillen	»	Siebenkirchberg	»
»	Lesgewangminnen	»	Lesgewangen	»
»	Maruhnen	Feststellung der Schreibweise	Marunen	»
»	Mattischken	Namensänderung	Klingsporn	»
»	Moulienen	Feststellung der Schreibweise	Moulinen	»
»	Naujeningken	Namensänderung	Neusiedel (Ostpr.)	»
»	Nestonwethen	»	Nesten	»
»	Nettschunen	»	Dammfelde (Ostpr.)	»
»	Neu Argeningken	»	Argenbrück	»
»	Neu Krauleidschen	»	Sammelhofen	»
»	Neu Lubönen	»	Memelwalde	»
»	Neu Moritzlauken	»	Moritzfelde (Ostpr.)	»
»	Neu Weynothen	»	Preußenhof	»
»	Neu Wischteggen	»	Henndorf	»
»	Norwilkischken	»	Argenflur	»
»	Nurmischken	»	Dreisiedel	»
»	Opehlischken	»	Opeln	»
»	Oschnaggern	»	Aggern	»
»	Ostwethen	»	Ostfelde (Ostpr.)	»
»	Paballen	»	Werfen (Ostpr.)	»
»	Pabuduppen	»	Finkenhagen	»
»	Pakullen	»	Fuchshausen	»
»	Palentienen	»	Palen	»
»	Pallmohnen	»	Burental	»
»	Papuschienen, Ksp. Jurgaitschen	»	Paschen	»
»	Papuschienen, Ksp. Schillen	»	Buschdorf (Ostpr.)	»
»	Paschleidschen	»	Paßleiden	»
»	Paschuischen	»	Altengraben	»
»	Paskallwen	»	Schalau	»
»	Patilschen	»	Tilsen	»
»	Pellehnen	»	Dreidorf (Ostpr.)	»
»	Petratschen, Ksp. Ragnit	»	Petersfelde (Ostpr.)	»
»	Petratschen, Ksp. Schillen	»	Petersmoor	»
»	Pieraggen	»	Berghang	»
»	Plauschinnen	»	Plaunen	»
»	Pleinlauken	»	Insterbrück	»
»	Plimballen	»	Grünweiden	»
»	Podschuhnen	»	Eichenheim	»
»	Pötischken	»	Flachdorf	»
»	Pötkallen	»	Pötken	»
»	Pokraken	»	Weidenau (Ostpr.)	»
»	Popelken	»	Bruchfelde	»
»	Pröwoischen	»	Pröschen	»
»	Radischen	»	Radingen	»
»	Raudonatschen	»	Kattenhof (Ostpr.)	»
»	Raudschen	»	Rautengrund	»
»	Raukothienen	»	Rauken	»
»	Retheney	»	Reihen (Ostpr.)	»
»	Sakalehnen	»	Falkenort	»
»	Salleningken	»	Sallingen	»
»	Sandlauken	»	Sandfelde	»
»	Sassupönen	»	Sassenau	»
»	Schacken-Jedwillen	»	Feldhöhe	»
»	Schattlauken	»	Schattenau	»
»	Schaulwethen	»	Lichtenhöhe	»
»	Scheidischken	»	Scheiden (Ostpr.)	»
»	Schillehnen	»	Waldheide (Ostpr.)	»
»	Schilleningken	»	Hegehof	»
»	Schillkojen	»	Auerfließ	»
»	Schillupischken	»	Fichtenfließ	»
»	Schlekaiten	»	Schlecken	»
»	Schunwillen	»	Argenau	»
»	Schuppinnen	»	Schuppenau	»
»	Schurellen	»	Schurfelde	»
»	Schwirblienen	»	Mühlenhöh	»
»	Seikwethen	»	Ulmental	»
»	Skambracken	»	Brakenau	»
»	Skardupönen	»	Scharden	»
»	Skattegirren	»	Groschenweide	»
»	Skeppetschen	»	Ellerngrund	»
»	Skroblienen	»	Waldreuten	»
»	Sobersken	»	Bersken	»
»	Spirginnen	»	Hasenflur	»
»	Stepponaten	»	Steffenshof	»
»	Suttkehmen	»	Mühlpfordt	»
»	Taurothenen	»	Tauern	»
»	Thalschenten	»	Grünhöhe	»
»	Tilschenehlen	»	Quellgründen	»
»	Titschken	Feststellung der Schreibweise	Tischken	»
»	Trakeningken b. Tilsit	Namensänderung	Hochau (Ostpr.)	»
»	Trappönen	»	Trappen	»
»	Urbanteiten	»	Urbanshof	»
»	Uschberschen	»	Birkenweide	»
»	Uschelxnen	»	Erlenbruch	»
»	Ussainen	»	Larischhofen	»

Kleinerer Verwaltungsbezirk	alter Zustand (Gemeindename)	Art der Veränderung	neuer Zustand (Gemeindename)	Wirkungsdatum
Noch: 1/25 Tilsit-Ragnit	Wallullen	Namensänderung	Wallenfelde	16. 7.38
»	Wascheningken	»	Waschingen	»
»	Wedereitischken	»	Sandkirchen	»
»	Weedern	Festsetzung einer Zusatzbezeichnung	Weedern H	»
»	Wersmeninken	Namensänderung	Angerbrunn	»
»	Werxnupönen	»	Langenort	»
»	Wilkerischken	»	Wilkenau	»
»	Willmantienen	»	Willmannsdorf (Ostpr.)	»
»	Wingeruppen	»	Bruchhof (Ostpr.)	»
»	Wingschnienen	»	Ostmoor	»
»	Wiswainen	»	Birkenstein	»
»	Wittgirren	»	Berginswalde	»
»	Wittschunen	»	Wittenhöhe	»
»	Worreningken	»	Woringen (Ostpr.)	»
»	Woydehnen	»	Wodehnen	»
»	Gutsbezirk Gudgallen, Remontedepot	»	Gutsbezirk Damnitzhof, Remonteamts-Vorwerk	»
»	Gutsbezirk Neuhof-Ragnit, Remontedepot	Änderung der Zusatzbezeichnung	Gutsbezirk Neuhof-Ragnit, Remonteamt	»
»	Gutsbezirk Trappönen, Ant. Kr. Tilsit-Ragnit, Forst	Namensänderung	Gutsbezirk Trappen, Ant. Kr. Tilsit-Ragnit, Forst	»
»	Bartenhöh	Wegfall durch Eingliederung	Pamletten	1.10.38
»	Rethen (Ostpr.)	»	Finkental (Ostpr.)	»
»	Hochmooren Larischhofen Nettelhorst	»	Schillen	»
1/26 Treuburg	Gollubien, Ksp. Czychen	Namensänderung	Friedberg	23. 1.34
»	Krzywen	»	Bergenau	31. 1.34
»	Dworatzken	»	Herrendorf	8. 3.34
»	Kleszöwen	Feststellung der Schreibweise	Kleschöwen	17. 9.36
»	Moosznen	»	Mooschnen	»
»	Babken, Ksp. Gonsken	Namensänderung	Babeck	16. 7.38
»	Babken, Ksp. Treuburg	»	Legenquell	»
»	Barannen	»	Barnen	»
»	Bittkowen	»	Bittkau (Ostpr.)	»
»	Borawsken	»	Deutscheck (Ostpr.)	»
»	Borkowinnen	»	Jarken	»
»	Chelchen	»	Vorbergen	»
»	Czukten	»	Schuchten	»
»	Czychen	»	Bolken	
»	Diebowen	»	Diebauen	»
»	Doliwen	»	Teichwalde (Ostpr.)	»
»	Dombrowsken	»	Königsruh (Ostpr.)	»
»	Dopken	»	Markgrafsfelde	»
»	Duneyken	Feststellung der Schreibweise	Duneiken	»
»	Duttken	Namensänderung	Sargensee	»
»	Dzingellen	»	Dingeln	»
»	Friedrichsheyde	Feststellung der Schreibweise	Friedrichsheide	»
»	Gollubien	Namensänderung	Kalkhof	»
»	Gonsken	»	Herzogskirchen	»
»	Gordeyken	Feststellung der Schreibweise	Gordeiken	»
»	Groß Gonschorowen	Namensänderung	Klingen (Ostpr.)	»
»	Grünheyde	Feststellung der Schreibweise	Grünheide	»
»	Jaschken	Namensänderung	Jesken	»
»	Jelittken	»	Gelitten	»
»	Jurken	»	Jürgen (Ostpr.)	»
»	Kiliannen	Feststellung der Schreibweise	Kilianen	»
»	Klein Oletzko	Namensänderung	Herzogshöhe	»
»	Kleschöwen	»	Kleschen	»
»	Klein Schwalg	»	Schwalg	»
»	Kowahlen	»	Reimannswalde	»
»	Kukowen	»	Reinkental	»
»	Kukowken	»	Heinrichstal (Ostpr.)	»
»	Lakellen	»	Schönhofen (Ostpr.)	»
»	Lengowen	»	Lengau	»
»	Markowsken	»	Markau (Ostpr.)	»
»	Masuhren	Feststellung der Schreibweise	Masuren	»
»	Mierunsken	Namensänderung	Merunen	»
»	Monethen	Feststellung der Schreibweise	Moneten	»
»	Mooschnen	»	Moschnen	»
»	Polommen	Namensänderung	Herzogsmühle	»
»	Pomiannen	»	Kelchdorf	»
»	Przytullen	»	Siebenbergen	»
»	Rogowken	»	Roggenfelde (Ostpr.)	»
»	Sabielnen	»	Podersbach	»
»	Salleschen	»	Tannau (Ostpr.)	»
»	Sattycken	Feststellung der Schreibweise	Satticken	»
»	Sawadden	Namensänderung	Schwalgenort	»
»	Sayden	Feststellung der Schreibweise	Saiden	»
»	Schareyken	»	Schareiken	»
»	Schlepien	Namensänderung	Schlöppen	»
»	Seesken, Ksp. Reuß	»	Draheim	»
Noch: 1/26 Treuburg	Seesken, Ksp. Schareyken	Wegfall der Zusatzbezeichnung	Seesken	16. 7.38
»	Sobollen	Namensänderung	Richtenberg (Kr. Treuburg)	»
»	Sokolken	»	Halldorf	»
»	Starosten	»	Müllersbrück	»
»	Stoosznen	»	Stosnau	»
»	Suleyken	Feststellung der Schreibweise	Suleiken	»
»	Wensöwen	Namensänderung	Eibenau	»
»	Wielitzken	»	Wallenrode	»
»	Woynassen	Feststellung der Schreibweise	Woinassen	»
»	Wronken	Namensänderung	Fronicken	»
Reg.-Bez. Allenstein				
1/28 Allenstein	Kalborno	Namensänderung	Kalborn	20. 7.34
»	Kucharzewo	Wegfall durch Eingliederung	Nußtal	1. 4.37
»	Alt Kaletka	Namensänderung	Teerwalde	16. 7.38
»	Groß Leschno	»	Leschnau	»
»	Klutznick	»	Klausen	»
»	Kollacken	Feststellung der Schreibweise	Kallacken	»
»	Leynau	»	Leinau	»
»	Lykusen	»	Likusen	»
»	Neu Kaletka	Namensänderung	Herrmannsort	»
»	Preylowen	»	Preiwils	»
»	Pupkeim	»	Tolnicken	»
»	Wyranden	Feststellung der Schreibweise	Wiranden	»
»	Alt Mertinsdorf	»	Alt Märtinsdorf	24.12.38
1/29 Johannisburg	Sowirog	Namensänderung	Loterswalde	7. 5.34
»	Gutten E	»	Seegutten	29. 7.35
»	Sokollen K	»	Falkendorf (Ostpr.)	1. 9.35
»	Sokollen R	»	Rosensee	»
»	Adlig Rakowen	»	Raken (Ostpr.)	16. 7.38
»	Annussewen	»	Brennerheim	»
»	Bagensken	»	Lehmannsdorf	»
»	Belzonzen	»	Großdorf (Ostpr.)	»
»	Bialla, Stadt	»	Gehlenburg, Stadt	»
»	Bilitzen	»	Waldenfried	»
»	Bogumillen	»	Brödau	»
»	Bzurren	»	Surren	»
»	Chmielewen	»	Talau	»
»	Czarnen	»	Herzogsdorf	»
»	Czyborren	»	Steinen (Ostpr.)	»
»	Dannowen	»	Siegenau	»
»	Dlottowen	»	Fischborn (Ostpr.)	»
»	Dmussen	»	Dimussen	»
»	Drosdowen	»	Drosselwalde	»
»	Drygallen	»	Drigelsdorf	»
»	Dybowen	»	Diebau	»
»	Groß Rosinsko	»	Großrosen	»
»	Groß Schweykowen	»	Scharnhorst	»
»	Gurra	»	Gebürge	»
»	Gutten J	»	Gutten	»
»	Gutten R	»	Reitzenstein (Ostpr.)	»
»	Heydik	Feststellung der Schreibweise	Heidig	»
»	Jaschkowen	Namensänderung	Reiherswalde	»
»	Jebrammen	»	Bachort	»
»	Jeglinnen	»	Wagenau	»
»	Jegodnen	»	Balkfelde	»
»	Kallenzinnen	»	Dreifelde	»
»	Kallischken	»	Flockau	»
»	Kaminsken	»	Erlichshausen	»
»	Karpa	»	Karpen	»
»	Klein Rosinsko	»	Kleinrosen	»
»	Klein Spalienen	»	Spallingen	»
»	Konopken	»	Mühlengrund (Ostpr.)	»
»	Konzewen	»	Warnold	»
»	Koslowen	»	Wildfrieden	»
»	Kossaken	»	Wächtershausen	»
»	Kosuchen	»	Kölmerfelde	»
»	Kowalewen	»	Richtwalde	»
»	Krussewen	»	Erztal	»
»	Krzywinsken	»	Heldenhöh	»
»	Kumilsko	»	Morgen	»
»	Kurziontken	»	Seeland	»
»	Lipinsken	»	Eschenried (Ostpr.)	»
»	Lippa	»	Oppendorf	»
»	Lissaken	»	Drugen	»
»	Lissen	»	Dünen	»
»	Lodigowen	»	Ludwigshagen	»
»	Lyssuhnen	Feststellung der Schreibweise	Lissuhnen	»
»	Maldaneyen	»	Maldaneien	»
»	Mittel Pogobien	Namensänderung	Mittelpogauen	»
»	Mykossen	»	Arenswalde	»
»	Mykutten	Feststellung der Schreibweise	Mikutten	»
»	Mysken	»	Misken	»
»	Nowaken	Namensänderung	Brüderfelde	»
»	Oblewen	»	Kolbitzbruch	»
»	Odoyen	»	Nickelsberg	»
»	Olschewen	»	Kronfelde	»
»	Orlowen	»	Siegmunden	»
»	Pawlozinnen	»	Paulshagen	»
»	Pianken	»	Altwolfsdorf	»
»	Rakowken	»	Sernau	»

Kleinerer Verwaltungsbezirk	alter Zustand (Gemeindename)	Art der Veränderung	neuer Zustand (Gemeindename)	Wirkungsdatum
Noch: 1/29 Johannisburg	Ribittwen	Namensänderung	Ribitten	16. 7.38
»	Sabielnen	»	Freundlingen	»
»	Salleschen	»	Offenau (Ostpr.)	»
»	Sastrosnen	»	Schlangenfließ	»
»	Sawadden	»	Ottenberge	»
»	Schiast	»	Schast	»
»	Sdorren	»	Dorren	»
»	Sdunowen	»	Sadunen	»
»	Skarzinnen	»	Richtenberg (Ostpr.)	»
»	Skodden	»	Schoden (Ostpr.)	»
»	Skrodzken	»	Jagdhof	»
»	Snopken	»	Wartendorf	»
»	Symken	Feststellung der Schreibweise	Simken	»
»	Trzonken	Namensänderung	Mövenau	»
»	Turoscheln	»	Mittenheide	»
»	Turowen	»	Turau	»
»	Wiersbinnen	»	Stollendorf	»
»	Wilken	»	Wilkenhof	»
»	Wlosten	»	Flosten	»
»	Wollisko	»	Reihershorst	»
»	Wonglik	»	Balzershausen	»
»	Woynen	Feststellung der Schreibweise	Woinen	»
»	Woytellen	Namensänderung	Woiten	»
»	Zwalinnen	»	Schwallen	»
»	Gutsbezirk Drygallen, Ant. Kr. Johannisburg, Forst	»	Gutsbezirk Drigelsdorf, Ant. Kr. Johannisburg, Forst	»
1/30 Lötzen	Pierkunowen	»	Perkunen	5.10.35
»	Sucholasken	»	Rauschenwalde	14.10.35
»	Masuchowken	»	Rodental (Ostpr.)	8. 5.36
»	Kallinowen	Wegfall durch Eingliederung	Groß Wronnen	1.10.36
»	Kowalewsken	»	Sczyballen	1. 4.38
»	Adlig Wolla	Namensänderung	Freihausen	16. 7.38
»	Bilsken	»	Billsee	»
»	Bogatzko	»	Rainfeld	»
»	Czarnowken	»	Grundensee	»
»	Czybulken	»	Richtenfeld	»
»	Dannowen	»	Dannen	»
»	Graywen	Feststellung der Schreibweise	Graiwen	»
»	Grondzken	Namensänderung	Funken	»
»	Groß Jagodnen	»	Großkrösten	»
»	Groß Konopken	»	Hanffen	»
»	Groß Kosuchen	»	Allenbruch	»
»	Groß Wronnen	»	Großwarnau	»
»	Jedamken	»	Stenzeln	»
»	Junien	»	Kleinbalzhöfen	»
»	Klein Jagodnen	»	Kleinkrösten	»
»	Klein Skomatzko	»	Skomand	»
»	Klein Wronnen	»	Kleinwarnau	»
»	Kruglinnen	»	Kraukeln	»
»	Lawken	»	Lauken (Kreis Lötzen)	»
»	Okrongeln	»	Schwansee (Ostpr.)	»
»	Orlen	»	Arlen	»
»	Orlowen	»	Adlersdorf	»
»	Paprodtken	»	Goldensee	»
»	Radzien	»	Königsfließ	»
»	Rhog	»	Klein Lenkuk	»
»	Ruhden	»	Eisenwerk	»
»	Schedlisken	»	Dankfelde	»
»	Sczepanken	»	Tiefen	»
»	Sczyballen	»	Lorenzhall	»
»	Skoppen	»	Reichenstein (Ostpr.)	»
»	Spiergsten	Feststellung der Schreibweise	Spirgsten	»
»	Staßwinnen	Namensänderung	Eisermühl	»
»	Wensowken	»	Großbalzhöfen	»
»	Weydicken	Feststellung der Schreibweise	Weidicken	»
»	Willkassen	Namensänderung	Wolfsee	»
»	Großbalzhöfen Kleinbalzhöfen	Zusammenschluß	Balzhöfen	1.10.38
1/31 Lyck	Prawdzisken	Namensänderung	Reiffenrode	31. 1.34
»	Ballamutowen	»	Giersfelde	29.10.34
»	Sutzken	»	Morgengrund	»
»	Lipinsken, Ksp. Klaussen	»	Seebrücken	14. 1.35
»	Biallojahnen		Weißhagen	29. 7.35
»	Dobrowolla		Willenheim	30. 8.35
»	Kozycken	»	Selmenthöhe	31. 8.35
»	Lipinsken	»	Lindenfließ	15.10.35
»	Borszymmen	Feststellung der Schreibweise	Borschymmen	12. 2.36
»	Laszmiaden	»	Laschmiaden	»
»	Stosznen	Namensänderung	Sprindenau	9. 5.36
»	Szczudlen	»	Georgsfelde	23. 5.36
»	Niedzwetzken	»	Wiesengrund (Ostpr.)	26. 6.36
»	Alt Krzywen	Feststellung der Schreibweise	Alt Kriewen	1. 7.36
»	Baitkowen	Namensänderung	Baitenberg	16. 7.38
»	Barannen	»	Keipern	»
»	Bienien	Feststellung der Schreibweise	Binien	»
»	Borschymmen	»	Borschimmen	»
»	Czynczen	Namensänderung	Zinschen	»
Noch: 1/31 Lyck	Dluggen	Namensänderung	Langenhöh	16. 7.38
»	Dlugossen	»	Langheide	»
»	Duttken	»	Petzkau	»
»	Gaylowken	»	Gailau	»
»	Gollubien	»	Gollen	»
»	Gollupken	»	Lübeckfelde	»
»	Gorlen	»	Aulacken	»
»	Gorzekallen	»	Gortzen	»
»	Groß Malinowken	»	Großschmieden	»
»	Iwaschken	»	Hansbruch	»
»	Jendreyken	»	Andreken	»
»	Judzicken	»	Gutenborn	»
»	Kalleczynnen	»	Lenzendorf	»
»	Kallinowen	»	Dreimühlen	»
»	Karbowsken	»	Siegersfeld	»
»	Kiehlen	Feststellung der Schreibweise	Kielen	»
»	Kobylinnen	»	Kobilinnen	»
»	Kolleschnicken	Namensänderung	Jürgenau	»
»	Laschmiaden	»	Laschmieden	»
»	Lepacken	»	Rameckfelde	»
»	Loyen	Feststellung der Schreibweise	Loien	»
»	Lysken	»	Lisken	»
»	Lyssewen	Namensänderung	Lissau (Ostpr.)	»
»	Maaschen	Feststellung der Schreibweise	Maschen (Ostpr.)	»
»	Makoscheyen	Namensänderung	Ehrenwalde	»
»	Malkiehnen	Feststellung der Schreibweise	Malkienen	»
»	Mikolaiken	Namensänderung	Thomken	»
»	Millewen	»	Millau	16. 7.38
»	Moldzien	»	Mulden	»
»	Monczen	Feststellung der Schreibweise	Montzen	»
»	Mrossen	Namensänderung	Schönhorst (Ostpr.)	»
»	Mylucken	Feststellung der Schreibweise	Milucken	»
»	Niekrassen	Namensänderung	Krassau	»
»	Ogrodtken	»	Kalgendorf	»
»	Olschöwen	»	Frauenfließ	»
»	Ostrokollen	»	Scharfenrade	»
»	Pietraschen	»	Petersgrund (Ostpr.)	»
»	Plotzitznen	»	Bunhausen	»
»	Popowen	»	Wittingen (Ostpr.)	»
»	Romanken	»	Maihof (Ostpr.)	»
»	Romanowen	»	Heldenfelde	»
»	Rosinsko	»	Rosenheide	»
»	Rostken, Ksp. Baitkowen	»	Waiblingen (Ostpr.)	»
»	Saborowen	»	Reichenwalde (Ostpr.)	»
»	Sanien	»	Berndhöfen	»
»	Sareyken	Feststellung der Schreibweise	Sareiken	»
»	Sawadden	Namensänderung	Auglitten	»
»	Schedlisken	»	Sonnau	»
»	Schikorren	»	Kiefernheide	»
»	Schnepien	»	Schnippen	»
»	Sdeden	»	Stettenbach	»
»	Sdunken	»	Ulrichsfelde (Ostpr.)	»
»	Skomatzko	»	Dippelsee	»
»	Skomentnen	»	Skomanten	»
»	Soczien	»	Kechlersdorf	»
»	Sokolken	»	Stahnken	»
»	Sordachen	»	Sorden	»
»	Sybba	»	Walden	»
»	Sypittken	»	Vierbrücken	»
»	Thalussen	Feststellung der Schreibweise	Talussen	»
»	Thurowen	Namensänderung	Auersberg	»
»	Wiersbowen	»	Waldwerder	»
»	Wischniewen	»	Kölmersdorf	»
»	Woszellen	»	Neumalken	»
»	Wyssocken	»	Waltershöhe	»
»	Zielasen	»	Zielhausen	»
»	Zielasken	»	Schelasken	»
»	Gutsbezirk Drygallen, Ant. Kr. Lyck, Forst	»	Gutsbezirk Drigelsdorf, Ant. Kr. Lyck, Forst	»
»	Bartossen	»	Bartendorf	18. 8.38
»	Chelchen	»	Kelchendorf	»
»	Gorlowken	»	Gorlau	»
»	Gronsken	»	Steinkendorf	»
»	Jucha	»	Fließdorf	»
»	Kaltken	»	Kalthagen	»
»	Mylussen	»	Milussen	»
»	Plowczen	»	Plötzendorf	»
»	Rydzewen	»	Schwarzberge	»
1/32 Neidenburg	Dembowitz	»	Eichenau	1. 8.35
»	Groß Olschau Klein Olschau Kandien, teilw. Pilgramsdorf, teilw.	Zusammenschluß	Olschau	1.10.35
»	Dziersken	Wegfall durch Eingliederung	Neuhof	1. 4.36
»	Willuhnen	»	Saffronken	»
»	Polko	»	Klein Koslau	1. 6.36
»	Puchallowen	Namensänderung	Windau	8. 8.36

Kleinerer Verwaltungsbezirk	alter Zustand (Gemeindename)	Art der Veränderung	neuer Zustand (Gemeindename)	Wirkungsdatum
Noch: 1/32 Neidenburg	Bartoschken	Namensänderung	Bartzdorf (Ostpr.)	16. 7.38
»	Browienen	»	Froben	»
»	Camerau	»	Großmuckenhausen	»
»	Gniadtken	»	Grenzhof	»
»	Gorrau	Feststellung der Schreibweise	Gorau	»
»	Groß Grabowen	Namensänderung	Großeppingen	»
»	Groß Koslau	»	Großkosel	»
»	Groß Nattatsch	»	Großseedorf	»
»	Ittowken	»	Ittau	»
»	Jablonken	»	Seehag	»
»	Jedwabno	»	Gedwangen	»
»	Klein Grabowen	»	Kleineppingen	»
»	Klein Koslau	»	Kleinkosel (Ostpr.)	»
»	Klein Nattatsch	»	Kleinseedorf	»
»	Kownatken	»	Kaunen	»
»	Lissaken	»	Talhöfen	»
»	Malschöwen	»	Malshöfen	»
»	Michalken	»	Michelsau	»
»	Modlken	»	Moddelkau	»
»	Napierken	»	Wetzhausen (Ostpr.)	»
»	Neu Borowen	»	Buschwalde	»
»	Olschau	»	Struben	»
»	Pawlicken	»	Palicken	»
»	Powiersen	»	Waldbeek	»
»	Rettkowen	»	Rettkau (Ostpr.)	»
»	Rontzken	»	Hornheim	»
»	Sabloczyn	»	Sablau	»
»	Sablotschen	»	Winrichsrode	»
»	Saddek	»	Gartenau	»
»	Salusken	»	Kniprode	»
»	Sawadden	»	Herzogsau	»
»	Sbylutten	»	Billau	»
»	Sontopp	»	Santop	»
»	Waschulken	»	Waiselhöhe	»
»	Wientzkowen	»	Winsken	»
»	Wolka	»	Großkarlshof	»
»	Wolla	»	Grenzdamm	»
»	Wychrowitz	»	Hardichhausen	»
1/33 Ortelsburg	Wystemp	»	Höhenwerder	3. 3.34
»	Bialygrund	»	Weißengrund	8. 3.34
»	Nowojowitz	»	Neuenwalde (Ostpr.)	16. 3.34
»	Wujaken	»	Ohmswalde	24. 4.34
»	Zawoyken	»	Lilienfelde	28.12.34
»	Kelbassen	»	Wehrberg	7. 9.35
»	Radostowen	»	Rehbruch	10. 6.36
»	Wolka	Wegfall durch Eingliederung	Rohrdorf	1.10.36
»	Freudenberg	»	Seedanzig	»
»	Achodden	Namensänderung	Neuvölklingen (Ostpr.)	16. 7.38
»	Alt Suchoroß	»	Ostfließ	»
»	Baranowen	»	Neufließ	»
»	Borken b. Farienen	»	Wildheide (Ostpr.)	»
»	Borken b. Willenberg	»	Borkenheide	»
»	Bottowen	»	Bottau	»
»	Gonschorowen	»	Lichtenstein (Ostpr.)	»
»	Groß Lattana	»	Großheidenau	»
»	Groß Piwnitz	»	Großalbrechtsort	»
»	Groß Spalienen	»	Neuwiesen	»
»	Jablonken	»	Wildenau (Ostpr.)	»
»	Jellinowen	»	Gellen (Ostpr.)	»
»	Kallenzin	»	Kallenau	»
»	Kiparren	»	Wacholderau	»
»	Klein Lattana	»	Kleinheidenau	»
»	Klein Ruttken	»	Kleinruten	»
»	Leynau	Feststellung der Schreibweise	Leinau	»
»	Lipniak b. Liebenberg	Namensänderung	Friedrichshagen (Ostpr.)	»
»	Lucka	»	Luckau (Ostpr.)	»
»	Maldanietz	»	Maldanen	»
»	Marxöwen	»	Markshöfen	»
»	Moythienen	Feststellung der Schreibweise	Moithienen	»
»	Neu Suchoroß	Namensänderung	Auerswalde (Ostpr.)	»
»	Olschienen	»	Ebendorf (Ostpr.)	»
»	Olschöwken	»	Kornau (Ostpr.)	»
»	Piassutten	»	Seewalde	»
»	Powalczin	»	Schönhöhe (Ostpr.)	»
»	Radzienen	»	Hügelwalde	»
»	Rogallen	»	Rogenau	»
»	Rummy A	»	Rummau Ost	»
»	Rummy B	»	Rummau West	»
»	Ruttkowen	»	Ruttkau	»
»	Sabiellen	»	Hellengrund	»
»	Saborowen	»	Heideberg	»
»	Schodmack	»	Wiesendorf	»
»	Schwentainen	»	Altkirchen (Ostpr.)	»
»	Sczepanken	»	Stauchwitz	»
»	Seelonken	»	Ulrichssee	»
»	Sendrowen	»	Treudorf	»
»	Suchorowitz	»	Deutschwalde (Ostpr.)	»
»	Ulonskofen	»	Schobendorf	»
»	Wawrochen	»	Deutschheide	»
»	Wessolowen	»	Fröhlichshof	»
»	Wyseggen	»	Grünlanden	»
»	Zielonen	»	Grünflur	»

Kleinerer Verwaltungsbezirk	alter Zustand (Gemeindename)	Art der Veränderung	neuer Zustand (Gemeindename)	Wirkungsdatum
1/34 Osterode i. Ostpr.	Alt Jablonken	Namensänderung	Altfinken	16. 7.38
»	Bogunschöwen	»	Ilgenhöh	»
»	Dlusken	»	Seebude	»
»	Dombrowken	»	Eichdamm (Ostpr.)	»
»	Jankowitz	»	Sassendorf (Ostpr.)	»
»	Januschkau	»	Osterschau	»
»	Kalwa	»	Kleintal	»
»	Ostrowitt	»	Osterwitt	»
»	Sawadden	»	Jungingen (Ostpr.)	»
»	Sellwa	»	Sellwen	»
»	Thurowken	»	Turauken	»
»	Waschetta	Feststellung der Schreibweise	Waschette	»
1/35 Rößel	Loszainen	»	Loßainen	12. 2.36
»	Adlig Wolka	Namensänderung	Adlig Wolken	16. 7.38
»	Groß Wolka	»	Großwolken	»
»	Robawen	Feststellung der Schreibweise	Robaben	»
1/36 Sensburg	Choszewen B	Wegfall durch Eingliederung	Choszewen A Name: Choszewen	1.10.35
»	Lissuhnen	Feststellung der Schreibweise	Lißuhnen	12. 2.36
»	Choszewen	Namensänderung	Hohensee	22. 4.36
»	Gonschor Kamien	} Wegfall durch Eingliederung	Isnothen	1.10.37
»	Alt Bagnowen	Namensänderung	Althöfen	16. 7.38
»	Alt Kelbonken	»	Altkelbunken	»
»	Babienten	»	Babenten	»
»	Barranowen	»	Hoverbeck	»
»	Borowen	»	Prausken	»
»	Bosemb	»	Bussen	»
»	Bubrowko	»	Biebern (Ostpr.)	»
»	Burschewen	»	Prußhöfen	»
»	Cruttinnen	Feststellung der Schreibweise	Kruttinnen	»
»	Cruttinnerofen	»	Kruttinnerofen	»
»	Diebowen	Namensänderung	Dommelhof	»
»	Faszen	»	Fasten	»
»	Galkowen-Nikolaihorst	»	Nickelshorst	»
»	Giesewen	»	Giesenau	»
»	Glodowen	»	Hermannsruh	»
»	Gonswen	»	Gansen	»
»	Grabowen	»	Grabenhof	»
»	Kerstinowen	»	Kersten	»
»	Kossewen	»	Rechenberg (Ostpr.)	»
»	Krawno	»	Kaddig	»
»	Lubjewen	»	Grünbruch	»
»	Muntowen	»	Muntau	»
»	Neu Bagnowen	»	Borkenau	»
»	Neu Kelbonken	»	Neukelbunken	»
»	Olschewen	»	Erlenau	»
»	Rudczanny	»	Niedersee	»
»	Sawadden	»	Balz (Ostpr.)	»
»	Schimonken	»	Schmidtsdorf	»
»	Schniodowen	»	Schniedau	»
»	Sgonn	»	Hirschen	»
»	Siemanowen	»	Altensiedel	»
»	Surmowen	»	Surmau	»
»	Sysdroyofen	»	Sixdroi	»
»	Sysdroywolla	»	Kranzhausen	»
»	Wiersbau	»	Lockwinnen	»
»	Wosnitzen	»	Julienhöfen	»
»	Zatzkowen	»	Eisenack	»
»	Zudnochen	»	Siebenhöfen (Ostpr.)	»

Reg.-Bez. Westpreußen

Kleinerer Verwaltungsbezirk	alter Zustand (Gemeindename)	Art der Veränderung	neuer Zustand (Gemeindename)	Wirkungsdatum
1/38 Elbing	Gutsbezirk Nogathaffkampen	Wegfall durch Eingliederung	{ Terranowa Zeyerniederkampen	1. 4.36
»	Stoboy	Feststellung der Schreibweise	Stoboi	16. 7.38
»	Gutsbezirk Elbinger Territorium	Namensänderung	Gutsbezirk Fichthorst	»
1/39 Marienburg (Westpr.)	Kuckuck	Wegfall durch Eingliederung	Thiensdorf	1. 7.35
»	Klakendorf	»	Notzendorf	1. 4.36
»	Altfelde, teilw. Rothebude Sommerau	} Zusammenschluß	Sommerau (Nogat)	1.10.38
1/40 Marienwerder	Garnseedorf	Wegfall durch Eingliederung	Garnsee, Stadt	1. 4.36
»	Marienau	»	Marienwerder, Stadt	»
»	Schäferei	»	Marienwerder, Stadt	»
»	Baldram	Namensänderung	Mergental	16. 7.38
»	Bandtken	»	Pankendorf	»
»	Bialken	»	Weißenkrug	»
»	Gutsch	»	Zandersfelde	»
»	Kamiontken	»	Lamprechtsdorf	»
»	Kanitzken	»	Kunkenau	»
»	Neuwalde	»	Daubel	»
»	Russenau	»	Reussenau	»
»	Zigahnen	»	Dietmarsdorf	»
»	Neu Mühlbach	Wegfall durch Eingliederung	Treugenkohl	1.10.38
1/41 Rosenberg i. Westpr.	Wolfsdorf	»	Tillwalde	1. 4.34
»	Klein Steinersdorf	»	Straden	1.10.36
»	Polken	»	Klein Tromnau	»

Kleinerer Verwaltungsbezirk	**alter Zustand** (Gemeindename)	Art der Veränderung	**neuer Zustand** (Gemeindename)	Wirkungsdatum
Noch:				
1/41 Rosenberg i. Westpr.	Rosenberg i. Westpr., Stadt	Verleihung einer Bezeichnung	Rosenberg i. Westpr., Kreisstadt	23. 2.38
»	Borreck	Namensänderung	Hochfelde (Westpr.)	16. 7.38
»	Grasnitz	»	Drulitten	»
»	Kalittken	Feststellung der Schreibweise	Kalitten	»
1/42 Stuhm	Barlewitz	Namensänderung	Wargels	»
»	Jordanken	»	Jordansdorf	»
»	Kollosomp	»	Kalsen	»
»	Kommerau	»	Kammerau (Westpr.)	»
»	Nikolaiken	»	Niklaskirchen	»
»	Sadluken	»	Sadlacken	»
»	Waplitz	»	Großwaplitz	»
»	Watkowitz	»	Wadkeim	»

NACHTRAG ZUM "SYSTEMATISCHEN VERZEICHNIS DER NAMENS- UND BESTANDSÄNDERUNGEN VON GEMEINDEN" FÜR DIE ZEIT NACH DEM 1.1.1939 *)

Land Preußen

1. Provinz Ostpreußen

Reg.-Bez. Königsberg

Kleinerer Verwaltungsbezirk	**alter Zustand** (Gemeindename)	Art der Veränderung	**neuer Zustand** (Gemeindename)	Wirkungsdatum
1/1 Bartenstein (Ostpr.)	Friedland i.Ostpr., Stadt	Namensänderung	Friedland (Ostpr.), Stadt	9. 8.39
1/3 Fischhausen	Sorgenau	Wegfall durch Ein-Eingliederung	Palmnicken	1. 4.39
1/6 Heilsberg	Kolm	»	Reichenberg	»
»	Deppen	»	Heiligenthal	»
1/8 Königsberg (Pr.)	Gunthenen	»	Korreynen	»
»	Twergaiten	»	Powunden	»
1/9 Labiau	Seegershöfen	»	Danielshöfen	»
»	Kleinkalkfelde Danielshöfen, teilw. Kalkfelde	Zusammenschluß	Kalkfelde	»
»	Kreuzberg (Ostpr.) Wolfshof	Wegfall durch Eingliederung	Weißenbruch	»
»	Bielken	»	Berghöfen	»
»	Friedrichsmühle Kunzenrode	»	Liebenfelde (Ostpr.)	»
»	Klein Sittkeim Lindenau	Zusammenschluß	Lindenau	»
»	Daudertshöfen Hornfelde Mörnersfelde	»	Mörnersfelde	»
1/12 Preußisch Holland	Monbrunsdorf	Wegfall durch Eingliederung	Herrndorf	»
»	Pfeiffertswalde	»	Reichwalde (Ostpr.)	»
1/13 Rastenburg	Petermanns	»	Rodehlen	»

Reg.-Bez. Gumbinnen

Kleinerer Verwaltungsbezirk	**alter Zustand** (Gemeindename)	Art der Veränderung	**neuer Zustand** (Gemeindename)	Wirkungsdatum
1/17 Ebenrode (früher Kreis Stallupönen)	Bruchhöfen Ebenflur Muldau	Zusammenschluß	Bruchhöfen	1. 4.39
1/18 Elchniederung (früher Kreis Niederung)	Girgsden Jäkischken Kleeburg	»	Kleeburg	»
1/20 Gumbinnen	Pommerfelde	Wegfall durch Eingliederung	Blecken	»
1/22 Insterburg	Freimannsdorf	»	Jänichen	»
»	Insterblick Tarpen (Ostpr.)	Zusammenschluß	Insterblick	»
»	Birkenhausen Roßberg (Ostpr.)	»	Birkenhausen	»
»	Albrechtshöfen	Wegfall durch Eingliederung	Wirbeln	»
»	Milchfelde	»	Ossafurt	»
»	Großlaschnicken Kleinlaschnicken	Zusammenschluß	Laschnicken	»
»	Bärengraben	Wegfall durch Eingliederung	Steinsee (Ostpr.)	»
»	Heideck (Ostpr.)	»	Keilergrund	»
»	Mohlen	»	Bessen	»
»	Brandenau	»	Schönwaldau	»
»	Groß Stobingen Neu Stobingen	Zusammenschluß	Stobingen	»
»	Schweizersdorf	Wegfall durch Eingliederung	Siegmanten	»
»	Warlen	»	Ossaquell	»
»	Ernstwalde	»	Buchhof	»
»	Ringelau Schackenau Tobacken	Zusammenschluß	Schackenau	»
»	Birkenfeld Siegmundsfelde	»	Siegmundsfelde	»
»	Padau	Wegfall durch Eingliederung	Klein Schunkern	»
»	Sittenfelde Kirschland	Zusammenschluß	Kirschland	»
»	Wasserlacken	Wegfall durch Eingliederung	Lindenberg	»
»	Nausseden	»	Luisenberg	»
»	Hoffnungsbrück	»	Eichenberg	»
»	Burbeln Seitenbach (Ostpr.)	Zusammenschluß	Burbeln	»
»	Kleinbirken Schnappen	Wegfall durch Eingliederung	Birken (Ostpr.)	»
1/23 Schloßberg (Ostpr.) (früher Kreis Pillkallen)	Ambruch	Wegfall durch Eingliederung	Seehuben	1. 4.39
1/25 Tilsit-Ragnit	Groß Ostwalde Klein Ostwalde	Zusammenschluß	Ostwalde	

Reg.-Bez. Allenstein

Kleinerer Verwaltungsbezirk	**alter Zustand** (Gemeindename)	Art der Veränderung	**neuer Zustand** (Gemeindename)	Wirkungsdatum
1/28 Allenstein	Dongen	Wegfall durch Eingliederung	Diwitten	1. 4.39

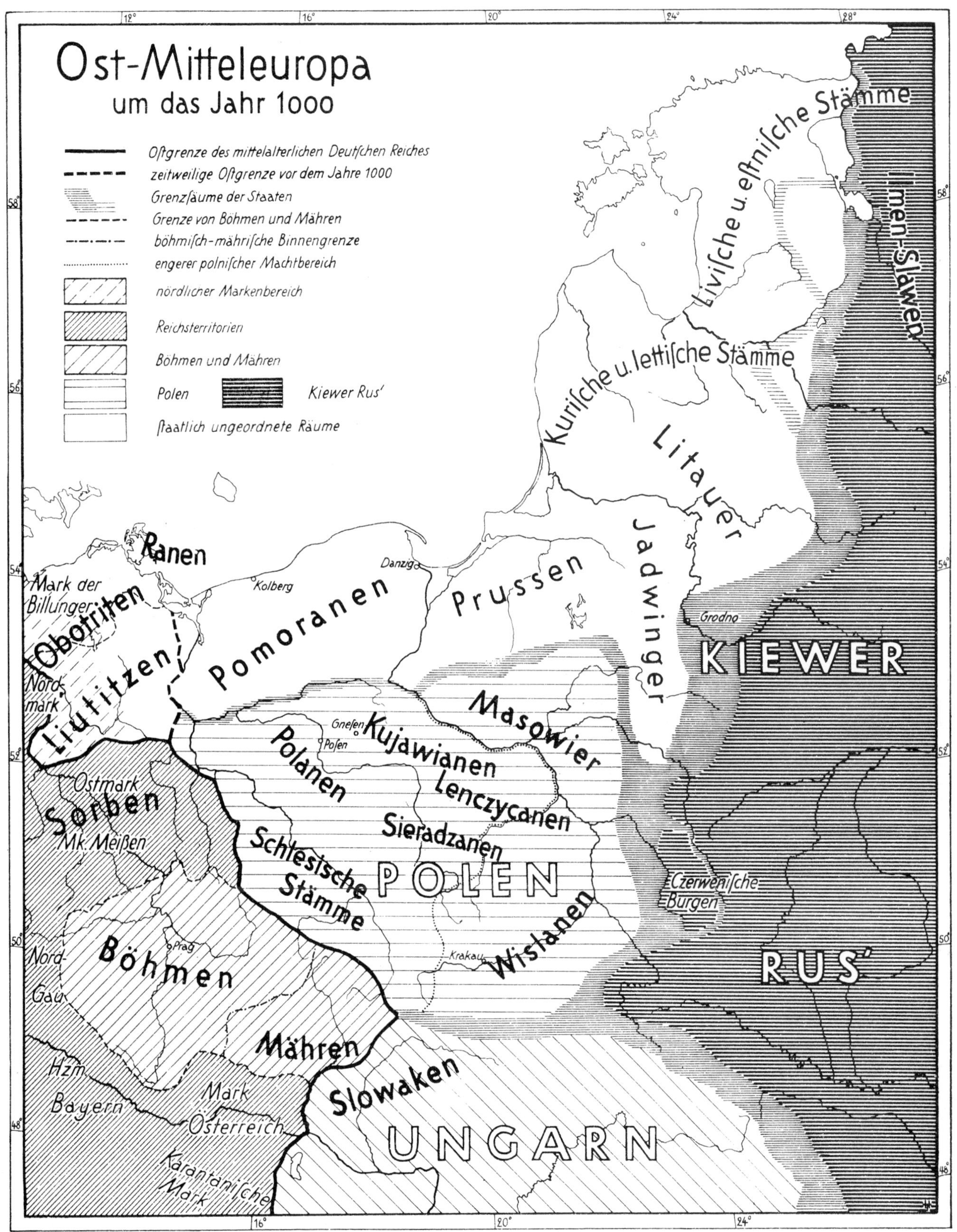
Ost-Mitteleuropa
um das Jahr 1000
Oſtgrenze des mittelalterlichen Deutſchen Reiches
zeitweilige Oſtgrenze vor dem Jahre 1000
Grenzſäume der Staaten
Grenze von Böhmen und Mähren
böhmiſch-mähriſche Binnengrenze
engerer polniſcher Machtbereich
nördlicher Markenbereich
Reichsterritorien
Böhmen und Mähren
Polen
Kiewer Rus'
ſtaatlich ungeordnete Räume
Liviſche u. eſtniſche Stämme
Ilmen-Slawen
Kuriſche u. lettiſche Stämme
Litauer
Jadwinger
Prussen
Danzig
Kolberg
Pomoranen
Ranen
Mark der Billunger
Obotriten
Liutitzen
Nordmark
Grodno
KIEWER
RUS'
Masowier
Gneſen
Poſen
Kujawianen
Polanen
Lenczycanen
Sieradzanen
POLEN
Schlesische Stämme
Wislanen
Krakau
Czerweniſche Burgen
Ostmark
Sorben
Mk. Meißen
Prag
Böhmen
Nord-Gau
Mähren
Slowaken
Hzm. Bayern
Mark Österreich
Karantaniſche Mark
UNGARN

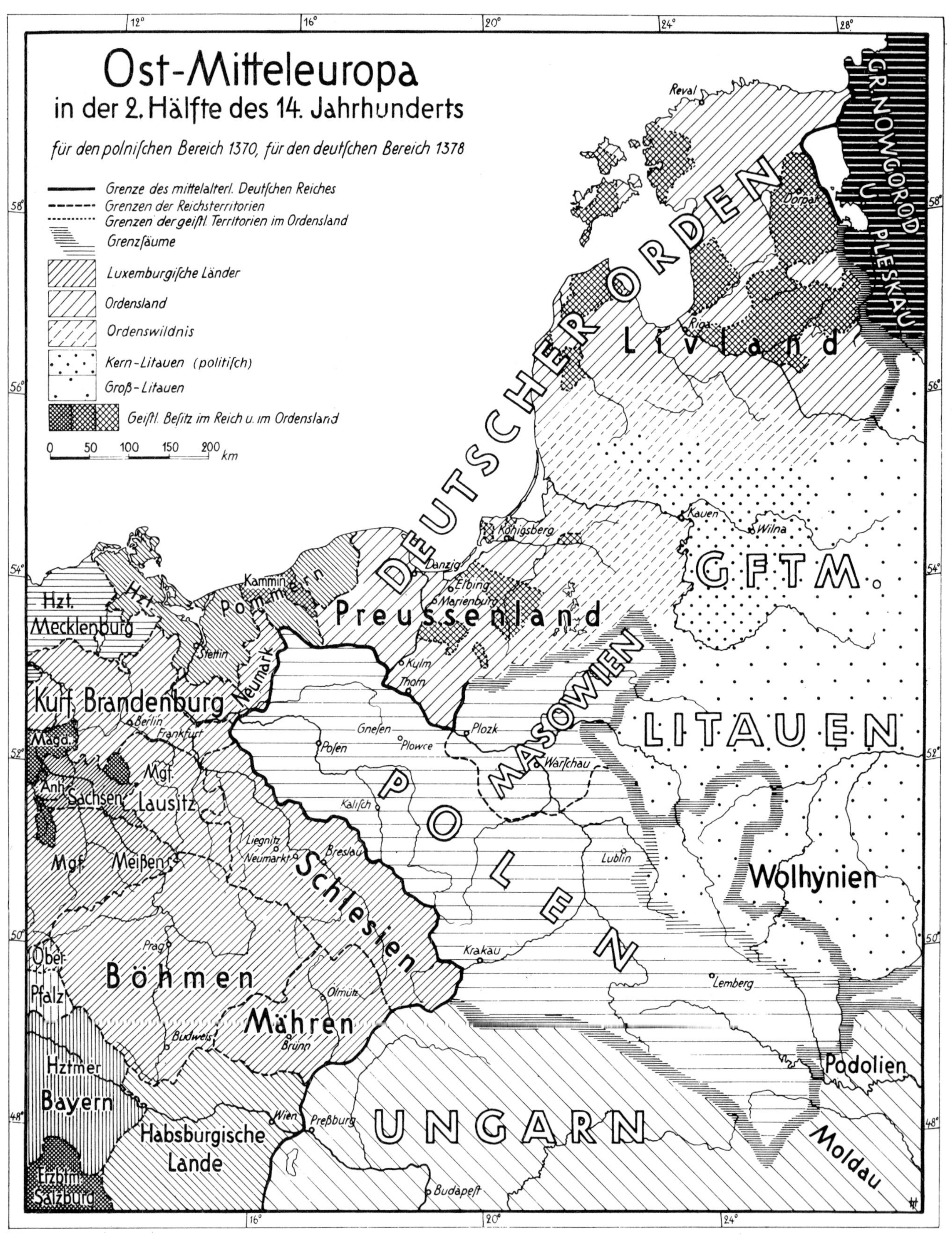
Ost-Mitteleuropa
in der 2. Hälfte des 14. Jahrhunderts
für den polnischen Bereich 1370, für den deutschen Bereich 1378
Grenze des mittelalterl. Deutschen Reiches
Grenzen der Reichsterritorien
Grenzen der geistl. Territorien im Ordensland
Grenzsäume
Luxemburgische Länder
Ordensland
Ordenswildnis
Kern-Litauen (politisch)
Groß-Litauen
Geistl. Besitz im Reich u. im Ordensland
0 50 100 150 200 km
12°
16°
20°
24°
28°
58°
56°
54°
52°
50°
48°
Reval
Dorpat
Riga
GR. NOWGOROD U. PLESKAU
DEUTSCHER ORDEN
Livland
Kauen
Wilna
GFTM.
LITAUEN
Königsberg
Danzig
Elbing
Marienburg
Preussenland
Kulm
Thorn
Plozk
MASOWIEN
Warschau
Gnesen
Plowce
Posen
Kalisch
POLEN
Lublin
Krakau
Lemberg
Wolhynien
Podolien
Moldau
Hzt. Mecklenburg
Hzt. Pommern
Kammin
Stettin
Neumark
Kurf. Brandenburg
Berlin
Frankfurt
Magd.
Anh.
Sachsen
Mgf. Lausitz
Mgf. Meißen
Liegnitz
Neumarkt
Breslau
Schlesien
Prag
Ober-Pfalz
Böhmen
Olmütz
Mähren
Budweis
Brünn
Hztmer Bayern
Wien
Preßburg
Habsburgische Lande
UNGARN
Budapest
Erzbtm. Salzburg

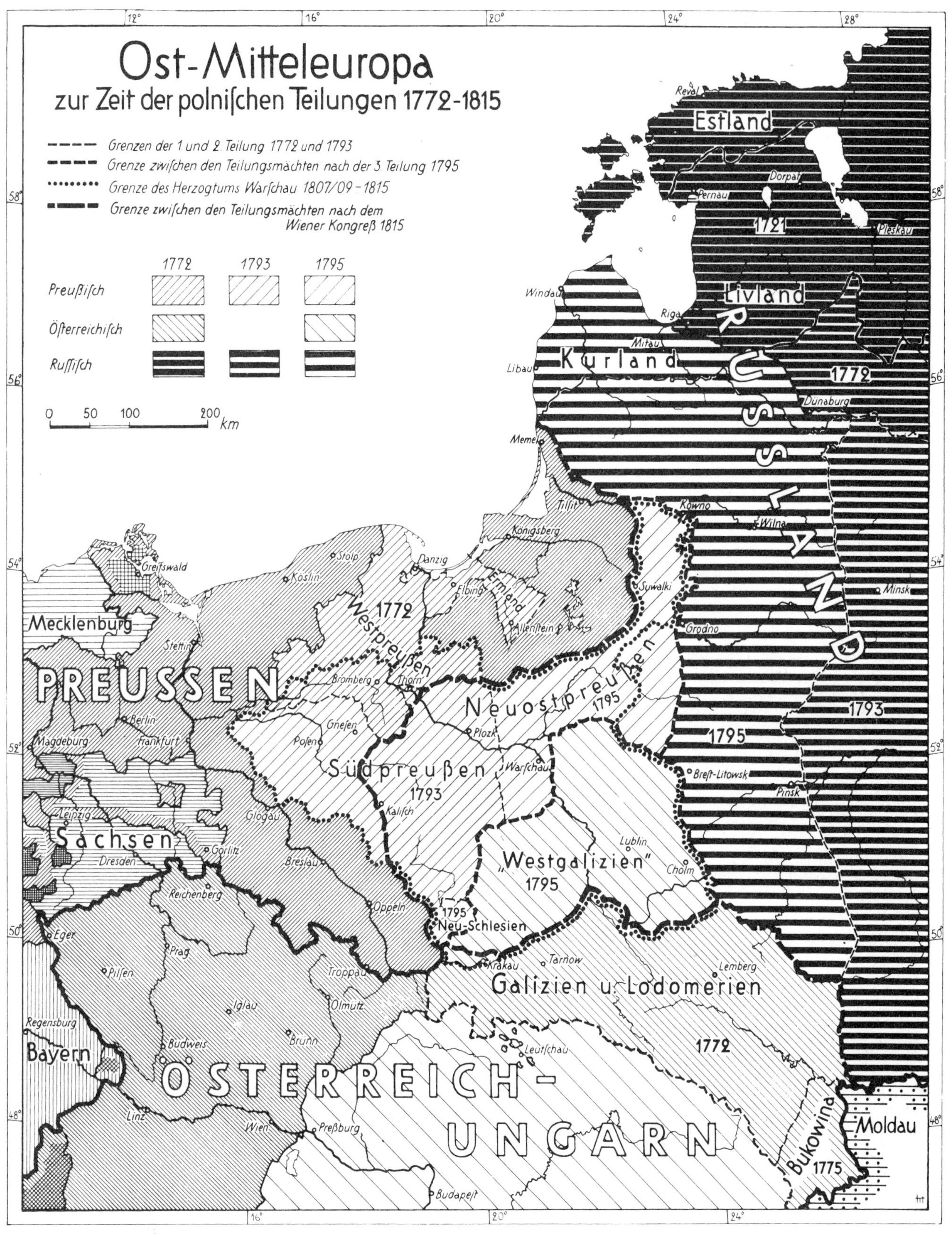
Ost-Mitteleuropa
zur Zeit der polnischen Teilungen 1772-1815
Grenzen der 1 und 2. Teilung 1772 und 1793
Grenze zwischen den Teilungsmächten nach der 3. Teilung 1795
Grenze des Herzogtums Warschau 1807/09-1815
Grenze zwischen den Teilungsmächten nach dem Wiener Kongreß 1815
1772
1793
1795
Preußisch
Österreichisch
Russisch
0 50 100 200 km
Estland
Livland
Kurland
RUSSLAND
PREUSSEN
Mecklenburg
Sachsen
Westpreußen
Neuostpreußen
Südpreußen
Westgalizien
Neu-Schlesien
Galizien u. Lodomerien
Bayern
ÖSTERREICH-UNGARN
Bukowina
Moldau
Reval
Dorpat
Pernau
Pleskau
Windau
Riga
Mitau
Libau
Dünaburg
Memel
Tilsit
Kowno
Wilna
Königsberg
Danzig
Stolp
Köslin
Greifswald
Elbing
Ermland
Allenstein
Suwalki
Minsk
Grodno
Stettin
Bromberg
Thorn
Berlin
Frankfurt
Magdeburg
Gnesen
Posen
Plozk
Warschau
Brest-Litowsk
Pinsk
Kalisch
Glogau
Leipzig
Dresden
Görlitz
Breslau
Lublin
Cholm
Reichenberg
Oppeln
Eger
Prag
Pilsen
Krakau
Tarnow
Lemberg
Troppau
Olmütz
Iglau
Regensburg
Budweis
Brünn
Leutschau
Linz
Wien
Preßburg
Budapest
1721
1772
1793
1795
1775
12°
16°
20°
24°
28°
58°
56°
54°
52°
50°
48°

Ost-Mitteleuropa
im 19. Jahrhundert (1815–1916)
Provinzgrenzen in Preußen u. innerdeutsche Staatengrenzen
Grenze des Deutschen Bundes (1815–1866)
Grenze zwischen den Teilungsmächten
0 50 100 150 200 km
DEUTSCHES REICH
Preußen
RUSSLAND
Kgr. Polen
„Kongreß-Polen"
Ostseeprovinzen
Galizien
ÖSTERREICH-UNGARN
Mecklenbg.
Sachsen
Ghzt. Posen
Bukowina
RUM.
Reval
Pernau
Dorpat
Pleskau
Windau
Riga
Libau
Mitau
Dünaburg
Memel
Tilsit
Kowno
Königsberg
Wilna
Stolp
Danzig
Greifswald
Köslin
Elbing
Minsk
Stettin
Allenstein
Grodno
Bialystok
Thorn
Bromberg
Berlin
Gnesen
Frankfurt
Posen
Plozk
Magdeburg
Warschau
Brest-Litowsk
Pinsk
Anh.
Lodz
Kalisch
Leipzig
Dresden
Görlitz
Lublin
Thür.
Breslau
Cholm
Reichenberg
Kielce
Oppeln
Eger
Prag
1846
Krakau
Tarnow
Pilsen
Lemberg
Olmütz
Regensburg
Iglau
Brünn
Budweis
Leutschau
Kaschau
Linz
Wien
Preßburg
Budapest
12°
16°
20°
24°
28°
58°
56°
54°
52°
50°
48°

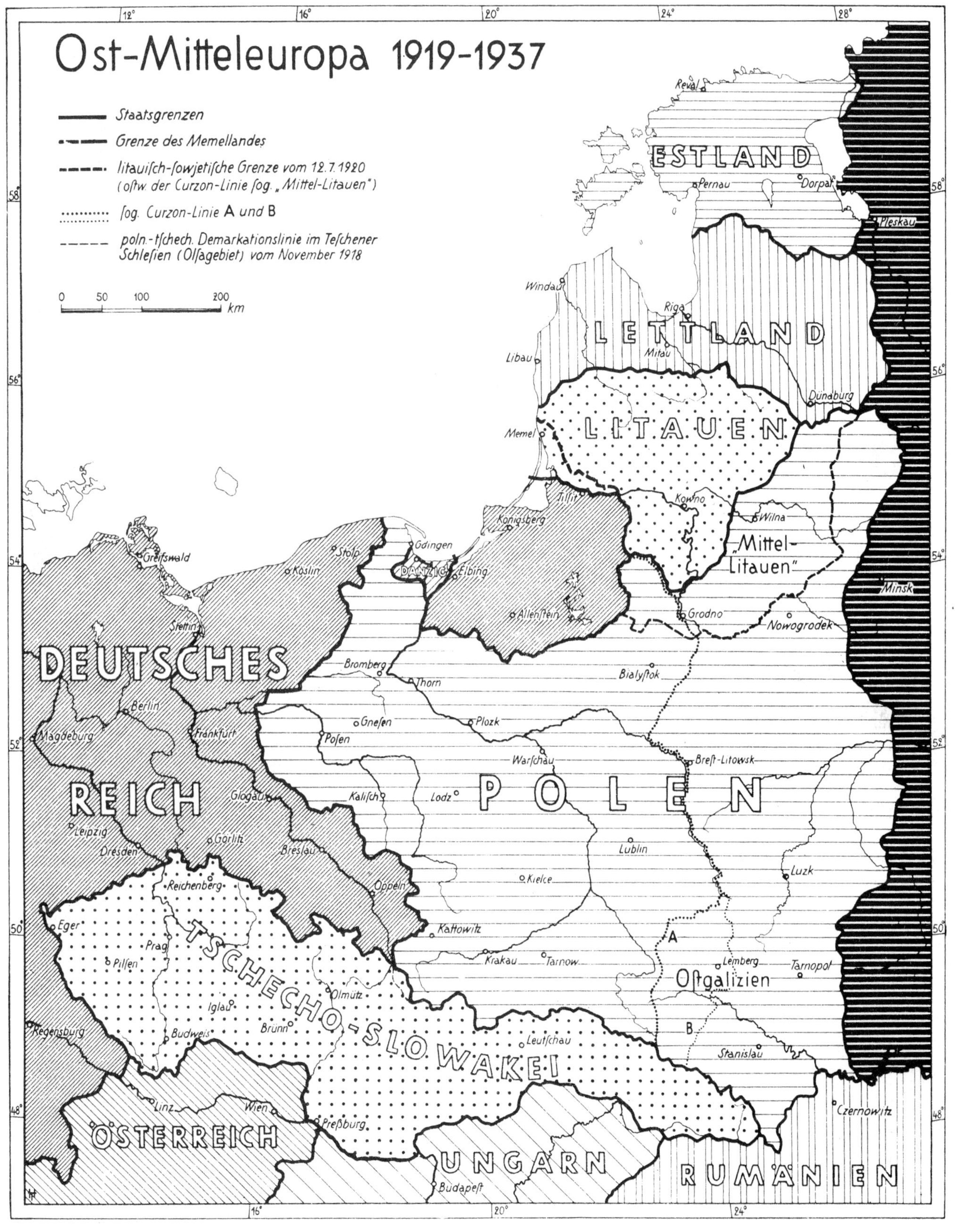
Ost-Mitteleuropa 1919-1937
Staatsgrenzen
Grenze des Memellandes
litauisch-sowjetische Grenze vom 12.7.1920 (östl. der Curzon-Linie sog. „Mittel-Litauen")
sog. Curzon-Linie A und B
poln.-tschech. Demarkationslinie im Teschener Schlesien (Olsagebiet) vom November 1918
0 50 100 200 km
ESTLAND
LETTLAND
LITAUEN
„Mittel-Litauen"
DEUTSCHES REICH
POLEN
TSCHECHO-SLOWAKEI
ÖSTERREICH
UNGARN
RUMÄNIEN
Ostgalizien
DANZIG
Reval
Pernau
Dorpat
Pleskau
Windau
Riga
Mitau
Libau
Dünaburg
Memel
Tilsit
Kowno
Wilna
Königsberg
Minsk
Gdingen
Elbing
Stolp
Köslin
Greifswald
Stettin
Allenstein
Grodno
Nowogrodek
Bromberg
Thorn
Bialystok
Berlin
Gnesen
Plozk
Magdeburg
Frankfurt
Posen
Warschau
Brest-Litowsk
Glogau
Kalisch
Lodz
Leipzig
Görlitz
Dresden
Breslau
Lublin
Reichenberg
Kielce
Luzk
Oppeln
Eger
Kattowitz
Prag
Pilsen
Krakau
Tarnow
Lemberg
Tarnopol
Olmütz
Iglau
Regensburg
Budweis
Brünn
Leutschau
Stanislau
Linz
Wien
Czernowitz
Preßburg
Budapest
A
B
12°
16°
20°
24°
28°
58°
56°
54°
52°
50°
48°

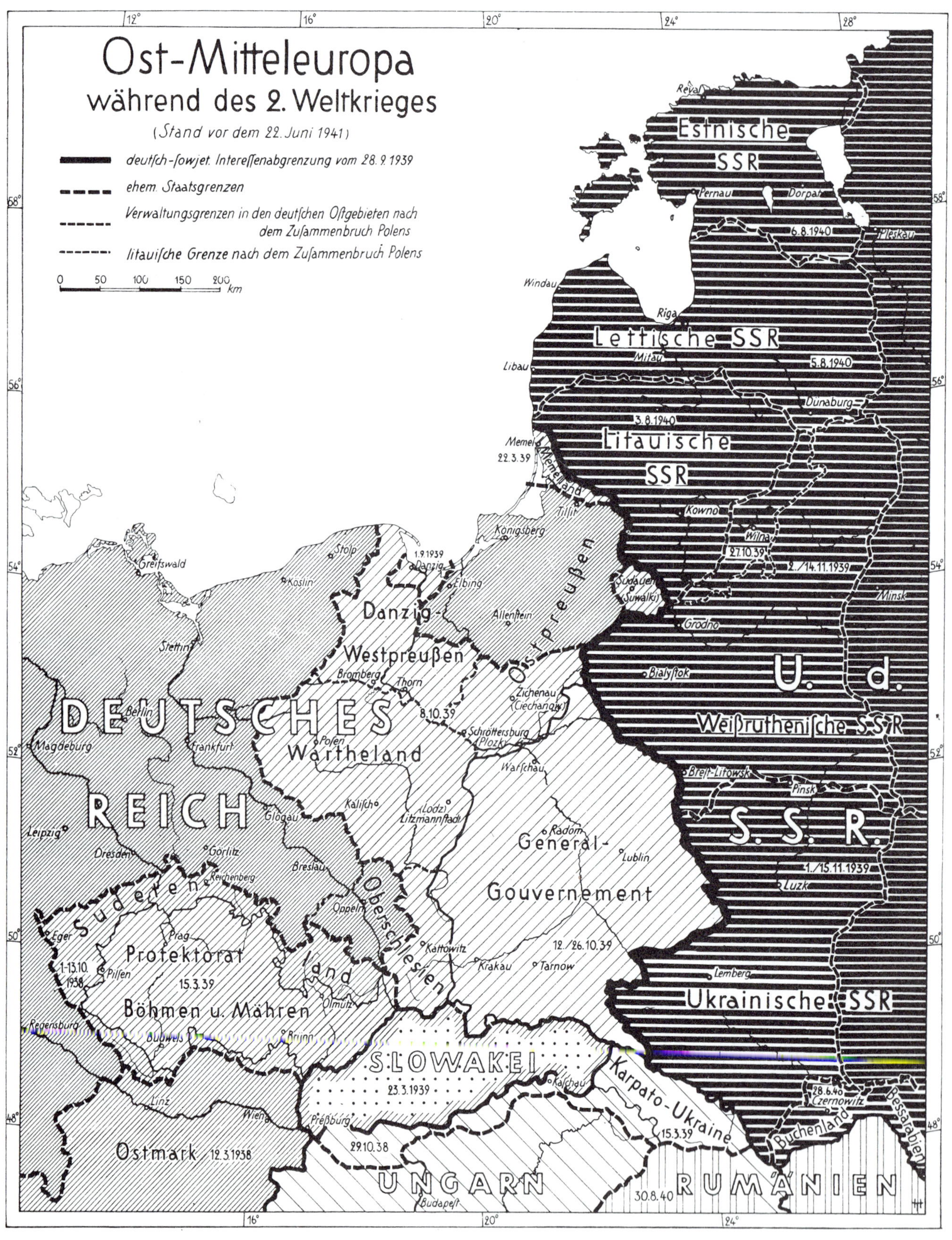

Ost-Mitteleuropa
während des 2. Weltkrieges
(Stand vor dem 22. Juni 1941)
deutsch-sowjet. Interessenabgrenzung vom 28. 9. 1939
ehem. Staatsgrenzen
Verwaltungsgrenzen in den deutschen Ostgebieten nach dem Zusammenbruch Polens
litauische Grenze nach dem Zusammenbruch Polens
0 50 100 150 200 km
12° 16° 20° 24° 28°
58° 56° 54° 52° 50° 48°
Reval
Estnische SSR
Pernau
Dorpat
6.8.1940
Pleskau
Windau
Riga
Lettische SSR
Mitau
Libau
5.8.1940
Dünaburg
3.8.1940
Litauische SSR
Memel
22.3.39
Memelland
Tilsit
Kowno
Wilna
27.10.39
2./14.11.1939
Minsk
Königsberg
Ostpreußen
Suwalki
Sudauen
Grodno
Allenstein
Elbing
1.9.1939
Danzig
Stolp
Köslin
Greifswald
Stettin
Danzig-Westpreußen
Bromberg
Thorn
8.10.39
Zichenau (Ciechanów)
Schröttersburg (Plozk)
Bialystok
U. d. S. S. R.
Weißruthenische SSR
Brest-Litowsk
Pinsk
DEUTSCHES REICH
Berlin
Magdeburg
Frankfurt
Posen
Wartheland
Warschau
Kalisch
(Lodz) Litzmannstadt
Radom
Lublin
General-Gouvernement
1./15.11.1939
Luzk
Leipzig
Dresden
Görlitz
Glogau
Breslau
Reichenberg
Sudetenland
Oberschlesien
Oppeln
Eger
1-13.10.1938
Pilsen
Prag
Protektorat Böhmen u. Mähren
15.3.39
Olmütz
Kattowitz
Krakau
Tarnow
12./26.10.39
Lemberg
Ukrainische SSR
Regensburg
Budweis
Brünn
Slowakei
23.3.1939
Kaschau
Karpato-Ukraine
15.3.39
28.6.40
Czernowitz
Buchenland
Bessarabien
Linz
Wien
Preßburg
Ostmark 12.3.1938
29.10.38
UNGARN
Budapest
30.8.40
RUMÄNIEN

Legende

Im allgemeinen ist der Kirchenkreis identisch mit dem politischen Kreis, so in 22 ostpreußischen Kreisen (Reg.-Bez. Königsberg: Bartenstein, Gerdauen, Heiligenbeil, Labiau, Pr. Holland, Rastenburg, Wehlau; Reg.-Bez. Gumbinnen: Angerapp, Angerburg, Ebenrode, Elchniederung, Goldap, Gumbinnen, Heydekrug, Insterburg, Memel, Schloßberg, Treuburg; Reg.-Bez. Allenstein: Johannisburg, Lötzen, Lyck, Sensburg) und in den beiden Kreisen Marienwerder und Rosenberg aus dem ehemaligen herzoglich-preußischen Bistum Pomesanien.

Die gleiche Identität gilt für die Kreise Mohrungen, Pr. Eylau, Tilsit-Ragnit, Ortelsburg und Osterode. Dort sind jedoch diese Kirchenkreise in jeweils zwei Superintendenturbezirke untergliedert. Die zu einer Superintendentur gehörigen Kirchspiele sind durch den Anfangsbuchstaben des Superintendentensitzes hinter dem Kirchspielnamen gekennzeichnet.

Die Namen der Superintendenturen sind in fetter Schrift hervorgehoben. In den Fällen, wo der Sitz des Superintendenten nicht mit dem Namen des politischen Kreises oder Kirchenkreises identisch ist, ist letzterer in den Kreis eingeschrieben worden.

In Anlehnung an ältere politische Grenzen oder unter Beibehaltung jüngst aufgehobener Kreisgrenzen haben folgende politische Kreise jeweils zwei Kirchenkreise: Samland: Kirchenkreise Fischhausen und Königsberg mit den Superintendenturbezirken Königsberg Land I (südlich des Pregel) und Königsberg Land II (nördlich des Pregel). Neidenburg: Kirchenkreise Neidenburg und Soldau. Die Abgrenzung wird durch Punktierung der Reichsgrenze von 1919—39 gegeben.

Dem Kirchenkreis Pogegen entspricht räumlich der politische Kreis Tilsit-Ragnit (nördlich der Memel) und ein Teil des Kreises Heydekrug. Die punktierte Linie ist die alte politische Kreisgrenze zwischen Heydekrug und Pogegen (bis zum 1. 10. 1939), als die Kirchenkreisgrenze erhalten geblieben ist.

Der Kirchenkreis Königsberg-Stadt umfaßte folgende 25 Kirchspiele: Altroßgarten, Altstadt, Dom (Kneiphof), Friedenskirche, Haberberg, Juditten, Kaiser-Friedrich-III.-Gedächtniskirche (Kalthof), Königin-Luise-Gedächtniskirche, Kreuzkirche, Löbenicht, Lutherkirche, Maraunenhof, Neuroßgarten, Ponarth, Quednau, Ratshof, Rosenau, Sackheim, Seligenfeld-Neuendorf, Steindamm, Tannenwalde, Tragheim, Schloßkirche, Burgkirche (ref.), Französisch-reformierte Kirche. Sie konnten wegen Raummangels nicht in die Karte eingetragen werden.

Der Kirchenkreis Ermland umfaßte fünf politische Kreise. Der Superintendenturbezirk Allenstein umfaßte die evangelischen Kirchen in den politischen Kreisen Allenstein (Stadt und Land) und Rößel, der Superintendenturbezirk Braunsberg umfaßte die evangelischen Kirchen in den politischen Kreisen Braunsberg und Heilsberg sowie das Kirchspiel Tolkemit im Kreise Elbing.

Die reformierte Kircheninspektion umfaßte im Reg.-Bez. Königsberg neben der Burgkirche in Königsberg die Kirchspiele Pillau und Pr. Holland und im Reg.-Bez. Gumbinnen die Kirchspiele Gumbinnen, Kanthausen (Judtschen), Insterburg, Neunassau (Neunischken), Memel und Tilsit.

Alle Bücher haben 80 Seiten, Fadenheftung, farbiger Schutzumschlag. Alle Bilder schwarzweiß aus der Zeit vor 1945

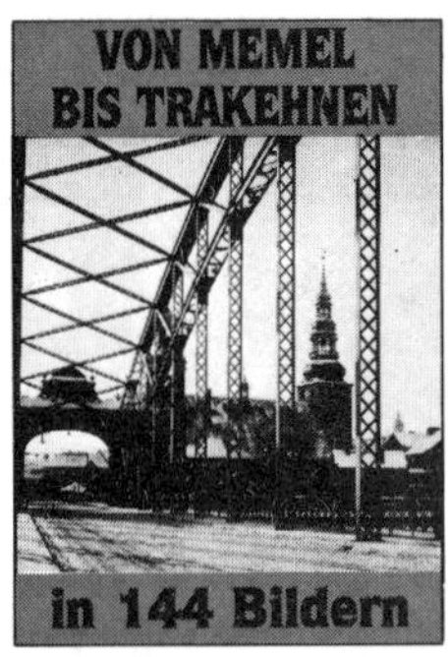

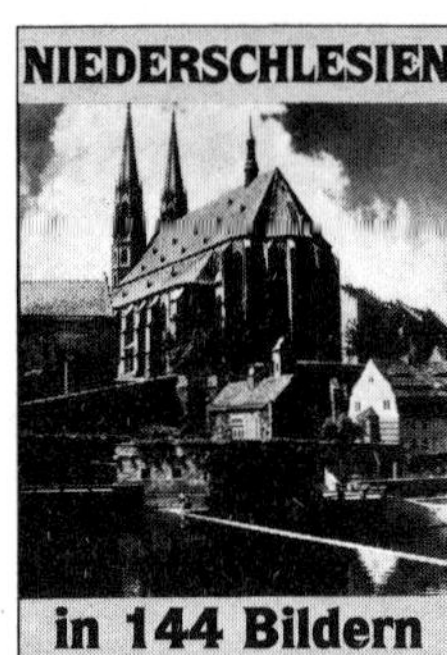